JOURNAL DE BORD

DU

BAILLI DE SUFFREN

DANS L'INDE

publié par

HENRI MORIS

avec Préface

DE M. LE VICE-AMIRAL JURIEN DE LA GRAVIÈRE

Membre de l'Académie Française et de l'Académie des Sciences

JOURNAL DE BORD

DU

BAILLI DE SUFFREN

DANS L'INDE

1781-1784

PUBLIÉ PAR

HENRI MORIS

Ancien élève pensionnaire de l'École des Chartes, Archiviste du département des Alpes-Maritimes, Correspondant du Ministère de l'Instruction Publique pour les Travaux historiques.

AVEC PRÉFACE

par le Vice-Amiral JURIEN DE LA GRAVIÈRE

Membre de l'Académie Française et de l'Académie des Sciences

A PARIS

chez CHALLAMEL et Cie, Librairie Coloniale

5, Rue Jacob, 5

1888

NICE. — IMPRIMERIE MALVANO-MIGNON, RUE GIOFFREDO, 62

A M. HENRI MORIS

Archiviste du Département des Alpes-Maritimes

———

Monsieur,

Je croyais posséder tous les documents qui pouvaient me permettre d'apprécier à sa juste valeur l'admirable campagne du bailli de Suffren dans l'Inde. Le journal de bord que vous venez de me communiquer me prouve que ma moisson n'était pas complète. Tous les marins vous seront reconnaissants de cette publication, dont la place est marquée d'avance dans nos bibliothèques de bord.

J'ai présidé, il y a déjà vingt-un ans, à l'inauguration de la statue de Suffren à Saint-Tropez. Je me fais un véritable plaisir de mettre à votre disposition le discours que je prononçai à cette occasion. Vous y trouverez le résumé des services du plus illustre des hommes de mer qu'ait, à mon sens, jamais produit la France. Si vous pensez que ce résumé puisse, en quelque sorte, servir de préface à votre journal de bord, je vous autorise pleinement à en faire l'usage qui vous paraîtra utile à la gloire du grand marin dont j'ai toujours vénéré la mémoire.

Les journaux de bord sont, de tous les documents, les plus sincères. On n'en saurait trop encourager la publication.

Agréez, Monsieur, etc.

Le Vice-Amiral,

E. JURIEN DE LA GRAVIÈRE.

DISCOURS PRONONCÉ A SAINT-TROPEZ LE 4 AVRIL 1866

Par le Vice-Amiral JURIEN DE LA GRAVIÈRE

A L'OCCASION

DE L'INAUGURATION DE LA STATUE DU BAILLI DE SUFFREN

Messieurs,

.... C'est au château de Saint-Cannat, dans le canton de Lambesc[1], que naquit, le 17 juillet 1729, le troisième fils du seigneur de Saint-Tropez, le célèbre bailli de Suffren. Ses ancêtres ont porté le nom de votre ville; les flots de votre golfe ont bercé son enfance; il était naturel que vous eussiez la pensée de consacrer par un monument ce précieux souvenir.

Je ne vous raconterai pas les combats du bailli de Suffren, vous les avez tous présents à la pensée, vous connaissez tous ses exploits et ses campagnes. Ce que je voudrais vous faire admirer avec moi, — car rien dans ce grand homme ne fut plus admirable, — c'est le patriotisme qui, jusqu'à sa dernière heure, inspira tous les actes de sa vie.

La paix de 1763 lui avait laissé au cœur une blessure. « Paix honteuse, s'écrie-t-il, qui ne saurait être pardonnable « qu'avec le ferme dessein de saisir la première occasion de « nous venger. » Ces occasions-là ne manquent pas aux grandes nations qu'on humilie.

1. Département des Bouches-du-Rhône.

La France, cependant, attendit quinze ans. La puissance de l'Angleterre était alors à son apogée. Cette puissance, Suffren ne se contente pas de vouloir l'abaisser; il la nie avec assurance.

« L'Angleterre, écrit-il, n'a jamais été forte que par la « faiblesse et l'ineptie de nos gouvernements. » La guerre éclate enfin ; Suffren accourt. Ne le cherchez pas ailleurs qu'au premier rang. C'est lui qui, sous les ordres du comte d'Estaing, forcera l'entrée de la rade de Newport; c'est lui qui, au combat de la Grenade, conduira notre avant-garde au feu. Mais bientôt la fortune lui ouvre une plus large arène. Le 20 mars 1781, il part de Brest avec cinq vaisseaux; quelques jours après, l'Angleterre apprend que l'escadre destinée à s'emparer du Cap a été attaquée dans la baie de La Praya et réduite pour plus d'un mois à l'impuissance. Suffren arrive dans les mers de l'Inde, précédé de la crainte qu'a déjà su inspirer son audace. La mort de M. d'Orves l'investit du commandement en chef ; c'est une campagne d'Annibal qui commence. Quatre fois dans l'espace de huit mois cet homme héroïque qu'aucun danger n'effraye, qu'aucune fatigue ne lasse, se jette à corps perdu au milieu des flottes anglaises. Il parcourt en vainqueur des parages où notre pavillon, avant lui, craignait de se montrer, et pourtant ces triomphes répétés n'ont encore fait naître que des regrets dans son âme. « Il est affreux, écrit-il au Ministre, d'avoir pu quatre « fois détruire l'escadre anglaise et de penser que cette « escadre existe toujours. » Tout Suffren est dans ces paroles. Il compte pour rien et sa vie et sa gloire. Ce qui le touche, c'est la gloire de son Roi et la grandeur de son pays. Entouré d'ennemis, près de succomber sous le nombre, son désespoir éclate en un cri sublime : « Couvrez « mon vaisseau de pavillons blancs ! » Assailli de murmures et de plaintes, à court de munitions, sans agrès et sans mâts de rechange, exposé même à manquer de vivres, il s'obstine à rester au poste où les intérêts de la France l'enchaînent. « La France, lui écrit le Ministre, a perdu « l'Inde deux fois par le désir immodéré de revenir aux « Iles, et jusqu'à vous aucun commandant des escadres « du Roi n'avait eu la force d'y résister. »

Pour rester dans les mers de l'Inde, Suffren a conquis Trinquemalé ; il est allé passer l'hivernage à Achem. C'est ainsi qu'il peut, dès le mois de mars, débarquer M. de Bussy et son armée sur la côte de Coromandel ; mais bientôt il apprend que cette armée, battue, est assiégée dans Gondelour. Il sort de Trinquemalé ; il se porte avec quinze vaisseaux, montés par des équipages affaiblis, à la rencontre de dix-huit vaisseaux anglais. Supérieure en force, l'escadre anglaise est aussi supérieure en vitesse. Il lui dispute et lui gagne le vent, la contraint à plier après trois heures d'un combat opiniâtre, et la tient en respect jusqu'au moment où elle se décide à faire route pour Madras. Notre ascendant sur mer n'a jamais été si complet. C'est le moment où la nouvelle de la paix signée en Europe suspend les hostilités dans l'Inde. Les campagnes de Suffren sont finies.

Je vous ai montré ce grand homme, Messieurs, tel qu'il m'est apparu dans les dépêches qu'il a tracées de sa propre main, précieuses reliques, trésor de nos archives, que je n'ai jamais pu toucher sans émotion. Vous semble-t-il qu'après tant de services il ait acquis le droit de remercier les Dieux ? Combien d'autres, à sa place, — je parle des plus modestes — monteraient au Capitole. Depuis dix-huit mois il maintient son escadre sur des côtes où le sort des armes ne nous avait pas laissé un refuge ; il a, par cette persistance, regagné la confiance des princes indigènes, habitués à être abandonnés presque aussitôt que compromis ; il a livré cinq combats heureux. La France l'applaudit et l'admire, et l'Europe tout entière a pour lui les yeux de la France. La tristesse, cependant, semble avoir envahi son cœur. C'est qu'il fallait reconquérir l'Inde, et l'Inde va rester aux Anglais. « Plaignez-moi, Monseigneur, écrit-il « au marquis de Castries, mais plaignez l'Etat encore « plus. » Le ministre et le roi se montrèrent plus disposés à le récompenser qu'à le plaindre.

Suffren obtint, dans cette seule campagne, le grade de chef d'escadre, celui de lieutenant général et une charge de vice-amiral qui fut créée tout exprès pour lui. Le marquis de Castries reçut aussi le prix de son zèle. Louis XIV lui accorda le bâton de maréchal.

Suffren, comblé des faveurs de la Cour, mourut le 8 décembre 1788, à la veille des premiers troubles de la Révolution. Il avait assez vécu, car son nom, rival des plus grands noms que nous ait légués notre histoire, devait rester à jamais gravé dans nos fastes. La marine française l'invoque encore aux jours de combat, et la patrie reconnaissante prend plaisir à lui rendre, avec vous, un solennel hommage.....

INTRODUCTION

A la lettre pleine de bienveillants encouragements et aux pages éloquentes qui servent de préface à ce livre, nous croyons ne devoir ajouter que l'expression de notre respectueuse gratitude envers M. l'Amiral Jurien de la Gravière et quelques lignes relatives au Journal de bord que nous avons l'honneur de mettre sous les yeux du public.

Ce document est conservé aux Archives du Département des Alpes-Maritimes[1]. Quand sa présence y fut signalée en avril 1885, la nouvelle, donnée par le *Temps*, fut accueillie avec empressement et fit le tour de la presse française, qui fut unanime à considérer cette découverte historique comme des plus importantes.

Nous avons en vain cherché par quelle voie le *Journal de bord du Bailli de Suffren* est venu aux Archives des Alpes-Maritimes. Il est à présumer qu'il a été saisi parmi les papiers d'un officier de marine émigré à Nice, lors de l'entrée des Français dans cette ville en 1792.

Les historiens, les hommes de mer, les curieux trouveront là une source abondante de renseignements intéressants sur cette expédition des Indes, qui a mis le Bailli de Suffren au premier rang des marins français.

H. M.

---

[1]. Série F, 4.

JOURNAL DE BORD

DU

BAILLI DE SUFFREN

VENDREDI 2. — Le vent au S. O., temps brumeux. A 3 heures après-midi, le vaisseau le *Héros* est sorti du port pour aller en rade. A 6 heures ³/₄, nous avons mouillé l'ancre d'affourche. Par les 8 heures, fond de sable et gravier. Nous nous sommes affourchés N. O. et S. O. La nuit, même vent; temps brumeux.

Mars 1781.

L'escadre se forme dans le port de Brest.

SAMEDI 3. — Le vent au Sud, temps couvert. Le vaisseau le *Sphinx* est venu mouiller en rade l'après-midi.

DIMANCHE 4. — Calme, temps couvert. Les vaisseaux le *Pluton* et l'*Artésien* sont venus mouiller en rade.

LUNDI 5. — Vent variable du Sud au S. O.

MARDI 6. — Même temps.

MERCREDI 7. — Calme. L'équipage du vaisseau le *Héros* a passé à bord du *Zélé*, et celui de ce vaisseau est venu à notre bord; l'échange s'est fait dans la matinée. Les vaisseaux la *Bourgogne* et le *Scipion* sont venus mouiller en rade l'après-midi. Le vent a passé à l'Est. A 3 heures, flamme d'ordre.

JEUDI 8. — Le vent à l'Est. Le vaisseau l'*Annibal* est venu mouiller en rade, et le *Guerrier* s'est toué pour entrer dans le port.

Mars 1781.

VENDREDI 9. — Calme. A 6 heures ½, nous avons guindé nos mâts de hune et nos basses vergues pour passer nos manœuvres courantes. Les vaisseaux le *Zodiaque* et le *Guerrier* sont entrés dans le port. La nuit, vent variable de l'E. S. E. au S. S. O.

SAMEDI 10. — Le vent à l'E. S. E., presque calme dans la matinée. Il est entré un convoi dans la matinée, venant de Bordeaux, escorté par le sloop le *David*, commandé par M. Dombideau, lieutenant de vaisseau. Entré un marchand suédois, qui a salué le général de sept coups de canon; il lui en a été rendu un. Toute la nuit, même vent.

DIMANCHE 11. — Au jour, calme; temps brumeux. A 5 heures, le vent a passé dans la partie du N. E.

LUNDI 12. — Le vent à l'Est, beau temps. A 10 heures, flamme d'ordre. L'après-midi, il est entré une partie d'un convoi venant de Bordeaux, escorté par la frégate la *Gloire;* le reste du convoi a mouillé dehors.

Revue de l'escadre par le marquis de Castries, ministre de la guerre.

MARDI 13. — Le vent à l'Est, beau temps. A 1 heure après-midi, M. le marquis de Castries, ministre de la marine, est arrivé dans la ville. La ville l'a salué de quinze coups de canon; toutes les troupes de la garnison étaient sous les armes. Le général a été lui rendre visite, accompagné du capitaine et des officiers de son armée. Le reste du convoi, escorté par le vaisseau *Fier-de-soi*, a mouillé dans la journée.

MERCREDI 14. — Le vent à l'Est, beau temps. A 9 heures, signal de pavoiser. Le ministre a été dîner à bord du général. A 3 heures, tous les vaisseaux, ayant fait leur branle-bas, ont fait l'exercice à feu de cinq coups par canon, ce qui a fait beaucoup de bruit dans la rade, pendant une demi-heure. Aussitôt après, signal d'appareiller. Lorsque M. le marquis de Castries a débordé du vaisseau du général, il a été salué de dix-sept coups de canon, et tous les vaisseaux l'ont salué de trois cris de : « Vive le roi ! » A 5 heures, le général a tiré un coup de canon de départ et déferlé le petit hunier.

JEUDI 15. — Le vent à l'Est, presque calme. Nous avons reçu ordre de débarquer le détachement du régiment de Bourbon, pour embarquer celui d'Austrasie. Toute la nuit, même temps.

VENDREDI 16. — Calme. A 8 heures, passé la grande revue. On a donné trois mois d'avance et un de gratification. Après-midi, le vent a passé au N. E.; beau temps; même vent la nuit.

SAMEDI 17. — Au jour, le vent au N. E. Le général a tiré un second coup de canon de départ. Dans la journée, il est arrivé un convoi venant de Lorient, escorté par le vaisseau l'*Amphion*, de 50. Même vent pendant la nuit.

Mars 1781.

DIMANCHE 18. — Le vent au N. E. ; beau temps. Le général a tiré le troisième coup de canon de départ. Le soir et pendant la nuit, vent à l'Ouest [1].

LUNDI 19. — Calme, temps brumeux. Le général a tiré un coup de canon à 5 heures ; il a salué M. le marquis de Castries de dix-neuf coups de canon et tous les vaisseaux l'ont salué de cinq cris de : « Vive le roi ! » La nuit, même temps.

MARDI 20. — Calme presque toute la journée.

MERCREDI 21. — Au jour, temps couvert. A 11 heures, la brume s'est dissipée ; les vents ont passé de l' E. N. E. au N. E. ; même temps pendant la nuit.

JEUDI 22. — Le vent au N. E., faible. A 7 heures, le général a fait signal de désaffourcher ; à 10 heures, signal d'embarquer les bâtiments à rames ; à 11 heures, signal d'appareiller. L'*Hercule*, en appareillant, nous est tombé dessus ; nous ne nous sommes fait aucun mal dans l'abordage. A 3 heures, nous avons été sous voiles. En dehors du Mingau, nous avons mis en travers pour embarquer nos bâtiments à rames. A 4 heures, l'armée et le convoi, au nombre de 130 bâtiments, ont été sous voiles.

La flotte est sous voiles.

Dénombrement des vaisseaux et leur destination.

Au coucher du soleil : W. : N. O. 22° ; la pointe de Saint-Mathieu, Nord 1/4 N. E. 1° Est ; l'île Beniguet, N. O. 1° Nord ; les Pierres-Noires, Ouest 1/4 N. O. 1° Nord (corrigé).

---

1. M. de Suffren adressait, le 18 mars, de Brest, la lettre suivante à sa parente, Mme de Seillans : « Je n'ose pas t'apprendre, ma chère amie, quelque chose qui va te chagriner. Je vais dans l'Inde, commandant une division de cinq vaisseaux. M. de Castries me l'a donnée de la meilleure grâce du monde et d'une manière très flatteuse ; mais il ne fait pas ce qu'il devrait faire : il ne me fait pas chef d'escadre et je ne commanderai que jusqu'à la jonction, y ayant un ancien dans l'Inde. A la vérité, il y aura onze vaisseaux, et la moindre circonstance heureuse peut me mettre à la tête d'une belle escadre et y acquérir de la gloire, cette fumée pour laquelle on fait tant de choses. Je ne sçais si la campagne sera très-longue, mais nous serons au moins dix-huit mois, et je doute qu'à moins de prise riche, elle me rende de l'argent.

« M. de Castries ne semble estre ici que pour nous presser ; tout se fait à la hâte. Il y a une consolation, c'est d'estre loin des sottises que l'on fera ; nous n'aurons part qu'aux nostres, c'est encore assez.

« D'Albert avait autant d'envie de venir avec moi que j'en avais de l'avoir ; M. de Grasse s'y est opposé et l'a emporté. J'ai le cœur navré d'estre pour si longtemps loin des parents et amis. Les choses qui paraissent supportables de loin sont affreuses de près.

« Dans la mer des Indes, j'aurai les honneurs de chef d'escadre et prérogatives ; je viens de l'apprendre dans le moment. C'est un secret que je n'ai pas même dit aux parents. »
(Lettre publiée par M. Ortolan, *Monit. Univers.*, 5 nov. 1859.)

Mars 1781.

A la même heure, le général a signalé la route pour la nuit à l'Ouest. Le vent à l'E. N. E., joli frais, sous les huniers amenés sur le tou.

LIGNE DE BATAILLE DE L'ARMÉE
COMMANDÉE PAR M. LE COMTE DE GRASSE

—

Escadre bleue et blanche

Le *Languedoc*	80 canons		Cap^{ne}	d'Arras
Le *Citoyen*	74 »	(cuivré)	»	d'Ety
Le *Glorieux*	74 »	(cuivré)	»	d'Escars
L'*Auguste*	80 »	(cuivré)	»	Bougainville
Le *Souverain*	74 »	(cuivré)	»	Glandèves
Le *Diadème*	74 »		»	Monteclair
La *Médée*	36 »		»	Girardin

Escadre blanche

Le *Zélé*	74 canons		Cap^{ne}	Préville
Le *Scipion*	74 »	(cuivré)	»	Claveau
Le *Northumberland*	74 »	(cuivré)	»	Briqueville
La *Ville de Paris*	100 »	(cuivré)	»	Cte de Grasse, St-Cézaire
Le *Sceptre*	74 »	(cuivré)	»	Vaudreuil
L'*Hector*	74 »		»	d'Aleins
Le *Magnanime*	74 »		»	Le Bègue
La *Diligente*	26 »		»	de Mortemar
Le *Pandoure*	— — —		»	de Grasse-Limermont

Escadre bleue

La *Bourgogne*	74 canons	(cuivré)	Cap^{ne}	Charitte
Le *Vaillant*	64 »		»	Marigni
Le *Marseillais*	74 »		»	Castellane
Le *César*	74 »		»	d'Espinouse
Le *Saint-Esprit*	80 »	(cuivré)	»	Chabert
L'*Hercule*	74 »	(cuivré)	»	Turpin
Le *Pluton*	74 »	(cuivré)	»	d'Albert de Rioms
L'*Aigrette*	26 »		»	de Traversay

Escadre légère

Mars 1781.

Le *Héros*	74 canons (cuivré)	Cap^ne le chev. de Suffren
L'*Annibal*	74 »	» Trémigon, cadet
Le *Vengeur*	64 » (cuivré)	» Forbin
L'*Artésien*	64 » (cuivré)	» Cardaillac
Le *Sphinx*	64 » (cuivré)	» du Chilleau
La *Fortune*	18 »	» de Lusignan

ATTACHÉS AUX DIFFÉRENTS CONVOIS

Pour les Iles

Le *Sagittaire*	50 canons	Cap^ne La Bourdonaye
L'*Union*	— — —	
Le *Minautaure*	— — —	» du Clesmar
La *Sensible*	— — —	
L'*Indiscrète*	— — —	
La *Dédaigneuse*	— — —	

Pour Cayenne

Le *Lively*	18 canons	Cap^ne du Brignon

Pour le Sénégal

Le *Clairvoyant*	14 canons (cutter)	» Latullaye

Vendredi 23. — Le vent à l'E. N. E., joli frais. Pendant la nuit, cargué le grand hunier et le perroquet de fougue. A 8 heures, mis en travers, sondé et trouvé 80 brasses, fond de sable et coquillages.

Depuis hier midi à la même heure aujourd'hui, la route corrigée a valu 29 lieues 1/3 au S. O. 1/4 Ouest 3° 5'. — Lat. observée : 47° 25'; longit. arrivée : 9° 1'.

La Roche de la Chapelle nous restant à l'Ouest 5° Nord, 6 lieues de distance. A 2 heures, signal à toute l'armée de mettre en panne. Signalé la route à l'Ouest 1/4 S. O. du compas. Toute la nuit, nous avons gardé les huniers sur les cargues.

Samedi 24. — Le vent à l'Est, joli frais. Route à l'Ouest 1/2 S. O. Parlé, le matin, à un bâtiment de notre convoi (la *Sainte-Anne*), qui avait eu son beaupré emporté dans un abordage.

Mars 1781. Depuis hier midi à la même heure aujourd'hui, la route corrigée a valu 28 lieues au S. O. 5° Ouest. W. : N. O. 22°. — Lat. observée : 46° 31'.; longit. arrivée : 10° 36'.

Le cap Ortegal nous restant au S. 1/4 S. E. 2° S., distance : 56 lieues. Parlé, l'après-midi, à un parlementaire espagnol, qui a passé au milieu de l'armée. Gouverné toute la nuit à l'Ouest 1/4 S. O., la plupart du temps à sec, pour attendre les bâtiments marchands.

DIMANCHE 25. — Le vent à l'E. S. E., joli frais. Route à l'Ouest 1/4 S. O. A 7 heures, signal de naviguer à la distance d'un câble. Nous avons reçu ordre par une corvette de répéter les signaux.

Depuis hier midi à la même heure aujourd'hui, la route corrigée a valu 40 lieues au S. O. 2° Ouest. W. : N. O. 22°. — Lat. observée : 45° 10'; longit. arrivée : 12° 43'.

Le cap Finistère nous restant au S.S.E. 2° Sud, distance : 47 lieues. A 6 heures, signal au convoi de forcer de voiles. Route pendant la nuit à l'Ouest 1/4 S. O., le petit hunier sur le tou, faisant de temps en temps tomber la misaine.

LUNDI 26. — Le vent à l'E. S. E., joli frais; temps brumeux. A 6 heures, le général nous a fait signal de chasser en avant et de ne point perdre de vue l'escadre. Forcé de voiles et mis bonnettes hautes et basses. A 10 heures, levé chasse et mis en travers pour attendre l'armée.

Depuis hier midi à la même heure aujourd'hui, la route corrigée a valu 35 lieues au S. O. 5° Ouest. W. : N. O. 21°. — Lat. observée : 44° 2'; longit. arrivée : 14° 37'.

Le cap Finistère nous restant à l'E.S.E. 4° Sud, distance : 45 lieues. A 5 heures, il est venu à bord un canot de l'*Artésien*. A la même heure, nous avons gouverné à l'O. S. O. du compas. A minuit, le vent à l'E. N. E., frais, par rafales et grains et petite pluie, restant sous les huniers amenés.

MARDI 27. — Le vent à l'E.N.E., frais; temps couvert. A 6 heures, signal aux bâtiments de l'arrière de forcer de voiles. A 8 heures, signal au convoi de mettre en panne. Une frégate a signalé un bâtiment visité neutre. A 11 heures, signal de faire servir.

Depuis hier midi à la même heure aujourd'hui, la route corrigée a valu 33 lieues au S. O. 4° Sud. W. : N. O. 22°. — Lat. observée : 42° 47'; longit. arrivée : 16° 6'.

Le cap Finistère nous restant à l'Est. 2° Nord, distance : 64 lieues.

A 4 heures, signal de serrer les distances. Signalé le mot de guet. Continué la nuit la même route, le vent à l'E. N. E., frais.

<small>Mars 1781.</small>

MERCREDI 28. — Le vent au N. E., frais; temps couvert. Route à l'O. S. O. du compas Au jour, vu un bâtiment suédois, qui a été visité par la *Fortune*. A 7 heures, signal au convoi de passer à bâbord du général.

Depuis hier midi, à la même heure aujourd'hui, la route corrigée a valu 36 lieues au S.O. 3° Sud.W. : N.O. 21°.— Lat. observée : 41° 3'; longit. arrivée : 18° 10'.

Le cap Finistère nous restant à l'E. N. E. 3° Nord, distance : 103 lieues. On a visité l'après-midi un autre bâtiment suédois. Toute la nuit, route au S. O. 1/4 Ouest du compas, toutes voiles carguées.

JEUDI 29. — Le vent à l'E. N. E., frais; temps couvert; même route. A 9 heures, le général nous a fait signal de passer à poupe; il a donné ordre à M. le chevalier de Suffren de continuer sa route. A 10 heures, nous avons mis en travers et fait signal de ralliement à notre division et à notre convoi [1].

<small>Séparation de la flotte du comte de Grasse et de la division de Suffren, qui fait route pour le Cap de Bonne-Espérance</small>

Depuis hier midi, à la même heure aujourd'hui, la route corrigée a valu 33 lieues au S.S.O. 5° Ouest. W. : N.O. 21°.— Lat. observée : 39° 36'; longit. arrivée : 19° 10'.

Le cap de Roque nous restant à l'Est. 1/4 S. E. 3° Est., distance : 13 lieues. A 1 heure, nous avons fait servir et signalé la route au S.S.O. du compas et donné signal au convoi de forcer de voiles. Au soleil couché, vu encore l'armée. Même temps pendant la nuit, gouverné toutes les voiles serrées au S. S. O.

VENDREDI 30. — Le vent au N. N. E., presque calme. Au jour, nous nous sommes trouvés ralliés au nombre de dix-neuf bâtiments : les cinq vaisseaux de guerre : le *Héros*, l'*Annibal*, le *Vengeur*, le *Sphinx* et l'*Artésien*, — et la *Fortune ;* les huit marchands : le *Grand-Bourg*, la *Sainte-Anne*, le *Maurepas*, le *Brisson*, l'*Union*, l'*Espérance*, les *Trois-Amis*, et la *Paix*, — et l'*Abondance*, navire suédois chargé pour le compte du roi. Nous avions de plus avec nous le cutter le *Clairvoyant*, commandé par M. de la Tullaye, escortant cinq petits bâtiments pour le Sénégal, où il allait relever le gouverneur et la garnison. Vu encore l'armée à 4 lieues dans l'Ouest.

<small>1. Le comte de Grasse, avec vingt vaisseaux, prit la route des Antilles. Suffren avait pour mission de protéger le Cap contre les attaques d'une flotte anglaise, sous les ordres du commodore Johnston.</small>

Mars 1781.

Depuis hier midi à la même heure aujourd'hui, la route corrigée a valu 16 lieues au Sud 4° Ouest. W. : N. O. 20°. — Lat. observée : 38° 48'; longit. arrivée : 19° 15'.

Madère nous restant au Sud, distance : 119 lieues. L'après-midi, le vent a varié du Nord au N. O., joli frais. Toute la nuit, route au S. S. O. du compas, sous les huniers.

SAMEDI 31. — Le vent au N. O., frais ; temps couvert ; grains et pluie. A 9 heures, la *Fortune* ayant signalé un bâtiment, on lui a donné ordre de le chasser. Dans la matinée, le vent a varié au S. O.

Depuis hier midi à la même heure aujourd'hui, la route corrigée a valu 24 lieues au Sud. 1° Est. W. : N. O. 19°. — Lat. observée : 37° 38'; longit. arrivée : 19° 14'.

Madère nous restant au Sud, distance : 94 lieues. A 6 heures, tiré un coup de canon et jeté des fusées pour faire rallier l'*Artésien* et la *Fortune*, qui chassaient un bâtiment. A 10 heures, ils nous ont rejoints. Grain et pluie pendant la nuit.

Avril 1781.

DIMANCHE 1ᵉʳ avril. — Le vent a varié du N. E. à l'E. N. E., frais ; temps couvert ; grains et pluie par intervalle. Gouverné au S. S. O. du compas.

Depuis hier midi à la même heure aujourd'hui, la route corrigée a valu 31 lieues au Sud 4° Ouest. W. : N. O. 19°. — Lat. observée : 36° 5'; longit. arrivée : 19° 20'.

Madère nous restant au Sud, distance : 64 lieues. A 1 heure, signal de ralliement. Pendant la nuit, même temps ; gouvernant au S. S. O.; bordant de temps en temps notre petit hunier.

LUNDI 2. — Le vent à l'E. N. E., bon frais ; grains et pluie par intervalle. Gouvernant toujours au S. S. O. Le matin, il est mort un soldat de la marine.

Depuis hier midi à la même heure aujourd'hui, la route corrigée a valu 39 lieues au Sud 1/4 S.O. 1° Sud. W. : N.O. 18°.—Lat. observée : 34° 9'; longit. arrivée : 19° 31'.

Madère nous restant au Sud 5° Ouest, distance : 25 lieues. A midi, signalé la route au S.O. 1/4 Sud du compas. A 6 heures, mis en travers, tribord amures, pour attendre le convoi. La nuit, même vent et même route, gouvernant à sec.

Vu l'île de Madère.

MARDI 3. — Le vent au N. E., joli frais ; temps clair. A 3 heures du matin, nous avons découvert l'île de Madère de l'avant à nous. A 4 heures, nous avons mis le cap au S. O. et en avons fait le signal.

Au lever du soleil, la pointe S. O. de Madère au S. E. ¹/₄ Sud 4° Sud, distance : 2 lieues ¹/₂. A midi, relevé la pointe Ouest de Madère au N.N.E. 4° Nord, distance : 8 lieues. W.: N. O. 18°.— Lat. observée : 32° 15' ; longit. arrivée : 19° 45'.

Avril 1781.

Le vaisseau le *Vengeur*, ayant parlé à des pêcheurs pour s'informer s'ils avaient connaissance d'une escadre anglaise, a cru comprendre dans leur langue qu'elle était déjà passée. Au coucher du soleil, relevé la pointe S.O. de l'île de Madère au Nord ¹/₄ N.E. Distance : 16 lieues. Pendant la nuit, vent au N. N. O. ; route au S. S. O. du compas, sous les huniers aux bas ris.

MERCREDI 4. — Le vent au N. O., joli frais ; temps clair. A 5 heures, donné ordre à la *Fortune* de chasser un bâtiment de l'avant à nous.

Depuis hier, le relèvement du coucher du soleil, à midi aujourd'hui, la route corrigée a valu 30 lieues au Sud 4° Ouest. W.: N.O. 18°. — Lat. observée : 30° 51' ; longit. arrivée : 19° 56'.

Pendant la nuit, même temps ; courant sous les huniers aux bas ris.

JEUDI 5. — Le vent au N. N. O., temps couvert. A 6 heures, fait signal de mettre en panne. Appelé à bord les canots des vaisseaux l'*Annibal* et le *Sphinx*. Nous avons débarqué dix soldats de la marine, que nous avons donnés au *Sphinx*. A 10 heures, signal de faire servir. A 11 heures, signal au cutter de passer à poupe. Le capitaine est venu à bord. Depuis hier midi à la même heure aujourd'hui la route corrigée a valu 19 lieues au Sud 5° Ouest. W. : N. O. 17° 30'. — Lat. observée : 29° 5' ; longit. arrivée : 20° 2'.

L'île de Palma nous restant au Sud, distance : 22 lieues. Pendant la nuit, même temps. Route au S. S. O.

VENDREDI 6. — Le vent a varié du Nord au N. N. E., temps couvert. Au jour, nous avons découvert l'île de Palma, nous restant au S. O. ¹/₄ Sud, distance : 10 lieues. Les courants paraissent nous avoir portés huit lieues dans l'Est depuis Madère, par la route que nous avons faite et par laquelle nous aurions dû atterrer dans l'Est de l'île de Palma. Route à l'O. S. O. 5° Sud du compas, et, à 8 heures, à l'Ouest ¹/₄ S. O. A 11 heures, venu à bord le canot du *Vengeur* avec un officier.

Vu l'île de Palma.

A midi, relevé le pic de Ténériffe, S. E. 1° Sud ; la pointe Est de l'île de Palma, Sud 5° Ouest (corrigé). W. : N. O. 18° 20. — Lat. observée : 29° 14' ; longit. arrivée : 20° 15.

Avril 1781.   A 2 heures, le capitaine du *Sphinx* est venu à bord. Au soleil couché, relevé la pointe de l'île de Palma au S. S. O., distance : 6 lieues. Gouverné pendant la nuit au S. O., le vent au N. N. E., frais.

Samedi 7. — Le vent a varié du Nord à l'E. N. E., presque calme ; temps couvert. A 5 heures, mis en travers pour attendre un bâtiment du convoi. Au lever du soleil, relevé la pointe N. O. de l'île de Palma à l'Est 1/4 S. E. (corrigé), distance : 5 lieues. A 9 heures, nous avons fait servir. A midi, relevé la pointe N. O. de l'île de Palma à l'Est 1/4 N. E. (corrigé), distance : 8 lieues. W. : N. O. 18°. — Lat. observée : 28° 38' ; longit. arrivée : 20° 36'.

Au coucher du soleil, relevé la pointe N. O. de Palme au N. E. 4° Est (corrigé), distance : 7 lieues. Pendant la nuit, petites fraîcheurs du Nord. Route au S. O. 1/4 Sud.

Dimanche 8. — Vent variable du S. O. à l'Ouest, presque calme. Jusqu'à midi à 9 heures, mis en panne pour faire rallier le convoi. A 10 heures, fait servir. Le capitaine de l'*Artésien* est venu à bord.

A midi, relevé la pointe N. O. de l'île de Palma, distance : 5 lieues, Nord 1/4 N. O. 4° Est ; le pic de Ténériffe, Est 2° Sud. ; le milieu de l'île de Gomera, Est 1/4 S. E. 4° Sud ; la pointe N. E. de l'île de Fer, S. E. (corrigé). W. : N. O. 16° 30'. — Lat. observée : 28° 18' ; longit. arrivée : 20° 16'.

Après-midi, le vent a varié de l'E. N. E. au N. N. O., joli frais. Au coucher du soleil, relevé la pointe N. O. de l'île de Palma au N. N. E. 5° Nord (corrigé), distance : 8 lieues. Pendant la nuit, gouverné au Sud, le vent à l'E. N. E.

Lundi 9. — Le vent au Nord, temps couvert. A 6 heures, le cutter avec les bâtiments de son convoi, s'est séparé de nous et a fait route pour le Sénégal. A 8 heures, rendu notre manœuvre indépendante et tenu le plus près du vent les amures à tribord. A 11 heures, viré de bord et rallié l'escadre. Il est mort un matelot.

A midi, relevé la pointe N. O. de l'île de Fer à l'Est 5° Nord (corrigé), distance : 8 lieues. W. : N. O. 16°. — Lat. observée : 27° 40' ; longit. arrivée : 20° 34'.

A 2 heures, mis le cap au S. O. 1/4 Sud. Au coucher du soleil, relevé le milieu de l'île de Fer au N. E. 1/4 Est, distance : 12 lieues. Pendant la nuit, même vent et même route.

Mardi 10. — Le vent a varié du N. E. au N. N. E., joli frais.

A 6 heures, rendu notre manœuvre indépendante. Nous avons tenu le plus près bâbord amures. A 9 heures, viré et rallié l'escadre.

Depuis le relèvement d'hier au soir à midi aujourd'hui, la route corrigée a valu 25 lieues au Sud 1/4 S. O. 4° Ouest. W. : N. O. 14° 47'. — Lat. observée : 26° 28'; longit. arrivée : 20° 56'.

L'île de Fer nous restant au N. N. E. 5° Est, distance : 29 lieues. A 8 heures, fait route au S. O. 1/4 Sud du compas. Toute la nuit, même vent et même route, courant sous les huniers amenés.

Mercredi 11. — Le vent au N. E., joli frais. Route au S.O. 1/4 Sud. A 9 heures, mis en travers pour laisser rallier les bâtiments de l'arrière. Donné ordre au *Sphinx* de prendre à la remorque le navire la *Sainte-Anne*, qui nous faisait trop perdre de chemin. A 10 heures, fait mettre la flotte en panne. Depuis hier midi à la même heure aujourd'hui, la route corrigée a valu 33 lieues au Sud 1/4 S. O. 3° Ouest. W. : N. O. 14° 30'. — Lat. observée : 24° 52'; longit. arrivée : 21° 22'.

Le cap Barbas nous restant au S. E. 1/4 Sud 3° Est, distance : 68 lieues. A 7 heures du soir, M. le vicomte de Sourches, colonel en second du régiment d'Austrasie, est mort. La nuit, même vent et même route, courant sous le petit hunier.

Jeudi 12. — Le vent au N. E., joli frais ; temps clair. A 7 heures, on a fait les obsèques de M. le vicomte de Sourches ; on lui a rendu les honneurs dus à un colonel employé. A 9 heures, on a amarré un soldat de la marine pour avoir volé.

Depuis hier midi à la même heure aujourd'hui, la route corrigée a valu 48 lieues au Sud 1/4 S. O. 3° Ouest. W. : N. O. 13°. — Lat. observée : 22° 30' ; longit. arrivée : 22° 1'.

Le cap Barbas nous restant à l'Est 1/4 S. E. 3° Est, distance : 131 lieues. A 1 heure, fait route au S. S. O. du compas. La nuit, même route.

Vendredi 13. — Le vent au N. E., joli frais. A 6 heures, signal au convoi de se rallier.

Depuis hier midi, à la même heure aujourd'hui, la route corrigée a valu 49 lieues 2/3 au Sud 1/4 S. O. 3° Sud. W. : N.O. 14°. — Lat. observée : 20° 2' ; longit. arrivée : 22° 25'.

L'île de Sel nous restant au S.O. 1/4 Sud, distance : 86 lieues. Nous nous sommes trouvés par la hauteur 5 lieues plus au Sud que l'estime. Route au S. S. O. du compas. La nuit, même vent courant sous le petit hunier.

Avril 1781.

Avril 1781.

SAMEDI 14. — Le vent au N. E., joli frais ; temps couvert. A 9 heures, signal d'étalinguer les câbles.

Depuis hier midi, à la même heure aujourd'hui, la route corrigée a valu 48 lieues au Sud 1/4 S. O. 1° Sud. W. : N. O. 13°. — Lat. observée : 17° 46' ; longit. arrivée : 22° 53'.

L'île de Bonavista nous restant à l'O. S. O., distance : 49 lieues 1/2. Route au S. S. O. le reste de la journée et pendant la nuit.

Vu l'île de Bonavista.

DIMANCHE 15. — Le vent au N. N. E., frais. A 9 heures, M. le chevalier de Suffren, étant décidé à relâcher à Santiago, tant pour y faire prendre de l'eau à quelques vaisseaux, que pour y réparer des avaries qu'avaient les navires l'*Espérance* et la *Sainte-Anne*, a fait mettre le cap à l'Ouest 1/4 N. O. du compas, pour aller atterrir sur Bonavista.

Depuis hier midi, à la même heure aujourd'hui, la route corrigée a valu 37 lieues au S. S. O. W.: N. O. 13°. — Lat. observée : 15° 56' ; longit. arrivée : 23° 34'.

L'île de Bonavista nous restant à l'Ouest, distance : 25 lieues. A 4 heures, nous avons découvert l'île de Bonavista. Signal de ne pas se conformer à notre manœuvre et nous avons forcé de voiles. A 5 heures 3/4, la pointe Nord de l'île de Bonavista au N. O. 4° Sud, et la pointe Sud à l'O. N. O. 2° Sud, distance : 8 lieues. Au coucher du soleil, relevé la pointe Nord au N. O. 1/4 Nord, et la pointe Sud à l'Ouest 1/4 N.O. 4° Nord, corrigé ; distance : 6 lieues. A 7 heures, nous avons mis en panne pour attendre le convoi. A 9 heures, fait route au S. O. du compas. Toute la nuit, même vent et même route.

Vu l'île de Mayo, puis l'île Santiago.

LUNDI 16. — Le vent au N. N. E., joli frais ; temps couvert. A 4 heures, nous avons vu l'île de Mayo et mis le cap au S.O. 1/4 Ouest du compas. Au soleil levé, relevé la pointe N. E. de l'île de Mayo au N. E. 1/4 Nord 3° Nord ; la pointe Sud au S. O. 1/4 Ouest, distance : 1 lieue, le tout corrigé.

A la même heure, signal à l'escadre et à la flotte de se préparer à mouiller. Nous avons donné l'ordre à la *Fortune* de chasser en avant et d'aller reconnaître la rade ; mais l'*Artésien* ayant demandé à chasser, on l'en a chargé, et la *Fortune* a eu ordre de faire l'arrière-garde et de ne mouiller qu'après le dernier bâtiment de la flotte. Elle avait ordre aussi de dire aux vaisseaux de prendre des distances un peu considérables, pour ne point se gêner en mouillant. A 6 heures, signal d'affourcher avec une petite ancre. A 8 heures 3/4, l'*Artésien* nous a fait signal que les bâtiments aperçus étaient ennemis ; il en a signalé en même temps quatre. Nos vigies les ont bientôt aperçus : quatre étaient mouillés à la Praya et un sous voile. Nous avons vu de dessus le pont les quatre bâtiments mouillés en tête de la baie, et un brick sous voile, qui faisait route pour le mouillage.

<small>Avril 1781

Bâtiments aperçus à la Praya; on se prépare au combat.</small>

Nous avons fait signal d'ordre de bataille ; mais, par une erreur, ayant signalé l'ordre renversé pour l'ordre naturel, nous avons aussitôt amené le premier et viré le dernier ; et, en même temps, signal de serrer la ligne, dont nous avons pris la tête. L'*Annibal* était près de nous, l'*Artésien* un peu sous le vent, le *Vengeur* et le *Sphinx* étaient encore loin dans nos eaux. Nous fîmes alors signal de forcer les voiles.

A mesure que nous avons accosté la terre au vent du mouillage, la pointe nous a caché les vaisseaux ; mais nous les avons bientôt découverts en approchant et nous avons reconnu cinq vaisseaux de guerre, ayant l'yacht à queue rouge à poupe, et l'un d'eux le guidon rouge aux grands mâts, trois frégates et environ trente-cinq à quarante bâtiments de convoi, ce qui ne nous a pas donné de doute que ce ne fût la division du commodore Johnston, destinée pour l'Inde, et que nous savions, par des neutres que nous avions visités, partie de Plymouth avant nous.

Nous commencions alors à approcher le mouillage. Nous étions sous les huniers amenés, que nous faisions même saccager, et nous voyions avec peine qu'à l'exception de l'*Annibal* et de l'*Artésien*, qui n'étaient pas bien loin, les deux autres ne nous approchaient que très lentement. Nous aurions voulu les attendre ; mais, en mettant en panne, nous craignions de tomber sous le vent du mouillage et des ennemis et d'être obligés de courir du bord pour nous relever. Cette manœuvre, d'ailleurs, eût donné aux

Avril 1781.

Combat de la Praya.

ennemis le temps de se reconnaître et de se préparer en cas d'affaire, ce que M. de Suffren voulait éviter.

Il se décida à commencer l'attaque, espérant être imité par les autres. A 11 heures, arborant le pavillon de poupe et le guidon, nous avons donné dans la baie, faisant feu des deux bords au milieu des bâtiments de guerre et de convoi; et nous avons mouillé par le travers d'un 74, à deux tiers de câble de distance. En présentant au vent, nous nous sommes trouvés aborder avec un bâtiment marchand, dont huit hommes sont montés à bord par le sabord de la première batterie; mais, en filant du câble nous avons débordé. Notre feu était des plus vifs, ainsi que celui des ennemis. L'*Annibal* avait mouillé un peu de l'avant et partageait avec nous le feu des bâtiments de guerre et celui de la mousqueterie des transports chargés de troupes, qui nous incommodait beaucoup.

L'*Artésien*, qui se trouvait auprès de nous lorsque nous mouillâmes et qui nous avait passé de l'arrière, manœuvra pour aborder un vaisseau de guerre[1]; mais au moment où M. de Cardaillac ordonnait de mouiller, il fut tué d'une balle de fusil. Deux de ses gens avaient déjà sauté à bord de l'ennemi. L'ordre de mouiller n'ayant pas été exécuté et le vaisseau n'étant plus retenu, déborda l'anglais et fut tomber sur un transport avec lequel il dériva au large. Le second, qui commandait la première batterie, ne put être averti assez tôt pour remédier au désordre qui devait naturellement résulter de la mort du chef. D'ailleurs, il ne pouvait être instruit du dessein du capitaine. (Il me semble que ces raisons devraient

---

1. Il paraît prouvé par la relation anglaise que ce n'était pas un vaisseau de guerre, mais la *Fortitude*, vaisseau de la Compagnie.

engager les capitaines à placer leurs seconds sur le gaillard. En cas d'un pareil accident il serait à portée de connaître et de faire exécuter la manœuvre ordonnée.)

Le *Vengeur* avait traversé les ennemis, en passant de l'arrière à nous, mais n'avait pas mouillé. Le *Sphinx* avait passé sous le vent de tous sans mouiller. Notre feu continuait toujours avec la même vivacité; mais nous souffrions beaucoup de celui des ennemis, qui n'était plus dirigé que sur nous et l'*Annibal*. Toutes nos manœuvres étaient hachées; nos haubans et plusieurs boulets dans nos mâts nous faisaient craindre pour eux. L'*Annibal* ne nous paraissait pas moins maltraité; son mât d'artimon avait été coupé au-dessous des jauteraux.

A midi, M. le chevalier de Suffren ne croyant pas pouvoir continuer le combat d'une manière aussi désavantageuse, voulut faire signal de couper le câble; mais toutes nos drisses coupées ne nous permirent pas de hisser le pavillon. Il donna ordre de couper, espérant que l'*Annibal* nous imiterait. Nous abattîmes sur tribord et dévadâmes. L'*Annibal* nous suivit bientôt, et déjà nous nous disposions à amariner dix à douze bâtiments anglais dévadés pendant le combat, lorsque nous eûmes la douleur de voir ce vaisseau, qui était à peine sorti de dessous le feu des ennemis, démâté de son grand mât et bientôt après de son mât de misaine.

Notre convoi était en panne au vent, depuis le commencement du combat. Nous lui avions fait signal de forcer de voiles et de continuer sa route pendant que nous serions occupés à combattre l'ennemi, et au *Sphinx* de prendre l'*Annibal* à la remorque. Les vaisseaux ennemis semblaient vouloir appareiller. Nous craignions qu'ils en voulussent à notre convoi; mais il forçait de voiles pour s'éloigner et nous espérions qu'il serait bientôt hors de portée.

Avril 1781.

A 3 heures, les vaisseaux de guerre ont mis sous voile, au nombre de cinq vaisseaux, trois frégates et un cutter. Peu après nous avons vu tomber le petit mât de hune d'un des vaisseaux. Ils ont tenu le vent en ligne pendant une demi-heure; ensuite ils sont arrivés sur nous en dépendant. La *Fortune* nous ayant joint, nous lui avons ordonné d'aller dire aux bâtiments de la flotte de continuer leur route pour leur destination et que nous ne pouvions plus les escorter; nous lui avons aussi dit d'amariner un bâtiment désemparé qui était dans nos eaux, ce qu'il a exécuté.

A 5 heures $\frac{1}{2}$, signal de route au Sud. Le *Grand-Bourg*, bâtiment de la flotte, qui était venu précédemment prendre les ordres du capitaine et qui avait été dire au *Sphinx* de se presser dans sa manœuvre, a repassé à poupe et a reçu ordre de continuer sa route pour sa destination.

La prise faite par la *Fortune* a aussi demandé nos ordres. On lui a crié au porte-voix de nous suivre et de forcer de voiles; mais, je ne sais pourquoi, elle est allée joindre la *Fortune*, qui faisait alors aussi route avec le convoi et sous le vent à nous. Un autre bâtiment de la flotte ennemie avait aussi été amariné par l'*Artésien* et faisait route avec le convoi. C'était un bâtiment de la Compagnie, nommé l'*Hinchinbroock*.

A 5 heures $\frac{1}{2}$, relevé la pointe N. E. de l'île Santiago, Nord $\frac{1}{4}$ N. E., la pointe S. O. au N. N. O., à 5 lieues de terre.

Les ennemis étaient arrivés sur nous en ligne de front et paraissaient vouloir nous attaquer. M. de Suffren fit alors signal d'ordre de bataille bâbord amures, et de se préparer à recommencer le combat, ce qui fut exécuté très promptement. Le *Sphinx* était en tête, ayant l'*Annibal* à la remorque, le *Héros*, le *Vengeur* et l'*Artésien*. Les ennemis n'étaient plus alors qu'à une portée et demie de canon;

mais ils retinrent le vent et leur manœuvre parut indécise ; ils conservèrent la même position et ne nous approchèrent plus[1].

Avril 1781

A 6 heures $\frac{1}{2}$, notre convoi était à 3 lieues sous le vent et conséquemment hors d'insulte. A la nuit, nous avons allumé nos feux de hune et de payse ; les ennemis n'en ont point mis.

A 8 heures $\frac{1}{2}$, nous les avons perdus de vue. Nous nous occupions à changer nos voiles, à boutonner et à épicer nos haubans et manœuvres, qui étaient presque tous coupés.

A 9 heures $\frac{1}{2}$, nous avons éteint nos feux et crié au *Sphinx* de faire route au S. S. E. Toute la nuit même route.

MARDI 17. — Le vent au N. N. E., joli frais. Au jour nous n'avons eu connaissance ni des ennemis, ni de notre convoi. Nous avons travaillé à nous regréer. Tous nos haubans ont été coupés, à l'exception de trois. Deux mâts de hune et la vergue sèche sont hors de service. Plusieurs boulets dans nos mâts nous ont forcé à les tous jumeler. Nous avons eu 90 hommes hors de combat, dont 23 tués pendant l'affaire et 11 morts les jours suivants de leurs blessures. M. le Roy, capitaine de brûlot, a eu le bras emporté, et M. de Châtillon, lieutenant dans le régiment d'Austrasie, a été blessé d'une balle au bras.

Perte générale.

L'*Annibal* a eu 200 hommes hors de combat, dont 70 tués ou morts de leurs blessures. Du nombre des morts,

---

1. Voici ce qu'écrivait Suffren à Mme de Seillans, sur le combat de la Praya, dans une lettre datée de l'Ile de France, 5 décembre 1781 :

« ..... La Praya pouvait et devait m'immortaliser ; j'ai manqué ou l'on m'a fait manquer une occasion unique. Avec mes cinq vaisseaux, je pouvais faire la paix et une paix glorieuse... Point du tout, ce combat est du nombre de ceux qui ne décident rien, qui se perdent dans la foule. L'on est blâmé, on approuve selon les affections, l'envie, le caprice et le hasard. » (Ortolan, *Monit. Univers.*, 5 nov. 1859.)

Avril 1781.

sont : M. de Trémigon, capitaine, commandant le vaisseau ; M. de Thiolay, officier auxiliaire ; M. de Mazan et M. de Mauni, officiers au régiment d'Austrasie ; MM. de Galles, de Kermadec, Rochemore et Vigni, garde de la marine, ont été grièvement blessés.

Il est fâcheux qu'on doive le démâtement total de ce vaisseau et une aussi grande perte à M. de Trémigon. Persuadé fermement qu'on n'attaquerait pas les ennemis, il n'avait fait qu'un léger branle-bas. Des malades, des bœufs étaient encore dans les batteries et personne n'était à son poste, qu'on tirait déjà sur le vaisseau.

On sent bien qu'il devint très difficile, pour ne pas dire impossible, de les y faire mettre sous un feu aussi vif et qui le devint encore plus, lorsque les ennemis s'aperçurent qu'on ne leur ripostait pas ou du moins très faiblement. Autant exposé que lui, on voit que notre perte fut moindre.

L'*Artésien*, a perdu son capitaine, M. le chevalier de Cardaillac, et quatre hommes tués et 18 blessés. Le *Vengeur* et le *Sphinx*, ... Les trois vaisseaux ont très peu souffert dans leurs manœuvres. Il est à présumer que, si les cinq vaisseaux eussent mouillé au milieu des ennemis, nous les aurions sûrement réduits.

Rapport des prisonniers.

Nous avons appris par les Anglais qui avaient sauté à bord, que cette escadre, commandée par le commodore Johnston, était partie d'Angleterre le 13 de mars et arrivée le 11 avril à Santiago. Seize bâtiments de transport, le vaisseau de guerre l'*Isis* et une frégate avaient été laissés, en passant à l'île de Mayo pour y faire leur eau et n'avaient joint l'escadre à la Praya que la veille du combat. Ils avaient aussi près de 2.000 hommes de troupes, commandées par le général Meidwons, le même officier qui commandait à la vigie de l'île Sainte-Lucie, lors de l'attaque de cette île par M. d'Estaing [1].

Avril 1781.

Il était public dans la flotte qu'ils allaient attaquer le cap de Bonne-Espérance. Nous pouvons croire que notre attaque, quoique infructueuse, servira du moins à nous faire arriver avant eux au Cap et à mettre cette possession hollandaise en sûreté. Je ne crois pas que les dommages que nous avons causés aux vaisseaux de guerre et surtout au convoi puissent leur permettre de mettre sous voiles de dix à douze jours.

Nous avons su que l'amiral d'Arby était parti des côtes d'Angleterre avec trente vaisseaux de ligne et un convoi pour ravitailler Gibraltar.

A 9 heures, les vaisseaux l'*Annibal* et l'*Artésien* ont rendu les honneurs funèbres à leurs capitaines; ils ont arboré pavillon et flamme à un mât, ont fait trois décharges de mousqueterie et tiré des coups de canon de distance en distance pendant la cérémonie.

Depuis le relèvement d'hier jusqu'aujourd'hui midi, la route corrigée a valu 33 lieues au S. S. E. 2° Sud. W. : N.O. 13°. — Lat. observée : 13° 7' ; longit. arrivée : 21° 1'.

Route pour le cap de Bonne-Espérance.

A 1 heure, signalé la route au S. S. E. A 2 heures 1/2, nous avons calé notre grand mât de hune. M. le commandeur s'est décidé, malgré le mauvais état de l'*Annibal*, à le mener avec lui, espérant trouver du bois de mâture au Cap. Pendant la nuit, même route, conservant le vaisseau l'*Annibal* remorqué par le *Sphinx*. Vent au N. N. E., frais.

---

1. Les vaisseaux et frégates de l'escadre anglaise étaient : le *Romney*, de 50, commodore G. Johnston, capitaine R. Howe ; — le *Héro*, de 74, capitaine Jame Hawker ; — *Jupiter*, de 50, capitaine Paisley ; — *Montmouth*, de 64, capitaine James Alms ; — l'*Isis*, de 50, capitaine Sutton ; — les frégates : l'*Active*, de 32, capitaine Mackensie ; — le *Jason*, de 32, capitaine Piggott — la *Diana*, de 32, capitaine Burnaby ; — l'*Infernal*, brûlot, capitaine Darby ; — *Terror*, galiote à bombe, capitaine Wood-Rattel ; — *Snake*, cutter, capitaine Clements ; — le *San-Carlos*, capitaine Boyle ; ce dernier était un vaisseau de 64, pris sur les Espagnols, qui avait été armé en flotte ; — le brûlot l'*Infernal* était le bâtiment que la *Fortune* avait amariné.

Avril 1781.

MERCREDI 17. — Le vent au N. E., temps couvert. A 9 heures, ordre d'envoyer les chaloupes à bord de l'*Annibal*, avec des charpentiers, calfats et gens de manœuvre, pour réparer les avaries et le regréer.

Depuis hier midi à la même heure aujourd'hui, la route corrigée a valu 35 lieues au S. E. $1/4$ Sud 4° Sud. W. : N. O. 11°. — Lat. observée : 11° 38' ; longit. arrivée : 24° 2'.

L'après-midi, travaillé à jumeler notre grand mât et notre grande vergue. A 5 heures $1/2$, signal de route au S. S. E. du compas. Même vent pendant la nuit.

JEUDI 19. — Le vent au N. N. E., faible. A 6 heures $1/2$, signal au *Sphinx* de chasser en avant. Le *Vengeur* a pris l'*Annibal* à la remorque.

Depuis hier midi à la même heure aujourd'hui, la route corrigée a valu 28 lieues $1/2$ au S. E. $1/4$ Sud 4° Est. W. : N.O. 11°. — Lat. observée : 10° 37' ; longit. arrivée : 23° 9'.

Dans la journée, nous avons travaillé à mettre en place les jumelles de notre grand mât et la grande vergue. Pendant la nuit, gouverné au S. S. E. ; même vent.

VENDREDI 20. — Le vent au N. E., presque calme ; temps couvert. Au jour, nous avons travaillé à notre mât d'artimon, qui a été fort endommagé d'un boulet dans les barres ; on lui a mis une jumelle.

Depuis hier midi à la même heure aujourd'hui, la route corrigée a valu 21 lieues au S. E. $1/4$ Sud 5° Sud. W. : N. O. 11°. — Lat. observée : 9° 3' ; longit. arrivée : 22° 38'.

Resté en travers une partie de la soirée. L'*Annibal* a mâté son grand mât de hune pour grand mât. Pendant la nuit, presque calme ; vent au N. E. Route au S. S. E. du compas.

SAMEDI 21. — Le vent au Nord, presque calme. Continué à travailler à remettre notre mât d'artimon en état et le regréer.

Depuis hier midi à la même heure aujourd'hui, la route corrigée a valu 15 lieues au S. E. $1/4$ Sud 5° Sud. W. : N. O. 10°. — Lat. observée : 8° 53' ; longit. arrivée : 22° 17'.

A 3 heures, nous avons envoyé notre bateau à bord de l'*Annibal*. Vu dans la journée beaucoup de requins et de bonites. Pendant la nuit, route au S. S. E. ; même vent.

DIMANCHE 22. — Le vent au N. E., petit frais. Vu à 2 heures du matin, beaucoup d'éclairs dans la partie N. O.

Depuis hier midi à la même heure aujourd'hui, la route corrigée a valu 21 lieues au S. S. E. 3° Est. — Lat. observée : 7° 54' ; longit. arrivée : 21° 48'.

Avril 1781.

Vu l'après-midi une grande quantité de poissons, requins et bonites. Nous avons envoyé à bord de l'*Annibal*. Pendant la nuit, même vent.

LUNDI 23. — Le vent au Nord, petit frais ; temps couvert. Le matin, nous avons eu un grain de pluie. A 8 heures, nous avons envoyé notre canot à l'*Annibal*, avec une vergue de perroquet.

Depuis hier midi à la même heure aujourd'hui, la route corrigée a valu 27 lieues au S. E. 1/4 Sud 4° Sud. W. : N. O. 10°. — Lat. observée : 6° 43' ; longit. arrivée : 21° 8'.

A 5 heures 50, éclipse de soleil. Le soir, nous avons eu un orage mêlé de pluie et, pendant la nuit, beaucoup d'éclairs dans le S. E.

Eclipse de soleil.

MARDI 24. — Le vent au Nord, presque calme ; temps clair. A 8 heures, signal au *Sphinx* de passer à poupe. A 9 heures, nous avons donné la remorque à l'*Annibal* et mis toutes voiles dehors. A midi, M. Daumartin, capitaine au régiment d'Austrasie, est tombé à la mer, de la galerie ; nous avions le bateau à la mer, il a été sauvé sur le moment.

Depuis hier midi à la même heure aujourd'hui, la route corrigée a valu 18 lieues au S. E. 1/4 Sud 5° Sud. W. : N. O. 11°. — Lat. observée : 5° 54' ; longit. arrivée : 20° 14'.

A midi 1/2, crié à l'*Annibal* de lâcher la remorque, à cause du calme. Même temps le soir et pendant la nuit.

MERCREDI 25. — Calme, temps couvert ; orage, pluie et vent variable dans la matinée. A 8 heures, mis le bateau à la mer pour nous écarter du *Vengeur*.

Depuis hier midi à la même heure aujourd'hui, la route corrigée a valu 5 lieues au S. O. 1° Sud. — Lat. observée : 5° 46' ; longit. arrivée : 20° 49'.

Le reste de la journée, presque calme à l'E. N. E. La nuit, même temps.

JEUDI 26. — Calme, temps couvert. Éclairs dans la partie du S. E. Dans la matinée, nous avons pris deux requins. Depuis hier midi à la même heure aujourd'hui, la route corrigée a valu 1 lieue 1/3. — Lat. observée : 5° 42' ; longit. arrivée : 20° 48'.

L'après-midi, le vent a varié de l'O. N. O. à l'O. S. O. Orage,

Avril 1781. pluie et tonnerre. Le soir, le vent ayant passé au N. E. faible, nous avons gouverné au S. S. E. du compas. Pendant la nuit, beaucoup d'éclairs dans le S. O.

VENDREDI 27. — Vent variable du Nord au N. N. O., faible. A 9 heures, travaillé à changer notre vergue de petit hunier, qui était cassée.

Depuis hier midi à la même heure aujourd'hui, la route estimée a valu 10 lieues au S. E. $^1/_4$ Sud 1° Sud. W. : N. O. 11°. — Lat. observée : 5° 18'; longit. arrivée : 20° 33'.

L'après-midi, pris deux sèches bien grosses. Calme et pluie presque continuelle. Le vent a varié au N. O., faible.

SAMEDI 28.— Le vent a varié du Nord au N. O. Depuis 1 heure $^1/_2$ à 2 heures, pluie et éclairs de tous les côtés. A 6 heures, nous avons mis en panne pour attendre l'*Annibal*, à qui nous avons donné la remorque. W. : N. O. 11°. — Lat. observée : 4° 6'; longit. arrivée : 20° 20'.

A 5 heures, signal de faire route au Sud. Le vent a passé à l'Est, frais. Amené nos bonnettes. Éclairs dans la partie du S. O.

DIMANCHE 29. — Vent variable du S. E. à l'Est. A 3 heures, calme. Fait larguer la remorque à l'*Annibal*. A 6 heures, le vent s'étant décidé au N. N. O., nous l'avons reprise.

Depuis hier midi à la même heure aujourd'hui, la route corrigée a valu 22 lieues au Sud $^1/_4$ S. E. 2° Sud. W. : N. O. 9° 30'. — Lat. observée : 3° 51'; longit. arrivée : 20° 10'.

A 9 heures, fait larguer la remorque à l'*Annibal* à cause du calme; mis le bateau à la mer pour nous écarter. Pendant la nuit, temps couvert; petites fraîcheurs du N. E.

LUNDI 30. — Variable du S. O. à l'O. S. O., presque calme. Au soleil levé, observé la variation. A midi, signal à l'*Artésien* de passer à poupe.

Depuis hier midi à la même heure aujourd'hui, la route corrigée a valu 8 lieues $^2/_3$ au S. E. $^1/_4$ Sud. W. : N. O. 11° 30'. — Lat. observée : 3° 29'; longit. : 19° 56'.

A 6 heures $^3/_4$, donné la remorque à l'*Annibal*. A 10 heures, nous l'avons fait larguer. Presque calme la nuit, éclairs dans le S. E.

Mai 1781. MARDI 1er MAI. — Le vent au S. O., faible; temps couvert. Au jour, vent à l'O. N. O., presque calme.

Depuis hier midi à la même heure aujourd'hui, la route corrigée a

valu 12 lieues au S. E. ¼ Sud. W. : N.O. 10° 30'. — Lat. observée : 2° 56'; longit. : 19° 38'.

À 2 heures, le vent a varié au Nord. Mis le cap au Sud. ¼ S.O. et en faisant le signal. Presque calme pendant la nuit.

Mercredi 2. — A 2 heures, le vent à l'O. S. O. Route au plus près, amures tribord.

Depuis hier midi à la même heure aujourd'hui, la route corrigée a valu 9 lieues au S. S. E. 3° Sud. — Lat. observée : 2° 36'; longit. arrivée : 19° 31'.

L'après-midi, le vent a varié du Nord au N. E.; grains, pluie, orage par intervalles. Même temps pendant la nuit.

Jeudi 3. — Le vent a varié du N. E. au S. O. par l'Ouest. Temps couvert et orage. Presque calme jusqu'à 5 heures. Observé la variation.

Depuis hier midi à la même heure aujourd'hui, la route corrigée a valu 12 lieues au S. S. E. 3° Sud. W. : N. O. 12°. — Lat. observée : 2° 2'; longit. arrivée : 19° 20'.

Pendant la nuit même temps, tenant le plus près, amures tribord.

Vendredi 4. — Le vent a varié de l'Ouest à l'O. S. O., faible. Grains et pluie forte par intervalles. Le matin, le canot de l'*Artésien* est venu à bord.

Depuis hier midi à la même heure aujourd'hui, la route corrigée a valu 13 lieues ⅔ au S. E. ¼ Sud 1° Sud. — Lat. observée : 1° 28'; longit. arrivée : 18° 57'.

Pendant la nuit, route au plus près, les amures à tribord.

Samedi 5. — Le vent a varié de l'Ouest au S. S. O., faible ; temps couvert. A 6 heures, le vent ayant passé au S. S. E., signal de virer de bord, vent devant.

Depuis hier midi à la même heure aujourd'hui, la route corrigée a valu 8 lieues au S.E. ¼ Est 5° Sud. — Lat. observée : 0° 53'; longit. arrivée : 18° 14'.

Le soir, vent à l'Ouest, très faible ; calme pendant la nuit.

Dimanche 6. — Vent variable du N. E. au S. E., presque calme ; temps clair.

Depuis hier midi à la même heure aujourd'hui, la route corrigée a valu 2 lieues au S. S. E. W.: N. O. 11°. — Lat. observée : 0° 46'; longit. arrivée : 18° 11.

Après-midi, fait la cérémonie du baptême. A 3 heures, il nous a tombé un homme à la mer. Le nommé Cabace, matelot, s'y est jeté,

Mai 1781.

Route pour le cap de Bonne-Espérance.

Le Baptême du tropique.

a pris le *Salva nos* et l'a conduit jusqu'à cet homme, qui ne savait pas nager ; il l'a établi dessus et on a été le chercher avec le bateau. Pluie l'après-midi. Pendant la nuit, le vent au S. S. E., petit frais. Route au plus près, les amures à bâbord.

Lundi 7. — Le vent a varié du S. E. au S. S. E. Temps couvert et pluie à 9 heures. Nous avons viré de bord et pris les amures à tribord.

Depuis hier midi à la même heure aujourd'hui, la route corrigée a valu 11 lieues au S. O. 5° Sud. W. : N. O. 10°. — Lat. observée : 0° 21' ; longit. arrivée : 18° 32'.

A 1 heure, pris les amures à bâbord. Route au S. O. $^1/_4$ Sud du compas. Pendant la nuit, même amure, même vent.

Mardi 8. — Le vent a varié de l'Est au S. E., joli frais ; temps couvert.

Depuis hier midi à la même heure aujourd'hui, la route corrigée a valu 14 lieues au S. S. O. — Lat. observée : 0° 19' ; longit. arrivée : 18° 48'.

A 2 heures, M. Le Roy, capitaine de brûlot, qui avait eu le bras emporté au combat du 16 avril, est mort de sa blessure ; on lui a rendu les honneurs dus à son grade. Pendant la nuit, même temps ; grains par intervalles.

Mercredi 9. — Le vent variable du Sud au S. S. E., petit frais. Envoyé le matin à bord de l'*Annibal*. A 11 heures, nous lui avons donné la remorque et embarqué notre bateau. Le capitaine du *Vengeur* est venu à bord.

Depuis hier midi à la même heure aujourd'hui, la route corrigée a valu 19 lieues au S. O. 5° Ouest. W. : N. O. 9°. — Lat. observée : 0° 55' Sud ; longit. arrivée : 19° 32'.

Pendant la nuit, grains et pluie ; même vent. Route au S.O. $^1/_4$ Sud du compas.

Route pour le cap de Bonne-Espérance.

Jeudi 10. — Vent variable du Sud au S. S. E., joli frais ; temps couvert.

Depuis hier midi à la même heure aujourd'hui, la route estimée a valu 25 lieues au S. O. 2° Ouest. — Lat. estimée : 1° 47' ; longit. arrivée : 20° 28'.

Pendant la nuit, même vent ; grains et pluie par intervalle.

Vendredi 11. — Le vent au S. S. E., frais ; temps couvert ; grains et pluie dans la matinée. Nous avons pris trois thons, vu plusieurs oiseaux.

Depuis hier midi à la même heure aujourd'hui, la route corrigée a valu 49 lieues 1/3 au S. O. 4° Ouest. W. : N. O. 9°. — Lat. observée : 2° 31 ; longit. arrivée : 21° 25'.

Même vent pendant la nuit. Route au plus près, bâbord amures.

Samedi 12. — Le vent au S. E., joli frais ; beau temps. Route au S. S. O. du compas.

Depuis hier midi à la même heure aujourd'hui, la route corrigée a valu 32 lieues au S. O. 1/4 Sud 2° Sud. — Lat. observée : 3° 50 ; longit. arrivée : 22° 21.

Pendant la nuit, même temps clair. Route au plus près, bâbord amures.

Dimanche 13. — Le vent au S. S. E. Temps couvert. Au plus près, bâbord amures.

Depuis hier midi à la même heure aujourd'hui, la route corrigée a valu 37 lieues au S. O. 1/4 Sud. W. : N. O. 8°. — Lat. observée : 5° 30' ; longit. arrivée : 23° 10'.

Pendant la nuit, même vent et même route.

Lundi 14. — Le vent a varié du S. S. E. au Sud, joli frais. Nous avons pris les amures à tribord.

Depuis hier midi à la même heure aujourd'hui, la route corrigée a valu 18 lieues au S. O. 4° Sud. — Lat. observée : 6° 11' ; longit. arrivée : 23° 46'.

L'après-midi, le vent ayant passé au S. E., joli frais, nous avons viré de bord, vent arrière et pris les amures à bâbord. Pendant la nuit, même route. Le vent a varié à l'E. S. E., faible.

Mardi 15. — Le vent a varié du S. E. à l'E. S. E., petit frais ; temps couvert. Envoyé, le matin, le bateau à bord de l'*Annibal* ; le capitaine est venu dîner à bord.

Depuis hier midi à la même heure aujourd'hui, la route corrigée a valu 19 lieues 3/4 au Sud, 1/4 S. O. — Lat. observée : 7° 9' ; longit. arrivée : 23° 58'.

Pendant la nuit, le vent a varié à l'Est. Route au Sud du compas.

Mercredi 16. — Le vent à l'Est, petit frais ; temps clair. Route au Sud 1/4 S. E. du compas.

Depuis hier midi à la même heure aujourd'hui, la route corrigée a valu 24 lieues au Sud, 3° Est. W. : N. O. 6° — Lat. observée : 8° 21' ; longit. arrivée : 23° 55.

L'après-midi, bonnettes hautes et basses, remorquant toujours l'*Annibal*. Le soir, le vent à l'E. S. E. nous les avons amenées. Pendant la nuit, même vent et même route.

Jeudi 17. — Le vent à l'Est, joli frais ; temps clair, belle mer.

Depuis hier midi à la même heure aujourd'hui, la route corrigée a valu 32 lieues au Sud, 5° Ouest. — Lat. observée : 9° 58'; longit. arrivée : 23° 51.

Pendant la nuit, le vent a varié jusqu'au S. S. E., joli frais. Couru le plus près du vent, les amures à bâbord.

Vendredi 18. — Le vent a varié de l'Est au S. S. E., joli frais ; temps clair.

Depuis hier midi à la même heure aujourd'hui, la route corrigée a valu 32 lieues $1/3$, au Sud $1/4$ S. O. 4° Ouest.— Lat. observée : 11° 32'; long. arrivée : 24° 20'.

Vu beaucoup de thons et poissons volants. Grosse mer du Sud. Pendant la nuit, même vent et même route.

Samedi 19. — Le vent au S. E., joli frais ; route au plus près, bâbord amures.

Depuis hier midi à la même heure aujourd'hui, la route corrigée a valu 34 lieues au S. S. O. 3° Sud. W. : N. O. 4°.— Lat. observée : 13° 8'; longit. arrivée : 24° 54'.

L'après-midi, venu à bord un canot du *Vengeur* avec un officier. Grosse mer du Sud. Pendant la nuit, même vent et même route.

Dimanche 20. — Le vent a varié du S. E. au S. S. E., temps couvert ; grosse mer du Sud.

Depuis hier midi à la même heure aujourd'hui, la route corrigée a valu 25 lieues $1/2$ au S. S. O. 4° Ouest. W. : N. O. 20'. — Lat. observée : 14° 17'; longit. arrivée : 25° 28'.

Pendant la nuit, même vent; route au plus près, bâbord amures.

Lundi 21. — Le vent au S. S. E., joli frais ; temps couvert. Pris deux bonites.

Depuis hier midi à la même heure aujourd'hui, la route corrigée a valu 26 lieues $1/2$ au S. O. $1/4$ Ouest 4° Sud. W. : N. O. 3°. — Lat. observée : 15° 7'; longit. arrivée : 26° 33'.

Pendant la nuit, même vent; grains et pluie par intervalles.

Mardi 22. — Le vent a varié du Sud au S. E., joli frais ; grains et pluie.

Depuis hier midi à la même heure aujourd'hui, la route corrigée a

valu 26 lieues 1/3 au S. O. 1/4 Sud 3° Ouest. W. : N. O. 2° 30. — Lat. observée : 16° 11'; longit. arrivée : 27° 23'.

Mai 1781.

Vu, pendant la journée, beaucoup d'oiseaux rassemblés et de différentes sortes. Pendant la nuit, même vent et même route.

MERCREDI 23. — Le vent au S. E., bon frais ; pluie et grains. A 11 heures, le grelin de la remorque a cassé. Grosse mer du Sud ; temps couvert.

Depuis hier midi à la même heure aujourd'hui, la route estimée a valu 26 lieues 1/4 au S. O. 1/4 Sud 4° Sud. W. : N. O. 2°. — Lat. observée : 17° 21'; longit. arrivée : 28° 1'.

Vu, l'après-midi, quantité d'oiseaux rassemblés. Pendant la nuit, pluie et grains par intervalles.

JEUDI 24. — Le vent a varié de l'Est à l'E. S. E., bon frais; temps couvert, grosse mer du Sud. Vu quantité d'oiseaux, gros comme des pigeons, blancs et le bout des ailes noir.

Depuis avant-hier midi à la même heure aujourd'hui, la route corrigée a valu 57 lieues au S. S. O. 4° Sud. W. : N. O. 2°. — Lat. observée : 18° 54'; longit. arrivée : 28° 20'.

L'après-midi, pris l'*Annibal* à la remorque. Pendant la nuit, nous trouvant à peu près par la latitude de l'île de la Trinité, et en doute sur sa longitude et la nôtre, nous avons mis deux heures en panne. Pendant la nuit, même vent.

VENDREDI 25. — Le vent à l'Est, joli frais ; au jour, nous avons découvert l'île de la Trinité, à tribord de l'avant à nous. Au lever du soleil, relevé l'île au S. O. et l'îlot principal au Sud. Il en paraissait encore un autre. Nous avons passé entre l'île de la Trinité et les îlots, ne pouvant pas leur passer au vent. Il y a, dans l'Ouest de l'île, un mouillage où l'on dit qu'on peut faire de l'eau. Nous avons vu une quantité immense d'oiseaux, mais surtout une espèce grosse comme un ramier, le ventre blanc, tout le reste du corps noir et deux longues plumes à la queue. A 10 heures 1/2, nous nous sommes trouvés entre l'île et les îlots au nombre de dix. L'île nous restant à l'Ouest, 1/4 S. O. 5° Ouest, 3 lieues 1/2 de distance, et l'îlot principal à l'Est 5° Nord, distant 2 lieues 1/2. La latitude de l'île est exactement comme la marquent les cartes du Dépôt, 20°.

Vu l'île de la Trinité.

Des observations de distance faites quelques jours avant à bord du *Héros* et de l'*Artésien*, s'accordant exactement, déterminent sa longitude à 31° 30'. M. Dapris l'a fixée à 32° 45', d'après le rapport de

Mai 1781. M. Duponcel-la-Haye, officier de la Compagnie, qui, en 1760, commandant la frégate la *Renommée*, vit cette île et de là fit vent arrière jusqu'au cap Frio, en reconnaissant l'île de l'Ascension. Je crois qu'un milieu entre ces deux positions serait assez exact.

Depuis hier midi à la même heure aujourd'hui, la route corrigée a valu 35 lieues au Sud, 3° Ouest. W. : N. O. 1°, — Lat. observée : 20° 39'; longit. arrivée, corrigée d'après les observations : 31° 30'.

A 3 heures, le grelin qui servait à remorquer l'*Annibal* a cassé. A 4 heures, pris un ris dans chaque hunier. Pendant la nuit, vent frais de l'Est à l'E. N. E. par rafales; pluie et grains par intervalles.

SAMEDI 26. — Le vent a varié de l'Est au N. E., bon frais. Route au plus près, les amures à bâbord. Au jour, nous avons vu le *Vengeur* sans vergue du grand hunier; il l'a remise dans la matinée.

Depuis hier midi à la même heure aujourd'hui, la route corrigée a valu 24 lieues au Sud $^1/_4$ S. E. 5° Sud. W. : N. O. 1°. — Lat. observée : 22° 20'; longit. arrivée ; 31° 10'.

L'après-midi, grains et pluie. L'*Annibal* se comporte très bien sans remorque. Nous sommes souvent obligés, pour le conserver, de mettre les quatre corps de voiles. Pendant la nuit, même vent et même route, au plus près, les amures à bâbord.

DIMANCHE 27. — Le vent a varié de l'E. N. E. au N. E., bon frais; temps couvert; grains et pluie. Grosse mer du S. E. A 11 heures, signal de ralliement.

Depuis hier midi à la même heure aujourd'hui, la route corrigée a valu 35 lieues $^1/_2$ au S. E. $^1/_4$ Sud 1° Sud. — Lat. observée : 23° 48'; longit. arrivée : 30° 13'.

L'après-midi, le vent a varié au N. N. E., joli frais. Pendant la nuit, même temps.

LUNDI 28. — Le vent au N. N. E., joli frais; temps clair. Route à l'E. S. E. du compas. A 10 heures, nous avons fait signal au *Vengeur* de nous passer à poupe. Nous avons mis en panne et envoyé chercher M. Joly, lieutenant de frégate, que M. le commandeur prend à son bord, homme pratique de l'Inde. M. Amiel, officier auxiliaire, va le remplacer à bord du *Vengeur*. A 11 heures, nous avons fait servir.

Depuis hier midi à la même heure aujourd'hui, la route corrigée a valu 37 lieues $^1/_2$ au S. E. $^1/_4$ Est, 3° Sud. — Lat. observée : 24° 55'; longit. arrivée et observée : 28° 34'.

L'après-midi, nous avons pris l'*Annibal* à la remorque. Pendant la nuit, le vent au N. E. ; joli frais. Route au S. E. ¼ Est, toutes voiles dehors.

Mai 1781.

Mardi 29. — Le vent au Nord ; joli frais ; temps clair. Route au S. E. ¼ Est du compas.

Depuis hier midi à la même heure aujourd'hui, la route corrigée a valu 31 lieues au S. E. 3° Sud. — Lat. observée : 26° 5' ; longit. arrivée : 27° 24'.

Le reste de la journée et pendant la nuit, même vent et même route.

Mercredi 30. — Le vent a varié du N. E. au Nord, joli frais ; temps clair.

Route pour le cap de Bonne-Espérance

Depuis hier midi à la même heure aujourd'hui, la route corrigée a valu 34 lieues ½ au S. E. ¼ Sud, 2° Sud. W. : N. O. 1° 30'.— Lat. observée : 27° 14' ; longit. arrivée : 26° 24'.

A 2 heures, l'*Annibal* a lâché la remorque en nous criant qu'il avait un homme tombé à la mer. Il en a fait signal et tiré un coup de canon pour faire faire attention aux vaisseaux qui le suivaient. On n'a pas pu retrouver l'homme. Vu une baleine. Le reste de la journée et pendant la nuit, même vent et même route au plus près, bâbord amures.

Jeudi 31. — Le vent au N. N. E., joli frais ; beau temps ; belle mer. A 9 heures, nous avons mis la chaloupe à la mer, pour ôter de la cale notre ancre d'espérance et la mettre à la place de celle laissée à Santiago.

Depuis hier midi à la même heure aujourd'hui, la route corrigée a valu 29 lieues au S. E. ¼ Est 2° Est. — Lat. observée : 28° 15' ; longit. arrivée : 24° 48'.

Le reste de la journée et pendant la nuit, même vent et même route.

Vendredi 1ᵉʳ juin. — Le vent a varié du N. O. au Sud, joli frais ; temps clair. A 11 heures, mis le bateau à la mer et envoyé à bord de l'*Annibal*.

Juin 1781.

Depuis hier midi à la même heure aujourd'hui, la route corrigée a valu 19 lieues ⅔ au S. E., ¼ Est 1° Est. W. : N. O. 3°. — Lat. observée : 28° 17' ; longit. arrivée : 23° 57'.

L'après-midi, le vent a passé au S.E., grosse mer ; pluie et grains. Nous nous sommes mis au bas ris. Pendant la nuit, même vent ; route au plus près, les amures tribord.

Juin 1781.

SAMEDI 2. — Le vent au S. E., frais ; temps couvert ; grosse mer. A 6 heures, signal de virer de bord vent arrière, et prendre les amures à bâbord. A 9 heures, nous avons dit à l'*Annibal* de larguer la remorque. Envoyé dire par l'*Artésien* au *Sphinx* de se rallier.

Depuis hier midi à la même heure aujourd'hui, le route corrigée a valu 19 lieues au N. E. 1/4 Est 5° Nord. W. : N. O. 3° 30'. — Lat. observée : 28° 11' ; longit. arrivée : 23° 5'.

Pendant la nuit, route au plus près, bâbord amures.

DIMANCHE 3. — Le vent a varié de l'E. N. E. au N. E., joli frais ; temps couvert. A 6 heures, cargué le grand hunier. Déchiré en larguant les ris. A 11 heures, nous avons signalé la route au S. E. du compas.

Depuis hier midi à la même heure aujourd'hui, la route corrigée a valu 28 lieues au Sud 8° Est. W. : N. O. 3° 50'. — Lat. observée : 29° 36' ; longit. arrivée : 23° 1'.

Pendant la nuit, même vent et même route.

LUNDI 4. — Le vent a varié du N. N. E. au N. E., joli frais. A 7 heures, signalé à l'*Annibal* de nous passer à poupe ; nous l'avons pris à la remorque.

Depuis hier midi à la même heure aujourd'hui, la route corrigée a valu 33 lieues 1/3 au S.E. 1/4 Sud 1° Est.W.: N.O. 4°.—Lat. observée : 30° 58' ; longit. arrivée : 21° 54'.

L'après-midi, mis le cap à l'E. N. E. du compas. La nuit, même route.

MARDI 5. — Le vent a varié du N. E. au N. N. E., frais. A 10 heures, l'*Artésien* a fait signal d'un homme à la mer ; il a été sauvé.

Depuis hier midi à la même heure aujourd'hui, la route corrigée a valu 34 lieues au S. E. 1/4 Est 4° Est. W. : N. O. 4° 30'. — Lat. observée : 30° 58' ; longit. arrivée : 20° 12'.

Pendant la nuit, même vent. Route au plus près bâbord amures.

MERCREDI 6. — Le vent a varié de l'E. N. E. au N. N. E., frais, temps couvert.

Depuis hier midi à la même heure aujourd'hui, la route estimée a valu 38 lieues 1/3 au S.E. 1/4 Est 2° Est.W. : N.O. 6°.— Lat. estimée est : 32° 57'. — longit. arrivée : 18° 21'.

Pendant la nuit, même vent. Route à l'E. S. E. du compas.

JEUDI 7. — Le vent a varié du N. E. à l'E. N. E., faible ; temps couvert et pluie.

Depuis avant-hier midi à la même heure aujourd'hui, la route corrigée a valu 72 lieues au S. E. 1/4 Est, 2° Est. W. : N. O. 6°. — Lat. observée : 33° 45' ; longit. arrivée : 16° 36'.

Juin 1781.

Pendant la nuit, même vent. Route au S. E. 1/4 Est du compas.

VENDREDI 8. — Le vent a varié de l'E. N. E. au N. N. E., frais; temps couvert.

Depuis hier midi à la même heure aujourd'hui, la route corrigée a valu 30 lieues 1/2 au S. E. 1/4 Sud 4° Est. — Lat. observée : 34° 57' ; longit. arrivée : 15° 28'.

Pendant la nuit, grains et pluie. Même vent et même route.

SAMEDI 9. — Le vent au N. N. E., frais; temps couvert. Route au plus près, bâbord amures.

Depuis hier midi à la même heure aujourd'hui, la route corrigée a valu 29 lieues 2/3 au S. E. 1/4 Est 4° Est. — Lat. observée : 35° 41'; longit. arrivée : 13° 58'.

Pendant le reste de la journée et la nuit, même vent et même route.

DIMANCHE 10. — Le vent au N. N. E., bon frais. A 6 heures 1/2, le *Vengeur* a signalé un bâtiment étranger. Nous avons fait signal de chasse à tous les vaisseaux en continuant de garder l'*Annibal* à la remorque. A 9 heures, signal aux vaisseaux chasseurs de ne point perdre l'escadre de vue, et, aux vaisseaux les plus près de répéter les signaux.

Depuis hier midi à la même heure aujourd'hui, la route estimée a valu 37 lieues 1/2 à l'Est 4° Sud. — Lat. observée : 35° 49'; longit. arrivée : 11° 44'.

A 2 heures 3/4, les vaisseaux chasseurs ont demandé à continuer la chasse. A 4 heures, signal de ralliement. Comme ils étaient à 5 lieues de nous, il n'a pas été vu et ils ont continué de chasser. A la nuit, nous avons mis des feux et tiré des fusées de distance en distance. A 8 heures, nous avons aperçu nos vaisseaux avec leur fanal de poupe. Nous avons mis alors le cap à l'Est du compas.

Pendant la nuit, même vent et même route.

LUNDI 11. — Le vent au Nord, frais ; temps couvert ; grosse mer du S. E.

Depuis avant-hier midi à la même heure aujourd'hui, la route corrigée a valu 81 lieues à l'Est 4° Sud. — Lat. observée : 35° 59'; longit. arrivée : 9° 1'.

Juin 1781.

Après-midi, le *Vengeur* nous a passé à poupe et nous a dit qu'il croyait le bâtiment chassé hollandais, qu'il en était à 2 lieues en levant chasse. A 4 heures, mis les vergues de perroquet bas. Pendant la nuit, route à l'Est du compas. Même vent, grosse mer du S. E.

MARDI 12 — Le vent a varié du N. N. O. au N. O., frais ; grains et petite pluie.

Depuis hier midi à la même heure aujourd'hui, la route estimée a valu 45 lieues 1/2 à l'Est 1/4 N. E. 5° Est. — Lat. estimée : 35° 45'; longit. arrivée : 6° 14'.

A 3 heures, nous avons largué nos ris aux deux huniers. Pendant la nuit, même vent. Route à l'Est 5° Nord du compas.

Route pour le cap de Bonne-Espérance.

MERCREDI 13. — Le vent à l'Ouest, faible ; temps brumeux. A 5 heures, nous avons mis les bonnettes hautes et basses. A 9 heures, dit au vaisseau l'*Annibal* de larguer la remorque, à cause du calme.

Depuis avant-hier midi à la même heure aujourd'hui, la route corrigée a valu 71 lieues 2/3 à l'E. N. E. 5° Est. — Lat. observée : 35° 21' ; longit. arrivée, observée par des distances : 4° 41'.

A 1 heure, le vent ayant fraîchi au N. N. O., nous avons repris l'*Annibal* à la remorque. Pendant la nuit, même vent ; route à l'Est 5° Nord du compas.

JEUDI 14. — Le vent au N. O., frais ; temps clair; belle mer. Au jour, mis nos bonnettes hautes et basses. A 10 heures, signal de marche sur deux colonnes.

Depuis lundi midi à la même heure aujourd'hui, la route corrigée a valu 119 lieues à l'Est 1/4 N. E. W. : N. O. 14° 30'. — Lat. observée : 34° 55' ; longit. arrivée : 2° 19'.

A 3 heures, le grelin qui nous servait à remorquer l'*Annibal* a cassé dans un grain ; donné ordre au *Sphinx* de le prendre à la remorque. Comme il s'est laissé arriérer, il a tiré une fusée à 5 heures 1/2, en faisant servir. Pendant la nuit, même vent et même route.

VENDREDI 15. — Le vent au N. O., frais; temps couvert. A 7 heures, signal de faire route à l'Est 1/4 S. E. du compas.

Depuis hier midi à la même heure aujourd'hui, la route corrigée a valu 50 lieues à l'Est 1/4 N. E. 2° Est. — Lat. observée : 34° 31' ; longit. arrivée : 5° 19'.

A 2 heures, la remorque de l'*Annibal* a cassé. Nous avons mis en panne, et le *Sphinx* lui a reporté un autre grelin à bord. Pendant la nuit, même vent et même route.

SAMEDI 16. — Le vent au N.O., frais ; temps couvert. A 8 heures, nous avons mis le cap à l'Est 5° Sud du compas.

Juin 1781.

Depuis hier midi à la même heure aujourd'hui, la route corrigée a valu 57 lieues 1/2 à l'Est 3° Nord. — Lat. observée : 34° 30' ; longit. arrivée : 8° 45'.

Après-midi, la remorque de l'*Annibal* a cassé. Diminué de voiles pour le conserver. Pendant la nuit, même temps et même route.

DIMANCHE 17. — Le vent à l'Ouest, joli frais ; temps couvert. A 7 heures, vu un bâtiment dans le N. E. Signal à l'*Artésien* et au *Vengeur* de le chasser, de ne pas perdre l'escadre de vue. Signal d'étalinguer les câbles.

Depuis hier midi à la même heure aujourd'hui, la route corrigée a valu 45 lieues à l'Est. 1/4 N. E. 2° E. — Lat. observée : 34° 8' ; longit. arrivée : 11° 30'.

A 1 heure, l'*Artésien* a signalé un homme à la mer et mis en travers. A 2 heures, signal de ralliement. A 4 heures, mis le cap à l'E. S. E. 5° Sud du compas. La nuit, même route et même vent.

LUNDI 18. — Le vent à l'Ouest, joli frais. A 7 heures, signal au *Vengeur* de nous passer à poupe. Temps clair. Route à l'E. S. E. 5° Sud du compas.

Depuis hier midi à la même heure aujourd'hui, la route corrigée a valu 37 lieues 1/2 à l'Est 1° Sud. W.: N. O. 21° 30'. — Lat. observée : 34° 9' ; longit. arrivée : 13° 46'.

A 4 heures, signalé la route au S. E. du compas. Presque calme pendant la nuit. Continué la même route.

MARDI 19. — Le vent à l'Ouest, faible ; temps couvert ; route au S. E. du compas. Depuis hier midi à la même heure aujourd'hui, la route corrigée a valu 19 lieues. — Lat. observée : 34° 36'; longit. arrivée : 14° 19'.

Route pour le cap de Bonne-Espérance.

L'après-midi, signal aux vaisseaux le *Sphinx* et le *Vengeur* de chasser en avant, et, à la nuit, signal de ralliement. A 8 heures du soir, route à l'E. S. E. du compas.

MERCREDI 20. — Le vent à l'O. N. O., frais. A 1 heure, signal de mettre en panne, tribord amures. Sondé sans trouver de fond. A 6 heures, signal de faire servir, et, peu après, vu la terre. Au lever du soleil, relevé la montagne de la Table E. N. E. 5° Nord.; la Croupe du Lion, distance 9 lieues, E. N. E. (corrigé).

En même temps, nous avons fait route à l'E. S. E. du compas

Juin 1781.

pour aller au mouillage de False-Bay. A 3 heures $^3/_4$, nous avons fait nos signaux de reconnaissance, auxquels on n'a pas répondu. La Croupe du Lion avait un pavillon bleu. Nous avons vu un bâtiment au vent et un sous le vent. A 9 heures $^3/_4$, route au S. E. $^1/_4$ Est.

A midi, relevé : L'île Robben, N. N. E. 5° Nord ; le cap de Bonne-Espérance, distance 3 lieues, Est $^1/_4$ N. E. 2° Est ; le cap False, Est 5° Nord (corrigé).

A 1 heure $^1/_2$, voyant un bâton de pavillon sur le Cap, nous avons tiré trois coups de canon, comme signal de reconnaissance. On ne nous a répondu par aucun signal. A 2 heures, M. le commandeur de Suffren, qui, pour la campagne, a les honneurs et prérogatives de chef d'escadre [1], a arboré le pavillon carré au mât d'artimon, qu'il doit garder au-delà du cap de Bonne-Espérance. Il a été salué d'un cri de « Vive le roi! » Nous avons passé à un mille du rocher appelé le Soufflet et en nous présentant à l'ouverture de False-Bay, les vents nous ont refusé et nous n'avons porté qu'à l'Est $^1/_4$ N. E., au plus près, les amures bâbord.

Il y a une roche sur laquelle s'est perdu le *Cole-Brooke*, vaisseau anglais, en 1778, et qui a été placée sur une carte anglaise à l'Est $^1/_4$ N. E. du cap de Bonne-Espérance. A une lieue de distance, elle reste au N. E. du Soufflet. Il est prudent, si les vents ne vous permettent pas de passer très près de terre en dedans de cette roche, de ne faire valoir la route que le N. E. au plus, pour passer à 2 milles de cette roche, dont la position est encore incertaine. Nous avons louvoyé toute la soirée dans la baie pour attraper le mouillage. Le *Sphinx*, en virant de bord, a cassé le grelin qui lui servait à remorquer l'*Annibal*.

Au coucher du soleil, relevé : le cap de Bonne-Espérance, S. O. $^1/_4$ Sud ; le cap False, S. E. $^1/_4$ Est ; le mouillage, O. N. O. 5° Ouest (corrigé).

Mouillé à False-Bay.

Le mouillage se distingue aisément par deux dunes de sable. A 10 heures $^1/_4$, le vent étant devenu très frais au N.O., avec grains et pluie, nous avons fait signal de mouillage. En virant de bord, nous avont déchiré notre grand hunier et le perroquet de fougue. A 11 heures $^1/_2$, nous avons mouillé par les 23 brasses, fond de sable

---

1. Lettre à M⁻ d'Alais. (Voir la note de la page 263.)

et coquillages rompus. Passé la nuit au mouillage ; nous y avons pris une très grande quantité de poissons.

Juin 1781.

JEUDI 21. — Le vent au N. N. E. ; grains et pluie et rafales très fortes. A 3 heures, filé jusqu'à un câble et demi. Au jour, nous ne nous sommes trouvés que quatre vaisseaux. Nous avons été dans la plus grande peine pour le *Sphinx*, dans la crainte qu'il n'eût donné dans quelque roche, pendant la nuit, en courant du bord. A 9 heures 1/2, nous avons fait signal d'appareiller. Envoyé notre canot à bord de l'*Annibal*.

Relèvement du mouillage : le cap False, S. E. 3° Sud ; le cap de Bonne-Espérance, S. O. 1/4 Ouest ; le mouillage de Simons-Bay, distant 1 lieue 1/2 N. O. (corrigé).

A 10 heures, nous avons appareillé et trouvé notre câble fort endommagé. Nous avons louvoyé toute la soirée pour aller au mouillage de Simons-Bay. Nous étions inquiets de ne voir aucun signal de reconnaissance, quoique le pavillon fût arboré devant la maison du commandeur, lorsqu'à 4 heures, nous avons distingué sur la montagne où sont les dunes de sable un petit pavillon rouge sur un blanc. Signal convenu. A 6 heures, nous avons mouillé dans Simons-Bay par les 10 brasses. Fond de sable fin.

Mouillé à Simons-Bay.

Relèvement du mouillage : les rochers de Romans-Cliff, Est 5° Sud ; l'île des Pingoins, S. E. 1/4 Est ; le milieu de l'Hôpital, O. S. O. ; le bâton de pavillon de la Montagne, N. N. O. 5° Ouest.

Aussitôt que nous avons eu mouillé, M. Brand, commandant, accompagné de M. Gordon, commandant les troupes du Cap, sont venus féliciter le général sur son arrivée. Nous n'avons trouvé dans la baie qu'un bâtiment danois de la Compagnie. A 8 heures, le *Vengeur* est venu mouiller auprès de nous.

VENDREDI 22. — Le vent au S. O., bon frais ; grains très forts, mêlés de pluie. A 4 heures, nous avons un peu chassé et tombé sur le vaisseau danois ; en même temps, nous avons calé nos mâts de hune. Le matin, nous nous sommes un peu plus enfoncés dans la baie et avons affourché N. E. et S. O. L'ancre du N. E. empennelée. A 1 heure après-midi, le vaisseau l'*Artésien* est entré dans la baie ; à 2 heures, il est venu mouiller dans la baie. Il a été obligé, dans la nuit du 20, de dévader en faisant vent arrière pour relever une ancre qu'il avait voulu mouiller et qui n'avait pas tenu. Pendant la nuit, vent variable du S. O. à l'Est.

Juin 1781.
Mouillé à Simons-Bay.

SAMEDI 23. — Vent variable de l'Ouest au Sud, faible. Envoyé un officier à bord de l'*Annibal* qui, à 11 heures, a mouillé dans la baie de Simons. Pendant la journée, nous avons débarqué nos malades, que nous avons transportés dans l'hôpital. Comme il n'y avait pas assez de place pour tous ceux de l'escadre, nous avons dressé des tentes pour en loger une partie. L'établissement de Simons-Bay n'a été fait que pour les vaisseaux de la Compagnie, qui y viennent passer la mauvaise saison. Le gouverneur du Cap y a un assez beau logement, attenant à celui du commandant. Il n'y a d'ailleurs que cinq ou six maisons de particuliers et un grand magasin pour les effets nécessaires aux bâtiments de la Compagnie.

DIMANCHE 24. — Le vent au S. S. E., presque calme.

Le général est parti pour le Cap, afin de tâcher d'avoir le plus tôt possible les bois nécessaires pour remâter l'*Annibal*. Le matin, nous avons débarqué le régiment d'Austrasie et les cent hommes d'artillerie et une partie du régiment de Pondichéry. Il sont partis pour le Cap, où ils doivent servir de garnison. Le secours était attendu avec impatience. La frégate la *Fine*, arrivée le 12 mai et repartie le 24 pour l'Ile de France, avait annoncé le départ de l'escadre anglaise et de la nôtre avec un convoi, et l'on avait été dans la plus grande alarme de notre arrivée, dans la crainte que ce ne fût l'escadre anglaise. La garnison du Cap ne montait qu'à 400 hommes de troupes régulières et les canons de différentes batteries, à la réserve d'une douzaine de fonte, étaient tous presque hors d'état d'être tirés; de sorte que, si M. Johnston n'eût pas relâché à Santiago, ce qui l'aurait fait arriver quinze jours avant nous, il se serait sûrement emparé du Cap avec la plus grande facilité. Nous avons relevé avec nos troupes de la marine un poste de 50 hommes établi à Simons-Bay, qui ont été rejoindre la garnison du Cap.

LUNDI 25. — Le vent au Sud, joli frais; temps clair. Le soir, le général est venu du Cap. Il n'y a trouvé que neuf pièces de bois pour le remâtement de l'*Annibal*, ce qui sera fort loin de lui suffire.

MARDI 26. — Calme. Nous avons commencé à faire de l'eau; elle se prend à une fontaine à côté de Mayarin. On peut en faire jusqu'à 80 barriques dans 24 heures. On peut encore en prendre dans un ruisseau qui se jette dans la mer, un peu au-dessous de la maison du gouverneur.

MERCREDI 27. — Calme. Le général a donné un ordre à M. de

Ruyter, lieutenant à pied, de prendre le commandement du vaisseau le *Héros*. Envoyé, de grand matin, le bateau dans la rade de False pour y pêcher ; le poisson y est fort abondant.

Juin 1781.

JEUDI 28. — Le vent a varié de l'Est au N. O. ; frais par rafales. M. Percheron de Mouchy, agent de France, est venu à bord. En descendant, il a été salué de sept coups de canon.

VENDREDI 29. — Calme ; petites fraîcheurs dans la journée de la partie du Nord.

SAMEDI 30. — Le vent à l'Est, faible ; temps clair. Au jour, nous avons aperçu quatre bâtiments marchands ; nous leur avons fait les signaux de reconnaissance de notre convoi, et ils y ont répondu. A mesure qu'ils se sont approchés, nous les avons reconnus pour le *Brisson*, le *Maurepas*, les *Trois-Amis* et le *Grand-Bourg*. L'après-midi, ils ont mouillé dans Simons-Bay ; ils nous ont salué de treize coups de canon et on leur en a rendu sept. Le soir, il est arrivé un bâtiment danois, venant de l'Inde ; il a été visité et les papiers ont été trouvés en règle.

DIMANCHE 1ᵉʳ JUILLET. — Calme. Au jour, le bâtiment danois nous a salué de onze coups de canon ; nous lui en avons rendu cinq. Hier, M. de Beaulieu a été nommé au commandement du vaisseau l'*Artésien ;* M. de la Bossière était venu la veille déclarer au général que l'état de sa fortune ne lui permettait pas de le garder.

Juillet 1781.

LUNDI 2. — Le vent au S. O., faible ; temps couvert. L'autre partie du régiment embarqué sur les quatre bâtiments du convoi a été débarquée, ne laissant que deux ou trois malades ; il est parti pour se rendre au Cap. Le général s'étant décidé à envoyer l'*Artésien* à False-Bay, pour y charger des vivres et des bois de mâture, qui ne peuvent venir par terre, on a envoyé des détachements de matelots à bord de ce vaisseau ; nous avons fourni 37 hommes. Travaillé à décharger le navire le *Grand-Bourg* de ses poudres, afin de l'envoyer aussi au Cap pour y être chargé.

MARDI 3. — Le vent au Sud, joli frais. Calme pendant la nuit.

MERCREDI 4. — Le vent au N. E., faible ; temps clair. A 2 heures du matin, le vaisseau l'*Artésien* a appareillé pour aller au Cap. Travaillé à faire du bois ; il est très rare et difficile à faire ; nous avons trouvé sur la montagne au N. N. O. du mouillage.

JEUDI 5. — Calme. Pendant la nuit, temps clair.

Juillet 1781.

VENDREDI 6. — Le vent au N. O., joli frais; temps couvert; pluie par intervalles.

SAMEDI 7. — Le vent au N. N. O., joli frais; temps couvert et pluie.

DIMANCHE 8. — Le vent au N. O., faible; temps couvert. Dans la journée, nous avons travaillé à suspendre notre hune de misaine pour changer les barres maîtresses. A 4 heures, le *Grand-Bourg* est parti pour le Cap.

LUNDI 9. — Calme, pendant la journée. A 4 heures du matin, notre canot est parti pour aller à la chasse des veaux marins, sur l'île de la Madeleine; on en a tué une douzaine qui ont été enlevés par un coup de mer en les embarquant.

MARDI 10. — Le vent au N. E., joli frais; temps couvert; pluie par intervalles.

MERCREDI 11. — Le vent a varié de l'O. N. O. à l'Ouest, faible. Nous avons envoyé sur l'île de la Madeleine notre canot à la recherche de celui du *Vengeur*, qui y avait été hier à la chasse des veaux marins. Il s'est perdu sur l'île; heureusement tout le monde s'est sauvé sans accident et notre canot les a ramenés. Le canot et la chaloupe du *Sphinx* et le canot de l'*Annibal* se sont échoués à terre, en allant chercher du bois.

JEUDI 12. — Le vent au N. E., frais; temps couvert; pluie toute la journée.

VENDREDI 13. — Le vent à l'O. N. O., petit frais; temps couvert; pluie par intervalles. A 3 heures après-midi, le vaisseau le *Sphinx*, mouillé le plus en dehors, a signalé un bâtiment qui donnait dans la baie.

SAMEDI 14. — Le vent au Sud, joli frais; temps clair. Au jour, nous avons vu le bâtiment qui a paru hier, mouillé en dehors de l'île de Pingoins; nous l'avons reconnu pour l'*Espérance*. On lui a fait signal d'appareiller et envoyé un officier avec des rafraîchissements. A 9 heures, il a mouillé dans la baie. Il avait à son bord 32 soldats de Pondichéry et deux officiers.

DIMANCHE 15. — Le vent au S. E., faible; varié pendant la journée au N. O. Travaillé à embarquer des cordages provenant de l'*Espérance*.

LUNDI 16. — Calme pendant toute la journée et toute la nuit.

MARDI 17. — Le vent au N. O., presque calme; temps couvert. Travaillé à embarquer des cordages provenant du navire le *Brisson*.

MERCREDI 18. — Le vent au S. S. E., petit frais; temps clair. Juillet 1781.
Ordre de donner aux équipages une livre de viande de plus par jour.

JEUDI 19. — Le vent au N. O., joli frais. A 3 heures après-midi, le *Sphinx* a signalé un bâtiment qui donnait dans la baie de False. A 9 heures du soir, il a mouillé dans la baie de False; il arrive chargé de vivres pour l'escadre et de bois de mâture pour l'*Annibal*.

VENDREDI 20. — Calme au jour; pendant la journée le vent a passé au N. O., bon frais. Fait courir la bouline à un soldat de marine qui avait volé. Commencé à embarquer des vivres apportés par l'*Artésien*.

SAMEDI 21. — Le vent à l'Est, faible; temps clair. Travaillé pendant la journée à embarquer du vin.

DIMANCHE 22. — Calme, temps couvert. Le vent a passé l'après-midi au Nord et au N. O., petit frais. A 5 heures du soir, le général a reçu une lettre de M. de Plattemberg, gouverneur du Cap, qui lui mande qu'il apprend que l'escadre anglaise a mouillé dans la baie de Saldahna et que les bâtiments de la Compagnie qui y étaient se sont brûlés à l'arrivée de la *Sylphide* dans le mois de mars. Il y avait dans la rade de False-bay neuf bâtiments de la Compagnie, savoir: *Middelburgh*, *de Parel*, *Houkoop*, *Horghaspel*, *de la Chine*, *Dankbuarahed*, *de Bengale*, *Margenster*, *Amsterdam*, *de Ceylan*, *Batavia* et *Indian*, *de Batavia*. Le consul du Cap décida de les faire sortir de Simons-Bay, pour les envoyer, les cinq premiers dans la baie de Saldahna et les autres dans Wood-Bay, apparemment comme devant y être ignorés et plus dans le cas de s'échapper si l'on avait à attaquer le Cap.

M. le chevalier de Suffren a tenu un conseil de guerre, où il a été décidé que l'escadre resterait mouillée jusqu'à ce que l'*Annibal* soit en état d'appareiller. On a décidé de le mâter avec les mâts du navire les *Trois-Amis*. On a envoyé ordre à la *Fortune* de venir à False-Bay si la côte était claire, avec des instructions pour l'échouer et le brûler sur la côte en cas de nécessité. Ordre à M. Percheron de presser le chargement du *Grand-Bourg*. Deux bâtiments, vus sur Wood-Bay il y a quelques jours, sont soupçonnés d'être deux frégates anglaises. Les Anglais, à leur atterrage, ont pris une barque hollandaise avec 30 hommes.

LUNDI 23. — Le vent au N. N. O., petit frais. Envoyé chercher nos tentes à terre et démâter les *Trois-Amis*, après-midi, quand un bâtiment eut mouillé près du cap de Bonne-Espérance et qu'on en voyait un autre sous voiles dans le S. O. Décidé le soir de ne donner à l'*Annibal* que le grand mât des *Trois-Amis* et de lui faire un mât de misaine avec une des pièces venues du Cap.

<small>Juillet 1781.

L'escadre anglaise est signalée à Saldahna, puis à Wood-Bay.</small>

MARDI 24. — Vent N. O., presque calme. A 4 heures du matin, le général a reçu une lettre de M. Percheron, qui disait : « M. le Commandeur, il est sept heures du soir ; il paraît vingt voiles à l'entrée de la baie ; j'envoie chercher les poudres de la *Fortune* et la ferai échouer s'il est nécessaire. L'on bat la générale, les troupes s'assemblent ; mais tout le monde pleure. » Le général a aussitôt assemblé tous les capitaines de son escadre. Le conseil a décidé que, ne connaissant ni les forces ni le nombre des ennemis, on attendrait des nouvelles plus décisives ; que, si l'on apprenait qu'ils attaquassent Table-Bay, les quatre vaisseaux appareilleraient. On a travaillé à force au remâtement de l'*Annibal*. A 7 heures, le général [a fait partir M. le chevalier de Kermadec pour le Cap afin de reconnaître la situation. A 8 heures, arrivé une lettre de M. Percheron, qui ne parle plus des ennemis ; le bruit court au Cap qu'ils sont partis de Saldahna et se sont portés sur Wood-Bay.

MERCREDI 25. — Le vent au N. O., presque calme, le baromètre baissant beaucoup.

A 10 heures, M. Brend a reçu un rapport, qu'il était mouillé près du cap de Bonne-Espérance un bâtiment sur lequel paraissait fort peu de monde. Le général a envoyé son canot avec un officier pour prendre des éclaircissements à ce sujet. Après-midi, pluie, vent du N.O., frais, avec apparence de mauvais temps. A 3 heures ½, il est venu à bord M. Van Gueulp, capitaine du vaisseau le *Middelburgh*, qui a brûlé son bâtiment à la baie de Saldahna. C'est de lui que nous avons eu les premières nouvelles circonstanciées de l'arrivée des Anglais dans cette baie. Il nous a fait le rapport suivant : « A 10 heures du matin, le 21, les Anglais ont passé devant la baie de Saldahna ; j'ai compté trente-quatre voiles en tout. A 11 heures ½, quatre vaisseaux de guerre et une frégate étaient mouillés dans la baie, à côté des vaisseaux de la Compagnie. J'avais disposé tout dans mon bâtiment pour le brûler ; je ne l'ai abandonné que quand le commandant anglais a mis un bâtiment de rame à la mer ; je l'ai vu enflammer de terre, les quatre autres bâtiments de la Compagnie ont été pris ; ils avaient chacun à bord quarante ogres d'eau. Il y a la plus grande difficulté d'en faire pour 200 hommes par jour; encore est-elle très mauvaise. On ne peut en avoir en abondance qu'au Roc-Blanc, à 3 lieues dans le Nord de la baie, par des chemins presque impraticables. Il y a beaucoup de bestiaux aux environs; mais, comme ils sont très sauvages, il sera fort difficile d'en prendre en vie. » Le soir, lettre de M. Percheron : il se plaint de la négligence excessive des Hollandais à envoyer des gens sûrs pour avoir des nouvelles certaines de Saldahna. Aucune nouvelle de notre canot.

Juillet 1781.

Le vent fraîchissant de plus en plus, nous avons amené nos basses vergues et nos mâts de hune.

JEUDI 26. — Vent de N. N. O., très frais et pluie. Le matin, le général a reçu une lettre de M. Percheron, qui mande que deux chasseurs envoyés à Saldahna arrivent et déposent que les Anglais en sont partis le 24 après-midi. Le vent s'est un peu calmé. Dans la matinée, envoyé sur la côte prendre des informations au sujet de notre canot. A 11 heures, il est arrivé un homme de son équipage, qui nous a dit que M. Joly avait relâché dans une anse près du cap de Bonne-Espérance, forcé par le mauvais temps; qu'ils voyaient au large un bâtiment, qui leur paraissait être la *Sainte-Anne*. Envoyé des vivres au canot et ordre de ne revenir qu'avec le beau temps. Dans la matinée, le vent à molli. Reçu des lettres du Cap, qui jettent de l'incertitude sur le départ des Anglais. Les chasseurs envoyés à Saldahna n'en ont été qu'à 3 lieues et n'ont fait leur rapport que sur celui d'un habitant. On a envoyé douze cavaliers avec un homme de confiance pour éclaircir le fait. L'*Annibal* a mis son mât de misaine en place. Continué à travailler à son remâtement.

Pendant la nuit, vent au Nord et N. N. O. frais.

VENDREDI 27. — Presque calme le matin. Pendant la journée le vent du Nord au N. N. E. Aucune nouvelle. Continué à travailler à remâter l'*Annibal*.

SAMEDI 28. — Le matin, petit vent du Nord au N. N. O. A 8 heures, notre canot a paru; il est arrivé dans la baie à 11 heures. L'après-midi, M. Van Gueulp est arrivé du Cap avec la certitude du départ des Anglais le 24, à 4 ou 5 heures du soir. Continué à travailler à l'*Annibal*. Les Anglais ont laissé dans la baie de Saldahna une tourque, dont ils ont cependant enlevé les voiles et les cordages. Ils n'ont pris que très peu de bestiaux.

On annonce le départ de l'escadre anglaise de Saldahna.

DIMANCHE 29. — Petit vent du Nord au N. N. O. Les vigies du

Juillet 1781. cap de Bonne-Espérance ont rapporté que l'on voyait deux bâtiments dehors. Un d'eux a paru l'après-midi dans la baie et couru des bords.

LUNDI 30. — Le vent au N.O., faible; temps couvert et pluie. Au jour, vu le bâtiment mouillé à 2 lieues de nous. Le général l'a envoyé visiter; il s'est trouvé danois, venant d'Europe, chargé de munitions navales. Le soir, il est venu mouiller dans la baie.

MARDI 31. — Le vent au N. E., faible. A 3 heures du matin, M. Percheron est arrivé du Cap. On rapporte qu'il a paru neuf bâtiments au large de l'île Robben et qu'une corvette a paru entre cette île et la maison de Société. Nous avons guindé nos mâts de hune et nos basses vergues. En ridant, nous avons aperçu que notre petit mât de hune était cassé, hors de service; nous l'avons changé. A 10 heures, signal à la flotte de se préparer à appareiller. L'après-midi, le vent ayant fraîchi au N. N. O. avec apparence de mauvais temps, nous avons amené nos mâts de hune. Pendant la nuit, grains et pluie.

Août 1781. MERCREDI 1ᵉʳ AOUT. — Le vent au S. O., très frais; grains et pluie par intervalles. On a vu un bâtiment au dehors.

La *Sainte-Anne* rallie l'escadre, qu'elle avait quittée après le combat de la Praya.

JEUDI 2. — Le vent au S. O., petit frais. Le matin il a paru un bâtiment dans la baie. A 10 heures, l'ayant reconnu pour la *Sainte-Anne*, on lui a envoyé du monde et des rafraîchissements. A midi, il a mouillé dans la baie, en nous saluant de neuf coups de canon; nous lui en avons rendu un. Le bâtiment se trouvait le 20 de juin à l'atterrage, à 50 lieues du cap de Bonne-Espérance. Le capitaine, croyant avoir dépassé la longitude du Cap, est remonté dans le Nord pour trouver la terre et a atterré sur la côte d'Afrique par les 26° de longitude, à la Grande-Pequena. Cette erreur inouïe lui a coûté la plus grande partie de son équipage. En se séparant de nous après le combat de Santiago, il a navigué huit jours avec l'*Union*, dont nous étions en peine, et qui aura sans doute continué sa route pour l'Ile de France. Quant à nos deux prises l'*Infernal* et l'*Hinchinbroock*, elles auront sûrement rejoint l'escadre anglaise. L'*Infernal* n'avait aucun Français à son bord et l'*Hinchinbroock* avait été amariné si à la hâte, qu'il n'avait à bord ni officiers, ni pilote. On a vu d'ailleurs ces bâtiments s'accoster le soir.

VENDREDI 3. — Le vent au Sud, faible; temps clair. A 6 heures, nous avons fait signal de désaffourcher pour aller au Cap, où nous devions prendre encore des vivres. L'*Annibal* n'étant pas encore prêt, restera avec le convoi, qu'il escortera à l'Ile de France lorsqu'il sera prêt à partir. Calme toute la journée et pendant la nuit.

Août 1781.

SAMEDI 4. — Calme. A 6 heures du matin, nous avons appareillé en nous faisant remorquer par nos bâtiments à rames. A 10 heures, la marée nous empêchant de gagner, nous avons mouillé une petite ancre entre l'île des Pingoins et Romans-Cliff, par les 15 brasses, fond de corail et coquillage. A 5 heures après-midi, appareillé avec une petite brise d'Ouest. A 10 heures 1/2 du soir, le calme nous a pris et nous avons remouillé par les 25 brasses, fond de sable fin. Calme pendant la nuit.

DIMANCHE 5. — Calme. Relevé au lever du soleil : le cap False, S. E. 5° Sud ; le cap de Bonne-Espérance, S. O. 5° Sud ; le mouillage de Simons-Bay, O. N. O. 5° Nord ; l'île de la Madeleine, N. E. 1/4 Nord (corrigé).

L'après-midi, envoyé le canot à Simons-Bay. Calme pendant la nuit.

LUNDI 6. — A 8 heures du matin, le vent s'est levé à l'Est ; nous avons fait signal d'appareiller. A 9 heures, nous avons été sous voiles, avec les trois autres vaisseaux. En doublant le cap de Bonne-Espérance, nous avons vu deux bâtiments, la *Fortune* et une frégate qui paraissait la chasser ; elle a répondu à nos signaux et nous a ralliés. L'autre a pris chasse ; elle paraissait très bien marcher. Nous l'avons jugée être une frégate anglaise, laissée pour nous observer. Le général a donné ordre à la *Fortune* de continuer sa route pour l'Ile de France.

Doublé le cap de Bonne-Espérance.

A 4 heures, perdu de vue la frégate.

Au coucher du soleil, relevé : le cap False, Est 1/4 N. E. 2° Nord. W. : N. O. 22° 12' ; le cap de Bonne-Espérance, distant 2 lieues, N. E. 1/4 N. E. ; la pointe sud de Wood-Bay, N. N. O. (corrigé).

Le soir, le vent du Nord au N. N. E, joli frais. A 6 heures, viré tous ensemble, vent devant et pris les amures à tribord ; pris un ris dans chaque hunier. Même temps pendant la nuit.

MARDI 7. — Le vent au Nord, faible ; temps couvert. A 2 heures du matin, nous avons viré de bord et pris les amures à bâbord. A 9 heures, pris tous les ris dans les huniers et reviré.

Depuis le relèvement d'hier à midi aujourd'hui, lat. observée : 34° 19' ; longit. arrivée : 15° 27'.

A 1 heure, nous avons pris les amures à bâbord. A 3 heures, nous avons vu six bâtiments sous le vent ; nous avons largué nos ris et forcé

Août 1781. de voiles pour aller les reconnaître. A 5 heures, ils ont fait des signaux de reconnaissance. C'étaient les bâtiments de la Compagnie, qui se rendaient de Wood-Bay à Table-Bay. Le général leur donne toute l'escorte. Au coucher du soleil, relevé : Wood-Bay, Est $1/4$ N. E.; le cap de Bonne-Espérance, E. S. E. (corrigé).

A 5 heures, viré de bord par la contre-manche. Pendant la nuit, vent faible du N. O. au S. O.

MERCREDI 8. — Le vent au N. O. presque calme. A 1 heure, viré de bord vent devant et pris les amures à bâbord. W. : N. O. 22° 26'. — Lat. observée : 34° 9'; longit. arrivée : 17° 17'.

Au coucher du soleil, relevé la montagne de la Table E. N. E. 5° Est; le cap de Bonne-Espérance S. E. $1/4$ Est 3° Sud (corrigé).

A 10 heures du soir, le vent a passé au S. E. Nous avons pris les amures à tribord et gouverné au plus près du vent pendant la nuit.

JEUDI 9. — Le vent à l'E. S. E., presque calme; temps clair. Au lever du soleil, relevé : la montagne de la Table, Est $1/4$ N. E. 5° Est; le cap de Bonne-Espérance, S. E. $1/4$ Est 3° Sud (corrigé).

A midi, lat. observée : 34° 00'; longit. arrivée : 15° 40'.

Le vent a varié dans la journée à l'Est. Couru plusieurs bords. Pendant la nuit, vent au S. O., presque calme.

Mouillé à Table-Bay. VENDREDI 10. — Le vent au S. S. O., faible. A 4 heures, la Croupe du Lion nous restait au S. E. $1/4$ Est (corrigé); distance, 3 lieues. A 5 heures $1/2$, nous avons viré de bord et pris les amures à bâbord. A 6 heures, signal de se préparer à mouiller. A 8 heures, nous avons fait les signaux de reconnaissance avec la terre. A 1 heure, les cinq bâtiments hollandais étaient déjà entrés; nous avons mouillé dans la baie de la Table, par les 7 brasses, fond de sable fin.

Relèvement du mouillage : la batterie de Chavasse, en entrant à droite, Ouest $1/4$ S. O.; le mât du pavillon du fort, S. S. O. (corrigé); le clocher du Temple, S. O. 5° Sud; le milieu de l'île Robben, Nord 5° Ouest (corrigé).

Nous avons affourché avec une grosse ancre N. E. et S. O. l'ancre d'affourche; mouillé par 5 brasses $1/2$, même fond. Nous avons empennelé l'ancre du N. E. A 2 heures, nous avons salué la ville de quinze coups de canon, il nous en a été rendu le même nombre. A la même heure, M. Staring, capitaine de port, est venu à bord avec le consul de France. En débordant, le consul a été salué de sept coups de canon.

En mouillant, nous avons vu, au large, un bâtiment que nous avons jugé être la même frégate que nous avions vue en sortant de False-Bay, qui aura voulu s'assurer si nous venions mouiller au Cap.

Août 1781.

Samedi 11. — Calme. Nous avons travaillé à embarquer, de même que les autres vaisseaux, les vivres dont le *Grand-Bourg* était chargé. Le général le destine à porter les paquets en Europe.

Dimanche 12. — Le vent au S. E., joli frais ; temps clair. M. de Plattemberg, gouverneur du Cap, accompagné de M. Boërs, fiscal indépendant, et du capitaine de port, est venu dîner à bord. En débordant, son pavillon battant de l'avant, il a été salué de quinze coups de canon et de trois cris de « Vive le roi » ; les autres vaisseaux l'ont salué de la voix. Le fort a rendu le salut de quinze coups de canon. Embarqué des vivres et de l'eau pendant la journée.

Lundi 13. — Le vent au Nord, joli frais ; temps couvert. A 3 heures, le vent ayant fraîchi, nous avons fait signal de caler les mâts de hune. Continué à faire de l'eau : elle se fait fort aisément au pont, près du fort ; il y a des robinets dans plusieurs endroits, et l'on remplit les pièces sans les sortir de la chaloupe. Pendant la nuit, même vent et pluie par intervalles.

Mardi 14. — Le vent au N. N. E., petit frais ; pluie. Continué à embarquer des vivres sur tous les vaisseaux.

Mercredi 15. — Le vent au N. O., faible. Au jour, il est venu un express de False-Bay, de la part de M. le chevalier de Galles, pour informer le général de l'arrivée de la frégate la *Consolante*, venue de l'Ile de France, commandée par M. Palma Delaville-Harnault, lieutenant de vaisseau, dépêché par M. d'Orves, pour dire à M. le chevalier de Suffren de l'aller rejoindre, si son séjour n'était pas absolument nécessaire au Cap. Elle a annoncé l'arrivée de la frégate l'*Hercule* avec des canons et autres munitions de guerre, pour la défense du cap de Bonne-Espérance.

Jeudi 16. — Le vent au Nord, faible. Travaillé pendant la journée à embarquer du vin, du blé et autres vivres.

Vendredi 17. — Le vent au Nord, faible ; temps couverts ; pluie par intervalles.

Samedi 18. — Le vent au N. N. O., petit frais. A 10 heures, signal de guinder les mâts de hune et, peu après, de se préparer à appareiller. Le soir, calme.

Dimanche 19. — Le vent au Nord, faible ; temps couvert.

Août 1781.

Lundi 20. — Le vent au N. N. O., joli frais; temps couvert; pluie pendant la nuit.

Mardi 21. — Le vent au Nord, joli frais; temps couvert, le baromètre baissant toujours. Apparence de mauvais temps. Pluie.

Mercredi 22. — Le vent au Nord, frais; temps couvert; baromètre à 28°. A 3 heures 1/2, nous avons calé nos mâts de hune, et, au jour, la mer s'élevant et le vent fraîchissant toujours, nous avons mis bas les mâts de perroquet et embarqué nos bâtiments à rames. A 10 heures, nous avons mouillé une troisième ancre.

A 7 heures 1/2 du soir, il y a eu un grain de pluie violent, et le vent a passé au N. O. Pendant la nuit, même vent, pluie continuelle et grosse mer.

Jeudi 23. — Le vent à l'Ouest, frais; temps couvert. L'après-midi nous avons mis nos bâtiments à rames à la mer et guindé nos mâts de hune. On a été fort en peine de nous à terre. Le capitaine de port avait déjà fait préparer une machine, qui est une espèce de ras, servant à sauver le monde lorsqu'un bâtiment va s'échouer à la côte; il n'y a qu'un seul endroit où il y a quelque ressource pour ne se pas perdre corps et biens : il faut, lorsque l'on chasse, tâcher de donner dans une anse entre la Rivière-Salée et un récif qui est du côté du fort; partout ailleurs on s'échoue loin de la côte, sur des hauts-fonds, où l'on est brisé par la mer. Pendant la nuit, presque calme.

Vendredi 24. — Le vent à l'Est, presque calme. A 4 heures du matin, nous avons désaffourché et viré à un tiers de câble. A 9 heures, nous avons fait signal d'affourcher avec une petite ancre.

Samedi 25. — Calme, au lever du soleil. A l'occasion de la fête de la Saint-Louis, nous avons fait, de même que les autres vaisseaux, une salve de vingt-un coups de canon. A 7 heures, le fort a fait la même salve. Le soir, M. de Counavay, commandant les troupes françaises, a donné un grand souper et un bal pour célébrer la fête du roi. Calme plat pendant toute la nuit.

Dimanche 26. — Calme toute la matinée. A 1 heure 1/2 de l'après-midi, le vent s'est déclaré à l'O. N. O., joli frais; temps couvert. A 2 heures 1/2, nous avons appareillé en en faisant le signal aux autres vaisseaux. A 3 heures 1/2, nous avons mis en travers et embarqué nos bâtiments à rames. Nous avons trouvé en dehors le vent au S. O. avec grosse mer de la même partie.

Au coucher du soleil, relevé : le milieu de l'île Robben, distance

2 lieues ½, E. N. E. 3° Est ; la pointe nord de Table-Bay, Est ½ S. E. 5° Sud. Août 1781.

A minuit, signal de virer de bord, vent arrière, et prendre les amures à tribord. Pendant la nuit, même vent.

Lundi 27. — Le vent au Sud, frais ; grosse mer du S. O. ; route au plus près, les amures tribord, deux ris pris dans chaque hunier. A 6 heures, signal de virer de bord vent arrière et prendre les amures à bâbord.

A midi, W.: N. O. 22°. — Lat. observée : 32° 59' ; longit. arrivée : 15° 28'.

A 1 heure, serré les huniers et resté sous les basses voiles. A 4 heures ½, le *Vengeur* a signalé une voile sous le vent ; signal de chasse. A 5 heures ½, nous avons mis notre pavillon, et le bâtiment chassé a mis pavillon danois. Nous étions sur le point de lui parler, comme le *Sphinx* et le *Vengeur* se sont abordés ; le *Sphinx* a perdu sa civadière, qui est restée dans les haubans d'artimon du *Vengeur*, et perdu son petit perroquet.

Au même instant, nous avons mis en travers, serré nos huniers et resté sous les basses voiles, les amures à bâbord.

Au coucher du soleil, relevé : la montagne de la Table S. E. ¼ Sud 5° Sud ; la montagne du Lion, S. E. ¼ Sud.

Le soir les vents ont passé au S. E., bon frais ; grosse mer du S. O.

Mardi 28. — Le vent a varié du S. E. au Sud, bon frais. A 8 heures, nous avons fait voile des huniers, les ris largués. A 11 heures, viré de bord.

A midi, lat. observée : 33° 52' ; longit. arrivée : 15° 43'.

Après-midi, pluie et orage. Pris un ris dans chaque hunier. A minuit, nous avons pris les amures à tribord.

Mercredi 29. — Le vent au Sud, joli frais ; couru différents bords dans la journée. A midi, relevé la montagne de la Table, E. S. E. 5° Sud, distance 7 lieues. A 5 heures ½, le vaisseau l'*Artésien* a signalé un danger sous le vent. C'était une île. Pendant la nuit, même vent. Route au plus près, amures bâbord.

Jeudi 30. — Le vent au Sud, joli frais. A 6 heures, le *Sphinx* nous a signalé un bâtiment de l'avant, faisant route pour le Cap, qui était sans doute le bâtiment danois vu le 27. Couru différents bords dans la journée, un ris pris dans chaque hunier. Route pour l'Ile-de-France.

W. observée : N. O. 22°. A midi, relevé : la montagne de la Table,

Août 1781. E. S. E. 4° Sud.; Wood-Bay, S. E. 3° Est, distant de la plus prochaine terre de 8 lieues. Le soir, le vent a varié au S. S. O., joli frais. Même vent pendant la nuit. Route au plus près, les amures tribord.

Vendredi 31. — Le vent au Sud, bon frais. Pendant la journée, couru au plus près, amures à bâbord. Depuis le relèvement d'hier au soir à midi aujourd'hui, la route corrigée a valu 21 lieues au S. O., 1° Sud. — Lat. observée : 34° 24' ; longit. arrivée : 16° 44'. Relevé la montagne de la Table à l'E. N. E., distance, 21 lieues.

Le soir, le vent a varié au S. S. E., joli frais. A 10 heures du matin, viré de bord et pris les amures à tribord. Au coucher du soleil, relevé la montagne de la Table à l'E. N. E. 3° Est, distance 12 lieues. A 10 heures du soir, reviré. Pendant la nuit, même vent et même route.

Septembre 1781. Samedi 1ᵉʳ septembre. — Le vent au S. S. E., bon frais. Route au plus près, les amures à bâbord. A 10 heures 1/2, signal de virer de bord, vent arrière.

Depuis hier midi à la même heure aujourd'hui, la route corrigée a valu 7 lieues 1/3, au S. E. 1/4 Sud 2° Sud. — Lat. observée : 34° 42' ; longit. arrivée : 15° 3'.

Le cap de Bonne-Espérance nous restant à l'E. N. E. 5° Est, distance : 19 lieues 1/2. A 5 heures, relevé la montagne de la Table N. E. 5° Est ; distance : 15 lieues. A minuit, signal de virer de bord, vent arrière. Nous avons pris les amures à bâbord et serré les huniers. La nuit, même route.

Route pour l'Ile-de-France. Dimanche 2. — Le vent au S. S. E., bon frais ; grosse mer ; les amures à bâbord, sous les basses voiles. A 8 heures, la grande voile s'est dévalinguée au vent ; nous l'avons désenverguée et resté à la cape à la misaine et la voile d'étai d'artimon.

Depuis hier midi à la même heure aujourd'hui, la route corrigée a valu 10 lieues au S. E. 1/4 Est 1° Est. W. : N. O. 22° 30'. — Lat. observée : 34° 59' ; longit. arrivée : 15° 32'.

Le cap de Bonne-Espérance nous restant au N. E 1° Nord, distance : 14 lieues 1/2. A 1 heure 1/2, nous avons amené la vergue d'artimon. A 5 heures, arrivée pour nous rallier à l'*Artésien*, qui était tombé sous le vent. A 6 heures, mis à la cape. Resté de même pendant la nuit.

Lundi 3. — Le vent au S. S. E., bon frais ; cape à la misaine, bâbord amures. A 9 heures, signal de virer de bord, vent arrière, en même temps A 11 heures, nous avons envergué notre grande voile et et en avons fait voile.

Depuis hier midi à la même heure aujourd'hui, la route corrigée a valu 16 lieues au S. O. W. : N. O. 22° 30'. — Lat. observée : 35° 32'; longit. arrivée : 14° 50'.

Le cap de Bonne-Espérance nous restant au N.E., distance : 31 lieues. A 4 heures, le vent ayant beaucoup diminué et passé au N. N. E., nous avons viré de bord, vent arrière et fait route à l'E. S. E., en faisant voile des huniers aux bas ris. Pendant la nuit, même vent et même route.

MARDI 4. — Le vent au N. N. O., frais ; route à l'Est du compas. A 7 heures, nous avons dégréé et mis bas nos mâts de perroquet. A 10 heures, vu les terres voisines du cap False. A 10 heures 1/2, nous avons aperçu six bâtiments de l'avant à nous, et un moment après les avons reconnus pour être notre convoi. Escorté par l'*Annibal*, il est parti hier, après avoir déchargé et réparti sur les différents navires la plus grande partie du chargement du dernier bâtiment danois, arrivé chargé de toile, brai, câbles et autres munitions navales. A midi, nous nous sommes trouvés ralliés au convoi.

Depuis hier midi à la même heure aujourd'hui, la route corrigée a valu 38 lieues à l'Est 1/4 N. E. 4° Est. — Lat. observée : 35° 18'; longit. arrivée : 17° 1'.

Le cap des Aiguilles nous restant au N. E. 5° Est, distance : 19 lieues. L'après-midi, cargué la misaine et le grand hunier et resté sous le petit hunier amené. A 5 heures, signalé la route au S. E. du compas. Pendant la nuit, même vent et même route.

MERCREDI 5. — Le vent à l'O. N. O., frais ; temps clair. Route au S. E. du compas. A 9 heures, l'*Annibal* a demandé de passer à poupe et le capitaine est venu a bord. Signal à l'*Artésien* de chasser en avant.

Depuis hier midi à la même heure aujourd'hui, la route corrigée a valu 21 lieues à l'Est 1/4 S. E. 5° Sud. — Lat. observée : 53° 39'; longit. arrivée : 18° 43'.

Le cap des Aiguilles nous restant au N. O. 1/4 Nord, distance : 2 lieues. A 4 heures, sondé et trouvé 80 brasses, fond de sable vaseux. A la même heure, signalé la route au S. E. 1/4 Est du compas. Pendant la nuit, même vent et même route sous le petit hunier au bas ris.

JEUDI 6. — Le vent a varié de l'O. N. O., petit frais ; temps couvert; petite pluie par intervalles. A 6 heures, signalé la route au S. E. du compas. A 10 heures, nous avons sondé sans trouver de fond.

Septembre 1781. Depuis hier midi à la même heure aujourd'hui, la route corrigée a valu 16 lieues 1/2 à l'Est 1/4 S. E. 5° Est. W. : N. O. 23° 34'. — Lat. observée : 35° 44'; longit. arrivée : 19° 43.

A 5 heures, nous avons changé notre grande voile. L'après-midi, le vent a varié du S. E. à l'E S. E., petit frais. Route au plus près, les amures tribord. Même temps pendant la nuit.

VENDREDI 7. — Le vent a varié de l'E. S. E. au N. E., beau temps. A 6 heures, signal de virer de bord à l'escadre et au convoi. Au jour, nous n'avons plus vu l'*Espérance*, que nous avons abandonné hier parce que ce bâtiment nous faisait perdre beaucoup de chemin.

Depuis hier midi, à la même heure aujourd'hui, la route corrigée a valu 19 lieues au N. E. 1/4 Est. — Lat. observée : 35° 6'; longit. arrivée : 20° 40'.

A 5 heures, nous avons pris deux ris dans chaque hunier. Le soir et pendant la nuit, le vent a varié de l'Est au N. N. E. Couru au plus près, les amures à bâbord.

Route pour l'Ile-de-France. SAMEDI 8. — Le vent a varié de l'Est au N. N. E., petit frais ; au plus près, bâbord amures.

Depuis hier midi, à la même heure aujourd'hui, la route corrigée a valu 22 lieues au S. E. 1/4 Sud 4° Sud. W. : N. O. 24°. — Lat. observée : 36° 6' ; longit. arrivée : 21° 33'.

Nous avons eu 16' Sud de différence de la hauteur à l'estime. Les forts courants de ces parages sont attribués au canal Mozambique. Le soir, les vents ont varié du N. O. au S. O. Route au S. E. 1/4 Est du compas.

DIMANCHE 9. — Le vent a varié du S. S. O. au Sud, joli frais ; temps couvert ; pluie par intervalles. A 5 heures 1/2, l'*Annibal* a signalé des avaries dans sa grande vergue ; il l'a amenée pour la réparer ; à 11 heures, il l'a mise en place.

Depuis hier midi à la même heure aujourd'hui, la route corrigée a valu 25 lieues à l'E. S. E. 5° Sud. W. : N. O. 24'. — Lat. observée : 36° 39 ; longit. arrivée : 22° 55'.

Nous avons eu 38' Sud de différence de la hauteur à l'estime. A 1 heure, nous avons signalé la route à l'Est 1/4 S. E. du compas. Le soir, vent au Sud, joli frais. La nuit, même vent et même route.

LUNDI 10. — Le vent a varié du S. E. à l'E. S. E., joli frais ; temps couvert. Route au plus près du vent, les amures à tribord.

Depuis hier midi à la même heure aujourd'hui, la route corrigée a valu 21 lieues à l'E. N. E. 1° Nord. W. : N. O. 25°.— Lat. observée : 36° 14' ; longit. arrivée : 24° 7'.

Nous avons eu 15' Sud de différence de la hauteur à l'estime. Le soir, le vent a varié de l'E. S. E. à l'Est. A 5 heures, signal à l'escadre et au convoi de virer de bord, vent devant, et nous avons pris les amures à bâbord. Même route pendant la nuit.

Mardi 11. — Le vent à l'Est, joli frais ; temps couvert. Route au plus près, les amures à bâbord.

Depuis hier midi à la même heure aujourd'hui, la route corrigée a valu 25 lieues au Sud $1/4$ S. E. 3° Sud. W. : N. O. 25°. — Lat. observée : 37° 38' ; longit. arrivée : 24° 21.'

Nous avons eu 9' Sud de différence de la hauteur à l'estime. Le soir, même vent. Même route pendant la nuit.

Mercredi 12. — Le vent à l'Est, petit frais. Route au plus près, tribord amures.

Depuis hier midi à la même heure aujourd'hui, la route corrigée a valu 24 lieues au Sud $1/4$ S. E. 1° Sud. W. : N. O. 25°. — Lat. observée : 38° 40' ; longit. arrivée : 24° 37'.

A 4 heures, signal à l'escadre et au convoi de virer de bord, vent devant. Nous avons pris les amures à tribord. Pendant la nuit, même vent et même route.

Jeudi 13. — Le vent au S. E., joli frais. Route au plus près, tribord amures.

Depuis hier midi à la même heure aujourd'hui, la route corrigée a valu 10 lieues $1/3$ au N. E. 1° Est. W. : N. O. 25°. — Lat. observée : 38° 5' ; longit. arrivée : 25° 54'.

Nous avons eu 15' Nord de différence de la hauteur à l'estime. Le soir, le vent à l'E. S. E. A 5 heures, signal à l'escadre et au convoi de virer de bord. Pendant la nuit, route au plus près, bâbord amures.

Vendredi 14. — Le vent a varié de l'Est au N. E. ; temps couvert et petite pluie. Route au plus près, bâbord amures. A 10 heures, signal au convoi de forcer de voiles.

Depuis hier midi à la même heure aujourd'hui, la route corrigée a valu 10 lieues $1/3$ au S. S. E. 4° Sud. W. : N. O. 25°. — Lat. observée : 38° 35' ; longit. arrivée : 25° 25'.

Septembre 1781. Le soir, le vent a été à l'Est, presque calme. Pendant la nuit, route au plus près du vent, les amures à bâbord.

SAMEDI 15. — Le vent a varié de l'E. S. E. au N. E., faible; temps couvert.

Depuis hier midi à la même heure aujourd'hui, la route corrigée a valu 9 lieues 1/2 au S. S. E. 3° Est. W. : N. O. 25° 30'. — Lat. observée : 38° 32'; longit. arrivée : 25° 35'.

Le soir, le vent a varié du S. E. au S. S. O. Nous avons eu 28 minutes de différence entre la hauteur et l'estime. Presque calme pendant la nuit; route à l'E. S. E. du compas.

DIMANCHE 16. — Le vent a varié du S. S. O. au Sud, joli frais; temps couvert. A 6 heures 1/2, nous avons mis le cap au S. E. 1/4 Est du compas.

Depuis hier midi à la même heure aujourd'hui, la route corrigée a valu 22 lieues 1/3 au N. E. 1/4 Est 3° Est. — Lat. observée : 37° 56'; longit. arrivée : 26° 45'.

Nous avons eu 9' de différence Nord de la hauteur à l'estime. Le soir, le vent à l'O. N. O.; grains et pluie par intervalles. Pendant la nuit, route au S. E. 1/4 Est du compas, sous le petit hunier.

LUNDI 17. — Le vent au N. O., joli frais; pluie et grains. Route au S. E. 1/4 Est du compas.

Depuis hier midi à la même heure aujourd'hui, la route corrigée a valu 21 lieues 1/3 au N. E. 1/4 Est 3º Nord. W. : N. O. 25°. — Lat. observée : 37° 17'; longit. arrivée : 27° 49'.

Nous avons eu 45 minutes de différence Nord de la hauteur à l'estime. Le soir, le vent a varié de l'O. S. O. au S. S. O. La nuit, même temps.

MARDI 18. — Le vent a varié du N. N. O. à l'O. N. O., faible; temps couvert et pluie.

Depuis hier midi à la même heure aujourd'hui, la route corrigée a valu 10 lieues 1/2 à l'E. N. E. 4° Est.— Lat. observée : 37° 7'; longit. arrivée : 28° 26'.

Nous avons eu 16' de différence Nord entre la hauteur et l'estime. Le soir, le vent a varié de l'O. N. O. au S. O. La nuit, route au S. E. du compas.

MERCREDI 19. — Le vent au S. O., joli frais; temps couvert. Route au S. E. du compas.

Depuis hier midi à la même heure aujourd'hui, la route corrigée a

valu 29 lieues ²/₃ au S. O. 1° Sud. W. : N. O. 27°. — Lat. observée : 38° 11'; longit, arrivée : 29° 44'.

Septembre 1781.

Nous avons eu 44 minutes de différence de la hauteur à l'estime. Le soir, le vent à l'O. N. O., bon frais ; grains et pluie.

JEUDI 20. — Le vent à l'O. N. O., bon frais ; grains, pluie, orage et tonnerre.

Route pour l'Ile-de-France.

Depuis hier midi à la même heure aujourd'hui, la route corrigée a valu 45 lieues à l'Est ¹/₄ S. E. 5° Sud. W, : N. O. 27°. — Lat. observée : 38° 49'; longit. arrivée : 32° 29'.

Nous avons eu 5' de différence Nord de la hauteur à l'estime. Le soir, même vent, bon frais. Mis en travers pour attendre le convoi. La nuit, route au S. E. ¹/₄ Est du compas, à sec pour pouvoir tenir le convoi.

VENDREDI 21. — Le vent à l'O. N. O., bon frais; grains, pluie et tonnerre fréquent. A 6 heures ¹/₂, il en est tombé un à bord au pied du grand mât ; deux matelots ont été blessés légèrement ; nous n'avons eu d'ailleurs aucune avarie. A 7 heures, signalé la route à l'E. S. E. du compas,

Le tonnerre tombé à bord du *Héros*.

Depuis hier midi à la même heure aujourd'hui, la route corrigée a valu 47 lieues ¹/₂ à l'Est ¹/₄ N. E. 3° Est. W. : N. O. 28°. — Lat. observée : 38° 29'; longit. arrivée : 35° 29'.

Le soir, le vent a varié au S. S. O. Signalé la route au S. E. ¹/₄ Est du compas. Pendant la nuit, grains et pluie par intervalles.

SAMEDI 22. — Le vent a varié du S. S. O. à l'O. S. O., bon frais ; grains et pluie ; grosse mer.

Depuis hier midi à la même heure aujourd'hui, la route corrigée a valu 39 lieues ²/₃ à l'Est ¹/₄ S. E. 1° Est. W. : N. O. 28°. — Lat. observée : 38° 49'; longit. arrivée : 37° 59.

Le matin, il est tombé de la grêle ; le général en a fait ramasser et fait faire des glaces. Même vent le soir ; moins fort la nuit. Route au S. E. ¹/₄ Est du compas.

DIMANCHE 23. — Le vent à l'Est, petit frais. Le capitaine du vaisseau l'*Artésien* est venu à bord. Il y a beaucoup de malades sur ce vaisseau.

Depuis hier midi à la même heure aujourd'hui, la route corrigée a valu 28 lieues à l'E. N. E. W. : N. O. 28°. — Lat. observée : 38° 16'; longit. arrivée : 39° 39'.

Nous avons eu 37' de différence Nord de la hauteur à

Septembre 1781. l'estime. Pendant la nuit, même temps. Route au S. E. ¹/₄ Est du compas.

Lundi 24. — Le vent au Nord, joli frais et O. N. O. A 6 heures, mis le cap à l'E. S. E. du compas.

Depuis hier midi à la même heure aujourd'hui, la route corrigée a valu 29 lieues à l'Est ¹/₄ S. E. 1° Est. W. : N. O. 29° 50'. — Lat. observée : 38° 32' ; longit. arrivée : 44° 31'.

<small>Le tonnerre tombé à bord du *Maurepas* et du *Héros*.</small>

A midi, nous avons eu un grain de pluie, mêlé de tonnerre ; il est tombé à bord et a blessé quatre hommes légèrement sur le passe-avant, sans faire aucune avarie. A 3 heures, le *Maurepas* a fait signal d'incommodité ; nous avons mis en travers pour l'attendre et lui parler : il avait eu le tonnerre à bord, qui lui a blessé plusieurs hommes et un peu endommagé son grand mât. Pendant la nuit, le cap à l'E. S. E. du compas.

Mardi 25. — Le vent à l'O. S. O., faible, temps couvert ; grains et pluie. A 7 heures, signalé la route à l'Est ¹/₄ S. E. du compas. A 8 heures, le vent a fraîchi.

Depuis hier midi à la même heure aujourd'hui, la route corrigée a valu 30 lieues à l'Est ¹/₄ N. E. 4° Est. — Lat. observée : 38° 21' ; longit. arrivée : 43° 25'.

Le soir même, nous avons parlé à l'*Annibal*, qui nous a dit avoir eu le tonnerre à bord, qui lui a un peu endommagé son grand mât et blessé quatre hommes. La nuit, route à l'Est ¹/₄ S. E. du compas.

Mercredi 26. — Le vent a varié du Nord à l'O.N.O. A 3 heures, grains, pluie et tonnerre.

Depuis hier midi à la même heure aujourd'hui, la route corrigée a valu 31 lieues ²/₃ à l'E.N.E. 4° Est. W. : N.O. 26°. — Lat. observée : 38° 5' ; longit. arrivée : 44° 44'.

Le soir, le vent a varié du N. E. au Nord. Mis à la cape à la misaine pour attendre le convoi. Pendant la nuit, route à l'Est ¹/₄ S.E. du compas.

Jeudi 27. — Le vent a varié du N. N. E. à l'Ouest, joli frais ; brume. Tiré des coups de canon d'heure en heure pour conserver les bâtiments.

Depuis hier midi à la même heure aujourd'hui, la route corrigée a valu 39 lieues à l'Est 4° Nord. W. : N. O. 28°. — Lat. observée : 38° 13' ; longit. arrivée : 45° 56'.

A 1 heure, tous les vaisseaux étant ralliés et la brume dissipée, *Septembre 1781.*
nous avons signalé la route à l'Est du compas. Parlé au *Vengeur*, Le tonnerre
qui nous a dit avoir eu le tonnerre à bord, qui lui a blessé 6 hommes. tombé à bord du *Vengeur*.

VENDREDI 28. — Le vent à l'Ouest, temps couvert. Route à l'Est du compas.

Depuis hier midi à la même heure aujourd'hui, la route corrigée a valu 23 lieues $2/3$, à l'Est $1/4$ N. E. 3° Nord. W. : N. O. 26°. — Lat. observée : 37° 55' ; longit. arrivée : 47° 21'.

A midi, vu un oiseau de la grosseur et de la forme d'une grosse bécasse avec le bec de la bécassine. Pendant la nuit, route à l'Est du compas.

SAMEDI 29. — Le vent à l'O. N. O., joli frais ; temps clair. Route à l'Est du compas.

Depuis hier midi à la même heure aujourd'hui, la route corrigée a valu 40 lieues $1/2$ au N. E. $1/4$ Est 4° Est. W. : N. O. 27° 30'. — Lat. observée : 36° 57' ; longit. arrivée : 49° 34'.

Le soir, même vent. Route à l'Est 5° Sud du compas. La nuit, même route.

DIMANCHE 30. — Le vent a varié de l'O. S. O. au S. O., petit frais ; temps couvert.

Depuis hier midi à la même heure aujourd'hui, la route corrigée a valu 29 lieues $1/3$ à l'E. N. E. 2° Nord. — Lat. observée : 36° 20' ; longit. arrivée : 51° 14'.

Le soir et pendant la nuit, même route à l'Est 5° Sud du compas.

LUNDI 1er OCTOBRE. — Le vent a varié du N. O. à l'Ouest, petit *Octobre 1781.*
frais ; temps couvert ; pluie par intervalles. Route à l'Est 5° Sud du compas.

Depuis hier midi à la même heure aujourd'hui, la route corrigée a valu 19 lieues à l'E. N. E. 4° Est. W. : N. O. 27°. — Lat. observée : 36° 3' ; longit. arrivée : 52° 22'.

Le soir, le vent a varié au N. N. E. Même temps pendant la nuit ; nous avons conservé les amures à bâbord. Pluie par intervalles.

MARDI 2. — Le vent à l'E. N. E. A 6 heures, nous avons viré de bord et pris les amures à tribord. Temps couvert ; on n'a pas pu observer.

Depuis hier midi à la même heure aujourd'hui, la route estimée a valu 13 lieues $1/2$ à l'Est $1/4$ N. E. W. : N. O. 26°. — Lat. observée : 35° 55' ; longit. arrivée : 53° 10'.

Octobre 1781.   Le soir, le vent a varié à l'O. N. O., frais. A 5 heures 1/2, viré de bord. Pluie, grains, orage. Nous avons resté en travers jusqu'à 11 heures.

Route pour l'Ile-de-France.   MERCREDI 3. — Le vent à l'O.N.O., joli frais. Route à l'Est 5° Sud du compas. Au jour, nous avons gréé nos mâts de perroquet. Nous avons forcé de voiles pour gagner du chemin sur le convoi et mettre en travers pour ouvrir des sabords et donner de l'air au bâtiment.

Depuis avant-hier midi à la même heure aujourd'hui, la route corrigée a valu 26 lieues 1/4 au N.E. 1/4 Est 4° Est. W. : N.O. 26°.— Lat. observée : 35° 15'; longit. arrivée : 53° 39'.

Le soir, le vent a varié au N. N. E. La nuit, même vent. Route au plus près, bâbord amures. Pendant la nuit, même temps.

JEUDI 4. — Le vent à l'Est, faible. A 8 heures, nous avons fait signal de virer, vent devant, et avons pris les amures à tribord.

Depuis hier midi à la même heure aujourd'hui, la route corrigée a valu 17 lieues 3/4 à l'Est 1° Nord. W. : N. O. 26°. — Lat. observée ; 35° 14'; longit. arrivée : 54° 44'.

Même vent le soir et pendant la nuit au plus près, tribord amures.

VENDREDI 5. — Le vent à l'Est, temps clair. Route au plus près, tribord amures.

Depuis hier midi à la même heure aujourd'hui, la route corrigée a valu 18 lieues au Nord 4° Est. W. : N. O. 25° 30'. — Lat. observée : 34° 20'; longit. arrivée : 54° 49'.

Le soir et pendant la nuit, même vent et même route.

SAMEDI 6. — Le vent au N. N. E. Au jour, nous avons viré de bord et pris les amures à tribord.

Depuis hier midi à la même heure aujourd'hui, la route corrigée a valu 9 lieues 1/2 au Sud 1/4 Est 3° Est. W. : N. O. 25° 9'. — Lat. observée : 34° 34'; longit. arrivée : 55° 18'.

Le *Vengeur* et l'*Artésien* se séparent de l'escadre.   DIMANCHE 7. — Le vent au N. O., temps clair. Les capitaines des vaisseaux le *Vengeur* et l'*Artésien* sont venus à bord. Comme le nombre de leurs malades est très considérable, le général leur a donné l'ordre de se rendre le plus tôt possible à l'Ile-de-France et ils se sont séparés de nous.

Depuis hier midi à la même heure aujourd'hui, la route corrigée a valu 17 lieues 1/2 à l'Est 5° Nord. W. : N. O. 25°. — Lat. observée : 34° 30'; longit. arrivée : 56° 20'.

Le soir, le vent a varié au S. S. O. La nuit, route à l'Est du compas.

LUNDI 8. — Le vent a varié du Sud au S. E., joli frais. A 10 heu- Octobre 1781.
res, nous avons signalé la route à l'E. N. E. du compas.

Depuis hier midi à la même heure aujourd'hui, la route corrigée a valu 32 lieues 1/3 au N. E. 1/4 Est 3° Est. W. : N. O. 25°. — Lat. observée : 38° 39'; longit. arrivée : 58° 20°.

Le soir et pendant la nuit, le vent au S. E. Route au plus près, tribord amures.

MARDI 9. — Le vent a varié de l'E. S. E. à l'Est, temps clair ; bâbord amures.

Depuis hier midi à la même heure aujourd'hui, la route corrigée a valu 30 lieues au N. N. E. 4° Est. W. : N. O. 25°, — Lat. observée : 32° 18'; longit. arrivée : 58° 47'.

A midi, nous avons signalé la route au N. E. du compas. Le soir et pendant la nuit, vent à l'Est. Route au N. E. du compas.

MERCREDI 10. — Le vent à l'Est, temps clair. Route au N. E. du compas.

Depuis hier midi à la même heure aujourd'hui, la route corrigée a valu 26 lieues 1/2 au Nord 1/4 N. E. 2° Nord. W. : N. O. 22°. — Lat. observée : 31° 2'; longit. arrivée : 59° 2'.

Longitude observée par des distances de la lune au soleil : 56° 30'. *Longitude observée par des distances de la lune au soleil.*
Le soir, le vent a varié de l'Est à l'E. N. E. Pendant la nuit, gouverné au plus près, les amures à tribord.

JEUDI 11. — Le vent à l'E. N. E., joli frais. Route au plus près, tribord amures.

Depuis hier midi à la même heure aujourd'hui, la route corrigée a valu 22 lieues 1/3, au Nord 1/4 N. O. 2° Ouest. W. : N. O. 21°. — Lat. observée : 29° 58'; longit. arrivée : 58° 44'.

Le soir, le vent a varié de l'E. N. E. au N. E. Le soir et pendant la nuit, route au plus près du vent, tribord amures.

VENDREDI 12. — Le vent a varié du N. E. au N. N. E., joli frais. Au jour, nous avons fait signal de virer de bord, vent devant, et pris les amures à bâbord.

Depuis hier midi à la même heure aujourd'hui, la route corrigée a valu 12 lieues 1/2, au N. N. O. 4° Nord. W. : N. O. 20° 14'. — Lat. observée : 29° 22'; longit. arrivée : 58° 30'.

Le soir, le vent a varié du N. N. E. au Nord, joli frais. Même vent pendant la nuit. Route au plus près, bâbord amures.

Octobre 1781.

SAMEDI 13. — Le vent au Nord, joli frais. Route au plus près, bâbord amures.

Depuis hier midi à la même heure aujourd'hui, la route corrigée a valu 20 lieues 1/3, à l'E. S. E. 4° Sud. W. : N. O. 19° 46'. — Lat. observée : 29° 50'; longit. arrivée : 59° 33'.

Le soir, le vent du N. E. au N. N. E. La nuit, même vent et même route.

DIMANCHE 14. — Le vent au N. N. E., joli frais. Route au plus près, bâbord amures.

Depuis hier midi à la même heure aujourd'hui, la route corrigée a valu 17 lieues à l'Est 1/4 S. E. 2° Sud. W. : N. O. 2°. — Lat. observée : 30° 1'; longit. arrivée : 60° 31'.

Le soir et pendant la nuit, même vent et même route.

LUNDI 15. — Le vent au N. N. E., presque calme. Route au plus près, bâbord amures.

Depuis hier midi à la même heure aujourd'hui, la route corrigée a valu 15 lieues au S. E. 1/4 Est 1° Sud. W. : N. O. 20°. — Lat. observée : 30° 27'; longit. arrivée : 61° 13'.

A 5 heures, le vent au N. E. Nous avons fait signal de virer de bord et pris les amures à tribord. Pendant la nuit, même route.

MARDI 16. — Le vent au Nord, joli frais. A 9 heures, nous avons fait signal de virer de bord, vent devant, et pris les amures à bâbord.

Depuis hier midi à la même heure aujourd'hui, la route corrigée a valu 5 lieues 1/2 au N. O. 1/4 Nord. W. : N. O. 28° 30'. — Lat. observée : 30° 16'; longit. arrivée : 60° 58'.

Le soir, même vent, et, pendant la nuit, même route.

Vu une éclipse de soleil.

MERCREDI 17. — Le vent au N. N. O., faible; route au plus près, bâbord amures.

Depuis hier midi à la même heure aujourd'hui, la route corrigée a valu 13 lieues 1/4 à l'Est 1/4 N. E. 5° Est. W. : N. O. 18° 12'. — Lat. observée : 30° 12'; longit. arrivée : 61° 42'.

L'après-midi, le capitaine de vaisseau le *Sphinx* est venu à bord. Le soir et pendant la nuit, même vent. Route au plus près, bâbord amures.

JEUDI 18. — Le vent a varié du N. N. O, au S. O.; temps couvert. A 8 heures, nous avons fait signal de faire route au N. E. du compas.

Depuis hier midi à la même heure aujourd'hui, la route corrigée a

valu 21 lieues ¹/₄ au N. E. 4° Nord. W. : N. O. 17° 30'. — Lat. observée : 29° 22'; longit. arrivée : 62° 33'.

A 4 heures, nous avons signalé la route au Nord ¹/₄ N. E. du compas. Le soir et pendant la nuit, vent de l'O. N. O. au Sud. Même route.

VENDREDI 19. — Le vent au Sud, joli frais; temps couvert et pluie. Route au Nord ¹/₄ N. E. du compas.

Depuis hier midi à la même heure aujourd'hui, la route estimée a valu 32 lieues ³/₄ au Nord 5° Ouest. W. : N. O. 17°. — Lat. observée : 27° 44'; longit. arrivée : 62° 22'.

Le soir et pendant la nuit, le vent a varié du Sud au S. E., joli frais; pluie par intervalles. Route au Nord ¹/₄ N. E. du compas.

SAMEDI 20. — Le vent a varié du S. S. E. à l'Est, joli frais. Nous avons forcé de voiles jusqu'à midi, heure à laquelle nous avons mis en travers pour attendre le convoi.

Depuis avant-hier midi à la même heure aujourd'hui, la route corrigée a valu 72 lieues ¹/₂ au Nord ¹/₄ N. O. 4° Nord. W. : N. O. 16° 15'. — Lat. observée : 25° 45'; longit. arrivée : 62°.

Nous avons eu 37 minutes de différence Nord de la hauteur à l'estime. Le soir et pendant la nuit, même vent. Route à l'Est ¹/₄ N. E. du compas.

DIMANCHE 21. — Le vent a varié de l'E. S. E. à l'Est. Temps couvert et pluie.

A midi, lat. observée : 21° 31'; longit. arrivée : 60° 36'.

Nous avons eu 7' de différence Nord de la hauteur à l'estime. L'île Rodrigue nous reste au Nord 5° Est, distance : 39 lieues. A 2 heures, nous avons fait signal de mettre le cap au Nord ¹/₄ N. O. du compas, et, peu après, celui d'étalinguer les câbles. La nuit, même vent et même route.

MARDI 23. — Le vent a varié de l'E. S. E. à l'Est, joli frais. A 5 heures ¹/₂, nous trouvant par la latitude de l'Ile-de-France, nous avons fait route à l'Ouest ¹/₄ N. O. 4° Nord du compas. Ordre au *Sphinx* de chasser en avant pour la découverte, nous tenant entre lui et le convoi.

Depuis hier midi à la même heure aujourd'hui, la route corrigée a valu 23 lieues ¹/₄ au N. O. 4° Nord. W. : N. O. 12°. — Lat. observée : 20° 14'; longit. arrivée : 59° 26'.

L'Ile-de-France nous restant à l'Ouest 2° Sud, distance : 74 lieues. Le soir, le vent à l'E. N. E. A 5 heures du soir, on a fait des obser-

Octobre 1781. vations de distances du soleil à la lune, qui ont donné 57° 19' de longitude, ce qui nous met à 39 lieues 1/4 de l'Ile-de-France. Le soir, nous avons fait des signaux de fusées pour nous rallier au convoi. Pendant la nuit, route à l'Ouest 1/4 N. O. 4° Nord du compas.

MERCREDI 24. — Le vent de l'Est à l'Est 1/4 N. E. Au jour, ordre au *Sphinx* de chasser de l'avant et nous avons forcé de voiles pour nous tenir entre lui et le convoi. Temps couvert, grains et pluie par intervalles.

Depuis hier midi à la même heure aujourd'hui, la route corrigée a valu l'Ouest 1/4 N. O. 2° Ouest, chemin 24 lieues 2/3. W. : N. O. 13°. — Lat. observée : 20° 2'; longit. arrivée : 57° 37'.

Distant par ce point de 40 lieues de l'Ile-de-France, restant à l'Ouest 5° Sud. Par la longitude observée, l'Ile-de-France nous reste à l'Ouest 1° Sud, à la distance de 12 lieues. Route après-midi à l'Ouest 1/4 N.O. 5° Nord du compas. A 5 heures, le *Sphinx* a signalé la terre, que nous avons découverte au même moment de l'avant, à 4 lieues de distance, en ayant fait 8 depuis midi. L'observation de longitude de M. de Ruyter s'est trouvée très juste ; l'erreur de l'estime a été de 28 lieues en arrière. A 6 heures, nous avons mis en panne, tribord amures, pour attendre le convoi et pris deux ris dans chaque hunier.

Vu l'île Ronde. A 7 heures 3/4, relevé l'île Ronde à l'O. N. O. 2° Ouest (corrigé). Tiré des fusées pour que le convoi se ralliât à nous. A 8 heures, les bâtiments étant tous reliés, nous avons fait servir et fait signal de tenir le vent, les amures à tribord. Le vent à l'Est, joli frais ; le temps fort couvert et pluvieux.

JEUDI 25. — Nous avons fait signal de virer de bord et nous avons pris les amures à bâbord, l'île aux Serpents nous restant au S. O. 1/4 Ouest 4° Ouest. Au jour, nous avons forcé de voiles pour aller mouiller à l'Ile-de-France. Au lever du soleil, l'île Ronde nous restait à l'Ouest 1/4 N. O. 2° Ouest; l'île aux Serpents au N. O. 1/4 Ouest 2° Ouest, et l'île Plate à l'Ouest 1/4, S. O. 4° Ouest. A 7 heures 1/2, nous avons fait signal de se préparer à mouiller. Sur les 8 heures, étant fort près de l'île appelée Coin de mire, nous avons aperçu qu'il y avait des signaux de reconnaissance et nous leur avons aussitôt répondu. Nous avons longé cette île de fort près, gouvernant pour aller mouiller à Port-Louis. A 11 heures 1/2, nous étions par le travers de

Mouillé à Port-Louis. l'île des Tonneliers et nous avons mouillé. Les vaisseaux de M. d'Orves nous ont aussitôt envoyé leurs chaloupes avec des ancres pour nous touer dans le port. Le général a été à bord de l'*Orient*, et nous avons travaillé à nous touer tout l'après-midi. En passant près de l'*Orient*, nous l'avons salué de trois cris de : « vive le roi ! », qu'il nous a rendus aussitôt lorsque nous avons été de l'avant de l'*Orient*. Nous avons mouillé et nous sommes ancrés à quatre amarres, deux de l'arrière et deux de l'avant. Nous avons trouvé dans ce port le *Vengeur* et l'*Artésien*, qui étaient arrivés depuis 11 jours. Les bâtiments marchands l'*Union* et l'*Abondance*, de notre convoi, étaient aussi arrivés. Le *Sphinx* a pris son poste dans l'après-midi ; mais l'*Annibal* et le convoi sont restés mouillés où nous étions à 11 heures ce matin.

Octobre 1781.

LISTE DES BATIMENTS DE GUERRE MOUILLÉS DANS LE PORT

L'*Orient*	74 canons	....	MM. Thomas d'Orves	1
Le *Héros*	74 »	....	de Suffren	2
L'*Annibal*	74 »	....	de Galles	12
Le *Brillant*	64 »	....	de Tromelin	3
Le *Vengeur*	64 »	....	de Forbin	6
Le *Sphinx*	64 »	....	du Chilleau	7
L'*Artésien*	64 »	....	de Beaulieu	14
Le *Bizarre*	64 »	....	de Lalandelle	5
Le *Sévère*	64 »	....	La Pallière	4
L'*Ajax*	64 »	....	Bouvet	9
Le *Flamand*	50 »	....	de Maurville	8
La *Pourvoyeuse*	40 »	....	de Cuverville	11
La *Fine*	36 »	....	de Saint-Félix	10
La *Sylphide*	14 »	....	de Tromelin	15
La *Fortune*	18 »	....	de Lusignan	16
La *Subtile*	26 »	....	de Salvert	13
L'*Argus*	12 »	....		

Le *Vengeur* et l'*Artésien*, qui s'étaient départis de nous le 7 du mois, sont arrivés à ce port ayant gagné sur nous 11 jours de traversée. Ils n'ont point été contrariés par les vents de N. E., que nous avons eus pendant huit jours et ils ont atterré fort juste d'après leurs observations. Le *Sévère* et l'*Ajax* ont été envoyés par M. d'Orves à l'île de Bourbon, afin d'apporter des pièces de bois de mâture et les provisions que cette île peut fournir à l'escadre, surtout en vivres, par la grande abondance de blé qu'elle produit. Sur le soir, plusieurs bâtiments marchands de notre convoi ont mouillé dans le port et ont salué le général par trois cris de : « vive le roi ! » Pendant la nuit, calme plat.

Octobre 1781.

VENDREDI 26. — Nous avons débarqué nos malades et commencé à vivre au journalier.

SAMEDI 27. — Nous avons démâté notre mât d'artimon pour être radoubé à terre. M. de Souillac, capitaine de vaisseau et gouverneur des îles de France et de Bourbon, est venu à bord. Il a été salué de trois cris de : « vive le roi ! » et de 11 coups de canon. On travaille avec toute la diligence possible à réparer l'*Annibal*, dont la mâture est presque finie, ainsi que tous les vaisseaux de l'escadre, et à les pourvoir de vivres, pour les mettre le plus tôt possible en état de sortir. A 6 heures, il est entré un petit bâtiment français, venant de Bourbon.

Tous les jours, à 5 heures du soir, on donne le mot d'ordre. Nous avons arboré un pavillon de distinction, mi-parti blanc et bleu, pour nous distinguer du vaisseau l'*Orient,* qui porte pavillon du chef d'escadre, M. d'Orves, en ayant les honneurs. A 6 heures, grains et pluie.

DIMANCHE 28. — M. Chevreau, commissaire ordonnateur et faisant fonctions d'intendant, est venu à bord.

Novembre 1781.

VENDREDI 2 NOVEMBRE. — Les vaisseaux le *Sévère* et l'*Ajax*, venant de Bourbon, ont mouillé en dehors du port. Ils avaient été envoyés pour y chercher quelques pièces de bois de mâture, propres à faire des mâts de hune ; ils n'en ont rapporté que deux. Le navire l'*Espérance*, bâtiment de notre convoi, est aussi arrivé.

DIMANCHE 4. — Il est entré dans le port un navire hollandais, venant de Batavia. Il a salué la place de 11 coups de canon ; rendu 5 coups.

MARDI 6. — Il est parti un bâtiment portugais pour l'Europe.

JEUDI 8. — Il est parti un bâtiment particulier pour la France, nommé la *Comtesse de Narbonne*. Presque tous les soirs, nous avons des orages avec des grains de pluie.

DIMANCHE 11. — Nous avons mâté notre mât d'artimon et mis en place notre grande vergue.

MERCREDI 14. — La *Fine* et la *Sylphide* sont sortis du port et ont mouillé en dehors. On presse autant qu'on peut le radoub et l'approvisionnement des vaisseaux de l'escadre, le temps de l'hivernage approchant.

JEUDI 15. — La *Subtile* et la *Fortune* ont été mouiller en rade.

VENDREDI 16. — Le vent a varié pendant la journée de l'Ouest au N.O.

LUNDI 19. — La frégate du roi l'*Éléphant* est arrivée de Madagascar avec une cargaison de bœuf et de riz ; le riz était attendu pour compléter les vivres des vaisseaux. Il vient de temps en temps des bâtiments des îles Séchelles, qu'on y envoie chercher des tortues ; mais on n'en apporte pas en assez grande quantité pour en donner comme ration aux équipages ; elles sont réservées pour les hôpitaux, car on les regarde comme un excellent antiscorbutique.

Mardi 20. — Crainte que quelque ouragan, dont voici la saison, ne nous prenne dans le port, où l'on n'est point en sûreté, on a établi en rade des corps morts, sur lesquels les vaisseaux qui sont prêts se vont amarrer en attendant le reste de l'escadre. A l'approche de l'ouragan, qui s'annonce toujours, on filera les amarres pour prendre le large. L'*Orient* est sorti du port pour aller en rade. Il est entré un portugais, venant d'Europe ; il a salué le général de 7 coups de canon ; rendu un coup.

Mercredi 21. — La frégate la *Bellone*, de 36 canons, commandée par M. de Cillart, capitaine de vaisseau, et venant d'Europe, a mouillé en rade. Elle conduisait un convoi parti de Lorient et destiné pour l'Ile-de-France ; mais à son atterrage sur le cap de Bonne-Espérance, elle a trouvé un vaisseau anglais de 50 canons, qui a dispersé le convoi. Quelques bateaux ont été amarinés ; d'autres ont doublé le cap de Bonne-Espérance et d'autres ont mouillé à Table-Bay. Les bâtiments étaient chargés de vivres et gréés pour les îles. La *Bellone* a apporté quinze cent mille piastres.

Arrivée de la Bellone.

Jeudi 22. — Nous sommes sortis du port et nous avons mouillé en rade sur un corps mort, mouillé par les 18 brasses, sable fin et goëmon. La frégate la *Consolante* est arrivée, venant du cap de Bonne-Espérance ; elle en était partie avant le passage de la *Bellone*. Le *Flamand* est sorti du port.

Arrivée de la Consolante.

Vendredi 23, Samedi 24. — Le *Bizarre* et le *Vengeur* sont venus en rade [1].

---

1. Lettre de M. de Suffren à Mme de Seillans :

« Ce 23 novembre 1781, à l'Ile-de-France. — ..... J'ai eu, du Cap ici, une traversée affreuse par la longueur et les maladies qu'il y a eu. Au surplus, je me porte aussi bien qu'il est possible de se porter. Nous allons aller dans l'Inde avec de grandes forces et nous devrions attendre des succès, mais une infinité de raisons me font bien craindre qu'il n'y en ait pas.

« Cecy est un fort beau pays. L'air est très salubre et l'on n'y manque pas de provisions ; mais nous y manquons beaucoup de munitions navales, et nous venons de perdre un convoy, du moins en partie, qui nous en apportait.

. . . .

« Il règne ici un esprit d'indépendance et de cupidité parmi les subalternes et parmi les chefs, de sorte qu'il est difficile d'espérer qu'on puisse faire quelque chose de bien. »

(Ortolan, *Monit. Univers.*, 2 nov. 1859.)

Novembre 1781.   DIMANCHE 25. — Le vaisseau le *Sphinx*, en venant en rade, a failli nous aborder. Nous avons été obligés de filer.

LUNDI 26. — Le *Brillant* est venu mouiller en rade.

MARDI 27. — Nous avons embarqué, ainsi que tous les autres vaisseaux, 50 noirs pour compléter notre équipage.

MERCREDI 28. — La *Pourvoyeuse* et l'*Artésien* sont venus mouiller en rade.

JEUDI 29. — Le *Diligent*, corvette du roi, commandée par M. Mari, lieutenant de frégate, est arrivé de l'île de Ceylan. Nous avons su que tout était dans le même état à la côte de Coromandel, que Hyder-Ali-Kan, toujours dans le Carnatic, nous attendait avec impatience. Le brûlot le *Pulvériseur*, faisant partie de l'escadre, commandé par M. Joyeuse, capitaine de brûlot, est venu mouiller en rade.

VENDREDI 30. — Tiré le premier coup de canon de partance dans l'après-midi. Embarqué un détachement du régiment d'Austrasie.

Décembre 1781.   JEUDI 6 DÉCEMBRE. — Tous les vaisseaux de l'escadre étant prêts, il a été décidé que nous appareillerions aujourd'hui. A 6 heures, signal d'embarquer canots et chaloupes. A 1 heure, signal d'appareiller à l'escadre et à la flotte. A 1 heure 1/2, l'*Annibal*, en sortant du port, est resté échoué sur le banc bâbord; en entrant il a tiré du canon et demandé secours. Le général a fait signal d'envoyer des ancres et grelins; nous avons mis notre chaloupe à la mer et exécuté l'ordre. A 1 heure 1/2, le navire le *Maurepas* est aussi resté échoué et a demandé du secours. A 3 heures, l'*Annibal* a été à flot. Le *Vengeur*, qui avait appareillé, est resté sous voiles. L'accident survenu à l'*Annibal* a empêché de mettre sous voiles aujourd'hui. La *Consolante* ne sort point avec l'escadre et reste pour caréner. La *Fortune* reste pour le service de la colonie, et l'*Argus* est destiné pour l'Europe, annoncer notre départ. Le *Maurepas* s'est déchoué. Nous avions sur l'escadre

Troupes sur l'escadre.   et sur les bâtiments du convoi 2,500 hommes de troupes du régiment d'Austrasie, de l'Ile-de-France, légion de Lauzun et artillerie, commandés par M. le comte Duchemin, maréchal de camp, et destinés pour la côte de Coromandel, où elles devaient agir de concert avec Hyder-Ali-Kan contre l'ennemi commun. Le projet du général est de

Nouvelle route.   s'y rendre par la route indiquée par le comte de Grenier, capitaine de vaisseau, et que plusieurs bâtiments particuliers avaient tentée avec succès. Cette route, qu'aucune escadre n'avait encore suivie, devait nous conduire plus promptement et nous faire éviter les gros vents et la grosse mer de la route usitée. M. le marquis de Fleury, major Décembre 1781. général de l'armée, et M. le chevalier d'Espinassy étaient embarqués sur notre vaisseau [1].

NOMS DES VAISSEAUX ET FRÉGATES QUI COMPOSENT L'ESCADRE :

L'*Orient*........	74	canons...	MM.	d'Orves,	chef d'escadre
Le *Héros*........	74	» ...		Suffren,	»
L'*Annibal*.......	74	» ...		de Tromelin,	capitaine
Le *Sévère*.......	64	» ...		de la Pallière,	»
Le *Bizarre*......	64	» ...		de Lalandelle,	»
Le *Vengeur*.....	64	» ...		de Forbin,	»
Le *Sphinx*.......	64	» ...		du Chilleau,	»
L'*Artésien*......	64	» ...		de Maurville,	»
L'*Ajax*..........	64	» ...		de Bouvet,	»
Le *Brillant*.....	64	» ...		de Saint-Félix,	»
Le *Flamand*.....	64	» ...		de Cuverville,	»
La *Bellone*......	32	canons...	MM.	de Cillart,	capitaine
La *Fine*.........	36	» ...		de Salvert,	lieutenant
La *Pourvoyeuse*.	40	» ...		de Galles,	»
La *Subtile*......	24	» ...		de Beaulieu,	»
La *Sylphide*.....	14	» ...		de Tromelin,	»
Le *Diligent*......	10	» ...		Macé, lieutenant de frégate	
Le *Pulvériseur* (brûlot)		...		Joyeuse, capitaine de brûlot	

1. Lettre de M. de Suffren à Mme de Seillans :

« A l'Ile-de-France, ce 5 décembre 1781. — .... Je suis en second dans une belle escadre. M. d'Orves, qui en est le chef, me fait beaucoup de caresses ; mais, comme il est si bon qu'il peut passer pour faible, la confiance qu'il me donne sera partagée avec le public. Le peu d'espoir qu'il y a de faire quelque chose de bon avec de pareils caractères, me fait désirer mon retour avec le plus grand empressement.

« Le public d'ici m'a accueilli parfaitement, mais la jalousie des marins qui sont ici depuis cinq ans sans avoir rien fait, ne m'a pas produit le même accueil. Ce pays-ci amollit ; il y a une quantité de jolies femmes et une façon de vivre fort agréable. L'on y gagne de l'argent quand on commerce. Tout cela vaut mieux que faire la guerre ; aussi reste-t-on ici tant qu'on peut.

« Notre campagne dans l'Inde peut estre très longue. Si on y a des succès, on n'en doit plus revenir ; fuir surtout cette isle, qui ressemble beaucoup à celle de Calypso. On aurait besoin d'un Mentor.

« Nostre escadre bien armée peut faire de grandes choses ; il ne nous manquera que de la teste et de la confiance, chose assez rare parmi nous. Si nous revenons de l'Inde sans rien faire, mon parti est pris de m'en aller plutôt que de rester ici six mois dans le port. Je sers pour faire la guerre et non la cour aux femmes de l'Ile-de-France. »

(Ortolan, *Monit. Univers.*, 2 nov. 1859.)

Décembre 1781.

BATIMENTS DE TRANSPORT

Les *Bons Amis*	Le *Brinon*	La *Fille-Unique*
L'*Oriston*	Le *Maurepas*	La *Sainte-Anne*
Les *Trois Amis*	Le *Daliram*	—

Le *Toscan*, hôpital — Le *Hyder*, corvette de Hyder-Ali-Kan

Route pour la côte de Coromandel.

VENDREDI 7. — A 6 heures du matin, le général a fait signal à l'escadre et à la flotte de mettre sous voile. Nous avons embarqué les bâtiments à rames et mis à la voile à 7 heures 1/2, le vent étant à l'E. S. E., joli frais. A 7 heures 3/4, tous les bâtiments étaient à la voile et le général a fait signal d'ordre de marche sur deux colonnes. Nous avons fait route toute la matinée au N. N. E.

A midi, latitude observée : 20° 0' ; la ville du Port-Louis nous restant au S. S. E. 5° Est.

Le vent a passé à l'Est et nous avons conservé au plus près tribord amures. A 3 heures 1/2, le général a appelé le *Diligent* et il l'a envoyé donner des ordres aux bâtiments de la flotte. A la même heure, la *Pourvoyeuse* fait signal au convoi de se rassembler davantage.

Au coucher du soleil, l'île Ronde nous restait au S. E. 5° Est ; distance : 14 lieues.

Le reste de la journée, le vent à l'Est, joli frais. Route au N. N. E. sous les huniers, faisant l'avantage de la misaine aux autres vaisseaux. La nuit, le vent à la même partie et même route.

SAMEDI 8. — Au jour, le vent à l'E. S. E., frais ; gouvernant toujours au N. N. E., le temps couvert. Au lever du soleil, nous avons observé 14° de variation N. O. A 6 heures 3/4, le vaisseau le *Brillant* a fait signal d'incommodité ; peu après, il a signalé qu'il pouvait se réparer à la mer et il a continué sa route conservant son poste.

A midi, W. : N. O. 16°. — Lat. observée : 18° 17' ; longit. estimée : 55° 12' ; route corrigée : Nord 1/4 N. E. 9° Nord ; chemin fait : 31 lieues.

Par le chemin estimé, les courants nous ont portés 18 lieues au Nord. Le reste de la journée, le vent à l'Est. Même route sous peu de voile. La nuit de même.

DIMANCHE 9. — Le vent à l'E. S. E., joli frais ; le temps couvert et des grains de pluie par intervalles ; gouvernant au N. N. E. 5° Est. A 7 heures, nous avons pris un ris aux huniers.

A midi, W. : N. O. 12° 28'. — Lat. observée : 14° 47' ; longit.

estimée : 55° 23' ; route corrigée : Nord 1/4 N. E. 5° Nord ; chemin fait : 32 lieues 1/3.

A 1 heure 1/4, le général nous a demandé quelle était notre longitude observée. Le général nous a signalé que la sienne était de 55° 45'. et nous lui avons signalé que la nôtre était de 55° 20'. Il l'a demandé au *Flamand*, mais il n'avait pas observé. A 3 heures, signal au convoi de se rassembler davantage. A 6 heures, nous avons pris un second ris aux huniers. Le reste de la journée, le vent à la même partie, grains et pluie par intervalles. La nuit de même, gouvernant au N. N. E. 5° Nord.

Lundi 10. — Le vent toujours à l'E. S. E. A 10 heures, le général a fait signal aux bâtiments de la flotte de passer sous le vent de l'escadre. A 9 heures, signal à la division blanche de serrer les distances. A 9 heures 1/2, signal à la flotte de forcer de voiles. A 10 heures, la flûte l'*Oriston* a fait signal d'incommodité occasionnée par une voie d'eau peu considérable.

A midi, W. : N. O. 12° 18'. — Lat. observée : 14° 53' ; longit. estimée : 55° 8' ; route corrigée : Nord 1° Est ; chemin fait : 38 lieues.

A 4 heures, le *Flamand* nous a demandé par un signal notre longitude observée d'hier. Nous lui avons répondu qu'elle était de 55° 20'. Le reste de la journée, le vent à l'E. S. E., frais ; grains de pluie par intervalles. La nuit, route au N. N. E. 5° Nord ; le vent très frais sous les huniers ; le perroquet de fougue serré.

Mardi 11. — Le vent à l'E. S. E., frais. Le temps couvert et des grains de pluie de temps en temps ; gouvernant au N. N. E. 5° Nord. Toute la matinée de même. A 11 heures, le vent a varié à l'E. N. E., petit frais.

A midi, lat. observée : 12° 46' ; longit. estimée : 55° 26' ; route corrigée : Nord ; chemin fait : 42 lieues 1/3.

A 1 heure, le général a fait signal à la flotte de forcer de voiles. A 2 heures, le vent a repris à l'E. S. E., joli frais. A 5 heures, le *Flamand* a signalé sa longitude observée, qui était de 55° 25'. Toute la soirée, le vent très frais à l'E. S. E. La nuit, nous avons resté sous la misaine, les huniers serrés.

Mercredi 12. — Dans la matinée, le vent au S. S. E., frais et des grains de pluie de temps en temps. Route au N. N. E. 5° Nord. A 7 heures, le général a fait signal de faire rassembler davantage les bâtiments de la flotte. Dans la matinée, nous avons bordé les huniers. A midi, le temps étant couvert, nous n'avons pu prendre hauteur.

Décembre 1781.

W. : N. O. 11° 34'. — Lat. observée : 10° 52'; longit. estimée : 55° 34'; route estimée : Nord 4° Est ; chemin fait estimé : 38 lieues.

L'après-midi, le vent a repassé à l'E. S. E. A 2 heures 3/4, le *Sphinx* a demandé au général la permission de communiquer avec le *Brillant* et le général la lui a accordée. A 4 heures, la *Pourvoyeuse* a fait signal de diminuer de voiles à la tête du convoi. Le reste de la journée, même vent et même route. La nuit de même.

JEUDI 13. — Le vent au S. S. E., petit frais. Route au N. N. E. 5° Nord. A 2 heures du matin, le vent a varié à l'Est, frais. Dans la matinée, le général a fait signal aux bâtiments de la flotte de forcer de voiles.

A midi, W. : N. O. 12° 22'. — Lat. observée : 9° 31'; longit. estimée : 55° 37'. La route corrigée depuis mardi à midi a valu Nord 4° Est ; chemin fait : 65 lieues.

L'après-midi, le vent à l'E. S. E. A 4 heures, le général a signalé la route au N. E. 1/4 Nord. Tout le reste de la journée et la nuit, même route et même vent.

Route pour la côte de Coromandel.

VENDREDI 14. — Le vent au S. E., petit. A 5 heures 1/2, le général a fait signal à la *Bellone* et à la *Fine* de lui passer à poupe. A 7 heures 1/2, signal à la flotte de forcer de voiles. A 9 heures 1/4, le général a fait signal à toute l'escadre d'envoyer les malades à bord de l'Hôpital, et, en même temps, il a fait signal à l'Hôpital de recevoir les malades. Nous avons aussitôt forcé de voiles pour rejoindre le bâtiment de l'Hôpital, qui était de l'avant. A 10 heures, nous avons mis en panne et mis le canot à la mer, et nous avons envoyé deux malades à bord du bâtiment chargé de les recevoir. A 11 heures, notre canot a été de retour ; nous l'avons embarqué et fait servir. A 11 heures 1/2, étant par le travers du général, M. de Moissac a été lui rendre compte du nombre d'hommes que nous avions débarqués ; peu après, il a été de retour.

A midi, lat. observée : 8° 24'; longit. observée : 55° 58'. — Route corrigée : N. N. E. 5° Nord ; chemin fait : 23 lieues 1/3.

A 2 heures, le général a signalé la route au N. E. Le reste de la journée, même route. La nuit de même, sous les huniers ; toujours beau temps.

SAMEDI 15. — Le vent au S. S. E., petit. A 7 heures 1/2, le *Sphinx* a demandé à communiquer avec le *Brillant*, et le général lui a accordé. A 9 heures ½, le général a demandé au *Flamand* quelle Décembre 1781. était sa variation observée ; ce vaisseau ne l'a pas signalée.

A midi, lat. observée : 7° 18' ; longit. estimée : 56° 36'. — Route corrigée : N. E. ¼ Nord 5° Nord ; chemin fait : 25 lieues.

A 2 heures, le général a signalé la route au N. E. ¼ Est. Tout l'après-midi, le vent au S. S. O., petit ; gouvernant au N. N. E. 5° Est.

DIMANCHE 16. — Tout l'après-midi, le vent au S. S. E., petit, gouvernant au N. E. ¼ Est, et le vent au S. O., petit ; beau temps et belle mer. A 6 heures, nous avons demandé à parler au général et il nous l'a accordé. A la même heure, il a fait signal à l'escadre de mettre en panne, tribord amures. A 7 heures ½, nous avons mis le canot à la mer et il a été à bord du général avec M. de Moissac. A 8 heures, il a été de retour et nous l'avons embarqué. Le général a fait signal de faire servir, gouvernant au N. E. ¼ Est. A 11 heures ½, M. le comte d'Orves et M. Duchemin avec M. Bolle sont venus dîner à bord du *Héros*.

A midi, W.: N.O. 7° 30'. — Lat. observée : 6° 16' ; longit. estimée : 57° 29' ; route corrigée : N. E. 4° Nord ; chemin fait : 27 lieues ¼.

Notre observation de latitude nous a donné 17' plus Nord que l'estime.

LUNDI 17. — Le vent à l'O. S. O., petit ; le temps couvert. A 6 heures, le général a signalé la route à l'E. N. E. A 9 heures, nous avons cru voir des brisants au N. N. O. et nous l'avons aussitôt signalé. Nous avons mis en travers et le général aussi, et la *Subtile* a couru au N. N. O. où elle a sondé pendant près d'un quart d'heure, sans rien découvrir. Notre erreur est sûrement provenue des rayons du soleil, qui donnaient dans cette partie. A 9 heures ½, le général a fait servir et nous avons continué la route.

A midi, W.: N.O. 6° 46'. — Lat. observée : 5° 26' ; longit. estimée : 58° 18' ; route corrigée : N. E. 1° 30' Nord ; chemin fait : 24 lieues.

15' de différence Nord. L'après-midi, le vent à l'O. S. O. A 5 heures ½, le général a fait signal à la tête de la flotte de diminuer de voiles. Pendant la nuit, nous avons eu des grains frais et orageux.

MARDI 18. — Le vent frais de l'O. S. O. à l'O. N. O. ; le temps couvert et pluvieux.

A midi, W.: N.O. 5° 46'. — Lat. estimée : 4° 52' ; longit. estimée : 59° 16' ; route estimée : N. E. ¼ Est 5° Est ; chemin fait estimé : 22 lieues.

Décembre 1781.

A 1 heure, le général a signalé la route à l'Est. Tout l'après-midi, nous avons fait cette route. Le vent à l'O. S. O., frais ; le temps couvert et pluvieux. La nuit de même.

MERCREDI 19. — Le vent à l'Ouest, petit ; le temps toujours fort couvert. A 8 heures, le général a fait signal de faire diminuer de voiles à la tête de la flotte.

A midi, W. : N. O. 5° 42'. — Lat. observée : 4° 22'; longit. estimée : 66° 22'. La route corrigée depuis lundi à midi a valu E. N. E. 4° Nord; chemin fait : 46 lieues.

L'après-midi, le général a signalé sa longitude observée d'aujourd'hui et il a demandé celle des autres vaisseaux : L'*Orient*, 59° 45', — le *Héros*, 58° 35', — l'*Annibal*, 58° 24', — le *Flamand*, 58° 32', — le *Bizarre*, 58° 34' ; terme moyen de toutes ces observations : 58° 48'.

— A 5 heures, la *Pourvoyeuse* a signalé aux bâtiments de tête de la flotte de diminuer de voiles. Le reste de la journée, le vent petit à l'Ouest, beau temps; gouvernant à l'Est.

Route pour la côte de Coromandel.

JEUDI 20. — Le vent à l'Ouest, le temps couvert et pluvieux. Au jour, le général a fait signal à l'escadre et à la flotte de mettre en panne afin d'attendre le *Sphinx* et l'*Artésien*, qui, pendant la nuit, s'étaient fort laissé arriérer. A 9 heures, le général a fait signal au *Sphinx* de forcer de voiles. A 10 heures 1/2, ces deux bâtiments étaient ralliés. Le général a fait signal de faire servir; à 11 heures, signal de rassembler la flotte.

A midi, lat. observée : 4° 8'; longit. estimée : 61° 20'; route corrigée : Est 1/4 N. E. 2° Nord; chemin fait : 20 lieues.

L'après-midi, le vent au N. N. O. ; route à l'Est. Pendant la nuit, le vent a été très frais de la même partie et pluie continuelle.

VENDREDI 21. — A 6 heures 1/2, le général a fait signal de rassembler la flotte. Toute la matinée, le temps très couvert. Route à l'Est. A 11 heures, le général a fait signal au *Sévère* de serrer la ligne.

A midi, W. : N. O. 5°. — Lat. estimée : 3° 38'; longit. estimée : 63° 14'; route estimée : Est 1/4 N. E. 5° Est; chemin fait : 38 lieues 2/3. Le général a signalé la route à l'Est 1/4 S. E. Le reste de la journée, nous avons fait cette route; le vent à l'Ouest. La nuit, grosse pluie.

SAMEDI 22. — Le vent à l'O. N. O. Au jour, la pluie a cessé. A 8 heures 1/2, signal de rassembler la flotte.

A midi, W. : N. O. 3°. — Lat. observée : 4° 16'; longit. estimée :

65° 8'; route corrigée depuis jeudi à midi : Est 2° Sud; chemin fait : 76 lieues.

A midi 1/2, le général a signalé la route à l'Est. Dans l'après-midi, le général a demandé aux vaisseaux leur longitude observée : Le *Flamand* a signalé 64° 48', — le *Héros*, 66° 8',— le général, 65° 44'. — La nuit, le vent a varié au N. N. O., petit.

DIMANCHE 23. — Le vent au Nord, petit; beau temps. A 6 heures, le général a mis notre flamme d'appel. Nous avons aussitôt mis un canot à la mer et il a été à son bord ; à 7 heures, il a été de retour. Nous avons profité du calme, ayant le canot à la mer, pour observer la direction des courants, et nous avons trouvé qu'ils nous portaient à l'Est 1/4 N. E., faisant environ deux nœuds. A 8 heures 1/2, nous avons mis toutes voiles dehors pour reprendre notre poste.

A midi, W. : N. O. 2° 4'. — Lat. observée : 4° 4'; longit. estimée : 66° 22'; route corrigée : Est 1/4 N. E. 2° Est; chemin fait : 25 lieues.

A 1 heure 1/2, le général a appelé le *Diligent*. A 3 heures 1/2, le général a demandé à l'*Annibal* sa longitude observée. A 5 heures, nous avons envoyé un canot à bord du général; il a été de retour le soir et nous l'avons embarqué. Toute la nuit, route à l'Est.

LUNDI 24. — Le vent au N. N. O. A 8 heures, nous avons mis un petit canot à la mer et nous avons observé la direction des courants ; ils portaient à l'Est 1/4 N. E., faisant environ un nœud. Lorsque le canot a été à bord, nous l'avons embarqué. A 9 heures, le général a fait signal à l'Hôpital de recevoir les malades de l'escadre; nous avons été exempts de lui en envoyer. Dans la matinée, MM. de Salvert et Beaulieu sont venus à notre bord. A 11 heures, nous avons mis le grand canot à la mer, et M. de Suffren a été à bord de l'*Orient*, dîner avec M. d'Orves.

A midi, W. : N. O. 1° 30'. — Lat. observée : 4° 4' ; longit. estimée : 67° 27'; route corrigée : Est; chemin fait : 21 lieues 1/2.

L'après-midi, la *Pourvoyeuse* a fait mettre en panne la tête de la flotte afin de la rassembler. A 6 heures 1/2, M. de Suffren a été de retour de l'*Orient* et nous avons embarqué le grand canot. A la même heure, nous avons pris un ris à chaque hunier. La nuit, le vent au N. O., petit frais. Route à l'Est.

MARDI 25. — Le vent au N. O., joli frais ; même route ; beau temps. Rien de remarquable dans la matinée.

A midi, W. : N. O. 1° 38'. — Lat. observée : 4° 19'; longit. esti-

Décembre 1781. mée : 69° 6' ; route corrigée : Est ¼ S. E. 4° Est : chemin fait : 33 lieues.

A 6 heures du soir, la *Subtile* nous a envoyé son canot pour prendre du bœuf que nous devions lui donner. Pendant la nuit, le vent au N. O., joli frais. Route à l'Est.

MERCREDI 26. — Même vent et même route. A 5 heures ½, le général a mis notre flamme d'appel. Nous avons mis notre canot à la mer et il a été à bord du général ; peu après il a été de retour. A 6 heures, le général a fait signal à la flotte de se rassembler davantage. Nous avons été en panne jusqu'à 7 heures ½. Ayant embarqué la yole, nous avons fait servir.

A midi, W. : N. O. 1° 2'. — Lat. observée : 4° 37' ; longit. estimée : 70° 31' ; route corrigée : Est ¼ S. E. 3° Sud ; chemin fait : 28 lieues ¾.

A midi ¾, le général a signalé la route à l'E. N. E. Tout l'après-midi, le vent a été à la partie du N. O., petit. Nous avons gouverné à l'E. N. E., la nuit de même.

JEUDI 27. — Le vent au N. N O., presque calme. A 6 heures, nous avons largué le grand hunier pour le raccommoder. A 8 heures, nous l'avons bordé. A 10 heures ½, nous avons mis la yole à la mer pour observer la direction des courants ; nous avons trouvé qu'ils portaient au S. E., filant un nœud ½.

A midi, W. : N. O. 0° 37'. — Lat. observée : 4° 48' ; longit. estimée : 71° 10' ; route corrigée : Est ¼ S. E. 2° Sud ; chemin fait : 14 lieues ¼.

Différence Sud : 8 lieues ⅔. A 1 heure, le général a signalé la route au Nord ¼ N. E. L'après-midi et la nuit, nous avons fait la même route, le vent petit au N. O.

VENDREDI 28. — Le vent à l'O. N. O. A 6 heures, il a varié à l'E. S. E., petit ; presque calme. A 8 heures, la *Pourvoyeuse* a fait signal à la flotte de tenir le vent.

A midi, W. : N. O. 0° 25'. — Lat. observée ; 4° 27' ; longit. estimée : 72° 4' ; route corrigée : E. N. E. 1° Nord ; chemin fait : 17 lieues ⅔.

A 6 heures, nous avons pris un ris dans chaque hunier. La nuit, le vent a varié au S. O. Route au Nord ¼ N. E. La nuit, même vent et même route.

Samedi 29. — Le vent au S. O., petit ; temps nuageux. Route au N. E. 1/3 Est. A 8 heures, avons demandé au général de lui parler. *Décembre 1781.*

Depuis hier midi à la même heure aujourd'hui, la route corrigée a valu 39 lieues à l'E. N. E. 4° Est. — Lat. observée : 3° 58' ; longit. arrivée : 73° 2'.

A 1 heure, signalé la route à l'Est 1/4 N. E. A 1 heure 1/4, avons mis en panne, bâbord amures. A 1 heure 1/2, avons fait servir. A 9 heures, le vent a varié au N. O., frais. A 11 heures, le vent a varié du N. O. à l'O. N. O., petit frais ; pluie et orage.

Dimanche 30. — Le vent au N. O., petit frais ; temps clair.

Depuis hier midi à la même heure aujourd'hui, la route corrigée a valu 21 lieues 3/4 à l'E. N. E. 2° Est. — Lat. observée : 3° 34' ; longit. arrivée : 74° 2'.

Le général a signalé la route à l'Est du compas. Le vent à l'Ouest, petit ; temps nuageux ; pluie par intervalles.

Lundi 31. — Le vent à l'Ouest, petit ; temps nuageux et pluie par intervalles. Route à l'Est du compas. A 6 heures, nous avons eu un grain de pluie et le vent a fraîchi de la partie du N. O. Route à l'Est du compas. *Route pour la côte de Coromandel.*

Depuis hier midi à la même heure aujourd'hui, la route corrigée a valu 24 lieues 2/3 à l'Est 3° Sud. — Lat. observée : 3° 37' ; longit. arrivée : 75° 18'.

A 1 heure, le général a fait signal d'un homme tombé à la mer ; aussitôt avons mis en panne. A 1 heure 1/4, avons fait servir. La nuit, même vent et même route.

Mardi 1er Janvier. — Le vent à l'Ouest, joli frais ; temps nuageux. Route à l'Est. A 5 heures, nous avons mis en panne pour attendre le canot de la *Subtile*. A 5 heures 1/4, nous avons fait servir. *Janvier 1782.*

Depuis hier midi à la même heure aujourd'hui, la route corrigée a valu 52 lieues 3/4 à l'Est 4° Nord. W. observée : N. E. 1° 6'. — Lat. osbervée : 3° 23' ; longit. arrivée : 76° 31'.

Le reste la journée et pendant la nuit, même vent et même route.

Mercredi 2. — Le vent à l'O. S. O., très petit ; temps couvert et pluvieux. A 9 heures, le général a mis la flamme du *Sévère*. A 10 heures, le vent a varié à l'Est, très petit, et nous avons pris les amures à tribord. Peu après, le vent a repris à l'Ouest et nous avons remis en route.

Depuis hier midi à la même heure aujourd'hui, la route corrigée a

Janvier 1782. valu 23 lieues $^1/_4$ à l'Est $^1/_4$ N. E. 5° Est. W. : N. E. 1° 50. — Lat. observée : 3° 13' ; longit. arrivée : 77° 55'.

Le reste de la journée, le vent à l'Ouest. Route à l'Est. La nuit de même.

Jeudi 3. — Le vent à l'O. N. O., presque calme. Au jour, le vent se décide à l'Ouest, joli frais. A 10 heures, le *Vengeur* a tiré un coup de canon et fait une punition exemplaire. A 11 heures, le général a fait signal au convoi de se rassembler davantage.

Depuis hier midi à la même heure aujourd'hui, la route corrigée a valu 21 lieues $^2/_3$ à l'Est $^1/_4$ N. E. 1° Nord. W. : N. E. 1° 25'. — Lat. observée : 2° 58' ; longit. arrivée : 78° 59'.

Nous avons 8' de différence Nord. A 6 heures du soir, M. du Chilleau est venu à bord avec plusieurs officiers passagers, embarqués sur le *Sphinx;* sur les 8 heures, ils sont retournés à leur bord. Pendant la nuit, le vent à l'O. N. E. Route à l'Est.

Vendredi 4. — Le vent au N. O. Au jour, le général nous a appelés pour nous donner la moitié d'un bœuf. Nous avons profité du canot que nous avions mis à la mer pour observer les courants ; ils portent à l'Est $^1/_4$ N. E., filant un nœud. La matinée, M. de Galles est venu à bord, et, après être resté une demi-heure avec le général, il est retourné à bord de la *Pourvoyeuse*.

Depuis hier midi à la même heure aujourd'hui, la route corrigée a valu 22 lieues $^2/_3$ à l'Est 3° Nord. W. : N. E. 1° 25'. — Lat. observée : 2° 54' ; longit. arrivée : 80° 7'.

L'après-midi, le vent à l'O. N. O., petit. Route à l'Est. La nuit de même.

Samedi 5. — Le vent petit de la partie de l'Ouest. A 7 heures $^1/_2$, le général a fait signal au *Flamand* de lui passer à poupe. A 9 heures, nous avons signalé au général que notre longitude observée était de 34° 22'.

Depuis hier midi à la même heure aujourd'hui, la route corrigée a valu 20 lieues $^1/_2$ à l'Est 4° Nord. W. observée : N. E. 1° 30'. — Lat. observée : 2° 49' ; longit. estimée : 81° 9'.

L'après-midi, le vent à la partie de l'Ouest. Route à l'Est. La nuit de même.

Dimanche 6. — Le vent toujours à l'Ouest, petit ; beau temps. Même route. A 8 heures du matin, nous avons mis la yole à la mer et elle a été à bord du général pour y prendre la moitié d'un bœuf ;

peu après, elle a été de retour. A 9 heures, le général a demandé au Janvier 1782. *Flamand* et à nous nos longitudes observées et il nous a signalé la sienne : L'*Orient* 86° 30',— le *Héros* 85° 35',— le *Flamand* 85° 45'.

Depuis hier midi à la même heure aujourd'hui, la route corrigée a valu 20 lieues à l'Est 3° Nord. W. observée : N. E. 1° 50'. — Lat. observée : 2° 46' ; longit. estimée : 82° 9'.

L'après-midi, nous avons observé le courant, qui porte à l'Est $1/4$ N. E., filant un quart de nœud.

Pendant la nuit, le vent à l'Ouest et O. S. O., petit. Route à l'Est.

LUNDI 7. — Le vent au S. S. O., presque calme. A 6 heures, il est venu à bord un canot du général et un de la *Pourvoyeuse*. A 7 heures, le général a fait signal à la flotte de se rassembler davantage. Les deux canots qui sont venus le matin sont retournés à leur bord dans la matinée.

Depuis hier midi à la même heure aujourd'hui, la route corrigée a valu 16 lieues $1/4$ à l'E. N. E. 2° Nord. W. : N. E. 1° 58'. — Lat. observée : 2° 25' ; longit. arrivée : 82° 53'.

A 1 heure, le *Vengeur* a demandé au général de faire passer ses malades à bord de l'Hôpital ; le général le lui a permis et il a manœuvré en conséquence. La nuit, le vent à l'Ouest, très petit ; gouvernant à peine.

MARDI 8. — Le vent très petit et variable, presque calme. A 8 heures, nous avons cargué le petit hunier pour le raccommoder. Dans la matinée, le canot du général est venu à bord avec M. Bolle, major de l'escadre.

Depuis hier midi à la même heure aujourd'hui, la route corrigée a valu 9 lieues $2/3$ au N. E. 2° Nord. W. : N. E. 2° 5'. — Lat. observée : 2° 3' ; longit. estimée : 83° 43'.

L'après-midi, nous avons observé que les courants portent au N. E. 5° Est, filant un nœud. Sur le soir, M. Bolle est retourné à son bord. Dans la journée, M. de Ruyter a fait une observation qui nous a donné 86° 36'. Toute la nuit, calme plat.

MERCREDI 9. — Calme. A 9 heures, nous avons eu une petite brise de N. O. Nous avons fait route à l'Est.

Depuis hier midi à la même heure aujourd'hui, la route corrigée a valu 6 lieues $1/2$ au N. E. $1/4$ Est 2° Est. W. : N. E. 2° 4'. — Lat. observée : 1° 53' ; longit. estimée : 83° 29'.

L'après-midi, le vent très petit. Même route. La nuit de même.

Janvier 1782.

Jeudi 10. — Le vent à l'O. N. O., frais ; temps couvert et grains de pluie par intervalles. Route à l'Est. Dans la matinée, nous avons envoyé un canot à bord de la *Pourvoyeuse* et nous l'avons embarqué lorsqu'il a été de retour.

Depuis hier midi à la même heure aujourd'hui, la route corrigée a valu 22 lieues à l'Est 2° Sud. — Lat. observée : 1° 54' ; longit. estimée : 84° 36'.

L'après-midi, même temps. Toute la nuit, nous avons fait route sous les basses voiles serrées et les huniers cargués. Le temps pluvieux.

Vendredi 11. — Le vent au N. O., frais ; temps pluvieux. Au jour, nous avons fait voile des huniers. Peu après, le général a fait signal à la flotte de se rassembler davantage ; à 10 heures 1/2, il a signalé la route au N. E.

Depuis hier midi à la même heure aujourd'hui, la route corrigée a valu 60 lieues 2/3 à l'Est 1° Nord. — Lat. observée : 1° 50' ; longit. estimée : 86° 31'.

L'après-midi, le vent a régné à l'O. N. O. Route au N. E. La nuit de même.

Samedi 12. — Dans la matinée, le vent à l'O. S. O., petit ; beau temps.

Depuis hier midi à la même heure aujourd'hui, la route corrigée a valu 20 lieues 2/3 au N. E. W. : N. E. 2° 52'. — Lat. observée : 1° 6'; longit. estimée : 87° 15.

A 1 heure, le général a signalé la route au N. N. E. Le reste de la journée et la nuit, le vent a régné à la même partie et même route.

Dimanche 13. — Le vent à l'O. S. O., le temps couvert. Même route. A 6 heures 1/2, nous avons mis la yole à la mer et elle a été envoyée à bord du général ; étant de retour, on l'a embarquée. A 11 heures, le général a fait signal aux traînards de forcer de voiles. Nous avons eu de la pluie presque toute la matinée.

Depuis hier midi à la même heure aujourd'hui, la route corrigée a valu 20 lieues au N. N. E. 2° Est. W. : N. E. 2° 48'. — Lat. observée : 00° 11' ; longit. arrivée : 87° 40'.

L'après-midi, le vent a passé au S. S. E. La nuit, de même. Route au N. N. E.

Lundi 14. — Le vent a pris au N. O. A la pointe du jour, nous avons gouverné au plus près, les amures à bâbord. A 11 heures, avons mis la yole à la mer et avons observé les courants ; ils nous portent au N. E., filant deux tiers de nœud.

Janvier 1782.

Depuis hier midi à la même heure aujourd'hui, la route corrigée a valu 20 lieues au N. N. E. 2° Nord. W. : N. E. 2° 18'. — Lat. observée : 00° 47' ; longit. estimée : 87° 58'.

Nous avons eu 27' de différence Nord. L'après-midi, le vent a varié à l'E. N. E. ; nous avons pris les amures à tribord et nous les avons conservées de même pendant la nuit.

Mardi 15. — Le vent au N. N. E., tribord les amures. A 10 heures du matin, le général a fait signal à l'escadre et à la flotte de virer de bord vent devant ; nous avons tous pris les amures bâbord.

Depuis hier midi à la même heure aujourd'hui, la route corrigée a valu 14 lieues N. O. 1/4 Nord 5° Nord. W. : N. E. 1° 30'. — Lat. observée : 1° 24' ; longit. estimée : 27° 38'.

Nous avons eu 15' de différence Nord. L'après-midi, nous avons changé le grand hunier pour le raccommoder. Le reste de la journée et la nuit, petit vent de la partie du Nord ; mêmes amures.

Mercredi 16. — Le vent au jour a passé au N. O. Nous avons continué de tenir le vent, les amures bâbord. A 6 heures, nous avons mis flamme de bœuf ; le général et la *Pourvoyeuse* nous ont envoyé un canot pour en prendre. A 9 heures 1/2, le général a fait signal à la flotte de se rassembler davantage.

Route pour la côte de Coromandel.

Depuis hier midi à la même heure aujourd'hui, la route corrigée a valu 12 lieues 2/3 à l'E. N. E. 4° Nord. W. : N. E. 1° 30'. — Lat. observée : 1° 40' ; longit. estimée : 88° 12'.

A 5 heures, le général a fait signal au *Vengeur* de se mettre à son poste. Sur le soir, le vent a varié au S. E. Le temps s'est mis à l'orage et nous avons eu de fréquents grains de pluie. Toute la nuit, le temps a été nuageux et pluvieux, le vent variable et calme.

Jeudi 17. — Au jour, le temps s'est éclairci et le vent s'est un peu décidé à la partie du Nord. Le général a fait signal de ralliement.

Depuis hier midi à la même heure aujourd'hui, la route corrigée a valu 5 lieues au N. E. 2° Est. W. : N. E. 0° 29'. — Lat. observée : 1° 50' ; longit. estimée : 88° 23'.

A 1 heure, le vent a varié au N. N. O. ; nous avons tenu les amures à bâbord. Le temps s'est remis à la pluie et à l'orage. Sur le soir, le vent a passé au Sud et la pluie n'en est devenue que plus forte. Pendant la nuit, même temps. Nous avons fait route au N. N. E.

Janvier 1782.

Vendredi 18. — A 4 heures, la pluie a cessé. Au jour, le temps était assez beau, le vent frais de la partie du Sud. A 9 heures 3/4, les frégates qui étaient au vent ont fait signal qu'elles voyaient la terre. Nous avons aussi cru l'apercevoir et par notre point nous jugions que c'était l'île aux Cochons; mais, peu après, nous avons été détrompés en la voyant disparaître. Ce n'était que des nuages à l'horizon qui se sont dissipés; les frégates ont fait signal d'annulement.

Depuis hier midi à la même heure aujourd'hui, la route estimée a valu 16 lieues 1/2 au Nord 3° Est. W. : N. E. 2° 21'. — Lat. estimée : 2° 40'; longit. estimée : 88° 25'

L'après-midi, le vent a passé à l'Est. Nous avons fait route au Nord. A 2 heures, le général a fait signal à la flotte de se rassembler davantage. La nuit, le vent à l'Est; route au Nord.

Samedi 19. — Le vent à l'E. N. E., petit. A 6 heures, nous avons mis la yole à la mer; elle a été à bord du général, et, lorsqu'elle a été de retour, nous l'avons embarquée. A 6 heures 3/4, la *Pourvoyeuse* a signalé un bâtiment étranger; le général nous a fait signal de chasse dans le S. O.; même signal à l'*Artésien*. Nous avons tout de suite forcé de voiles, et, peu après, nous avons aperçu le bâtiment dans l'O. S. O.; il avait les amures bâbord. Nous avons gouverné au Nord 1/4 S. O. et l'avons beaucoup approché dans le commencement. A 7 heures 1/2, le général a signalé qu'il laissait les chasseurs libres de faire la manœuvre la plus convenable. A 9 heures 1/2, ce bâtiment, étant au plus à 3 lieues de nous, nous a fait des signaux de reconnaissance et nous lui avons répondu comme bâtiment de la Compagnie anglaise et tiré un coup de canon. Alors, ce bâtiment s'est méfié et a pris chasse, faisant la même route que nous toute la matinée. Nous l'avons gagné, mais moins vite depuis qu'il a pris chasse.

Depuis hier midi à la même heure aujourd'hui, la route corrigée a valu 30 lieues au Nord 1° Ouest. — Lat. observée : 3° 21'; longit. estimée : 88° 22'.

A 1 heure, nous étions assez près de ce bâtiment pour reconnaître qu'il était vaisseau de guerre. On lui voyait ses deux batteries de dessous le pont; il nous paraissait être de 50 canons. Nous avons fait un branle-bas général pour nous préparer au combat et nous avons fait signal à l'*Artésien* d'en faire de même. Le vent a passé, peu après, à l'E. S. E., ce qui nous a fait tenir le vent les amures bâbord. A 1 heure 1/2, le vaisseau nous restait au S. E. et il a viré de bord vent devant. Nous avons aussitôt fait la même manœuvre. A 2 heures, il a reviré, et nous avons aussitôt repris les amures à bâbord. De ce moment, nous n'avons plus approché ce bâtiment et il a recommencé à nous gagner. Nous avons continué la chasse jusqu'à 5 heures 1/2 du soir; il était alors à 2 heures 1/2 de nous. Comme il nous avait gagné dans l'après-midi, nous avons perdu l'espoir de le joindre dans la nuit, et M. de Suffren, ne voulant pas se séparer de l'escadre, a ordonné de virer de bord. Nous avons en même temps fait signal à l'*Artésien* de ralliement et de rétablir son branle-bas.

Janvier 1782.

A 6 heures, l'*Artésien* nous a envoyé son canot à bord pour demander l'explication d'un signal que nous avions fait et qu'il n'avait pas compris. Toute la nuit, nous avons fait route au Nord 5° Ouest pour rallier l'escadre.

DIMANCHE 20. — Le vent à l'E. S. E. A 5 heures 3/4, l'*Artésien* a signalé quatre bâtiments au vent. Peu après, nous en avons compté douze et nous avons reconnu que c'était l'escadre; elle nous restait au N. E. 1/4 Nord, à la distance de 5 lieues. Nous avons tenu le vent les amures tribord. A 10 heures, nous avons viré de bord pour rallier l'escadre; elle arrivait sur nous en dépendant.

Depuis hier midi à la même heure aujourd'hui, la route corrigée a valu 14 lieues 1/4 au Nord 1/4 N. O. 1° Nord. — Lat. observée : 4° 3'; longit. estimée : 88° 15'.

L'après-midi, nous avons viré plusieurs fois de bord, et, à 3 heures, nous étions ralliés et nous avons demandé à parler au général; il l'a accordé. Nous avons mis notre canot à la mer et M. de Suffren a été à son bord lui rendre compte de la chasse. A 5 heures, il a été de retour. A 5 heures 1/2, le vent ayant manqué tout à fait, nous avons mis tous les canots à la mer pour nous faire abattre sur tribord et nous écarter du général. A 6 heures, tous nos canots ont été à bord de l'*Artésien* pour l'écarter aussi du général. A 9 heures, le vent s'est décidé au N. N. E. Nous avons embarqué nos canots et fait route au plus près, les amures bâbord.

LUNDI 21. — Le vent au N. N. E., frais. Au jour, nous avons aperçu un bâtiment sous vent, nous restant au S. E.; plusieurs l'ont signalé. Le général a aussitôt fait signal de chasse au *Vengeur*, à l'*Artésien* et à nous. Toute l'escadre et la flotte s'est mise à notre route. Dès que ce bâtiment a vu que nous le chassions, il a pris chasse, faisant la même route que nous; nous l'avons reconnu pour être le

Vu un bâtiment étranger.
Signal de chasse à l'*Artésien*, au *Vengeur* et au *Héros*.

Janvier 1782. même vaisseau que nous avions chassé le 17 et nous avons fait branle-bas pour nous préparer au combat. A 8 heures ³/₄, nous l'avions déjà un peu rapproché. L'*Artésien* a fait signal à l'escadre que l'on espère joindre. Le général a fait signal qu'il laissait les chasseurs libres de faire la manœuvre la plus convenable. Toute la matinée, nous l'avons gagné, ayant l'avantage de marche sur l'*Artésien* et le *Vengeur*.

Depuis hier midi à la même heure aujourd'hui, la route corrigée a valu 12 lieues ¹/₃ au S. E. ¹/₄ Est 5° Sud. — Lat. observée : 3° 39' ; longit. estimée : 88° 43'.

L'escadre nous reste au N. N. O., à la distance de 4 lieues, faisant notre même route. Le vaisseau chassé nous restait au S. E. 5° Sud, à la distance de 3 lieues. L'après-midi, le vaisseau nous a gagné de sorte qu'à 4 heures il a été presque aussi éloigné que ce matin. Cependant nous avons continué la chasse. Le vent s'est calmé peu après et nous l'avons assez approché pour le conserver dans la nuit. A 10 heures ¹/₂, la lune s'étant couchée, nous n'avons plus vu le vaisseau ; il nous restait au Sud ¹/₄ S. E., éloigné au plus de 2 lieues. A 11 heures, nous avons été en calme plat à ne pouvoir plus gouverner. Toute la nuit, nous avons eu un feu aux barres du grand perroquet.

<small>Les trois vaisseaux engagent la lutte.</small>

MARDI 22. — A 1 heure ³/₄, le vent a varié au Sud et nous avons pris les amures bâbord. Au jour, nous avons vu le bâtiment dans la partie du S. S. E., à la distance de 2 lieues au plus. L'on voyait aussi l'escadre nous restant au N. N. O. 5° Ouest. A la même heure, avons mis deux canots à la mer pour nous aider à prendre les amures tribord ; aussitôt que nous avons eu viré, nous les avons rembarqués. L'*Artésien* a pris les amures bâbord. Le *Vengeur* était beaucoup sous le vent et tenait le même bord que nous. A 9 heures ¹/₂, le vaisseau ennemi a viré de bord ; nous avons fait la même manœuvre que lui. A 10 heures ¹/₂, il a encore reviré ; nous en avons fait autant. Dans tous ces bords, ce vaisseau dérivait beaucoup plus que nous, de sorte que nous en étions déjà fort près. A 11 heures, nous avons eu un grain très favorable, le vaisseau étant presque en calme. Voyant qu'il allait être joint, il a laissé arriver et

fait porter sur l'*Artésien*, qui était de l'avant et sous le vent à nous. A 11 heures ½, nous avons mis le pavillon de poupe et de commandement ; ledit vaisseau a mis pavillon et flamme anglais, et, quoique nous en fussions à plus d'une portée de canon, il nous a tiré sa bordée ; nous n'avons reçu aucun de ses boulets et, sans lui riposter, nous avons continué de l'approcher. Il a continué à faire feu sur nous, et, lorsque ses boulets ont commencé à venir à bord, nous lui avons tiré une bordée, et, après, nous avons retenu le vent pour l'approcher encore. A midi ½, sa mitraille venait à bord; nous avons cargué la grande voile pour arriver et lui présenter le travers. Dès qu'il a vu notre manœuvre, il a amené son pavillon et ses voiles. L'*Artésien*, quoique fort loin, lui a tiré quelques coups de canon. Nous avons aussitôt mis tous les canots à la mer et fait signal d'amariner. M. de Suffren a envoyé M. de Ruyter à bord de la prise pour l'amariner et en prendre le commandement. Le capitaine anglais est venu à bord avec tous ses officiers ; il nous a dit que son vaisseau était l'*Annibal*, de 50 canons, qu'il venait de Sainte-Hélène et allait à Madras. Il nous a dit aussi que c'était lui qui avait arrêté au Cap le convoi de la *Bellone* et qu'il n'en avait pris que deux bâtiments, le *Necker* et le *Sévère*. L'équipage de ce vaisseau est de 280 hommes, dont 80 attaqués par le scorbut. Nous ne lui avons tué ni blessé personne, et, quoique nous ayons reçu plusieurs de ses boulets, nous n'avons eu personne de touché. Son artillerie de 24, de 12 et de 6, percé de 11 sabords à la première batterie et de 12 à la seconde. Il est en très bon état et est doublé en cuivre. Son équipage a été partagé entre nous, le *Vengeur*, l'*Artésien* et le *Sphinx*. Nous avons mis sur le vaisseau environ 50 hommes. M. Giloux y a été envoyé pour rester avec M. de Ruyter. Il y avait sur le vaisseau une jeune

Janvier 1782. femme, mariée avec un officier d'infanterie, passager; elle est restée sur le vaisseau. A 6 heures du soir, l'escadre nous restait au Nord 5° Ouest, distance : 3 lieues. Nous faisions route pour la rallier. A 11 heures, nous avons tiré des fusées et le général nous a répondu. Nous avons fait route au Nord ¼ N. E. pour rallier l'escadre.

MERCREDI 23. — Dans la nuit, le vent a passé au N. E., frais; le temps couvert et pluvieux. Route au plus près, les amures tribord. A minuit ¾, le général a tiré plusieurs fusées, auxquelles nous avons répondu. A 3 heures ½, nous étions ralliés à l'escadre et nous avons mis en panne. Au jour, tous les vaisseaux ont mis leurs pavillons. La prise a mis pavillon anglais renversé. M. de Suffren a été à bord du général. Lorsqu'il a été de retour, il nous a appris que l'intention du général était d'armer promptement ce vaisseau et que le commandement en était donné à M. de Villeneuve-Cillart, capitaine de la *Bellone*, et que M. de Ruyter commanderait la *Bellone*; mais que ce changement n'aurait lieu qu'à l'atterrage. M. de Saint-Mandé doit y être en second et plusieurs vaisseaux doivent fournir des officiers et des hommes d'équipage. Nous avons eu ordre de lui donner 6 hommes, dont un maître canonnier, un aide-pilote et des quartiers-maîtres. Toute la matinée, on est resté en panne, pour que la communication se fît avec plus de facilité.

L'Annibal (anglais) est mis sous les ordres de M. de Villeneuve-Cillart.

Depuis hier midi à la même heure aujourd'hui, la route corrigée a valu 6 lieues ⅔ à l'Est 4° Sud. W. : N. E. 2° 5'. — Lat. observée : 3° 38'; longit. estimée : 89° 00'.

A midi ¾, le général a fait signal de faire servir et signal à la flotte de passer sous le vent de l'armée. A 5 heures ½, signal d'ordre de marche sur deux colonnes, les généraux à la tête, l'*Annibal* (prise) à son poste dans notre colonne, entre le *Sévère* et l'*Artésien*. Dans la nuit, le vent variable du S. E. à l'Est. Route au Nord.

JEUDI 24. — Le vent au N. N. E., petit; presque calme; le temps Janvier 1782. couvert; les amures tribord toute la matinée. Il y a eu beaucoup de communications parmi tous les bâtiments.

Depuis lundi midi à la même heure aujourd'hui, la route corrigée a valu 21 lieues 1/3 au Nord 1/4 N. E. W. : N. E. 1° 45'. — Lat. observée : 4° 43'; longit. arrivée : 88° 53'.

A 2 heures, nous avons mis le canot à la mer ainsi que le bateau, qui ont été envoyés à bord de la prise chercher les gens de trop de notre équipage qui y étaient depuis le jour de sa prise. M. Giloux aussi est revenu. Le soir, nous avons rembarqué le canot. Toute la nuit, le vent à l'E. N. E., frais; le temps couvert et pluvieux.

VENDREDI 25. — Le vent au N. E., frais; même temps, tribord amures. A 6 heures, le *Flamand* a signalé une voile sous le vent. Le général nous a fait signal de chasse. Même signal au *Sphinx* et à la *Bellone*. En même temps, il a fait signal de ralliement à la nuit. A 7 heures, nous avons reconnu que le bâtiment que nous chassions était la *Fine*, qui, dans la nuit, s'était fait escorter par l'escadre. Nous nous sommes ralliés à l'escadre de même que les autres chasseurs.

Depuis hier midi, à la même heure aujourd'hui, la route corrigée a valu 10 lieues au Nord 1/4 N. E. 5° Est. — Lat. observée : 5° 39'; longit. arrivée : 88° 33'.

L'après-midi, le vent à l'E. N. E. Route au Nord. A 4 heures, nous avons mis un canot à la mer qui a été à bord de la prise, l'*Annibal*, pour y prendre les gens de notre équipage qui ne devaient pas y rester. Sur le soir, étant de retour, nous l'avons rembarqué. Pendant la nuit, le vent au N. N. E.; tribord amures.

SAMEDI 26. — Le vent au N. E., petit frais; tribord amures. Maladie de M. d'Orves. Dans la matinée M. de Suffren a envoyé un canot à bord du général pour savoir de ses nouvelles, ayant appris que depuis quelques jours il était indisposé. Au retour du canot, nous avons su qu'il était fort mal et qu'il était attaqué d'une maladie très compliquée et qui pouvait être très dangereuse s'il restait encore longtemps à la mer.

Depuis hier à midi à la même heure aujourd'hui, la route corrigée a valu 16 lieues 1/2 N. O. 1/4 Nord 2° Ouest. — Lat. observée : 6° 19'; longit. estimée : 88° 4'.

Nous avons eu 17' de différence. L'après-midi, nous avons eu les amures tribord; même vent. Le soir, nous avons pris deux ris. La nuit, nous avons continué la même route.

JOURNAL DE BORD

Janvier 1782.

DIMANCHE 27. — Le vent au N. E., joli frais ; tribord amures. Dans la matinée, notre canot a été à bord du général et nous avons appris qu'il allait mieux aujourd'hui qu'hier.

Depuis hier à midi à la même heure aujourd'hui, la route corrigée a valu 23 lieues 3/4 au N. O. 4° Nord. — Lat. observée : 7° 18' ; longit. estimée : 87° 17'.

L'après-midi, le vent à la même partie ; mêmes amures. La nuit de même.

LUNDI 28. — Le vent au N. E., petit frais ; tribord amures. Dans la matinée, mis le canot à la mer, et M. de Suffren a été à bord du général. Nous avons appris que M. d'Orves allait fort mal.

Depuis hier à midi à la même heure aujourd'hui, la route corrigée a valu 19 lieues 1/2 au N. O. 4° Ouest. — Lat. observée : 7° 49' ; longit. estimée : 86° 31'.

A 2 heures, le général a fait signal de virer de bord, vent devant, tous en même temps. Toute l'escadre a pris les amures bâbord. A 3 heures 3/4, nous avons appelé l'Hôpital pour lui remettre deux malades. A 5 heures, le général a encore fait signal de virer de bord, vent devant, tous en même temps. Tous les vaisseaux ont pris les amures tribord. Pendant la nuit, le vent au N. N. E., tribord amures.

Route pour la côte de Coromandel.

MARDI 29. — Le vent au N. N. E. Même route. A 8 heures, nous avons mis le grand canot à la mer et M. de Suffren a été à bord du général. Etant de retour, il nous a appris que M. d'Orves allait beaucoup mieux. A 11 heures 1/2, le général a fait signal de virer de bord, vent devant, tous en même temps ; nous avons tous pris les amures bâbord.

Depuis hier à midi à la même heure aujourd'hui, la route corrigée a valu 12 lieues au N. O. 1/4 Ouest 2° Ouest. W. : N. E. 1° 40'. — Lat. observée : 8° 41' ; longit. estimée : 86° 2'.

L'après-midi le vent au N. N. E. et au Nord, les amures bâbord. La nuit de même.

MERCREDI 30. — Le vent au N. N. E. — A 2 heures du matin, le général a fait signal de virer de bord, vent devant. Nous avons tous pris les amures bâbord. A 9 heures, notre bateau a été à bord du général. Lorsqu'il a été de retour, nous avons su que M. d'Orves allait assez bien.

Depuis hier midi à la même heure aujourd'hui, la route corrigée a

valu 18 lieues ²/₃ au N. E. ¹/₄ Nord 2° Nord. — Lat. observée : 8° 33' ;   Janvier 1782.
longit. estimée : 86° 15'.

A 1 heure, la *Pourvoyeuse* a averti le général qu'il y avait des bâtiments qui ne pouvaient pas suivre et qui restaient de l'arrière ; alors le général a diminué de voiles, restant sous le hunier. Pendant la nuit, le vent au N. E. ; tribord amures.

JEUDI 31. — Le vent au N. E., petit; tribord amures. A 6 heures ³/₄, signal à la flotte de forcer de voiles. A 8 heures, nous avons mis le bateau à la mer et il a été envoyé à bord du général. A son retour, il nous a appris que M. d'Orves était plus mal qu'hier et qu'il avait passé une mauvaise nuit. A 10 heures, le bateau a été à bord de la *Fine*, avec M. le marquis de Fleury.

Depuis hier midi à la même heure aujourd'hui, la route corrigée a valu 29 lieues ¹/₂ au N.O. ¹/₄ Nord 3° Nord. — Lat. observée : 9° 49' ; longit. estimée : 85° 27'.

Nous avons eu 25' de différence Nord. L'après-midi, notre bateau étant de retour, nous l'avons embarqué. Le reste de la journée et la nuit, même vent, même route et mêmes amures.

VENDREDI 1ᵉʳ FÉVRIER. — Le vent au N. E., joli frais ; tribord   Février 1782.
amures. A 9 heures ¹/₂, le général a fait signal à l'escadre de ne pas faire paraître des feux pendant la nuit. A 10 heures, un vaisseau a signalé une voile dans l'O. S. O. Le général nous a fait signal de chasse dans cette partie. Il a fait le même signal au *Sphinx*, à la *Bellone* et à la *Fine*. Nous avons forcé de voiles tous quatre. Dans la matinée, nous avions beaucoup approché le bâtiment. A 11 heures, la *Fine* a fait signal que le bâtiment était de commerce.

Depuis hier midi à la même heure aujourd'hui, la route corrigée a valu 28 lieues ²/₃ au N. O. 5° Nord. — Lat. observée : 10° 55' ; longit. arrivée : 84° 33'.

A 1 heure, la frégate était fort près de ce bâtiment. Nous avons mis pavillon et flamme anglais. A 1 heure ¹/₂, le bâtiment a été joint. Nous avons fait signal au *Sphinx* de tenir le vent pour se rallier à l'escadre. A 2 heures, nous avons mis pavillon blanc, et M. de Moissac, avec quatre fusiliers, a été à bord pour le visiter. A 2 heures ¹/₂, étant de retour, nous avons appris que c'était un banchou ou bâtiment des Maldives, qui venait de Balassore et allait aux Maldives chargé de riz. Il y avait sur ce bâtiment une vingtaine de nègres, qui ne purent nous donner des nouvelles sur la situation des Anglais dans le Bengale et à la côte de Coromandel. A 3 heures, nous avons embarqué notre canot. Fait signal de tenir le vent, laissant le banchou continuer sa route. Nous avons gouverné au N. N. O. 5° Ouest, afin de rallier l'escadre. A 7 heures du soir, nous étions ralliés et M. de Suffren a été à bord du général. A 8 heures il était de retour. Toute la nuit, route au plus près tribord amures.

SAMEDI 2. — Le vent au N. N. E., frais. A 6 heures, le général a fait signal à la *Bellone* et à la *Fine* de chasser de l'avant. A 6 heures 1/2, il leur a fait signal d'annulement.

Depuis hier midi à la même heure aujourd'hui, la route corrigée a valu 26 lieues 1/2 au N. O. 1/4 Ouest. W. : N. E. 1° 26'. — Lat. observée : 11° 14'; longit. estimée : 83° 26'.

A midi 1/2, le général a fait signal à la *Sylphide* de lui passer à poupe. Cette corvette a porté des ordres au *Flamand* et à l'*Ajax*. A 5 heures, la *Pourvoyeuse* a fait signal de ralliement à la flotte. Pendant la nuit, vent frais du N. E. Route au N. O.

M. d'Orves cède le commandement de l'escadre à M. de Suffren.

DIMANCHE 3. — Le vent au N. E., frais, temps couvert. A 6 heures 1/2, nous avons mis le canot à la mer et M. de Suffren a été à bord du général. A 7 heures, le général nous a fait signal de prendre la tête de la ligne et de diriger la route de l'escadre en faisant les signaux convenables. A 8 heures, M. de Suffren étant de retour nous a dit que le général, se trouvant trop affaibli par sa maladie pour s'occuper de son escadre, l'avait chargé d'en prendre le commandement jusqu'à ce que sa santé fût un peu rétablie, et que son vaisseau serait notre matelot de l'arrière dans les circonstances de ligne de bataille. A 9 heures, le général a appelé l'Hôpital.

Depuis hier midi à la même heure aujourd'hui, la route corrigée a valu 42 lieues 2/3 à l'O. N. O. 2° Nord. — Lat. observée : 13° 15'; longit. estimée : 81° 54'.

A 1 heure nous avons signalé la route à l'O. N. E. Tout l'après-midi, nous avons fait cette route, le vent frais, du N. E. La nuit de même.

LUNDI 4. — Le vent au N. E., joli frais; beau temps; gouvernant à l'O. N. O. A 6 heures 1/2, nous avons fait signal de mettre en panne, les amures à tribord; en même temps, fait signal pour appeler tous les capitaines commandants. A 9 heures, tous les capitaines étant à bord, on a tenu conseil sur les différentes manières dont on pouvait attaquer l'escadre anglaise au cas qu'on la trouvât mouillée à Madras. A 10 heures,

M. d'Espinassy, colonel, commandant l'artillerie, et M. Aubert, Février 1782. capitaine du même corps, se sont débarqués de notre vaisseau et ont passé sur les *Trois Amis*, bâtiment de la flotte, par ordre du général. A 10 heures 1/2, plusieurs bâtiments ont signalé des voiles; nos gabiers ont même crié qu'ils découvraient 20 bâtiments. Aussitôt le conseil a été suspendu; tous les capitaines sont retournés à leur bord et nous avons fait signal de chasse à la *Bellone*, à la *Fine* et au *Vengeur*. Il ne paraît en tout qu'un bâtiment; cependant à 11 heures, le *Flamand* en a signalé un autre.

Depuis hier midi à la même heure aujourd'hui, la route corrigée a valu 36 lieues à l'O. N. O. 2° Nord. — Lat. observée : 14° 00'; longit. estimée : 80° 13'.

A midi 1/2, la *Bellone* a joint le bâtiment que nous lui avons fait signal de chasser. Comme c'était un brick anglais, elle l'a amariné : il venait de Bengale et était chargé de riz pour Madras. Peu après, la *Bellone* a signalé d'autres voiles. Nous lui avons fait signal de chasse. A 3 heures 1/2, nous avons fait signal de mettre en panne et signal de ralliement. A 4 heures, signal de faire servir; à la même heure, signal au vaisseau le plus à portée du chasseur de répéter les signaux. A 5 heures, nous avons fait signal à l'escadre de faire branle-bas pour se préparer au combat. A 5 heures, nous avons fait signal de ligne de bataille, le général à la tête. La ligne étant formée, nous avons gouverné à l'Ouest. Dans la journée, les frégates ont fait quatre prises, toutes venant du Bengale et chargées de riz pour Madras. Pendant la nuit, le vent au N. E. Route à l'Ouest.

MARDI 5. — Le vent à l'E. N. E., petit. A 6 heures, nous avons fait signal d'ordre de marche sur trois colonnes; en même temps nous avons fait signal de chasse à la *Fine*. A 6 heures 3/4, le *Diligent* a signalé des voiles; nous avons fait signal à l'*Artésien* de chasser au vent pour ne rallier qu'à la nuit. A 9 heures, signal au *Sphinx* de chasser à l'Est. Dans la matinée, nos bâtiments à rames ont travaillé à déblayer une des prises afin de la couler bas, ne pouvant être d'aucune utilité; tous les autres sont dans le même cas, étant de fort mauvais bateaux, nommés champans ou parias. Nous avons débarqué et mis sur les *Trois Amis* M. Tristy, capitaine anglais.

Depuis hier midi à la même heure aujourd'hui, la route corrigée a valu 22 lieues à l'Ouest 1/4 N. O. 5° Nord. — Lat. observée : 14° 19'; longit. estimée : 79° 6'.

Février 1782.

Prise de nombreux parias.

A midi ¼, l'*Artésien* a signalé 15 bâtiments; peu après, nous avons jugé qu'il s'était trompé. Nous avons passé presque tout l'après-midi à déblayer les prises. Tous les vaisseaux sont allés prendre à bord de celle qui était le plus à portée leur riz, leur mantègue, leur gréement, les voiles et tout ce qui pouvait convenir. On en a coulé deux à fond. La journée a produit une douzaine de ces parias. Leurs équipages consistaient en nègres lascars, qui deviennent fort incommodes, d'autant plus que leur religion leur défend de rien prendre de la main de ceux qui ne sont pas de leur caste; en conséquence, ils préfèrent se laisser mourir de faim plutôt que de prendre les aliments que nous pouvons leur procurer. A 6 heures, nous avons fait signal de ralliement et de faire servir ; nous avons gouverné au S. O. ¼ Ouest. A la même heure, l'*Orient* a signalé la terre à l'O. N. O. Nous ne l'avons pas aperçue et nous avons continué de gouverner au S. O. ¼ Ouest. Dans la nuit, nous avons sondé plusieurs fois sans trouver le fond.

MERCREDI 6. — Au jour, nous avons vu la terre et reconnu les montagnes de Pullicate; le vent au N. E., petit fond, par 29 brasses. Nous avons continué d'approcher; la côte est basse et couverte de cocotiers. A 8 heures, nous avons fait signal de virer de bord et nous avons tous pris les amures à bâbord. A 10 heures ½, vu le calme, nous avons fait signal à l'escadre et à la flotte de se préparer à mouiller avec une petite ancre. A 10 heures ¾, nous avons fait signal de mouiller. Toute l'escadre a exécuté cette manœuvre. Nous étions environ à deux lieues de terre, à la petite montagne de Pullicate, au S. O. 5° Ouest.

Lat. observée : 14° 11' ; longit. estimée : 78° 49'.

Nous avons eu une très grande différence. A 4 heures ½, le vent étant à l'E. S. E., petit, nous avons fait signal d'appareiller en abattant sur tribord. Nous avons fait route au N. E. A 6 heures, nous avons pris à la remorque une prise de la *Fine* ; c'est un beau paria de 150 tonnes, chargé de légumes, blé et riz. Nous avons continué la même route jusqu'à 10 heures du soir. Nous avons fait signal de virer de bord et pris la bordée du Sud. Le vent petit à l'Est.

JEUDI 7. — Le vent à l'Est et à l'E. S. E., petit ; au lever du soleil, nous étions à environ 2 lieues de la côte. A 7 heures, nous avons fait signal de virer de bord, vent devant, et nous avons pris la bordée du Nord. Dans la matinée, nous avons encore vu beaucoup de parias. Nous avons fait signal de chasse à la *Subtile*, à la *Sylphide* et au *Diligent*. La *Fine* a chassé un bâtiment hors de vue.

A midi, lat. observée : 13° 56'.

Le soir, la *Fine* nous a amené le bâtiment chassé. Il était parti de Madras depuis peu de jours. Nous avons su par les prisonniers que l'escadre anglaise n'était point à Madras ; qu'elle en était partie pour aller attaquer Trinquemalay et qu'elle était composée de 9 vaisseaux de ligne et de plusieurs frégates. A 6 heures, nous avons fait signal de virer de bord et fait route au S. E., étant éloignés de terre d'environ 5 lieues.

Vendredi 8. — A 2 heures du matin, calme plat. Nous avons fait signal de mouiller et nous avons mouillé par onze brasses. Nous avons observé que les courants nous portaient un nœud au Nord. A 8 heures 1/2, le vent s'étant un peu déclaré, nous avons fait signal d'appareiller. A 10 heures, le calme nous ayant repris, nous avons encore mouillé. Nous avons eu le même fond qu'auparavant.

A midi, lat. observée : 13° 53'.

Nous n'avons pu gagner que 2 lieues dans l'espace de 24 heures. A 2 heures, il a mouillé deux bâtiments pris par la *Fine*, dont un portugais, chargé pour Madras. A 2 heures 1/2, nous avons fait signal d'appareiller et nous avons pris la bordée du S. E. A 4 heures 1/2, nous avons mis en panne et fait signal de ralliement. A 5 heures 1/2, nous avons appelé la *Bellone* et le général lui a ordonné de passer à la queue du convoi et de s'occuper de le faire rallier. Sur le soir, on a coulé bas et brûlé plusieurs parias. A 11 heures du soir, la *Fine* nous a rallié. Elle nous a amené un brick chargé de marchandises, portant dix canons ; il avait environ 60 ou 80 blancs pour équipage ainsi que plusieurs officiers. Il venait de Mazulipatam, il se nommait le *Retory*. Le général en a donné le commandement à M. de Montalban, enseigne de vaisseau.

Samedi 9. — A 4 heures du matin, le vent ayant manqué, nous avons fait signal de mouiller étant par 15 brasses. Au jour, nous étant aperçus que la plupart des vaisseaux n'avaient pas mouillé et que le courant les avait portés beaucoup dans le Nord, nous leur avons fait signal de ralliement. A 8 heures, notre canot armé a été envoyé à bord d'un bâtiment anglais à trois mâts, qui était près de la côte. Le canot du *Sphinx* est arrivé avant le nôtre et s'en est emparé ; il venait de Calcutta, chargé de riz et de légumes pour Madras. A 9 heures, nous avons fait signal aux vaisseaux qui étaient sous voiles de mouiller.

A midi, lat. observée : 13° 46'.

Février 1782.   Nous avons observé que le courant porte au Nord filant deux nœuds. A 4 heures, M. d'Orves est mort. L'*Orient* en a fait le signal par son pavillon en berne et ses vergues croisées. On a renvoyé au mouillage les honneurs à rendre à son enterrement. M. Duchemin, général des troupes de débarquement, et M. Bolle, lieutenant de vaisseau, intendant de l'escadre, sont passés de l'*Orient* sur notre vaisseau. Il nous est venu un canot de son bord pour en rendre compte à M. de Suffren. A 9 heures 1/2 du soir, notre canot a été à terre pour transporter 3 Maures qui se sont chargés de porter une lettre de M. de Suffren (général) au nabab Hyder-Ali. Dans la nuit, notre canot a été de retour.

Dimanche 10. — Le vent au Sud, petit. Dans la matinée, nous étions au nombre 38 voiles. La *Bellone* a pris un bâtiment à trois mâts, venant du Bengale, nommé l'*Union*, richement chargé en biscuits, blé, riz et autres provisions. A 5 heures du soir, nous avons fait signal au convoi d'appareiller parce qu'il était fort de l'arrière. Sur le soir, nous avons mis tous les prisonniers noirs sur un grand paria et on l'a envoyé à la côte. Ils étaient plus de 200 ; ils nous ont tous témoigné la plus grande marque de joie et de remerciement en recouvrant leur liberté.

Lundi 11. — Le vent au Sud, petit. Au jour, nous avons aperçu que le convoi étant beaucoup de l'avant, a continué à faire sa même route. A la même heure, nous avons fait signal à l'escadre d'appareiller et nous avons pris la bordée de l'Est. A 9 heures, nous avons fait signal de ralliement.

A midi, lat. observée : 13° 46', distance : environ 5 lieues de terre et 14 de Madras.

A 2 heures 1/2, le vent ayant varié à la partie de l'Est, nous avons pris la bordée du Sud. A 3 heures, nous avons fait signal de ralliement au convoi. Dans l'après-midi, le *Diligent* se séparait de l'escadre ayant à son bord M. de Canaple, aide-maréchal général de camp, qui devait débarquer à Pondichéry pour aller chez le nabab. Sur le soir, le vent a varié au S. E.

Mardi 12. — A 1 heure du matin, le vent ayant manqué et étant par 19 brasses, nous avons fait signal de mouiller. Au jour, le vent étant à la partie du Sud, nous avons fait signal d'appareiller et nous avons resté sous voiles le cap à l'Est jusqu'à 9 heures, heure à laquelle le calme nous ayant repris, nous avons fait signal de mouiller, étant par 31 brasses. Dans la matinée, le général a fait les changements ci-après pour les commandements : M. de la Pallière, qui commandait le *Sévère*, a pris le commandement de l'*Orient ;* M. de Cillart, qui commandait la *Bellone*, a eu le *Sévère ;* M. de Galles, qui avait la *Pourvoyeuse*, a eu l'*Annibal* (anglais) ; M. de Ruyter, qui avait l'*Annibal* (anglais), a eu la *Pourvoyeuse ;* M. de Beaulieu, qui avait la *Subtile*, a eu la *Bellone ;* M. de Tromelin, qui avait la *Sylphide*, a eu la *Subtile*, et M. de Galifet, lieutenant de vaisseau, embarqué sur l'*Orient*, a eu le commandement de la *Sylphide*.

Février 1782.

Mutations dans les commandements.

A midi, lat. observée : 13° 43'.

A 1 heure, le vent étant à l'Est, petit, nous avons fait signal d'appareiller. Nous avons pris la bordée du Sud pour rallier le convoi. A 6 heures, n'étant plus que par 15 brasses, nous avons fait signal de mouiller. Le soir, le convoi et les prises étaient parfaitement bien ralliés.

MERCREDI 13. — Au jour, le vent étant à la partie du S. S. E., nous avons fait signal d'appareiller, prenant la bordée de l'Est. A 11 heures $3/4$, nous avons fait signal de virer de bord, vent devant, tous en même temps. Le vent est à l'Est.

A midi, lat. observée : 13° 43' ; distance de terre : environ 6 lieues.

L'après-midi, nous avons appelé différents vaisseaux pour faire des distributions de biscuit et autres effets, provenant des prises. Sur le soir, la brise ayant fraîchi, nous avons fait route Sud $1/4$ S. E. A 9 heures $1/2$, nous étions par 40 brasses ; à 11 heures, par 38.

JEUDI 14. — A minuit, étant par 24 brasses d'eau et presque en calme, nous avons fait signal de mouiller. A la pointe du jour, nous avons vu le fort de Pullicat, nous restant au S. O. $1/4$ Ouest 4° Sud. Nous étions distant de terre d'environ 3 lieues.

Le fort est simplement formé par une petite enceinte, flanquée de quelque tours carrées. Il y a une rivière qui passe au nord de la place et qui fait une bonne défense. A 9 heures $1/2$, le vent étant à la partie du N. E., nous avons fait signal d'appareiller.

A midi, lat. observée : 13° 29'.

Le mât de pavillon de Pullicat nous reste à l'O. S. O. 3° Ouest, distant de 2 lieues $3/4$. Etant par 40 brasses, à 1 heure, nous avons gouverné au Sud. La *Fine* a eu ordre de chasse en avant pour reconnaître la rade de Madras. A 3 heures, le vent frais à la partie du N. E. La *Fine* a signalé 11 bâtiments au Sud $1/4$ S. E. et un au Sud $1/4$ S. O. ;

Février 1782.

elle a chassé sur ce bâtiment. A la même heure, nous avons fait signal à l'escadre de se préparer au combat ; signal à l'*Annibal* (anglais) et à la *Pourvoyeuse* de diminuer de voiles pour escorter le convoi. En même temps, nous avons forcé de voiles, faisant signal à l'escadre de ne point faire attention aux manœuvres. A 5 heures, nous avons reconnu l'escadre anglaise : elle était mouillée sans ordre un peu au large de Madras. Il y avait 9 vaisseaux et 2 frégates. Un des vaisseaux portait pavillon bleu au mât de misaine et un autre un guidon rouge au grand mât. A la même heure, nous avons mis en panne pour attendre les vaisseaux de l'escadre qui étaient de l'arrière. A 5 heures $^3/_4$, nous avons fait signal de mouiller dans l'ordre de bataille. A 6 heures, nous avons mouillé par 28 brasses. Le mont de Madras, nous restant au S. O. 2° Sud et le dernier vaisseau anglais au Sud $^1/_4$ S. O. Toute la nuit, le vent à la partie du N. E., petit frais.

L'escadre anglaise mouille à Madras

VENDREDI 15. — Le vent au N. E., joli frais. A 5 heures $^3/_4$, signal d'appareiller, et, peu après, signal de former la ligne de combat, bâbord amures. A 6 heures, signal à la *Fine* de chasser dans le Sud. A 7 heures, le vent a passé à l'E. N. E. en mollissant.

Les vaisseaux anglais paraissent dans la même disposition qu'ils étaient hier, mouillés un peu au large ; mais, lorsqu'ils nous ont vus mettre sous voile, ils ont travaillé à se rapprocher des forts qui sont dans la partie du Sud de la ville. Au moment où nous avons mis à la voile, la *Sylphide* a chassé un brick qui faisait route pour Madras ; mais elle n'a pas pu l'empêcher de gagner le mouillage. A 8 heures, la ligne était bien formée et nous faisions route sur les ennemis. La *Fine* était de l'avant, pour nous signaler leur position. A 8 heures $^1/_2$ elle nous a signalé qu'il y avait 9 vaisseaux de ligne et qu'ils étaient mouillés hors de portée des forts. Quoique nous en fussions plus éloignés qu'elle, nous les jugions au plus à une demi-portée de leurs batteries de terre ; elle nous a cependant répété le même signal une seconde fois.

A 8 heures ³/₄, nous avons fait signal aux brûlots de se préparer à brûler l'ennemi. A la même heure, nous avons fait signal à l'escadre de faire route au S.O. A 9 heures ³/₄, étant par 19 brasses, nous avons fait mettre en panne pour rallier les vaisseaux qui étaient de l'arrière. A 10 heures, le vaisseau de tête anglais nous restait au S. O. A la même heure, quoique la brise fût très faible, nous avons fait signal d'arriver par un mouvement successif au S.O. A 10 heures ³/₄, le vent ayant passé à l'Est ¹/₄ N. E. et étant très faible, nous avons fait signal de tenir le vent, les amures bâbord. Le général jugeait qu'il n'était pas prudent de faire une attaque, que le manque de vent aurait pu empêcher de réussir en mettant l'escadre dans quelque position très désavantageuse.

A 11 heures, nous avons fait signal à l'escadre de mouiller et, peu après, nous avons fait signal pour appeler tous les capitaines à bord ; nous avons mouillé par 12 brasses. Le pavillon du fort Saint-Georges nous reste à l'O. S. O. 5° Sud, distance 1 lieue ¹/₂ de terre. Les vaisseaux anglais étaient tous embossés, formant une ligne le long de terre dans la partie du Sud de Madras. Lorsque tous les capitaines ont été à bord, l'on a tenu conseil pour savoir d'eux s'ils jugeaient l'attaque possible ; tous ayant décidé qu'elle ne pouvait se faire sans causer les plus grands risques à l'escadre, ils ont retourné à leurs bords et nous avons fait signal d'appareiller, gouvernant au Sud ¹/₄ S. E.

A 2 heures, fait signal à la *Fine* de chasser en avant sans perdre l'escadre de vue. A 2 heures ¹/₂, nous avons fait signal d'ordre de marche sur deux colonnes. A 5 heures l'escadre anglaise a mis sous voiles, prenant le bord au large. A 5 heures ¹/₂, nous avons fait signal à la flotte de tenir le vent et de forcer de voiles ; peu après nous avons fait signal que dans la nuit nous nous servirions des signaux

Février 1782. sans coups de canon. A 6 heures, nous avons tenu le vent, tribord amures, et fait signal à la flotte de passer sous le vent de l'armée. A 6 heures ¼, la *Pourvoyeuse* nous a envoyé son canot avec un officier pour demander au général l'explication des derniers signaux que nous avions faits et qu'elle n'avait pas pu distinguer. Le général lui dit qu'il voulait que le convoi passât sous le vent de l'armée par rapport à l'escadre anglaise, qui était sous voiles; alors le canot a retourné à son bord. A 7 heures ¾, la *Pourvoyeuse* nous a passé de l'avant, ayant son fanal de poupe; à 10 heures, elle a tiré une fusée et nous lui avons envoyé aussitôt le *Pulvériseur* pour lui demander ce que cela signifiait. A 11 heures ½, nous n'avons plus vu les feux de la *Pourvoyeuse* ni les bâtiments du convoi.

SAMEDI 16. — Au jour, le vent à l'E. N. E., joli frais. Nous n'avons point aperçu le convoi et nous n'étions en tout que quatorze, dont douze vaisseaux, la *Fine* et une de nos prises. A 6 heures, la *Fine* a signalé deux voiles à l'Ouest; peu après, elle en a signalé dix à l'O. S. O., qui étaient de guerre.

A 6 heures ½, nous avons signalé la route au S. O. A 7 heures ½, fait signal au *Sphinx* de nous passer à poupe et, en même temps, signal à ceux qui découvrent des voiles de les chasser. A 7 heures ¾, fait signal de ralliement absolu au convoi et en arrière de la *Pourvoyeuse*. A 8 heures, nous avons forcé de voiles au S. O. A 9 heures, signal à plusieurs vaisseaux de nous passer à poupe et le général leur a dit de nous suivre. Nous apercevions quatorze bâtiments nous restant au S. O.; mais la brume nous empêchait de distinguer si c'était notre convoi. La manœuvre qu'ils faisaient pour nous éviter nous donnait lieu de croire que c'était l'escadre anglaise, qui avait appareillé hier au soir et qui chassait notre convoi.

Depuis hier midi à la même heure aujourd'hui, la route corrigée a valu 14 lieues ¼ au Sud ¼ S. E. — Lat. observée : 12° 22'; longit. estimée : 78° 46'. *Février 1782.*

A 1 heure, nous avons très bien reconnu que c'était l'escadre anglaise. Nous avons aussitôt fait signal à tous les vaisseaux de forcer de voiles. Comme nous gagnions beaucoup les derniers vaisseaux anglais, ils ont cessé de se disperser en chassant, dans la vue de se rallier et de nous attendre. A 5 heures, ils ont pris les amures bâbord, se formant en ligne sous petites voiles : ils étaient neuf vaisseaux, deux frégates, dont une nous a paru fort dégréée et un gros bâtiment, que nous avons reconnu pour l'*Oriston*. A 5 heures ½, n'étant au plus qu'à une lieue et ½ des ennemis, nous avons mis en panne. L'intention du général était de rallier l'escadre, dont une partie des vaisseaux était à 3 ou 4 lieues de nous, et de conserver les ennemis pendant la nuit afin de les engager au combat demain matin. A la même heure, nous avons fait signal de branle-bas à tous les vaisseaux.

Au coucher du soleil, la tête de l'escadre anglaise nous restait au S. O. et la queue au Sud ¼ S. O., à la distance d'une lieue ½. A 8 heures, ne voyant plus les ennemis, nous avons fait signal de faire servir et le général a ordonné à la *Fine* de s'approcher de l'escadre anglaise pour en reconnaître les mouvements et les signaler. A 8 heures ½, cette frégate a fait signal qu'elle découvrait l'escadre. Nous l'apercevions aussi; tous les vaisseaux avaient des feux ; la *Fine* nous a fait signal qu'ils avaient les amures bâbord. Toute la nuit, nous les avons conservés, nous restant au S. O. Nous avons tenu les amures bâbord, sous peu de voiles.

Dimanche 17. — Le vent au N. E., faible ; temps couvert. Au jour, l'escadre anglaise nous reste sous le vent,

Février 1782. à la distance de 2 lieues. Nous avons fait signal de former la ligne de bataille dans l'ordre naturel. Ordre à tous les vaisseaux de répéter les signaux et de forcer de voiles. A 6 heures $^3/_4$, signal de serrer la ligne. A 7 heures $^3/_4$, signal d'arriver en même temps au S. S. E. A cette évolution, la ligne s'étant rompue, nous avons refait le signal d'ordre de bataille. A 9 heures, la *Pourvoyeuse* nous a rallié ainsi que les *Bons Amis*. A 9 heures $^1/_4$, signal à l'escadre d'arriver par un mouvement successif au S. E.; à 9 heures $^1/_2$, le même signal pour arriver au S. E. $^1/_4$ Sud. A la même heure, nous avons eu des grains de pluie; le vent fort. La ligne anglaise, ainsi que la nôtre, s'est rompue. A 10 heures, signal au *Bizarre*, chef de la ligne, de gouverner au S.S.E. et de forcer de voiles. Lorsque les Anglais ont vu que, par cette manœuvre, nous les approchions, ils sont tous arrivés et ont fait courir grand largue. A 10 heures $^1/_2$, signal à l'*Artésien* de nous passer à poupe. A 11 heures, fait signal à toute l'escadre d'arriver au Sud. Peu après, signal à la seconde division de forcer de voiles.

A midi, lat. estimée : 11° 43'; longit. estimée : 78° 48'.

Combat de Madras. Nous avons fait signal d'arriver au S. S. O., tous en même temps. Jusqu'alors, les ennemis avaient couru largue pour nous éviter, et le calme étant survenu a mis le plus grand désordre parmi eux; il y avait entre autres deux des vaisseaux et l'*Oriston*, qui étaient en arrière et fort éloignés des autres. A 2 heures $^1/_2$, nous avons fait signal aux vaisseaux doublés en cuivre de forcer de voiles, d'attaquer les ennemis à portée de pistolet et de former la ligne de combat dans l'ordre de vitesse. Dans le même temps, il est survenu un grain avec un peu de vent. Alors les Anglais ont tenu le vent, leurs vaisseaux de tête diminuant de voiles pour donner le temps à ceux de la queue de reprendre leur poste. A 3 heures, nous avons fait signal à l'*Annibal*, à l'*Ajax* et au *Flamand* de doubler les ennemis sous le vent pour les mettre entre deux feux. Nous avons continué de forcer de voiles vent arrière, portant un peu au vent du dernier vaisseau ennemi. Jusqu'à 4 heures ¼, étant le plus près des ennemis et n'en étant qu'à une demi-portée de canon, nous avons tenu le vent, les amures bâbord, et engagé le combat avec le serre-file anglais. Par notre position dans ce moment, le vaisseau l'*Orient* était en arrière et au vent à nous; le *Vengeur*, le *Sphinx* et l'*Annibal* (anglais) étaient dans nos eaux; l'*Artésien* s'était laissé arriérer et le reste de l'escadre était au vent et encore un peu éloigné. Le vaisseau anglais nous a répondu en même temps de tous ses feux; nous avons continué le combat toutes voiles dehors, prolongeant la ligne ennemie et arrivant souvent pour combattre de plus près. L'*Orient* était par notre travers et cherchait à nous passer de l'avant pour prendre la tête de la ligne. Les officiers ne pouvant arrêter l'ardeur des canonniers, il nous a tiré dessus plusieurs coups de canon. Alors le général a envoyé M. Degois, enseigne de vaisseau, pour lui ordonner de se mettre dans nos eaux; aussitôt il a exécuté cette manœuvre. Nous avons cargué la grande voile lorsque nous avons été par le travers de l'amiral anglais, afin de le combattre particulièrement. Il avait trois vaisseaux de l'avant à lui qui ont continué à faire de la voile et qui arrivaient de temps en temps. A 5 heures ¼, la nuit commençant à survenir et le général ne pouvant avoir aucune connaissance de ce qui se passait parmi ses derniers vaisseaux, il a ordonné qu'on fît le signal de faire cesser le combat. Nous l'avons cependant continué jusqu'à 6 heures, heure à laquelle les vaisseaux de tête ennemis ont viré de bord, vent arrière, et nous, vent devant. A 7 heures, nous avons fait signal à l'escadre de mettre en panne, tribord amures. A 11 heures, nous avons

Février 1782.

Février 1782.

Pertes au combat de Madras.

fait signal de faire servir ; peu après nous avons répété celui de mettre en panne. Quoique dans l'engagement nous ayons essuyé un feu très vif, nous n'avons cependant que trois hommes tués, dont un noir, et nous avons eu une douzaine d'hommes blessés, la plus grande partie légèrement. Le feu des ennemis était dirigé fort haut. Nous avons eu notre gréement fort endommagé : notre mât de misaine a un fort coup de canon qui l'a percé de part en part au-dessous des jautereaux ; le mât d'artimon a un coup de canon en avant, à 6 pieds au-dessus de la dunette, ses haubans ont été coupés ainsi que la plus grande partie des manœuvres courantes, et nous avons eu 76 boulets qui ont donné dans le bord. Nous avons parlé le soir à l'*Orient* et au *Sphinx*, et il paraît qu'ils n'ont pas été plus maltraités que nous. Nous n'avons rien su de toute la nuit de ce qui s'était passé à l'arrière-garde. Les Anglais ont caché leurs feux toute la nuit et nous ne les avons point vus, ni aucun bâtiment ne les a signalés.

Lundi 18. — A minuit, nous avons eu un grain de vent et de pluie très frais. Au jour, nous n'avons plus vu l'escadre anglaise. Nous avons fait signal de ralliement et fait chasser la *Fine* et le *Diligent* sur un bâtiment que la frégate avait signalé. A 10 heures, nous avons fait signal de faire servir et nous avons gouverné au N. O., le vent étant au N. E., faible. Dans la matinée, les vaisseaux ont travaillé à réparer les dommages qu'ils avaient eus dans le combat ; l'*Annibal* (anglais) a changé son petit mât de hune. Dans toute l'escadre il y a eu une trentaine d'hommes de tués et environ 100 de blessés. Un officier auxiliaire de l'*Annibal* a eu une forte blessure à la cuisse et il a souffert l'amputation.

Depuis le vendredi 15 à midi à aujourd'hui à la même heure, la route corrigée a valu 8 lieues $1/2$ au S. S. O. 4° Sud. — Lat. observée : 12° 41' ; longit. 78° 48'.

Dans ces trois jours, nous avons été portés 66' au Nord par les courants, de sorte qu'à midi nous ne devions être, selon notre estime, qu'environ 3 ou 4 lieues dans l'E. N. E. de Pondichéry et, au contraire, par la latitude observée il nous reste au S. O. 1/4 Ouest, à la distance de 24 lieues. A 1 heure, le général a ordonné de faire route au S. O., voulant aller à Pondichéry, où il espérait trouver les bâtiments de notre convoi qui étaient séparés. A 5 heures 1/2, nous avons vu un bâtiment dans l'Est qui avait des signaux de reconnaissance ; nous avons jugé que c'était la *Subtile*. Le soir, nous avons fait signal de ralliement à la *Fine*. Au coucher du soleil, la terre nous restait au S. O. 1/4 Sud, à la distance de 5 lieues. Toute la nuit, nous avons gouverné au S. O., ayant la *Fine* en avant, qui signalait le fond de temps en temps. Même route et même vent.

Février 1782.

Mardi 19. — Le vent au N. E., faible. Au lever du soleil, nous avons relevé la terre à l'O. S. O., distance : 3 lieues. A 6 heures, le vaisseau l'*Annibal* a mis son pavillon et a rendu les honneurs funèbres à l'officier qui avait été blessé dans le combat et qui est mort de sa blessure dans la matinée. Nous avons mis plusieurs fois en panne pour communiquer avec différents vaisseaux. A 10 heures, nous avons fait signal de faire servir et nous avons gouverné au S. O. 1/4 Sud.

A midi, lat. observée : 12° 16' ; longit. estimée : 78° 18'.

L'après-midi, nous avons fait route au S. S. O. A 1 heure, la *Pourvoyeuse* ayant signalé une voile dans l'Est a mis en panne pour l'attendre. Nous avons reconnu que c'était la *Subtile* et lui avons fait signal de ralliement. A 4 heures, la *Fine*, qui avait été envoyée de l'avant pour reconnaître s'il y avait des bâtiments mouillés à Pondichéry, a viré de bord pour se rallier ; elle a fait signal qu'il n'y en avait point. A 6 heures, M. de Salvert est venu à bord avec un Français qu'il a trouvé embarqué sur un bâtiment danois faisant route pour Pondichéry. Ce Français, marin de son métier, a dit au général qu'hier dans la matinée, étant mouillé à deux lieues dans l'Est de Pondichéry, il a vu passer l'escadre anglaise à 3 lieues de lui, et il a reconnu que, dans le nombre des vaisseaux de ligne, il y en avait un démâté de tout mât, un autre qui n'avait point de grand mât, et plusieurs autres qui manquaient de mâts de hune. Dans cet état, l'escadre faisait route au S. E. Il a dit aussi que, le 16, il avait vu notre convoi, au nombre de 15 voiles, faisant route à l'Est.

Au soleil couché, le mât de pavillon de Pondichéry au S. O. 5° Ouest, distance : environ 5 lieues. A 9 heures 3/4, nous avons fait signal de mouiller, étant par 11 brasses, fond de sable vaseux. La *Subtile*

Février 1782. s'est ralliée avec un bâtiment qu'elle avait pris. Elle a été mouiller avec la *Fine* près de Pondichéry. Toute la nuit, même vent.

MERCREDI 20. — Le vent au N. E., faible. Plusieurs habitants de Pondichéry sont venus à bord. Ils nous ont certifié avoir vu le 16 notre convoi de 15 bateaux. Une corvette est venue fort près de Pondichéry, faisant des signaux, puis elle a rallié le convoi qui a fait route à l'Est; le 17, on a entendu notre combat et le 18 on a eu connaissance de l'escadre anglaise. Elle était mouillée dans le N. E. et elle a appareillé de grand matin, faisant route au S. E. Ils nous ont assuré qu'il y avait un vaisseau démâté et plusieurs en fort mauvais état.

Nous n'avons trouvé ici que 15 chelingues et l'impossibilité d'y faire de l'eau avec les chaloupes. Le général a décidé d'aller à Portonovo, où il y a 20 autres chelingues et où les chaloupes peuvent entrer dans la rivière. A 6 heures $1/2$, nous avons fait signal d'appareiller et fait route au S. S. O. La *Subtile* est restée au mouillage, étant chargée de conduire les 15 chelingues à Portonovo.

A midi, latitude observée : 11° 54'.

A la même heure, nous avons fait signal de ralliement à la *Subtile*, qui était sous voile, remorquant les chelingues. L'après-midi, nous avons vu le pavillon anglais de Goudelour ; au coucher du soleil, il nous restait au S. S. O., distance de la terre : 1 lieue. A 11 heures $1/4$, le vent ayant calmé, nous avons fait signal de mouiller. A la même heure, nous avons mouillé par 10 brasses.

En partant de Pondichéry, nous avons embarqué un Français, pour servir de pilote sur cette côte.

JEUDI 21. — Le vent à l'Est, petit; beau temps; belle mer. A 5 heures $3/4$, signal d'appareiller en abattant sur bâbord. A la même heure, nous avons mis le pavillon. Le *Diligent* était de l'avant à nous, il nous a signalé le brassage. A 1 heure, nous avons mouillé par les 7 brasses d'eau, fond de vase.

Relevé audit mouillage : les pagodes de Chalambaram, à 2 lieues dans les terres S. O. 5° Sud; Portonovo, O. S. O. 5° Sud; distant de terre : $2/3$ de lieue.

A 9 heures, M. de Moissac est descendu à terre avec le pilote pratique pour reconnaître la rivière. A 4 heures, appelé à l'ordre pour mettre les scorbutiques à terre. A 4 heures $1/2$, la *Subtile* est arrivée de Pondichéry, ayant des chelingues à la remorque. L'on a distribué à tous les vaisseaux.

VENDREDI 22. — Le vent à l'Est, petit frais ; beau temps ; belle mer. A 5 heures 3/4, à la *Subtile* et au *Diligent* signal de chasse. A 6 heures 1/2, signal au *Diligent* de passer à poupe. A 7 heures, la *Subtile* a signalé 12 bâtiments. A la même heure, le général a fait signal de défendre la communication avec la terre. Nous avons mis pavillon en berne et tiré un coup de canon. A 10 heures, rendu libre la communication avec la terre. A 11 heures, le canot armé, avec M. de Pierrevert, a été reconnaître les bâtiments mouillés à Tranquebar. Signal aux vaisseaux les plus à portée des chasseurs de répéter les signaux du général aux chasseurs. L'après-midi, nous avons commencé à faire de l'eau. Toute la nuit le vent à l'Est.

Février 1782.

SAMEDI 23. — Au jour, nous avons débarqué les scorbutiques. M. de Ruyter, commandant la *Pourvoyeuse*, s'est démis de son commandement, qui a été donné à M. de Tromelin, et la *Subtile* à M. de Kermadek. Fait chasser au *Diligent* un bâtiment qui se trouvait bonne prise. A 5 heures du soir, M. de Pierrevert a été de retour de Tranquebar. Les bâtiments qu'il y a trouvés mouillés sont : le *Brisson*, la *Sainte-Anne*, la *Fille Unique* et le bâtiment d'Hyder-Ali-Kan. Il devait mettre à la voile la nuit pour nous joindre. On continue toujours à faire de l'eau.

Appareillé de Portonovo.

DIMANCHE 24. — Ayant su que le *Toscan*, bâtiment servant d'hôpital à l'escadre, était allé mouiller à Négapatnam, où il avait été pris par un bâtiment anglais de la Compagnie, on a envoyé le *Sphinx*, pour voir s'il n'y aurait pas moyen de le reprendre. Au jour, M. de Suffren et M. Duchemin sont descendus à terre. Les quatre bâtiments venant de Tranquebar ont mouillé dans la nuit.

LUNDI 25. — On a envoyé quelques prises à Tranquebar avec la *Pourvoyeuse*, pour y être vendues ; on en avait laissé quelques-unes à Pondichéry. A cet effet, la colonie manquant de riz, la *Bellone* a été envoyée en croisière au Nord de Madras pour intercepter le bâtiment venant mouiller dans cette place. M. Pivron de Morlot, chargé des affaires du roi auprès du nabab Hyder-Ali-Kan, est arrivé du camp de ce prince. Il a été décidé que M. de Moissac et M. de Canaple lieutenant-colonel, iraient pour complimenter le nabab de la part des deux généraux ; ils sont partis le soir. M. Pivron, en débordant, a été salué de 11 coups de canon.

MARDI 26. — Le gouverneur de Chalambaram pour le nabab est venu à bord. On continue toujours à faire de l'eau. On a à terre une

Février 1782. garde de police et Baâder a envoyé 3,000 hommes pour nous défendre de la garnison de Goudelour, qui aurait pu nous inquiéter. Le *Sphinx* a mouillé à minuit, sans avoir pu réussir. Le bâtiment était mouillé trop près de terre pour que le *Sphinx* en approchât.

MERCREDI 27. — Sur quelques voiles aperçues on a donné ordre à la *Subtile* et au *Sphinx* de se tenir prêts à appareiller. A 3 heures 1/2, la *Subtile* a appareillé. A 6 heures 1/2, deux bâtiments ont mouillé ; l'un danois et l'autre une prise chargée de vivres pour Madras. Le vent à l'E. S. E., petit.

JEUDI 28. — La mer grosse en quelques endroits par la brise du large, donne plus de difficulté pour aborder à terre à cause de la barre. La chaloupe de l'*Orient* a chaviré dessus et a perdu 4 hommes.

Mars 1782. VENDREDI 1er MARS. — La *Bellone* et la *Fine* ont mouillé dans l'escadre. La *Bellone* a pris ou détruit 13 bâtiments vivriers et pris la corvette du roi, le *Chasseur*, de 18 canons, commandée par M. Pierre Martenau, et il s'est rendu après 1 heure 1/2 de combat. La *Bellone* a peu souffert. La *Fine* n'a eu aucune nouvelle du convoi ; mais elle a pris ou détruit 3 bâtiments. Le commandement du *Chasseur* a été donné à M. de Boisgelin, enseigne de vaisseau en second, sur la *Bellone*.

SAMEDI 2. — La brise du large, très fraîche. Nous avons beaucoup de difficultés pour faire notre eau ; les bâtiments à rames ne peuvent passer la barre.

DIMANCHE 3. — Pendant la nuit, le *Flamand* a chassé et a demandé au jour des bâtiments à rames, qu'on lui a envoyés. Nous avons appareillé une grosse ancre que nous avions mouillée et resté sur celle de détroit. Le *Flamand* a mis sous voile pour reprendre son poste, étant trop près de terre. Plusieurs canots ont chaviré sur la barre dans ses fortes brises. M. Roche, lieutenant de vaisseau, prend le commandement de la prise la *Betsi*, destinée à aller à l'Ile-de-France.

LUNDI 4. — Le vent à l'E. S. E., petit frais ; beau temps ; belle mer. Continué à faire de l'eau.

MARDI 5.— La frégate la *Pourvoyeuse* est revenue de Tranquebar avec la *Sainte-Anne*, bâtiment de notre convoi, mais chargé pour le particulier. Pendant la nuit, le vent à l'O. S. O., petit frais.

MERCREDI 6. — Le vent au S. O., petit. Le *Vengeur* a signalé une voile au S. S. E. Fait appareiller la *Subtile* et chasser dans cette partie.

Jeudi 7. — Le vent au Sud, petit, presque calme ; beau temps ; belle mer. M. de Moissac et M. de Canaple sont revenus de chez le nabab. A 2 heures 1/4, signal à toute l'escadre de mouiller une grosse ancre.

Mars 1782.

Vendredi 8. — Fait appareiller la *Bellone* sur une voile qui a paru dans le N. E. Le vent variable du S. O. au S. E.

Samedi 9. — On a donné ordre de mettre toutes les troupes à terre ainsi que les munitions de guerre et effets appartenant à l'armée. La *Subtile* et la *Fine* ont appareillé. Cette dernière a abordé l'*Orient*, le vent étant très faible.

Dimanche 10. — On a débarqué toutes les troupes et on a travaillé à mettre à terre toutes les munitions de guerre. La *Subtile* croise dans le Sud, en vue de l'escadre.

Lundi 11. — Des prisonniers anglais ont enlevé un canot à bord de l'*Artésien* et se sont sauvés. Plusieurs, qui avaient été mis dans des hôpitaux à terre, ont aussi déserté. En conséquence, ordre qu'ils reviennent tous à bord. On a eu connaissance que les autres bâtiments du convoi étaient à Galles, port hollandais de l'île de Ceylan.

Mardi 12. — Le vent au Sud, petit, presque calme. A 6 heures, la *Bellone* a mis sous voile pour aller à Galles dire aux bâtiments du convoi, à la *Sylphide* et au *Pulvériseur* d'y attendre les ordres du général. La prise la *Betsi* a aussi appareillé pour aller porter des dépêches à l'Ile-de-France. Le navire la *Sainte-Anne* a mis sous voile. La nuit, le vent petit du N. O.

Mercredi 13. — Il est venu quelques chelingues de Tranquebar qu'on avait demandées pour accélérer le déblaiement, et l'*Artésien* a signalé 4 bâtiments au S. E. La *Subtile* est toujours en croisière et au vent. On continue à décharger les flûtes.

Jeudi 14. — On a aperçu un bâtiment que la *Subtile* a chassé. Il a mis pavillon danois.

Vendredi 15. — Continué le déchargement.

Samedi 16. — Le vent au Sud, petit. On continue à décharger les bâtiments.

Dimanche 17. — Le déchargement sera bientôt fini. MM. Duchemin et Pivron sont venus à bord. Le premier a été salué de 13 coups de canon.

Lundi 18. — Le vent au Sud, petit, presque calme. Pendant la journée, le vent a régné au S. S. E., joli frais.

Mars 1782.

MARDI 19. — On a vu deux bâtiments dans la journée. Il paraît, par les ordres donnés, que l'on partira le 22 de ce mois. Les nouvelles de Madras sont que l'escadre anglaise y est arrivée, ayant dû partir de Trinquemalay le 4 mars. On dit aussi que le *Sultan*, de 74, et le *Magnanime*, de 64, sont arrivés avec un convoi.

MERCREDI 20. — La *Fine* a rallié l'escadre venant de Pondichéry. On a aussi appelé et rallié la *Subtile* de sa station dans le Sud. Ordre à tous les vaisseaux de rembarquer les malades. Un petit brick danois a mouillé dans l'escadre, venant de Pondichéry.

JEUDI 21. — On n'a laissé à terre que les malades qu'on n'a pu transporter à bord des vaisseaux. Ils sont remis aux soins des hôpitaux de l'armée de terre.

VENDREDI 22. — On espérait que le fils d'Hyder-Ali-Kan viendrait au bord de la mer pour voir l'escadre. On avait donné l'ordre de pavoiser et de salve de canons ; mais il n'est point venu et a resté campé à une lieue et demie de Portonovo. A demain le départ. Nous ignorons les projets de M. Duchemin, s'il se portera à Négapatnam ou s'il unira ses forces à celles du nabab.

SAMEDI 23. — Le vent à l'E. S. E., petit. A 6 heures, signal de se tenir prêt à appareiller ainsi qu'aux bâtiments du convoi. A 6 heures $3/4$, nous avons mis sous voile. A 7 heures, mis en panne, bâbord amures ; à 7 heures $1/2$, fait servir. A 8 heures $1/2$, le vent ayant molli, signal de mouiller avec l'ancre de détroit et mouillé par les 12 brasses, à 1 lieue de terre. Portonovo nous reste à l'Ouest $1/4$ S. O., distant 1 lieue. Le navire particulier la *Sainte-Anne*, venant de Pondichéry, a mouillé parmi l'escadre. Pendant la nuit, le vent au S. E., petit frais.

DIMANCHE 24. — A 6 heures, le vent ayant varié au S. O., l'escadre et la flotte ont appareillé et fait route à l'E. S. E.

A 10 heures $1/4$, relevé le mât de pavillon à l'Ouest $1/4$ N. O. ; la pointe Sud au S. O. $1/4$ Sud ; distance de Portonovo : 3 lieues.

Le vent au N. E., petit. Route au S. E.

A midi, lat. observée : 11° 26' ; longit. arrivée : 77° 52'.

Le mât de pavillon de Portonovo nous reste à l'O. N. O. 5° Ouest ; distant de terre : 5 lieues. La sonde nous a donné 40 brasses, fond de vase. A 1 heure, signal de former l'ordre de marche sur deux colonnes. A 3 heures, la *Fine* a signalé un bâtiment au Sud.

Au coucher du soleil, W. : 00° 4' ; relevé la pointe de Tirpiralé,

S. S. O. 3° Sud ; la terre la plus Nord, N. O. 3° Ouest ; distance de terre : 2 lieues.

Le vent à l'E. S. E. Route au plus près du vent, bâbord amures. A 9 heures $^1/_4$, étant par les 11 brasses, signal de mouiller avec l'ancre de détroit. Toute la nuit, calme. L'intention du général était de gagner le plus qu'il pourrait le Sud de Ceylan et d'envoyer ordre aux bâtiments mouillés à Galles de venir nous joindre.

Lundi 25. — Le vent au S. E., petit ; presque calme ; temps couvert. Au jour, relevé la pointe de Tranquebar, Sud 5° Ouest ; la pagode de Chiali, Ouest 5° Sud, distance de terre : 1 lieue $^1/_4$. A 6 heures $^1/_4$, nous avons mis sous voile. Le vent à l'Ouest, petit. Route au S.S.E. La *Pourvoyeuse* a signalé 7 bâtiments mouillés à Tranquebar. A 9 heures, le vent ayant molli, nous avons mouillé par 15 brasses, fond de vase. A midi, le vent à l'Est, petit frais. Nous avons appareillé et tenu le vent, bâbord amures.

A midi, W. : N. E. 00° 6'. — Lat. observée : 11° 30' ; longit. arrivée : 77° 52'.

Le mât de pavillon de Tranquebar, au Sud $^1/_4$ S. O. ; distance de terre : 1 lieue $^1/_2$. A 1 heure, passant près de Tranquebar, nous avons mis pavillon à poupe et de distinction. Il y avait dans la rade plusieurs bâtiments danois et un portugais. A 3 heures, la *Fine* a signalé et chassé un bâtiment. A 4 heures, elle a mis pavillon et flamme anglais.

Au soleil couché, relevé : le mât de pavillon de Tranquebar à l'O. N. O. 5° Ouest ; le mât de pavillon de Négapatnam, Ouest $^1/_4$ S.O. ; distance de terre : 2 lieues $^1/_2$.

Le vent à l'Est, petit frais. Route au plus près du vent, bâbord amures. A 6 heures, mis en panne pour rembarquer les bâtiments à rames. A 6 heures $^1/_2$, fait servir.

Mardi 26. — Le vent à l'Est, petit ; beau temps. A 1 heure, fond trouvé, 19 brasses.

Au soleil levé, relevé : les mosquées de Nagur, S. O. 5° Sud ; Négapatnam, S. O. 2° Sud ; distance de terre : 2 lieues $^1/_4$.

A 6 heures $^3/_4$, le vent ayant molli et dérivant dans le N. O., où les courants portent, nous avons mouillé par les 15 brasses.

Relevé Négapatnam : S.O. 5° Sud ; les pagodes de Nagur, S.O. $^1/_4$ Ouest 4° Ouest ; distance de terre : 2 lieues $^1/_4$.

Il y avait deux bâtiments parias mouillés à Négapatnam.

Mars 1782.

A midi, W. : N. E. 00° 6'. — Lat. observée : 10° 49'; longit. arrivée : 77° 00'.

A 2 heures, le vent ayant fraîchi à l'Est, nous avons appareillé. A 3 heures, l'*Artésien* a mis en panne pour attendre une chelingue ; qui paraissait vouloir nous parler. Aussitôt qu'il l'a eu jointe, il a demandé à parler au général et a envoyé un canot à bord avec un agent hollandais, qui allait à Jaffna et qui nous demandait l'escorte jusque par le travers de cette place. Nous l'avons gardé à bord et lâché la chelingue remorquée par l'*Artésien*. A 4 heures, signal à la flotte de tenir le vent.

Au soleil couché, relevé : le mât de pavillon de Négapatnam O.S.O.; la terre la plus Sud, O. $^1/_4$ S. O.; distance de terre : 4 lieues.

Le vent à l'E. N. E., joli frais. Route au plus près du vent, bâbord amures. Pendant la nuit, même vent et même route.

MERCREDI 27. — Le vent au N. E., petit frais ; bâbord amures. A 6 heures, nous avons envoyé l'agent hollandais à bord de l'*Artésien* et il a aussitôt fait route dans la chelingue pour Jaffna.

A midi, W. : N. E. 0° 13'. — Lat. observée : 10° 28'; longit. arrivée : 77° 16'.

Depuis le relèvement d'hier au soir jusqu'à cette heure, la route corrigée a valu 7 lieues $^3/_4$; différence Nord 5 lieues $^1/_3$. A 2 heures, le *Sphinx* a signalé une voile au S. S. E. La *Fine* a aussitôt chassé, mettant pavillon et flamme anglais. A 5 heures $^3/_4$ la *Fine* ayant atteint ledit bâtiment a envoyé un canot à bord avec le capitaine dudit bâtiment, qui était Français, qui venait du Pégou et portait pavillon braman. Il avait été visité par la *Bellone* ; il allait à la côte avec du riz et autres marchandises. A 7 heures, trouvé 13 brasses ; à 11 heures, 15 brasses; l'escadre a viré vent devant, et pris tribord amures. Le vent à l'Est, petit.

JEUDI 28. — Le vent à l'Est, petit ; presque calme. Route au plus près du vent, tribord amures. A 1 heure $^1/_2$, signal de virer vent devant. Nous avons pris bâbord amures. A 4 heures $^1/_2$, trouvé 33 brasses. A 8 heures fait mouiller l'escadre avec l'ancre de détroit par les 18 brasses, gravier et coquillages. Le courant portant un nœud au N. O. A 11 heures, l'*Ajax* a signalé un bâtiment à l'E. S. E. Un quart d'heure après, il a répété le même signal.

A midi, lat. observée : 10° 20'; longit. arrivée : 78° 25'; route corrigée : S. E. 1/4 Est 4 lieues. Le cap Calimere nous reste à l'Ouest 1/4 N. O., 10 lieues.

Mars 1782.

Différence Nord, 2 lieues. Notre câble a été un peu rogné. A 4 heures 1/4, le vent à l'E. S. E., avons appareillé. A 4 heures 3/4, signal de ralliement et un coup de canon. Aussitôt nous avons viré et mis le cap à l'O. S. O., pour rallier plusieurs bâtiments qui étaient sous le vent. A 5 heures 1/2, pris les amures à l'autre bord. A 8 heures, trouvé 11 brasses 1/2, fond gravier et coquillage; à 9 heures 1/2, 9 brasses, même fond. Signal de virer, vent devant, et pris tribord amures. Le vent à l'E. S. E., petit.

VENDREDI 29. — Le vent à l'E. S. E., petit frais. Route au plus près du vent, tribord amures. A minuit, trouvé 17 brasses, sable fin et petit coquillage ; à 1 heure, 26 brasses, même fond. A 2 heures, signal de virer vent devant et pris bâbord amures. Sondé, trouvé 30 brasses, même fond ; à 4 heures, 32 brasses. A 7 heures 1/4, par les 22 brasses, gravier et coquillage. Le vent ayant molli, signal de mouiller et laisser tomber l'ancre de détroit. Les courants portant un nœud au N. O.

Route pour Ceylan.

A midi, depuis hier à 4 heures du soir, lat. observée : 10° 24' ; longit. arrivée : 78° 32' ; route corrigée : N. E. 1/4 Est 2 lieues 2/3 ; cap Comorin reste à l'Ouest 5° Sud, 12 lieues ; la pointe N. E. de l'île Ceylan S. O. 1/4 Sud, 11 lieues ; différence Nord, 2 lieues 1/3.

A 4 heures de l'après-midi, le signal fait, nous avons appareillé. Route au plus près du vent, bâbord amures. Le vent à l'E. N. E., petit frais. A 7 heures, mis le cap au S. S. O. pour rallier les vaisseaux sous le vent à nous. A 8 heures, tenu le vent, bâbord amures. A 8 heures 1/2, trouvé 15 brasses gravier et coquillage. A 10 heures, 12 brasses, même fond. A 11 heures, 10 brasses, même fond.

SAMEDI 30. — Le vent à l'Est, faible. Route au plus près du vent, bâbord amures. A 1 heure, nous avons fait signal de virer de bord, vent devant. Sondé, trouvé 8 brasses 1/2, fond gravier et coquillage. A 1 heure 1/2, signalé l'amure tribord. A 5 heures 1/4, l'*Annibal* a signalé une voile à l'Ouest 1/4 N. O. A la même heure, signal de ralliement et avons arrivé pour rallier les vaisseaux de dessous le vent. A 6 heures 1/4, signal au *Vengeur* de passer à poupe. A 6 heures 1/2, appelé les *Bons Amis*. A 7 heures 1/2, le canot du *Vengeur* est venu à bord. A 9 heures 1/2, le *Vengeur* a signalé un bâtiment au Nord 1/4 N. O. A 11 heures 3/4, signal et mis en panne, bâbord amures.

A midi, W. : N. E. 0° 34'. — Lat. observée : 10° 32' ; longit.

Mars 1782. arrivée : 78° 53' ; le cap Calimere, Ouest ¹/₄ S. O., 17 lieues ; la pointe N. E. de l'île Ceylan, S. O., 16 lieues ; la route corrigée a valu E. N. E. 2° Est, 7 lieues ²/₃.

A 3 heures, signal de virer vent arrière. Nous avons fait servir et pris bâbord amures. A 9 heures, le vent à l'Est, petit frais. Signal de virer de bord vent devant. Sondé, trouvé 65 brasses, fond de vase.

DIMANCHE 31. — Le vent au S. E.. petit ; presque calme ; au plus près tribord amures. A 6 heures, la *Fine* a signalé un bâtiment au N. E. Signal de chasse à la *Fine*. A la même heure, nous avons forcé de voiles et mis le bateau à la mer.

A midi, lat. observée : 10° 48' ; longit. arrivée : 79° 16' ; la route corrigée a valu N. E. ¹/₄ Est, 7 lieues ²/₃ ; le cap Calimere O. S. O. 6° Sud, 28 lieues ; la pointe N. E. de l'île Ceylan, Ouest 5° Sud, 27 lieues.

Prises. A 6 heures, signal de ralliement ; mis en panne, bâbord amures. Dans l'après-midi, la *Fine* a amariné deux prises, l'une venant du Bengale et l'autre de Vizagapatnam. Elles étaient chargées de riz ; l'une avait de la poudre, des bougies, l'autre de la toile de Chatigan. Le général a fait décharger la poudre, montant à 200 barils, la toile, les bougies, et a envoyé les bâtiments à Tranquebar pour y être vendus avec le reste de leur cargaison. A 9 heures, signal et fait servir ; à 9 heures ¹/₄, signal de virer de bord vent devant, et pris bâbord amures. A la même heure, une des prises a fait route pour Tranquebar.

Avril 1782. LUNDI 1ᵉʳ AVRIL. — Le vent à l'Est, joli frais. Route au plus près du vent, bâbord amures. A 5 heures ³/₄, signal de ralliement. Plusieurs vaisseaux ont eu ordre d'aller chercher de la poudre.

A midi, W. : N. E. 0° 12'. — Lat. observée : 10° 32' ; longit. arrivée : 79° 20' ; route corrigée : Sud ¹/₄ S. E. 5° Est, 5 lieues ¹/₂ ; le cap Calimere, Ouest, 5° Sud, 27 lieues ¹/₂ ; la pointe N. E. de l'île Ceylan, S. O. ¹/₄ Ouest, 22 lieues ¹/₄ ; différence Nord : 2 lieues ²/₃.

A 6 heures ¹/₂, la prise, évacuée de sa poudre, a fait route pour Tranquebar. A 7 heures, avons embarqué les bâtiments à rames et fait route au plus près, bâbord amures. Le vent à l'Est, petit frais.

MARDI 2. — Le vent à l'Est, petit frais. Route au plus près du vent, bâbord amures. A 1 heure, trouvé 37 brasses, vase ; à 3 heures, 32 brasses, même fond. Au jour, forcé de voiles. A 11 heures, signal à la *Fine* et à l'*Annibal* (anglais) de chasser. Le navire particulier la *Sainte-Anne* a fait route pour l'Ile-de-France.

A midi, lat. observée : 10° 8' ; longit. arrivée : 78° 28' ; route Avril 1782.
corrigée : S. S. E. 4° Sud, 8 lieues ½ ; l'île aux Pigeons nous reste
au Sud 5° Ouest, 22 lieues.

Le vent au N. E., petit. Route au Sud ¼ S. E. A 1 heure, sondé
24 brasses, sable fin. A 3 heures, signal de ralliement. A 3 heures ½,
la *Fine* a signalé la terre. A 8 heures, trouvé 32 brasses, vase ;
à minuit, 28 brasses, même fond.

MERCREDI 3. — Le vent à l'E. N. E., petit ; presque calme.
Route au plus près, tribord amures. A 5 heures ¼, trouvé 20 brasses,
sable et coquillage. A 6 heures, le vent très faible et le courant nous
entraînant au N. O., signal de mouiller et mouillé par les 16 brasses,
gravier et coquillage.

A midi, lat. observée : 9° 47' ; longit. arrivée : 79° 47' ; route,
S. E. 2° Sud, 2 lieues ½ ; l'île aux Pigeons. S. O. ¼ Sud, 16 lieues.

Vu la terre à 8 lieues. A 1 heure, signal d'appareiller et appareillé.
A 7 heures, le vent ayant molli, signal de mouiller et laisser tomber
l'ancre de détroit par 18 brasses, sable et gros gravier.

JEUDI 4. — Le vent à l'E. S. O., petit ; mouillé à 6 lieues de la
côte. A 5 heures ½, signal d'appareiller et appareillé. Fait route à
l'E. S. E. du compas. A 10 heures, le vent a varié à l'E. S. E., petit
frais ; temps couvert et pluie ; pris les amures tribord. A 11 heures ½,
le vent a varié à l'Est et au N. E., petit ; viré vent arrière et gouverné
à l'E. S. E.

A midi, lat. observée : 9° 47' ; longit. arrivée : 79° 3' ; route
corrigée : Est ¼ S. E. 4° Sud, 1 lieue.

Vu la terre à grande distance. A 4 heures, trouvé 28 brasses, gros
gravier. A 7 heures, le vent ayant molli, signal de mouiller et mouillé
par 26 brasses, gros gravier. A 10 heures, le vent au S. O., petit.
Signal de mettre sous voile et appareillé ; à 11 heures, signal d'amures tribord.

VENDREDI 5. — Le vent au Sud, petit frais. Route à l'E. S. E.
A 2 heures, le vent ayant varié au N. E., petit, pris bâbord amures.
A 11 heures, trouvé 42 brasses, gros gravier.

A midi, lat. observée : 9° 47' ; longit. arrivée : 79° 18' ; route
corrigée, Est 4° Nord, 5 lieues ; différence Nord : 1 lieue.

A 2 heures ¼, nous avons eu un grain de pluie. Le vent au
N. E., petit, toujours bâbord amures. A 11 heures ½, trouvé 50 brasses, gravier.

Avril 1782

SAMEDI 6. — Le vent petit frais. Route au plus près, bâbord amures. A 2 heures 1/2, le vent ayant varié au S. S. E., petit, signal de virer de bord ; pris tribord amures. Sondé et trouvé 25 brasses, en vue de terre. A 7 heures 1/2, le vent ayant varié au N. N. E., petit, signal de virer de bord vent devant. A 8 heures 1/2, le vent a varié à l'Ouest. Route à l'E. S. E. A 9 heures, eu un grain de pluie et petit vent d'Ouest. A 11 heures, mis en panne pour rallier les traîneurs. Le vent à l'Est, petit frais.

A midi, lat. observée : 9° 32' ; longit. arrivée : 79° 30' ; route estimée, S. E. 1/4 Sud 5° Est, 6 lieues 2/3 ; l'île aux Pigeons au S. O. 1/4 Sud, 10 lieues 1/2.

A 1 heure, le vent a varié au N. N. O., petit frais ; grain et pluie. A 1 heure 1/2, fait servir. Route à l'E. S. E. A 6 heures, le *Vengeur* a signalé une voile au S. O. Le vent à l'E. N. E., petit. Route au plus près, bâbord amures.

DIMANCHE 7. — Le vent à l'E. N. E., petit. Route au plus près, bâbord amures. A minuit, eu un grain de vent et de pluie ; à 10 heures, eu un autre grain. A 11 heures, signal de mettre en panne pour rallier les mauvais voiliers. A 11 heures 3/4, signal de virer de bord vent arrière. Fait route au Nord pour rallier le *Sévère*, qui était fort sous le vent.

A midi, point de hauteur : lat. estimée : 9° 7' ; longit. arrivée : 79° 50' ; route estimée, S. E. 1/4 Sud 2° Est, 10 lieues 1/3 ; l'île aux Pigeons à l'Ouest 1/4 S. O., 12 lieues 1/2.

A 1 heure, fait route à l'E. S. E. A 2 heures, signal de virer et viré vent arrière. A 6 heures, nous n'étions qu'à 5 lieues de terre, le vent à l'Est. Route au plus près, bâbord amures. A 11 heures, le vent ayant varié au S. E., presque calme, signal de virer de bord et pris tribord amures. A la même heure, presque calme. Mis à la mer des bâtiments à rames pour nous écarter de quelques vaisseaux.

Route pour Ceylan.

LUNDI 8. — Calme, temps couvert. A 2 heures 3/4, le vent a soufflé du N. E., petit frais. Signal et pris bâbord amures. A 2 heures 1/2, nous avons embarqué les bâtiments à rames. A 6 heures, le *Sphinx* a signalé un bâtiment à l'E. S. E. A 9 heures, le vent ayant varié au S. E., petit, fait signal de virer de bord et pris tribord amures. A 10 heures 1/4, le *Sévère* a signalé une voile dans le Sud 1/4 S. O. A 11 heures, signal de virer.

A midi, point de hauteur : lat. estimée : 9° 3' ; longit. arrivée : 79° 38' ; relevé la terre à l'Ouest, distance : 6 lieues.

<small>Avril 1782.</small>

Le vent à l'E. N. E., petit. A 1 heure, eu un grain de vent et de pluie dans la partie de l'Est. Fait signal de brume de virer vent arrière ; pris tribord amures. A 1 heure 3/4, le temps s'étant éclairci, signal de ralliement et d'ordre de marche sur deux colonnes. Nous nous sommes aperçus que le *Brisson*, qui s'était séparé de l'escadre la veille, avec la *Fille Unique* et le *Daliram*, pour aller à Batavia, et qui étaient à trois ou quatre lieues sous le vent à nous, faisait signal de bâtiments suspects, ce qui a engagé le général à faire faire le N. N. O. à toute l'escadre pour nous approcher du *Brisson ;* n'apercevant aucune voile, la *Fine* a chassé et amariné une prise. A 6 heures, les vigies ayant aperçu une voile de l'avant et le général imaginant que c'était ce qui avait occasionné le signal du *Brisson,* a fait signal de tenir le vent, bâbord amures ; mais le *Brisson* ayant continué le même signal et tiré un coup de canon, le général lui a envoyé le *Sphinx* pour savoir ce qui l'occasionnait. A 11 heures 1/4, M. de Bourdeilles, lieutenant de vaisseau, embarqué sur le *Sphinx*, est venu à bord et a rendu compte au général qu'à midi le *Brisson* avait découvert 14 voiles au N. N. O., faisant voile au N. N. E. ; qu'une d'elles avait fait voile sur lui jusqu'à 4 heures, qu'elle avait reviré pour rallier les autres. Dix de ces bâtiments lui avaient paru gros. A cela, nous avons signalé changement de route et gouverné au Nord 1/4 N. E., le vent à l'E. O. E.

MARDI 9. — Le vent au Sud, petit, presque calme ; temps nébuleux. Route au Nord 1/4 N. E. A 5 heures 1/2, signal de ralliement et à la *Fine* de passer à poupe. Au jour, nous avons vu 14 bâtiments de l'avant. Peu après, appelé tous les vaisseaux à l'ordre. Les bâtiments aperçus courant à bord opposé, nous les avons bientôt reconnus pour l'escadre anglaise, composée de 11 vaisseaux de ligne. Comme elle était au vent à nous, nous avons continué le même bord, les vents pour lors dans la partie de l'Est, jusqu'à ce qu'elle fût par notre travers. Alors, le général a fait signal de virer de bord et formé la ligne de bataille ordre naturel, bâbord amures, pour offrir le combat à l'ennemi, seul maître de l'engager par sa position, étant à 4 lieues au vent à nous ; mais il continua constamment à tenir le vent. Le général a fait signal et pris la tête de la ligne. A 11 heures, la *Fine* a mis le feu à la prise, par ordre du général.

<small>Vu l'escadre anglaise.</small>

Avril 1782.

A midi, lat. observée : 9° 40' ; longit. arrivée : 79° 42' ; route corrigée : E. S. E. 4° Est, 8 lieues ; différence Nord : 7 lieues ; l'île aux Pigeons au S. O. 1/4 Sud, 8 lieues.

A la même heure, signal de serrer la ligne ; à 1 heure, celui de branle-bas et préparation au combat. La *Fine* ayant demandé de continuer la chasse sur des bâtiments aperçus, signal à elle de passer à poupe. A 3 heures 1/2, mis le pavillon blanc et de distinction. A 5 heures du soir, le vent ayant un peu donné, les meilleurs voiliers de l'escadre avaient considérablement approché les ennemis. L'amiral anglais fit diminuer de voiles à ses vaisseaux de tête pour laisser passer de l'avant un de ses mauvais voiliers qui était fort de l'arrière.

A 6 heures, relevé : la tête de l'escadre anglaise à l'Est 2° Nord ; les vaisseaux de la queue à l'Est 1/4 N. E. ; distance : 3 lieues.

Route au S. E. Toutes voiles dehors. A 6 heures 1/4, hêlé la *Fine* pour lui ordonner de chasser de l'avant et d'observer les manœuvres de l'ennemi. A 7 heures, allumé tous les feux et diminué de voiles pour laisser approcher nos mauvais marcheurs, qui étaient fort de l'arrière. Pendant la nuit, vent variable de l'Est au S. E., petit frais. Route au plus près du vent, bâbord amures ; beau temps.

Chassé l'escadre anglaise.

MERCREDI 10. — Le vent à l'Est, petit. Route au plus près, bâbord amures. A 5 heures 3/4, on a aperçu l'escadre anglaise à l'Est 1/4 S. E. ; elle était éloignée de 5 lieues. A 6 heures, la *Fine* a signalé 4 bâtiments dans l'E. S. E. ; nous lui avons fait signal de chasser au Sud. La *Fine* a amariné un bâtiment, mais, ayant demandé à continuer la chasse, on lui a refusé, ayant besoin de cette frégate pour observer les mouvements de l'escadre anglaise, que nous savions toujours toutes voiles dehors. A 9 heures 3/4, signal de forcer de voiles à toute l'escadre. A 11 heures 1/4, le *Diligent*, toujours en chasse au Sud, ayant fait signal que le bâtiment chassé était supérieur au chasseur, on l'a fait rallier.

A midi, lat. observée : 9° 3' ; longit. arrivée : 80° 1' ; route corrigée : S. E. 1/4 Sud 2° Est, 14 lieues 1/3 ; l'île aux Pigeons, Ouest 1/4 S. O., 15 lieues 1/2 ; l'escadre anglaise, Est 5° Nord, 4 lieues 1/3.

A 1 heure 1/2, signal à la division bleue de tenir le vent. A 1 heure 3/4, même signal à la division blanche. A 2 heures 1/2, fait virer l'escadre blanche. A 3 heures 1/4, fait revirer l'escadre blanche et prendre bâbord amures. L'escadre toujours en chasse et en ligne.

Nous avons fait signal de route libre. Par ordre du général, la *Fine* a brûlé la prise qu'elle venait de faire. C'était un seneau chargé de riz pour Madras, venant du Nord. Il avait touché à Trinquemalay et avait à son bord un Anglais de considération, nommé Hughes Boye. Il venait de chez le roi de Candy, comme ambassadeur de la Compagnie anglaise, pour faire un traité contre les Hollandais ; mais nous avons vu par ses papiers, qui ont été pris avec lui, qu'il n'avait pas réussi.

Avril 1782.

A 6 heures, relevé : l'armée anglaise, Est 5° Sud, 4 lieues ; la terre de Ceylan, S. O., 8 lieues.

Nous avions les bonnettes depuis 4 heures et avions arrivé au S. E. $^1/_4$ Est pour approcher les ennemis ; à 6 heures, nous les avons amenées, le vent ayant varié. Mis le cap au S. E. A 8 heures, ayant eu un grain de vent et de pluie dans la partie du S. E., avons amené les huniers et fait signal de prendre tribord amures. A 8 heures, répété le même signal. A 9 heures $^1/_4$, le grain passé, le vent à l'Est, signal de prendre les amures bâbord. Route au S. S. O.

JEUDI 11. — Le vent à l'Est, petit, presque calme ; temps couvert. Route au plus près, bâbord amures. Au jour, aperçu l'escadre anglaise au S. E. $^1/_4$ Est, à la même distance que la veille, courant le même bord que nous. Signal à l'*Ajax* de forcer de voiles. A 6 heures $^1/_2$, signal de chasse générale au S. E. $^1/_4$ Est. A 10 heures $^3/_4$, mis le cap au S. E. $^1/_4$ Sud.

A midi, lat. observée : 8° 48' ; longit. arrivée : 80° 17' ; route corrigée : S. E. 2° Sud, 7 lieues $^1/_2$; l'île aux Pigeons, Ouest $^1/_4$ N.O., 20 lieues.

La *Fine* chassait un bâtiment au S. S. O. — A 1 heure, mis le cap au S. S. E. et viré un pavillon bleu au mât de misaine pour tromper le bâtiment aperçu et nous faire prendre pour l'escadre anglaise. A 1 heure $^1/_2$, quelques vaisseaux de l'escadre ont signalé deux voiles au Sud. A 2 heures, mis le cap au S. E. $^1/_4$ Est. Peu après, le bâtiment chassé par la *Fine* a mis pavillon anglais ; il s'est rendu après quelques coups de canon. C'était un gros marchand, venant de Pégou, richement chargé, et que sa marche a permis de conserver. A 5 heures $^1/_4$, signal à l'*Artésien* de ralliement. Nous avions fort approché l'escadre anglaise. A 5 heures $^3/_4$, le vent variable du Sud à l'Ouest ; grande pluie et orage. Fait virer l'escadre vent arrière et pris tribord amures.

Avril 1782.

A 6 heures, relevé : le centre de l'escadre ennemie, S. E. 2° E., à la distance de 3 lieues ½.

Le vent au Sud, petit. A 7 heures ¾, signal de prendre les amures bâbord. A 8 heures, mis le cap au S. E. ¼ Sud. A 10 heures, la *Fine* nous ayant passé à poupe, le général lui a fait dire au porte-voix de passer de l'avant de l'escadre à 1 heure environ, et, si elle s'apercevait de quelques mouvements dans l'escadre anglaise, de les signaler.

Combat de Providien.

VENDREDI 12. — Le vent à l'E. N. E., petit. Route au plus près du vent, bâbord amures. A 1 heure, la *Fine* a tiré deux fusées. A 2 heures, elle a répété le même signal, auquel nous avons toujours répondu. On apercevait les feux de l'escadre anglaise et même on avait vu des amorces, ce qui avait fait juger au général qu'elle était arrivée pour nous passer de l'avant. Nous avions aussitôt fait porter pour ne pas les éloigner. A 2 heures ½, le vent a varié au S. O., petit grain et pluie ; pris tribord amures. Au jour, le vent petit, dans la partie du N. E. Vu l'escadre anglaise sous le vent à nous, au S. ¼ S. O., à 2 lieues de distance. Elle avait effectivement arrivé pendant la nuit, sans doute, pour gagner Trinquemalay et éviter le combat ; mais le calme et le vent variable l'en avaient empêchée. Nous avons mis notre pavillon de commandement. A 6 heures, signal à l'escadre de forcer de voiles. A 6 heures ¼, nous avons rendu notre manœuvre indépendante et mis en panne, tribord amures.

A 7 heures, relevé la terre de Ceylan, au S. O. 5° S. ; distance : 8 lieues.

En même temps, nous avons fait servir. A 7 heures ¼, signal de chasse générale et nous avons porté au Sud. L'escadre anglaise a continué toujours cependant chasse, toutes voiles dehors. Enfin, à 9 heures, le vent bien établi au N. E., l'amiral anglais se voyant fort approché et sans espoir d'éviter le combat, a tenu le vent sous petites voiles et formé la ligne de bataille, tribord amures. Nous avons pour lors arrivé tous en même temps au S. ¼ S. O. et formé la ligne de bataille, ordre naturel, tribord amures, et, peu après, signalé le S. S. O. A 9 heures ½, le *Bizarre* n'étant pas à son poste, on lui a fait signal d'arriver, les vaisseaux de l'arrière-garde étant fort éloignés. A 9 heures ¾, signal au *Vengeur* de tenir le vent et de former la ligne de bataille, ordre naturel, tribord amures.

A 10 heures, répété le signal au *Bizarre* d'arriver; en même temps, nous avons mis le pavillon de poupe.

Les Anglais ont amené le pavillon à queue bleue et viré celui à queue rouge. A 10 heures ¾, signal au *Vengeur* de diminuer de voiles; il a mis en panne. Une demi-heure après, les vaisseaux de l'arrière commençaient à s'approcher. Signal au *Vengeur* de faire servir. A 11 heures ¼, signal au *Diligent* de passer à poupe. Le général a fait ordonner à M. Malé d'aller dire au *Bizarre* de doubler pendant le combat, si la position le permettait, le vaisseau de queue de la ligne anglaise pour le mettre entre deux feux. A 11 heures ¾, la ligne étant formée, signal d'arriver tous en même temps à l'O. S. O. — A midi, signal de courir en échiquier, tribord amures. A midi ½, signal à l'arrière-garde et à l'*Orient* de forcer de voiles. A midi ¾, signal à l'*Artésien* de faire servir. Peu après, signal au *Vengeur*, au *Sévère*, à *Artésien* et à l'*Orient* de forcer de voiles. A 1 heure, nous commencions à approcher les ennemis; notre avant-garde, composée des meilleurs voiliers, était déjà à portée. A 1 heure ¼, les vaisseaux de tête de l'escadre anglaise ont commencé à tirer; le *Vengeur* et l'*Artésien*, chefs de ligne, ont riposté en tenant le vent. Le général leur a fait signal d'arriver; il leur a fait le même signal un quart d'heure après. Signal à la seconde division de forcer de voiles.

Avril 1782.

A 1 heure 40, à portée de pistolet de l'amiral anglais et après avoir reçu quelques bordées sans tirer, nous sommes revenus au vent et avons commencé le feu. Le dessein du général était de combattre l'amiral; mais des bras coupés nous ayant empêchés de coiffer nos huniers, nous l'avons dépassé et couru jusque par le travers de son matelot, que nous avons combattu. A 1 heure $^3/_4$, signal d'approcher l'ennemi à portée de pistolet. A 2 heures 40, le vaisseau que nous combattions a été démâté de son mât d'artimon et de son grand mât. Le *Héros* lui-même avait été très maltraité et hors d'état de manœuvrer. Le vaisseau de l'amiral serrait de très près dans nos eaux et portait même au vent à nous.

Nous vîmes alors à son bord une grande explosion, mais qui ne parut pas avoir de suites. Nous dirigeâmes sur lui des canons de retraite et fîmes signal à l'arrière-garde, à l'*Orient*, notre matelot d'arrière, d'arriver; mais le vaisseau ayant fait signal d'incommodité, nous signalâmes aux frégates de lui donner du monde. Il arriva en même temps, suivi du *Brillant*, et l'amiral anglais laissa alors arriver tout plat et passa même sous le vent du vaisseau démâté. Peu après, il vira de bord vent arrière, avec toute son escadre, soit à cause de l'approche de terre, soit pour secourir le vaisseau démâté, qui restait sans gouverner entre les deux escadres de l'arrière-garde. Le *Vengeur* vient de signaler 14 brasses de fond. A 3 heures $^1/_4$, le général fait signal de virer lof pour lof, tous en même temps, et de forcer de voiles pour tâcher de couper le vaisseau démâté. Cette manœuvre, après un combat chaud, ne put être ni bien prompte, ni générale. Mis les flammes de l'*Annibal* et du *Bizarre* avec le même signal. Nous avons viré à l'aide du bâtiment à rames et crié à l'*Artésien* de se porter sur le vaisseau démâté.

Quelques vaisseaux de notre arrière-garde combattaient de près le centre de la ligne anglaise et approchaient même le vaisseau démâté, lorsqu'un vaisseau de l'arrière-garde ennemie lui a envoyé une remorque par un bâtiment à rames et l'a conduit sous le vent de la ligne. A 5 heures ½, le petit mât de hune du *Héros* est tombé. Les deux escadres, combattant toujours, couraient sur terre et le fond diminuait rapidement. Le général a fait alors signal de diminuer de voiles, et, voyant son vaisseau absolument désemparé et hors d'état de manœuvrer, il a passé sur l'*Ajax*, où il a arboré son pavillon, et fait signal à la *Fine* de lui passer à poupe. M. du Moissac est resté pour commander le *Héros*. Le général a amené avec lui M. Bolle, chargé du détail général de l'armée, et M. Degois, enseigne de vaisseau, aide-major. A 6 heures, signal de cesser le combat; mais le feu n'a cessé de part et d'autre que lorsque la nuit n'a plus permis de discerner ledit objet. A 7 heures ¼, signal de nuit de prendre les amures tribord. A 8 heures, signal à toute l'escadre de mouiller.

A 7 heures ½, après avoir essayé inutilement de virer vent devant ou vent arrière, le vaisseau était entièrement dégréé et hors d'état d'être réparé en peu de temps avec son petit mât de hune bas, toutes les voiles criblées, les manœuvres qui en dépendent et tous les haubans de misaine. Nous avons été obligés de mouiller par le peu de fond et dérivant toujours ; avons mouillé par 7 brasses, fond de corail, au milieu de l'escadre anglaise, et assez près d'un de ses vaisseaux pour en distinguer les voix. Le vent toujours au N. N. E., presque calme. Dans le même moment, M. Degois vint à bord, envoyé par le général, pour savoir si ce n'était pas nous qui avions tiré trois coups de canon. M. de Moissac lui dit qu'il croyait que c'était l'amiral anglais, dont ce pouvait être le signal du mouillage. Il le

Avril 1782. pria d'instruire le général de notre situation désagréable. Peu après, la *Fine*, envoyée par le général, est venue pour nous remorquer. Elle nous a passé de l'avant et envoyé une haussière. L'amarrage fait, nous allions couper le câble, lorsque l'*Orient* vint passer entre la frégate et nous, rompit l'amarre et nous dit en même temps que la *Fine* était abordée avec un vaisseau anglais. Nous entendions effectivement des voix françaises et anglaises se disputer vivement, et tout cependant se passa en paroles et la secousse occasionnée par l'*Orient* en cassant l'amarre sépara les deux bâtiments. La frégate alla s'échouer un peu plus loin, fit signal d'incommodité, mit le feu dans le porte-haubans, l'éteignit et se remit à flot.

Pour nous, nous restâmes mouillé à côté du vaisseau anglais. Nous étions alors dans la circonstance la plus critique, mouillé au milieu de l'escadre anglaise et sans aucun moyen d'informer le général de notre position. Tous les bâtiments à rames brisés, ne pouvant être mis à l'eau, et des signaux de secours ou de détresse eussent averti les ennemis de notre proximité. Pour notre dernière ressource, nous frappâmes une embossure sur le câble pour faire abattre le vaisseau si le vent permettait d'appareiller, ou pour présenter le travers à l'ennemi en cas que le calme ou le vent contraire nous retînt dans la même position jusqu'au jour. A 9 heures $1/2$, il s'éleva heureusement, dans la partie du S. O., un grain, qui donnait en plein dans les lambeaux de notre misaine ; nous coupâmes les câbles et embossures et gouvernâmes sur le général, par le travers duquel nous avons mouillé. A 10 heures $1/2$, fond de sable et corail.

Samedi 13. — Vent variable, temps couvert et pluie. Au jour, les deux escadres mouillées à $3/4$ de lieue l'une de l'autre ; quelques vaisseaux ennemis à portée de canon, à toute volée ont appareillé pour s'éloigner. Le général a fait signal à des vaisseaux mal mouillés de changer de mouillage. Les frégates la *Fine* et le *Chasseur* étaient encore sous voile. A 7 heures ½, le général est venu à bord.

Avril 1782.

Relevé : la pointe Sud, S. E. ¼ Sud ; la pointe Nord, N. E. ¼ Nord ; distance de terre : ½ lieue.

L'escadre anglaise dans le S.O., très près de terre, dans un petit enfoncement. Les vaisseaux l'*Orient*, le *Sphinx*, l'*Ajax* avaient touché la veille à plusieurs reprises ; il paraît que cet endroit est rempli de bancs de corail. La *Subtile* nous a envoyé 40 matelots pour nous aider à nous regréer. Les deux escadres sont occupées à se réparer. Nous avons vu, sur les débris de mâture qui ont passé à portée, que le vaisseau démâté était le *Montmouth*, de 64 ; il est mouillé à terre des autres vaisseaux de l'escadre, qui font beaucoup de mouvements pour pouvoir peut-être former une ligne et s'embosser au besoin.

Les deux escadres sont mouillées en présence.

A midi, lat. observée : 8° 8' ; l'île Provédien me reste au N. O. ¼ Nord, à 2 lieues de distance.

Dans l'après-midi, le général a envoyé un officier en parlementaire à l'amiral anglais, pour lui proposer le change de M. Degois, enseigne de vaisseau, aide-major, qu'on présume être dans son escadre. En effet, le soir du combat, il avait été, par ordre du général, dans plusieurs vaisseaux pour savoir qui avait tiré les trois coups de canon, que nous présumâmes être le signal du mouillage fait par l'amiral. Il était à bord de la *Fine* lors de son abordage avec le vaisseau anglais l'*Isis*, et la position de cette frégate l'engageant à la quitter, il s'était rembarqué aussitôt dans son canot pour retourner à bord du général ; mais la nuit étant très noire et orageuse, trompé d'ailleurs par les feux de l'amiral anglais, pareils à ceux de l'*Ajax* où le général était, il était monté à bord du *Superb*. L'amiral répondit effectivement que cet officier était à son bord ; mais qu'il ne pouvait le changer avant qu'un traité de change eût été arrêté par la présidence de Madras. A 5 heures ½, signalé pour mot d'ordre : « Saint-Philippe et Poitiers. » Les frégates ont donné des munitions aux vaisseaux qui en manquaient. Le *Héros* n'étant pas encore regréé, le général a été sur le *Vengeur* pour la nuit. La *Fine* et le *Chasseur* ont mouillé au large de l'escadre. Dans la journée, tous les vaisseaux ont envoyé rendre compte de leur situation et de la perte qu'ils avaient faite en hommes. Elle a été assez considérable.

Pertes au combat de Providien.

Ligne de bataille	Capitaines	Tués	Blessés
Le *Vengeur*	Forbin	0	2
L'*Artésien*	Maurville	12	20
L'*Annibal* (anglais)	De Galles	6	19
Le *Sphinx*	Du Chilleau	22	74
Le *Héros*	Suffren, Moissac	12	38
L'*Orient*	La Pallière	25	71
Le *Brillant*	Saint-Félix	15	33
Le *Sévère*	Cillart	12	20
L'*Ajax*	Bouvet	4	11
L'*Aññibal*	Tromelin	14	29
Le *Flamand*	Cuverville	3	12
Le *Bizarre*	Lalandelle	12	28
		137	357

Officiers tués : le comte de Bulk, suédois, enseigne de vaisseau sur le *Héros* ; — le baron de Rochemore et Coäton, enseignes de vaisseau, sur l'*Annibal* ; — Bourdeilles et Lanechierna, suédois, lieutenants de vaisseau, sur le *Sphinx* ; — Le Rancur, auxiliaire, sur l'*Artésien*.

DIMANCHE 14. — Le général sur le *Vengeur* a fait signal au *Héros* de changer de mouillage ; aussitôt, nous nous sommes préparés pour appareiller. Le fond où nous étions était rempli de corail et de roches et nous étions assez près des bas-fonds. Le vent au N. E., petit, presque calme. A 9 heures 3/4, le général est venu à bord. Le temps calme ; nous n'avons point appareillé. A 2 heures, le *Diligent* a mis sous voile pour sonder dans le Sud ; il a trouvé plusieurs bancs sur lesquels il a sondé 4 brasses et 4 brasses 1/2. Lorsqu'il s'est approché de l'escadre anglaise, on lui a tiré deux coups de canon, auxquels il a riposté. Nous avons envoyé un canot en parlementaire pour porter les effets de M. Degois. A 5 heures 1/2, signalé pour mot d'ordre : « Saint-Antoine et Embrun ».

Avril 1782.

L'*Artésien* et le *Sphinx* ont changé leur grand mât de hune. A 6 heures 1/2, grain de vent et pluie dans la partie de l'E. S. E. La nuit, même temps.

Lundi 15. — Le vent au Sud, petit ; beau temps. Au jour, le vaisseau l'*Ajax* a changé de mouillage. Nous avons jumelé le mât de misaine, percé de plusieurs boulets, ainsi que la grand'vergue et vergues sèches et guindé le petit mât de hune. A 4 heures 1/2, pour mot d'ordre « Saint-Denis et Digne ». A 8 heures, reçu un grain de la partie de l'Est. Notre câble a cassé. Mouillé une autre partie de l'Est. Notre câble a cassé. Mouillé une autre ancre et chassé un demi-câble. Sondé 6 brasses, fond gravier et roches. L'orage a duré jusqu'à 9 heures 1/2. Nous envoyons toute la nuit une chaloupe et un canot de bivouac.

Mardi 16. — Petit vent au Sud. A 5 heures 1/2, signal d'envoyer toutes les chaloupes avec des ancres et des grelins à bord du général. A 6 heures, appelé tous les canots. Peu après, nous avons appareillé et remorqué par tous les canots. Nous avons mouillé plus au large par 12 brasses, gravier et coquillage. Nous avons reçu de la *Pourvoyeuse* des boulets de 18.

Relevé : la pointe la plus Nord, N. O. 1/4 Nord ; la pointe Sud, S. E. 1/4 Sud 5° Sud ; distance de terre : 2/3 de lieue.

A 2 heures, étant dans le dessein d'envoyer les *Bons Amis* et la prise le *London* à l'Ile-de-France, signalé permission d'écrire. A 5 heures, signalé pour mot d'ordre : « Saint-Fiacre et Francfort ». A 7 heures, petit grain dans le S. O.

Mercredi 17. — Le vent à l'Est, petit frais ; temps couvert. A 6 heures, plusieurs vaisseaux ont changé de mouillage. Les *Bons Amis* et la prise le *London* ont appareillé pour l'Ile-de-France. A 5 heures 1/2, signalé pour mot d'ordre : « Saint-Gratien et Gaëte ». A la même heure, le *Diligent* a mis sous voile avec ordre de gagner

Avril 1782.   Batacalo, au plus Sud même s'il pouvait, pour porter des lettres du général au gouverneur de Ceylan et au commandant de nos bâtiments à Galles. A 6 heures 1/4, grain de pluie et orage dans la partie du S. E. Plusieurs vaisseaux anglais ont repassé des mâts de hune. L'amiral paraît avoir été très maltraité, ayant été plusieurs jours avec les siens amenés. On travaille à mâter le *Montmouth* avec des mâts de hune. Il paraît qu'ils ont communiqué à terre, ayant vu quelques canots aborder. La nuit, petit vent variable du S. O. au Sud.

JEUDI 18. — Le vent au Sud, petit. Au jour, les trois bâtiments appareillés la veille paraissaient encore. Signal à l'escadre de rester mouillée sur une petite ancre, comptant mettre sous voiles le lendemain. A 5 heures, signalé pour mot d'ordre : « Saint-Mériadech et Morlaix ». A la nuit, nous avons envoyé notre grand canot au bivouac et guindé nos huniers. A 7 heures 1/2, grain de pluie, orage dans la partie du S. O. Nous avons laissé tomber une grosse ancre. A 8 heures, calme.

L'escadre française appareille et présente le combat à l'escadre anglaise.

VENDREDI 19. — Le vent au Sud, petit; presque calme. A 6 heures, nous avons appareillé la grosse ancre mouillée la veille. A 7 heures, signal à tous les vaisseaux de se tenir prêts à appareiller. A 7 heures 1/2, de virer à pic. A 8 heures 1/4, signal d'appareiller.

Relevé : le morne de milieu de terre, S. O. 5° Ouest.

A 8 heures 1/2, signal de former l'ordre de bataille dans l'ordre naturel, la première division à la queue. A la même heure, mis sous voile et fait route à l'Est, le vent au S. O., presque calme. A 10 heures, le vent est venu dans la partie du S. E. Signal de virer de bord ; en même temps, pris tribord amures.

W.: N. E. 1° 22'. — Lat. observée 8° 12'; longit. arrivée : 79° 40'; la terre la plus Sud, S. S. E. 5° Sud ; la terre la plus Nord, N. O. 3° Nord.

Sondé 17 brasses. A 1 heure, signal de ligne de combat dans l'ordre naturel, le général à la tête de la ligne. A la même heure, signal au *Sphinx* de faire servir ; à 2 heures, de serrer la ligne ; à l'*Ajax* et au *Sévère* de se mettre à leur poste. Nous approchions les ennemis. Ils craignent peut-être d'être attaqués, car ils ont viré le pavillon à queue rouge et amené celui à queue bleue et nous ont présenté le travers par le moyen de leurs embossures. Si la chose eût été possible le général sans doute l'eût tentée ; mais des bas-fonds qui se trouvaient là, sur lesquels plusieurs de nos vaisseaux avaient touché et que nous avions fait sonder par le *Diligent*, nous ôtaient la possibilité de le faire qu'avec désavantage. A 3 heures, étant à grande portée de l'escadre ennemie, nous avons fait signal et viré de bord par la contre-marche. Sondé 15 brasses, petit gravier. Peu après ordre de marche sur deux colonnes. A 4 heures 1/2, signal de virer de bord vent devant, tous en même temps.

Avril 1782.

A 6 heures, relevé : la terre la plus Sud, au Sud ; la terre la plus Nord, au N. O.; l'escadre anglaise mouillée et embossée : Sud 5° Ouest ; distance de terre : 3 lieues.

Le vent à l'E. S. E. petit. Route au plus près du vent, bâbord amures. A la même heure, signal de virer de bord vent devant, tous en même temps ; pris tribord amures. A 6 heures 1/4, embarqué les bâtiments à rames. Toute la nuit, même vent et mêmes amures.

SAMEDI 20. — Le vent au S.O., petit. Route au plus près, tribord amures. A 5 heures, le vent a varié au N. N. O., presque calme. Route au S. S. E. A 5 heures 3/4, signal à toute l'escadre de forcer de voiles. L'intention du général était de s'élever jusqu'à Batacalo pour écrire à Galles à nos bâtiments de venir nous y joindre.

A midi depuis hier à 6 heures : W.: N. E. 0° 43'. — Lat. observée : 8° 23' ; longit. arrivée : 80° 5' ; chemin corrigé : E. N. E. 4° Nord, 8 lieues 1/3; Trinquemalay à l'O. N. O., 18 lieues ; différence Nord : 5 lieues ; distance de terre : 9 lieues.

A midi 3/4, la *Fine* a signalé la terre à l'O. S. O. A 5 lieues, on a découvert l'escadre anglaise toujours au même mouillage.

A 6 heures, relevé : l'escadre anglaise, S.O., 5 lieues.

A la même heure, signal et viré de bord, vent devant. Pendant la nuit, le vent a varié du Sud au S. S. O., petit frais. Route au plus près, tribord amures.

DIMANCHE 21. — Le vent au S. S. O., petit frais ; beau temps ; belle mer. Route au plus près, tribord amures. A 5 heures 3/4, signal à la *Fine* de chasser en avant de l'escadre pour ne se rallier qu'à la nuit.

A midi, lat. observée : 8° 4' ; longit. arrivée : 80° 54' ; route corrigée : E. S. E. 5° Sud, 17 lieues ; distance de terre : 22 lieues.

A 1 heure 1/4, signal de virer de bord par la contre-marche ; pris tribord amures. A 5 heures, la *Pourvoyeuse* a signalé une voile dans le S. O. 1/4 Ouest. A 8 heures 1/2, serré le perroquet de fougue. A 10 heures, signal de virer de bord vent arrière, tous en même temps ; pris tribord amures. Le vent au Sud ; pendant la nuit, variable du Sud au S. O.

Avril 1782.

LUNDI 22. — Le vent au S. O., joli frais ; beau temps ; belle mer. Au jour, nous n'avons plus vu la *Fine*, en chasse depuis hier. A 6 heures 1/2, signal de ralliement. A 8 heures 1/2, le *Brillant* a fait signal d'incommodité qui pouvait se réparer à la mer ; il a amené son petit mât de hune.

A midi depuis hier à la même heure aujourd'hui, lat. observée : 7° 53' ; longit. arrivée : 81° 00' ; route corrigée : S. E. 1/4 Sud 4° Est, 4 lieues 1/2 ; distance de terre : 22 lieues.

Route pour Batacalo.

A 1 heure, signal de virer vent arrière, tous en même temps. A 11 heures, le vent ayant varié au S. S. O., signal de virer de bord vent arrière ; pris tribord amures.

MARDI 23. — Le vent au S. S. O., joli frais. Route au plus près, tribord amures. A 10 heures, mis le bateau à la mer pour envoyer à bord du *Chasseur*. A 11 heures, avons mis en panne ; rembarqué le bateau. A la même heure, le *Chasseur* s'est séparé de l'escadre afin de faire route pour l'Ile-de-France. M. Bolle, chargé ci-devant du détail général de l'escadre, a passé dessus pour raison de maladie.

A midi, lat. observée : 7° 54' ; longit arrivée : 81° 1' ; route corrigée : Nord 1/4 N. E. 1° Nord, 1/3 de lieue ; différence Nord : 4 lieues 1/3.

A 2 h. 3/4, pris le deuxième ris dans les huniers. A 4 heures, serré le perroquet de fougue. Pendant la nuit, même vent et mêmes amures.

MERCREDI 24. — Le vent au S. S. O., beau temps. Route au plus près, tribord amures. Au jour, l'*Orient* a envoyé rendre compte qu'il avait une voie d'eau et beaucoup de malades.

A midi, lat. observée : 7° 19' ; longit. arrivée : 81° 50' ; route corrigée : S. E. 1/4 Est 1° Sud, 20 lieues ; différence Nord : 2 lieues 2/3.

A la même heure, signal de virer de bord vent devant ; pris bâbord amures. Le vent au S. S. O., joli frais. A 5 heures 1/2, arrivé pendant quelque temps à l'O. N. O., pour rallier l'escadre. Pendant la nuit, même vent et mêmes amures.

JEUDI 25. — Le vent au S. S. O., joli frais. Route au plus près, bâbord amures. A 5 heures 1/2, arrivé pendant quelque temps à l'O. N. O. pour rallier quelques vaisseaux de l'escadre.

A midi, lat. observée : 7° 40' ; longitude arrivée : 80° 31' ; route corrigée : Ouest 1/4 N. O. 4° Nord, 26 lieues ; différence Nord : 2 lieues 1/3 ; éloigné de terre : 12 lieues.

A 5 heures ½, signal de virer de bord ; pris tribord amures.   Avril 1782.

A 6 heures, relevé : Le Froc, S.O.; distance de terre : 6 lieues ½.

Le vent au S. O., joli frais. Route au plus près, tribord amures. Toute la nuit de même.

VENDREDI 26. — Le vent toujours au S. O. Route au plus près, tribord amures. A 6 heures, le vaisseau l'*Annibal* (anglais) n'était point en vue. Signal au *Vengeur* de chasser au vent, pour ne se rallier qu'à la nuit ; forcer de voiles et faire route au S. E. ¼ Est. A 6 heures ½, signal à l'*Artésien* de chasser sous le vent de l'escadre ; à 6 heures ¾, à l'*Orient* de nous passer à poupe. A la même heure, vu l'*Annibal* de l'avant et sous le vent de l'escadre, venant au bord opposé. Signal de ralliement au *Vengeur* et à l'*Artésien*. A 11 heures ½, signal de virer de bord ; pris bâbord amures.

A midi, latitude observée : 7° 39' ; longit. arrivée : 80° 30' ; route corrigée : Sud 5° Ouest ⅓ de lieue ; différence Nord : 6 lieues ⅓.

A midi ¼, signal de virer de bord, pris bâbord amures, le vent à l'O. S. O., petit frais. A 4 heures, signal de ralliement. A 5 heures, le canot de l'*Artésien* est venu à bord. Pendant la nuit, même vent et même route.

SAMEDI 27. — Le vent au S. O., joli frais. Route au plus près, tribord amures.

A midi, lat. observée : 6° 56' ; longit. arrivée : 81° 3' ; route corrigée : Sud ¼ S. E. 4° Est, 18 lieues ; différence Nord : 2 lieues ⅓ ; distance de terre : 24 lieues.

A 1 heure ½, signal de virer de bord ; pris bâbord amures. A 4 heures ½, arrivé à l'O. N.O., pour rallier les bâtiments de dessous le vent. A 5 heures, ralliement ; pris le deuxième ris aux huniers. A 11 heures, le vent ayant fraîchi au S. S. O., amené les huniers.

DIMANCHE 28. — Le vent, au S. S. O., joli frais. Route au plus près ; pris bâbord amures. A 6 heures, signal aux bâtiments de dessous le vent de faire des bords, pour se rallier, et de forcer de voiles. A 7 heures, largué un ris.

A midi, lat. observée : 7° 27' ; longit. arrivée : 80° 3' ; route corrigée : O. N.O. 5° Nord, 20 lieues ⅓ ; différence Nord : 1 lieue ; distance de terre : 6 lieues.

A 6 heures, signal de virer de bord ; pris tribord amures. Le vent à l'O. S. O. A 10 heures, le vent a varié au Sud. Signal de virer et pris bâbord amures.

Avril 1782.

LUNDI 29. — Vent au Sud, petit ; beau temps. A 10 heures, signal de virer et pris tribord amures. A la même heure, le *Brillant* a signalé une voie d'eau, qu'il pouvait réparer à la mer. A 10 heures ¹/₄, viré de bord et mis en panne. Appelé la *Subtile* pour l'envoyer savoir l'état du *Brillant*.

A midi, lat. observée : 7° 46' ; longit. arrivée : 80° 12' ; route corrigée : N. O. 3° Nord, 9 lieues ; différence Nord : 6 lieues ¹/₂ ; distance de terre : 6 lieues ; relevé la terre au S. O.

A la même heure, l'*Annibal* a envoyé un canot à bord. A midi ¹/₂, la *Pourvoyeuse* a signalé une voile dans le S. O. ¹/₄ Ouest. A la même heure, signal de chasse au *Vengeur*. A 1 heure ¹/₂, nous avons fait servir. A 2 heures ¹/₂, la *Pourvoyeuse* a signalé que le bâtiment aperçu faisait des signaux ; ordre de faire des signaux de reconnaissance. A 4 heures ³/₄, ayant reconnu le bâtiment chassé pour le *Pulvériseur*, nous avons mis pavillon ; signal de manœuvre indépendante et arrivé sur lui. Signal de ralliement au *Vengeur*. A 6 heures ¹/₂, mis en panne et envoyé un canot, qui est revenu avec M. de Joyeuse. Il avait été dépêché de Galles par M. de Beaulieu, qu'il avait laissé avec la *Sylphide* et les autres bâtiments du convoi pour chercher l'escadre sur Batacalo et porter au général des paquets de la Cour, venus à Galles par l'Ile-de-France, sur un bâtiment hollandais. La corvette l'*Expédition* était partie en même temps de l'Ile-de-France avec le même paquet ; mais on n'en avait aucune connaissance. Il avait laissé la *Fine* séparée de l'escadre depuis le 22, mouillée à Batacalo. Il nous a dit que M. de Beaulieu avait pris, en venant à Galles, un bâtiment venant de Chine, richement chargé. A 7 heures, signal de faire servir. A 8 heures, sondé 38 brasses, fond cailloux et corail. A 10 heures, par 20 brasses. Signal de mouiller. Laissé tomber l'ancre par 20 brasses, même fond.

MARDI 30. — Le vent au Sud, petit. Au jour, vu la *Fine* mouillée dans l'escadre. A 6 heures, nous avons appareillé.

Relevé : la terre la plus Sud, Sud ¹/₄ S. E. ; la terre la plus Nord, N. O. 5° Ouest ; le Capuchon, S. O. ¹/₄ Ouest ; éloigné de terre 1 lieue ¹/₂.

A 6 heures ¹/₂, mis le grand canot à la mer. A 11 heures, appelé la *Subtile* et tous les bâtiments de l'escadre.

A midi, lat. observée : 7° 35' ; longit. arrivée : 79° 53'.

Batacalo.

A midi ¹/₄, le général ayant dessein d'envoyer le *Subtile* à l'Ile-de-France, a fait signal pour permettre d'écrire. A 1 heure $^3/_4$, le vent à l'E. N. E. Signal d'appareiller; mis le cap au N. O. pour gagner le mouillage. A 4 heures $^1/_2$, signal de se préparer à mouiller et mouillé un quart d'heure après par 17 brasses, fond gravier et corail. A la nuit, envoyé un officier à terre pour faire compliment au gouverneur hollandais. Pendant la nuit, le vent du N. O., petit, presque calme.

Avril 1782.

MERCREDI 1ᵉʳ MAI. — Le vent au S. S. O., petit. A 5 heures, mis la chaloupe à la mer. Donné 6 barriques d'eau à la *Subtile*. Appelé à l'ordre tous les vaisseaux. Toutes les chaloupes ont été envoyées à l'eau, qu'on fait assez commodément dans un étang qui est à 200 pas du rivage, à main droite en entrant dans la rivière. On roule les barriques jusqu'à l'étang. On fait aussi du bois très commodément, les arbres croissant jusqu'au bord de la mer. Le général est descendu à terre.

Mai 1782.

A midi, lat. observée : 7° 45'; longit. arrivée : 79° 55'. Le relèvement du mouillage : le mât de pavillon de fort, Sud 5° Ouest; le Capuchon, S. S. O. 3° Ouest; l'entrée de la rivière, S. S. O. 3° Ouest; la terre la plus Sud, Sud $^1/_4$ S. E.; la terre la plus Nord, N. N. O.; éloigné de terre : $^3/_4$ de lieue.

A 1 heure, la *Subtile* a mis sous voile pour l'Ile-de-France. Nous avons appris que la corvette l'*Expédition*, commandée par M. de Maurville-Delangle, avait été forcée par l'escadre anglaise de se jeter à la côte près de Tranquebar, le 1ᵉʳ jour d'avril. Pendant la nuit, le vent au Nord, petit.

JEUDI 2. — Le vent au N. N. O., petit frais. Nous avons appareillé pour prendre un meilleur mouillage. A 10 heures, mouillé par 12 brasses, fond motte et gravier. Enfourché E. S. O. avec une petite ancre qui a été portée à l'Est, 13 brasses, même fond.

Relevé : le bâton de pavillon, Sud 5° Est; le Capuchon, S. S. O.; la terre la plus Nord, N. O. S. S. O. 5° Nord; la terre la plus Sud, S. S. E. 5° Est; l'entrée de la rivière, S. O. $^1/_4$ Ouest; distance de terre : $^2/_3$ de lieue.

Le vent au S. E., petit. A 10 heures, signal d'affourcher avec une petite ancre. Nous avons établi des hôpitaux dans des maisons qui sont près du fort et fait débarquer tous les malades et blessés de l'escadre. Le fort est éloigné de l'entrée de la rivière à environ $^2/_3$ de lieue. La garnison ne consiste qu'à une cinquantaine d'Européens. On peut se procurer des bœufs à assez bon compte. Toute l'escadre travaille à faire de l'eau et du bois.

Mai 1782.

VENDREDI 3. — Le vent au Sud, petit, presque calme. Le commandant hollandais est venu à bord. Nous avons changé un jautereau au grand mât.

SAMEDI 4. — Petit vent du N. E. Au jour, nous avons mis sur le côté pour frotter la flottaison. Continué à faire de l'eau et du bois.

DIMANCHE 5. — Au jour, calme. Dans la journée, le vent au S. E., petit frais ; la nuit, au Sud.

LUNDI 6. — Nous avons changé notre ancre d'affourche et porté à l'O. S. O. par 10 brasses.

MARDI 7. — Le vent au S. O., petit frais. Dans la journée, au S. S. E., joli frais.

MERCREDI 8. — Le vent à l'Ouest, petit; presque calme. A 6 heures $3/4$, la *Fine* a mis sous voile pour aller croiser au Sud. Dans la journée, le vent au S. E.; la nuit calme.

JEUDI 9. — La nuit, vent de terre au S. O.; le jour, vent du large dans la partie du S. E.

VENDREDI 10. — Même vent de terre et du large. Toujours de l'eau et du bois sans discontinuer.

SAMEDI 11. — Des espions venus de Trinquémalay disent que l'escadre anglaise y est venue mouiller. Travaillé toujours à faire de l'eau et du bois.

DIMANCHE 12. — Vent de terre et du large toujours dans la même partie.

LUNDI 13. — Le vent au S. S. E., petit. Au jour, le *Vengeur* a signalé 5 voiles à l'Est. A 5 heures $3/4$, signal de faire revenir de terre tous les bâtiments à rames. A 6 heures, signal au *Vengeur*, au *Sphinx*, à l'*Artésien* et à l'*Annibal* (anglais) de se tenir prêts à appareiller. A la même heure, avons désaffourché. A 7 heures, signal de virer à pic. Voyant les bâtiments tâchant de s'éloigner, signal aux 5 vaisseaux d'appareiller en même temps ; avons appareillé. A 3 heures $1/2$, nous avons embarqué nos bâtiments à rames. A 4 heures, l'*Annibal* a signalé une voile dans le Sud ; c'était apparemment la *Fine*. A 4 heures $1/2$, l'*Artésien* a fait signal que les bâtiments chassés faisaient des signaux.

A 4 heures $1/2$, le milieu de notre escadre nous restait au Sud 5° Ouest ; le Capuchon, S. S. O. 3° Sud ; la terre la plus Nord, O. S. O.

A 4 heures $3/4$, fait signal de reconnaissance des bâtiments de la Compagnie anglaise. A 5 heures, approchant les bâtiments, nous avons fait branle-bas. L'*Artésien* étant le vaisseau le plus de l'avant, nous lui avons fait signal de chasse pour se rallier à la nuit. A la même heure, averti l'escadre qu'on se servirait pendant la nuit de signaux sans coup de canon. Les bâtiments nous faisaient toujours des signaux de reconnaissance et un d'eux s'était même détaché ; il chassait sur nous. Nous savions que ces 5 bâtiments devaient partir de Bombay ; c'étaient des transports de l'escadre anglaise, parmi lesquels le *San-Carlos*, qu'on disait de 64 et armé en guerre. A 6 heures, nous n'étions guère qu'à 2 lieues 1/2 de ce bâtiments ; mais, comme il nous paraissait impossible de les conserver pendant la nuit et que le général ne jugeait point qu'il fût prudent de mettre l'escadre anglaise entre les deux divisions, on a levé chasse. Fait signal à l'*Artésien*, qui était à environ 3/4 de lieue de l'avant à nous, de se rallier ; en même temps, avons cargué la grande voile et mis sur le mât de perroquet de fougue. A 6 heures 1/2, viré de bord vent arrière. Route au S. S. O. et allumé nos feux. A 7 heures, ne voyant pas l'*Artésien*, fait signal à coups de canon de bâbord amures. A 7 heures 1/4, tiré deux fusées. A 10 heures 1/2, le vent ayant varié au S. O., signal avec des feux de prendre tribord amures ; mis le cap au S. E.

Mai 1782.

Mardi 14. — Le vent au S. O., petit. Route au plus près, tribord amures. Au jour, aperçu un bâtiment au S. E. 1/4 Est ; avons arrivé sur lui.

Au lever du soleil, relevé : notre escadre, Sud 1/4 S. O. 3° Sud ; la terre la plus Nord, Ouest 5° Nord ; la terre la plus Sud, Sud 2° Ouest ; le Capuchon, S. S. O. ; distance de terre : 3 lieues 1/2.

Le vent à l'Ouest, petit ; presque calme. A 6 heures 1/4, nous avons reconnu pour la *Fine* le bâtiment chassé. Aussitôt, tenu le vent et fait route pour le mouillage. En même temps, signal de ralliement. A 6 heures 3/4, sondé par 53 brasses, gros gravier.

A midi, lat. observée : 7° 50' ; longit. arrivée : 79° 58' ; la terre la plus Nord, O. N. O. ; la terre la plus Sud, Sud 1/4 S. O. ; le Capuchon, S.S.O. 5° Ouest ; le milieu des vaisseaux mouillés, S. S. O., 3 lieues.

Le vent à l'E. N. E., petit. Route au Sud. A 2 heures, mouillé par 13 brasses, fond motte et gravier, et porté l'ancre d'affourche au S. S. O., par 11 brasses.

Relevé : le bâton de pavillon du fort, Sud 5° Est ; la terre la plus Nord, N. O. ; la terre la plus Sud, S. S. E. 5° Est ; le Capuchon, S. S. O. ; distance de terre : 2/3 de lieue.

Mai 1782. Le vent ayant varié au S. O., l'*Artésien* étant beaucoup en arrière, a été obligé de mouiller à 1 lieue dans le Nord. La *Fine* a envoyé son canot à bord et a eu ordre de retourner en arrière dans le Sud, au-devant de nos bâtiments venant de Galles. Il est fâcheux qu'elle n'ait pas vu des bâtiments anglais ; elle fût venue nous avertir et nous eussions pu appareiller pour nous trouver sur leur passage.

Batacalo. MERCREDI 15. — Le vent au S. O., petit. Au jour, l'*Artésien* est venu mouiller dans l'escadre. A 9 heures ¼, le *Flamand* a signalé une voile au S. E.

JEUDI 16. — Le vent au N. O., petit, presque calme. A 5 heures ½, l'*Artésien* a signalé une voile au S. S. E. Quelque temps après, la *Pourvoyeuse* en a signalé 3 dans la même partie. A 2 heures ¼, nous en avons vu 6. Nous n'avons plus douté que ce ne fussent nos bâtiments venant de Galles. A 4 heures, ayant reconu la *Fine*, nous lui avons fait signal de venir mouiller. A 5 heures ½, la *Fine*, la *Bellone* et la *Sylphide* ont mouillé dans l'escadre. A 10 heures, les *Trois Amis* et le *Maurepas* ont aussi mouillé. Le sixième était un bâtiment hollandais nous portant quelques munitions de guerre. A la nuit, nous ne l'avons plus vu. Gardé tous nos feux.

VENDREDI 17. — Au jour, M. d'Espinassy, commandant l'artillerie, embarqué sur les *Trois Amis*, est venu à bord. A 7 heures ½, la *Bellone* a mis sous voile pour aller chercher le bott hollandais qui ne paraissait pas. La prise anglaise faite par la *Bellone* a été vendue 500 mille livres. A midi, le *Maurepas* a salué au mouillage de trois cris de « vive le roi ! » ; rendu un. A midi ½, l'*Artésien* a signalé une voile au Nord. A 2 heures, appelé tous les vaisseaux à l'ordre.

SAMEDI 18. — Le vent au S. S. E., petit. Au jour, la *Fine* a signalé un bâtiment dans le Nord. Nous l'avons reconnu pour la *Bellone*, ayant le bott hollandais à la remorque. Le soir, le vent au Sud, joli frais ; grains et pluie. La *Bellone* a été obligée, à cause du courant, de mouiller à 4 lieues dans le Nord de l'escadre avec le bott.

DIMANCHE 19. — Le vent au Sud, joli frais ; temps couvert. M. d'Espinassy est venu s'établir à bord. La *Bellone* a mouillé à peu près au même endroit qu'hier. Les courants sont très forts.

LUNDI 20. — Le vent au S. S. O., petit. Comme nous manquions de poudre et de boulets, les vaisseaux ont reçu ordre d'en prendre à bord des transports. Nous avons embarqué 35 canonniers et un officier qui était sur le *Maurepas*. A 10 heures du soir, la *Bellone* et le bott ont mouillé dans l'escadre. Pendant toute la nuit, le vent a soufflé au S. O., petit.

Mai 1782.

MARDI 21. — On travaille à décharger le bott hollandais de ce dont il est chargé pour l'escadre, comme poudre et boulets. Il a aussi des canons et le train d'artillerie de terre que M. d'Espinassy a obtenu du gouverneur de Ceylan, pour remplacer ce qui avait été pris sur l'*Oriston*.

MERCREDI 22. — Pendant la nuit, le vent au S. S. O.; le jour, au S. S. E.

JEUDI 23. — Le vent à l'O. S. O., petit; presque calme. Petite pluie et orage. Au jour, nous avons viré à pic de notre grosse ancre pour visiter le câble.

VENDREDI 24. — Envoyé des canonniers à bord du hollandais pour en décharger les canons.

SAMEDI 25. — Donné ordre aux vaisseaux d'entretenir un feu chacun à son tour sur la pointe du large de la rivière pour faciliter l'entrée des bâtiments de rames pendant la nuit.

DIMANCHE 26. — Le vent à l'O. S. O., petit; presque calme. Au jour, vu les bâtiments sous le vent dont deux étaient hollandais : un bott et un brick, et l'autre un vaisseau de la Compagnie danoise, qui nous a salué de 9 coups de canon; rendu 7. Il venait d'Europe et était parti du Cap depuis plus de deux mois. Les Hollandais ont mouillé dans l'après-midi; ils venaient de Galles et avaient des munitions de guerre et de bouche pour l'escadre.

LUNDI 27. — Le vent à l'O. S. O., petit. A 5 heures $1/2$, le *Flamand* a signalé une voile au S. S. E. Fait appareiller la *Fine* et la *Bellone*. Signal de chasse à là *Fine*. A 3 heures $1/2$, la *Pourvoyeuse* a signalé une autre voile dans le S. S. E.

MARDI 28, MERCREDI 29, JEUDI 30, VENDREDI 31, SAMEDI 1ᵉʳ JUIN. — Le départ est arrêté pour le 3. Les bâtiments hollandais déblayés sont entrés dans la rivière, étant obligés d'attendre la mousson du N. E. pour retourner à Galles.

Juin 1782.

DIMANCHE 2. — Des espions revenant de Trinquémalay nous ont dit que l'escadre anglaise y était encore mouillée; que trois vaisseaux étaient entrés dans le port pour s'y radouber et qu'on faisait une mâture neuve au *Montmouth*. Il leur mourait beaucoup de monde

Juin 1782.

tant des maladies que des blessures du dernier combat. Tous nos hôpitaux ont été déblayés, les malades rembarqués. Nous embarquons aussi des bœufs. Nous avons appris, par des nouvelles venues de Jaffna, que M. Duchemin s'était emparé de Goudelour, où était notre armée et le dépôt général.

Route pour la côte.

LUNDI 3. — Le vent au Sud, petit. A 5 heures 1/2, signal de désaffourcher. Même signal aux transports. Le danois qu'on avait retenu a eu permission de partir; il allait à Tranquebar. A 9 heures 3/4, signal d'appareiller et appareillé. Fait route au N. N. O. 5° Ouest. L'intention du général est d'aller à Goudelour en passant par Tranquebar. Nous avons appris que les 3 vaisseaux de la Compagnie hollandaise envoyés de Batavia pour porter des effets nautiques, des ancres et de l'argent à l'escadre, ne sachant point Trinquémalay pris par les Anglais, s'étaient présentés devant le port et y avaient été trois jours en croisière, sans que les Anglais eussent fait sortir aucun bâtiment. Enfin, le commandant hollandais s'était avancé dans un canot pour reconnaître les bâtiments et les ayant reconnus pour anglais, il avait pris le parti d'aller à Tranquebar. A 11 heures 3/4, signal d'ordre de marche sur deux colonnes.

A midi, W. N. E., 1° 2'. — Lat. observée : 7° 46'; longit. arrivée : 79° 56'; le mât de pavillon de Batacalo, Sud; l'entrée de la rivière, S. S. O. 5° Ouest; le Capuchon, S. S. O.; distance de terre : 1 lieue 1/3.

Trouvé 22 brasses, gros gravier. Appelé la *Sylphide* pour lui ordonner de passer de l'avant de l'escadre et de signaler le fond.

Au soleil couché, relevé : la terre la plus Nord, N. O.; la terre la plus Sud, Sud 5° Est; distance de terre : 3 lieues 1/2.

Le vent à l'O. S. O., joli frais. Route au plus près, bâbord amures. A 7 heures, sondé 25 brasses, gros gravier; allumé un feu. A 8 heures, route au N. O. 1/4 Nord. A 9 heures, sondé 16 brasses, roche. Mis le cap au N. N. O. A 10 heures, la *Sylphide* étant au vent à nous, a signalé 10 brasses. Nous étions par 26 brasses. A 11 heures, sondé 13 brasses, roche. Gouverné au N. O. 1/4 Ouest.

Vu l'escadre anglaise mouillée à Trinquémalay.

MARDI 4. — Le vent à l'O. S. O., joli frais. Route au plus près, bâbord amures. Après avoir dépassé Trinquémalay, la *Fine* nous a hélé et nous a dit voir les feux de l'escadre anglaise dans l'O. S. O., qui lui paraissait être sous voile. Le général lui a fait dire d'aller prévenir tous les vaisseaux de l'escadre et faire faire branle-bas.

En examinant les feux, il nous a paru que les vaisseaux étaient mouillés, vu que nous les doublions et perdions de vue sensiblement. Au jour, nous n'avons rien vu.   Juin 1782.

Relevé : la terre la plus Nord, N. O. ; la terre la plus Sud, Sud ¹/₄ S. E. ; éloigné de terre : 1 lieue.

Le vent au S. O. Route au N. O. ¹/₄ Nord. A 6 heures, la *Pourvoyeuse* a signalé une voile au S. S. O. Ordre à la *Fine* de virer de bord et de chasser dans le Sud. Tiré deux coups de canon pour lui faire apercevoir le signal. A 7 heures, signal de chasse à la *Bellone*, 2 lieues en avant de l'escadre, et de ralliement à la *Pourvoyeuse*. A 7 heures ¹/₂, sondé 14 brasses, vase. A 8 heures, la *Bellone* étant de l'avant à nous, a signalé le fond, 6 brasses. Sondé, trouvé 13 brasses.

A midi, lat. observée : 9° 29' ; longit. arrivée : 78° 48' ; route corrigée, N. O. ¹/₄ Nord 5° Nord, 39 lieues ; différence Nord : 13 lieues ¹/₃ ; éloigné de terre : 3 lieues.

Le vent à l'O. N. O., petit ; bâbord amures. A 1 heure ¹/₂, signal de virer de bord ; pris tribord amures. A 5 heures, même signal ; pris bâbord amures. Le vent au S. O., petit. Route au Nord ¹/₄ N. O. A la même heure, signal d'ordre de marche sur deux colonnes. A 8 heures, trouvé 17 brasses ; à 9 heures, 15 ; à minuit, 16. Route au N. O. 5° Nord.

MERCREDI 5. — Le vent au S. O., beau temps. Route au N. O. A 7 heures ¹/₄, signal à la *Bellone* et à la *Fine* de chasser en avant, à 2 lieues de distance. A 9 heures ¹/₂, le *Pulvériseur* a signalé la terre. A 10 heures, sondé 13 brasses, vase.

A midi, lat. observée : 10° 27' ; longit. arrivée : 78° 00 ; route : N. O. 2° Nord, 26 lieues ¹/₃ ; différence Nord : 4 lieues ¹/₃ ; la pointe Calimere : S. O. ¹/₁ 4° Sud.

A 1 heure, la *Fine* a signalé deux voiles dans la partie du Nord. Signal de chasse à la *Bellone*, à la *Fine*, à l'*Artésien* et au *Sphinx*. A 3 heures ¹/₂, rendu la manœuvre du général indépendante pour parler à une chelingue. Signal aux vaisseaux chasseurs de ne rallier qu'à la nuit. A 4 heures, tiré un boulet à une chelingue pour la faire venir à bord. A 5 heures, signal de tenir le vent à toute l'escadre. A 6 heures ¹/₂, étant près de Tranquebar, signal de se préparer à mouiller avec l'ancre de détroit. A 7 heures ¹/₂, nous avons mouillé par les 7 brasses, vase. Pendant la nuit nous avons gardé nos feux allumés. Le vent au S. O., petit.   Mouillé à Trinquémalay.

Juin 1782.

JEUDI 6. — A 6 heures, le *Brillant* a signalé une voile au S. E. 1/4 Sud.

Relèvement dudit mouillage : le mât de pavillon de Tranquebar : O. N. O. 5° Ouest ; distance de terre : 2/3 de lieue.

Nous avons trouvé au mouillage 4 vaisseaux danois, les 3 hollandais chargés pour l'escadre et plusieurs parias ou bâtiments de côte. A 7 heures 1/2, le *Brillant* a signalé deux voiles au N. N. E. A la même heure, les trois hollandais ont salué de 15 coups de canon ; rendu 7. Un danois a salué de 13 coups ; rendu 11. A 8 heures 3/4, permis à l'escadre, par signal, de communiquer avec la terre. A 9 heures 1/4, l'*Orient* a signalé deux voiles au S. S. E. La *Sylphide* a mis sous voile pour être en station dans le Sud et en vue de l'escadre. Les deux bâtiments vus dans la partie du Nord sont mouillés environ à 4 lieues. Il nous est venu à bord des biscuits de terre, provenant du blé des prises que nous avons envoyées ici. La nuit, le vent au S. O., petit frais.

VENDREDI 7. — Le vent au S. S. O., petit frais. A 5 heures 3/4, le *Flamand* a signalé deux bâtiments au Nord. Au soleil levé, vu 4 bâtiments mouillés à 4 lieues de distance au Nord et la *Sylphide* dans le Sud. A 10 heures 1/2, le général est descendu à terre. Il a été salué, en débarquant, de 21 coups de canon. A 11 heures, le *Vengeur* a signalé 6 voiles à l'E. N. E. La *Sylphide* a fait des signaux qu'on n'a pu distinguer. Le général a dîné chez M. Abestit, gouverneur. Les santés du roi ont été bues au bruit du canon de la place. Le général, en retournant à bord, a encore été salué de 21 coups de canon. Pendant la nuit, le vent au S. O.

Tranquebar.

SAMEDI 8. — Au jour, nous avons salué la place de 17 coups de canon, qu'elle a rendus. La *Sylphide* avait fait des signaux que nous ne pouvions distinguer. A 9 heures, l'*Artésien*, qui était en vue, a signalé quatre bâtiments. Signal à l'escadre de se tenir prête à appareiller et d'embarquer les chaloupes, et au vaisseau qui a signalé des voiles, de les chasser. Peu après, signal de ralliement, ayant reconnu les voiles aperçues pour être des bâtiments de l'escadre ; annulé tous

Prise.

les signaux. Dans la journée, la *Bellone*, la *Fine*, le *Sphinx* et l'*Artésien* ont mouillé avec une prise anglaise, transport de l'escadre de l'amiral Hughes de 12 obusiers en batterie et commandé par un lieutenant de la marine royale. Le bâtiment, nommé le *Raikes*, chargé de riz, de poudre et quelques munitions navales, était parti de Madras, lui cinquième, pour aller à Trinquémalay porter les effets à l'escadre anglaise. Les bâtiments chasseurs ont rendu compte que dans la nuit du mercredi au jeudi 6, en donnant chasse aux deux bâtiments, les frégates les avaient joints et les avaient reconnus l'un pour un brick et l'autre pour un vaisseau ayant les deux batteries ; le brick se tenait toujours à portée de la voix du vaisseau. Sur les 11 heures, l'*Artésien* était prêt à le joindre, mais il avait d'un coup diminué de voiles et s'était rallié au *Sphinx*, qui était fort de l'arrière et ne voyait plus les chassés ni les chasseurs. Les deux frégates ont conservé les deux bâtiments ennemis sous petites voiles, espérant toujours être suivies et allumant pour cet effet des feux et tirant des fusées ; mais une ou deux heures avant le jour, ne voyant venir aucun des vaisseaux, elles avaient levé chasse. Le bâtiment était sans doute le *San-Carlos* avec le brick le *Rodney*, faisant partie des cinq bâtiments partis de Madras. Avec le *Raikes* on a fait une autre prise, qui a été envoyée à Portonovo ; elle n'avait que quatre barriques d'arack. Il était parti de Tranquebar dans la nuit que nous y mouillâmes, dans le doute si nous ne prendrions pas sur cette rade. A 4 heures 1/4, un vaisseau danois venant du Bengale, a mouillé dans la rade. Pendant la nuit, le vent au S. S. O., petit frais.

Juin 1782.

Dimanche 9. — Le vent au S. O., joli frais. Le *Sphinx*, l'*Annibal* (anglais), la *Bellone* ont appareillé pour aller en arrière dans le Sud, tâcher d'intercepter les bâtiments anglais qui vont à Trinquémalay. A 5 heures 3/4, l'*Artésien* a signalé deux voiles dans le S. E. Le gouverneur de Tranquebar est venu à bord dîner ; la santé du roi a été bue au bruit du canon. A son départ, il a été salué de 17 coups de canon. Pendant la nuit, le vent au S. S. O., joli frais.

Lundi 10. — Le vent au S. S. O., joli frais. Au jour, l'*Artésien*, la *Fine* et le *Vengeur* ont appareillé sur deux voiles aperçues. Peu après, nous les avons reconnues pour la *Sylphide* et une prise anglaise faisant route pour le mouillage. Tout de suite, annulé le signal aux deux vaisseaux ; la *Sylphide* a mouillé à 7 heures 1/2. A 7 heures 3/4, le *Vengeur* a mis sous voile pour se rapprocher et a mouillé plus à terre. A 10 heures 3/4, la prise a mouillé. C'était un des transports partis de Madras pour Trinquémalay avec des munitions pour l'escadre anglaise ; il s'appelait la *Résolution*, le même qui avait fait le tour du monde avec le capitaine Cook. Il portait 16 canons et était doublé en cuivre. C'était le *Sphinx* qui l'avait amariné. M. de Moissac a eu ordre du

Juin 1782. général de se rendre à Goudelour dans une chelingue, pour aller à l'armée de Hyder-Ali-Kan avec des instructions. A 7 heures 1/2, la *Fine* a mouillé et a annoncé le *Diligent*. A la nuit, nous avons allumé nos feux et répondu à des fusées tirées par le *Diligent*, qui a mouillé à 9 heures. Le bâtiment qui avait été dépêché à Batacalo avait trouvé du gros temps et la grosse mer lui avait fait faire beaucoup d'eau ; il avait été obligé d'entrer dans une calangue inhabitée de l'île de Ceylan pour se radouber et caréner. Toujours le vent au S. O.

Mardi 11. — A 11 h. 3/4, le *Flamand* a signalé 4 voiles dans la partie du Sud. A 1 heure, 3 de ces bâtiments ont pris la bordée du large, l'autre a fait route pour le mouillage, où il est arrivé à 5 heures. Il portait pavillon danois et a salué la place. A 8 heures, le vent au S. O., frais. Nous avons mouillé avec une grosse ancre. Pendant la nuit, le vent frais par rafales.

Mercredi 12. — Le vent au S. O., bon frais. Au jour, vu trois bâtiments mouillés dans le S. S. E., qui ont mis sous voile peu après. A 8 heures, le vent ayant beaucoup molli, nous avons serpé notre grosse ancre. On travaille toujours à décharger les hollandais. L'*Artésien*, qui avait chassé dans la nuit, a mis sous voile pour se rapprocher. La *Bellone* a mouillé à la nuit en tête de la rade. Elle escorte un bâtiment portugais.

Jeudi 13. — La *Fine* a mis sous voile avec ordre d'aller à Goudelour. Elle a porté quelques malades de l'escadre. A 6 heures, vu 3 bâtiments au S. S. E. La *Bellone* a mis sous voile et fait route pour le large et le portugais pour le mouillage. Il nous a salué de 13 coups de canon ; rendu 11 coups. Nous avons reçu beaucoup de bœufs envoyés par Hyder-Ali-Kan. Ils ont été répartis sur tous les bâtiments de l'escadre. La prise le *Raikes* est allée mouiller près d'un vaisseau hollandais pour le décharger et prendre à bord les effets qu'il a ; elle est destinée à l'escadre comme flûte. A 7 heures, le vent frais dans la partie du S. O. Nous avons chassé un demi-câble. A 11 heures, chassant encore, nous avons laissé tomber une petite ancre.

Vendredi 14. — Le vent au S. O., joli frais. A 2 heures 1/2, le *Sévère* a chassé. Au jour, le vent variable du Nord à l'Ouest., nous avons allongé une touée pour nous remettre en place. A 8 heures 1/2, mouillé une grosse ancre par 9 brasses, vase. Affourché avec une petite ancre au N. N. E. par les 9 brasses. Le commandement de la prise a été donné à M. Malé, lieutenant de frégate commandant le *Diligent*. Pendant la nuit, petit vent du S. O. et pluie.

Juin 1782.

Samedi 15. — Le vent au S. O., joli frais; temps couvert et pluie. Dans la journée, le *Sphinx*, l'*Annibal* (anglais), la *Bellone* ont mouillé dans l'escadre. Ils venaient de croiser dans le Sud et n'avaient rien vu. Le commandement du *Raikes* a été donné à M. Giloux, lieutenant de frégate. Le bâtiment est destiné à rester comme transport à la suite de l'escadre.

Dimanche 16. — Le vent à l'O. S. O., joli frais. Au jour, on a fait appareiller la *Bellone* sur un bâtiment au S. E. 1/4 Sud. A 10 heures, la *Bellone* et le bâtiment chassé ont mouillé; il était portugais, venant d'Europe. A 4 heures 3/4, le vent à soufflé très fort dans la partie du N. E.; grosse pluie et orage. Nous avons mouillé une troisième ancre. A 5 heures 1/2, le vent a calmé; mais les éclairs, le tonnerre et la pluie ont continué. A 8 heures, le temps s'est éclairci. Nous avons relevé la troisième ancre.

Lundi 17. — Le vent à l'O. S. O., joli frais; temps couvert et petite pluie. Nous avons acheté des biscuits d'un vaisseau danois venant du Bengale et beaucoup de toile, cordages et autres effets de marine dans le magasin de la Compagnie danoise. Pendant la nuit, le vent au S. O., petit frais.

Mardi 18. — Le vent au S. O., joli frais; temps couvert. Pendant la nuit, le vent au S. O.

Mercredi 19. — Le vent à l'O. S. O., frais; continué toujours à décharger les vaisseaux hollandais, dont les effets sont répartis sur les vaisseaux de l'escadre. Nous avons pris à bord du *Héros* l'argent, monnayé et en lingots, qu'ils avaient pour nous.

Jeudi 20. — Le vent au S. S. O., petit. Au jour, signal à l'escadre et à la flotte d'appareiller. A 8 heures, nous avons appareillé. Deux des bâtiments hollandais qui ne sont pas tout à fait déchargés, viennent avec nous à Goudelour. La *Bellone* et la *Résolution* ont resté au mouillage pour des effets restant à bord du troisième hollandais. Nous avons resté en panne pour attendre nos bâtiments de rames. A 8 heures 3/4, l'escadre a fait servir et route au Nord 1/4 N. E. Le vent au S. O., joli frais.

Départ de Tranquebar.

A midi, lat. observée : 11° 11'; longit. arrivée : 78° 8'.

A 1 heure 1/2, la vergue sèche a cassé : nous l'avons remplacée par celle de civadière. A 3 heures, le *Brillant* a signalé trois bâtiments au

Route pour Goudelour.

Juin 1782. Nord 1/4 N. O. Signal de chasse au *Vengeur* et à l'*Annibal* (anglais). A la même heure, l'*Artésien*, après avoir demandé à parler au général, a envoyé un canot avec une lettre de M. Salvert, capitaine de la *Fine*. A 2 heures 3/4, signal de se préparer à mouiller avec une grosse ancre. Les bâtiments chassés ont été reconnus pour la *Fine* et deux prises. A 5 heures, signal de mouiller avec une grosse ancre. A 6 heures 1/2, nous avons mouillé à Goudelour par les 8 brasses, vase. Nous avons trouvé audit mouillage la *Fine* avec les deux prises, dont l'une à deux mâts ayant des vivres, et l'autre de trois mâts de 4 ou 500 tonneaux. Le dernier bâtiment était prise intéressante, il se nomme le *Yarmouth*, bâtiment de côte appartenant à la Compagnie, ayant 16 canons de 12 en batterie et 6 obusiers de 18. Il était chargé d'artillerie de siège et de campagne, poudre et autres munitions de guerre destiné pour le Tanjaour. Il devait décharger à Négapatnam. Il avait à bord 16 officiers d'artillerie et 100 hommes d'équipage.

Mouillé à Goudelour. Relèvement du mouillage : la rivière de Goudelour, Ouest 1/4 N. O. ; le Gouvernement de Goudelour, N. O. 5° Ouest ; le mât de pavillon du fort Cook, N. O. 5° Nord ; la pointe la plus Nord, Nord 5° Est ; distance de terre : 1/2 lieue.

Affourché avec une petite ancre dans le N. E. par les 8 brasses, même fond. Le vent au S. S. E., joli frais toute la nuit.

VENDREDI 21. — Le vent au Sud, joli frais. Tous les vaisseaux ont eu ordre de débarquer les malades. M. de Moissac est arrivé le soir à Goudelour. Il est venu tout de suite à bord voir le général. Il a trouvé l'armée du nabab dans les meilleures intentions pour l'escadre. Il consent avec le plus grand plaisir à l'opération que M. de Suffren voulait tenter sur Négapatnam. Il donne ordre à un corps de 3,000 hommes qui se trouve dans le Sud de se mettre sous ses ordres. Il avait la plus grande envie de voir M. de Suffren et de conférer avec lui et renvoyer l'entrevue au retour de l'expédition de Négapatnam. Il s'en fallait beaucoup qu'il fût aussi bien avec l'armée qui, pour lors, campée à Villenour, n'avait point joint la sienne et n'avait même point pris de part aux avantages qu'il venait de remporter sur les Anglais et à la prise de la forteresse de Permacoulle, attaquée et prise par le nabab en personne.

La *Fine* a mis sous voile pour aller croiser sur Madras.

SAMEDI 22. — Le vent au S. O., presque calme. Dans la matinée, la *Résolution*, venant de Tranquebar, a mouillé dans l'escadre. La

Bellone est restée en croisière dans cette partie. M. le comte d'Hofflize, commandant l'armée de terre pendant la maladie de M. Duchemin, est venu à bord. A 3 heures, nous avons fait un salut de 21 coups de canon, en réjouissance des avantages remportés par Hyder-Ali-Kan sur les Anglais. Il nous est venu plusieurs prisonniers, échappés des prisons de Madras.

Juin 1782.

DIMANCHE 23. — Le vent au S. O., joli frais. La *Sylphide* a mis sous voile et chassé au S. E. 1/4 Sud un bâtiment qui était en vue. Signal au *Sphinx* de se tenir prêt à appareiller. A 11 heures 3/4, ayant reconnu le bâtiment pour n'être qu'à un mât, annulé le signal au *Sphinx*. Le *Vengeur* et l'*Artésien* ont été à Pondichéry chercher des biscuits qu'on y fait pour l'escadre. Le bâtiment chassé est un petit bott, pris par la *Bellone* sur la rade de Négapatnam. L'aide-pilote qui le commande a rendu compte que cette frégate avait brûlé toutes les grosses chelingues qu'elle avait trouvées en rade.

LUNDI 24. — Tous les vaisseaux font de l'eau, ce qui ne peut aller bien vite. Ils sont forcés de se servir de chelingues, nos bâtiments de rames ne pouvant entrer dans la rivière. On travaille à déblayer le *Maurepas* et les *Trois Amis*.

MARDI 25. — A 7 heures du soir, ayant entendu des coups de canon au large, nous avons allumé nos feux et fait signal de branle-bas, voyant un bâtiment qui venait sur nous; c'était la *Bellone*. A 8 heures 1/2, M. de Beaulieu est venu à bord. Il a rendu compte qu'il avait aperçu l'escadre anglaise un peu au Sud de Négapatnam et avait été chassé par quelques vaisseaux. On présume qu'elle aura mouillé à Négapatnam. Aussitôt le général a expédié pour Pondichéry le bott appelé le *Négapatnam*, pour prévenir les deux vaisseaux qui y sont mouillés.

Goudelour.

MERCREDI 26. — Le vent au S. O., petit. Les volontaires de Bourbon et la légion de Lauzun ont été embarqués sur les vaisseaux de l'escadre. Vu deux voiles dans le Nord. On a su par des bâtiments venus de Tranquebar que l'escadre anglaise est mouillée à Négapatnam.

JEUDI 27. — L'*Artésien* et le *Vengeur* ont mouillé dans l'escadre. Le biscuit qu'ils ont apporté a été réparti entre tous les vaisseaux de l'escadre.

VENDREDI 28. — Le vent au S. O., petit frais. On a embarqué sur l'escadre un détachement du régiment d'Austrasie, dont nous avons pris une partie sur le *Héros*. Le bott le *Négapatnam* fait des voyages à Pondichéry pour en apporter du biscuit à mesure qu'on le fait. La *Bellone* est revenue et a laissé l'escadre anglaise mouillée à Négapatnam. Une prise faite par la *Fine* a été envoyée au large pour gagner le mouillage.

SAMEDI 29. — Le vent au Sud, petit. A 11 heures, la prise de la *Fine* a mouillé près de nous. C'est un bâtiment de la Compagnie nommé la *Fortitude*, portant 24 canons de 12 en batterie et 6 sur les gaillards. Il a été pris sur Madras, après quelques coups de canon tirés. Il vient de Bengale, ayant à bord un million de riz, blé ou légumes et quelques marchandises sèches. La *Fine* a mouillé à Pondichéry, d'où elle a appareillé pour rejoindre l'escadre. Il est venu un général d'Hyder, qui a été salué de 5 coups de canon. La *Bellone* croise au vent de l'escadre.

DIMANCHE 30. — M. d'Espinassy, commandant l'artillerie, s'est embarqué sur le *Héros* pour commander le siège de Négapatnam, au cas qu'il ait lieu. Nos prisonniers augmentant tous les jours, étant obligés de les garder à bord des vaisseaux, même lorsqu'ils sont malades, puisqu'ils désertent des hôpitaux ; n'ayant aucune place forte pour les mettre en sûreté, ni des bâtiments pour les envoyer à l'Ile-de-France ; sans espérance d'ailleurs d'un cartel de change, après de nombreuses démarches, M. le commandeur a décidé d'en confier la garde à Hyder-Ali-Kan, qui possède plusieurs places fortes dans la province. On a pris des mesures pour qu'il soit fourni, tant aux officiers qu'aux soldats, une subsistance honnête, et un commissaire a été nommé pour veiller à leur traitement. Plusieurs compagnies de cipayes ont été embarquées sur l'escadre.

LUNDI 1ᵉʳ JUILLET. — Le nabab Hyder-Ali-Kan a envoyé beaucoup de vivres pour l'escadre, tant en vivres frais qu'en légumes, mantèque, etc. A 5 heures, signal de désaffourcher et ordre d'embarquer les convalescents.

MARDI 2. — Le vent au S. S. O., petit frais. A 6 heures ½, signal de se préparer à appareiller. Tous les bâtiments du convoi doivent rester à Goudelour, sous la protection de la *Pourvoyeuse*. La *Bellone* a mouillé sur le soir. Elle a laissé l'escadre anglaise mouillée à Négapatnam.

MERCREDI 3. — Notre escadre a à bord environ 700 hommes de troupe blanche de différents corps et 800 cipayes, tant pour compléter les équipages en cas d'affaires que pour entreprendre le siège de Négapatnam, si la position le permet. Avons mis sous voile à 9 heures, le vent au S. O., petit. Nous avons laissé au mouillage la *Pourvoyeuse*, la *Résolution*, la *Fortitude*, le *Yarmouth*, un brick prise, les *Trois Amis* et le *Maurepas*.

Juillet 1782.

A midi, lat. observée : 11° 36' ; longit. arrivée : 77° 49' ; le mât de pavillon de Goudelour, Nord 1/4 N. E. ; le mât de pavillon de Portonovo, S. S. O. 5° Sud ; distance : 1 lieue 1/4.

A 2 heures, le vent ayant fraîchi dans la partie du S. S. O., signal de se préparer à mouiller ; à 2 heures 1/2, mouillé par les 8 brasses, sable fin.

Relevé : le mât de pavillon de Portonovo, S. S. O. ; celui de Goudelour, Nord 5° Nord ; la terre la plus Nord, Sud 1/4 S. E. ; la terre la plus Nord, Nord.

La *Fine* a chassé dans la partie de l'Est ; on lui a fait signal de ne pas perdre l'escadre de vue. A 4 heures, elle a mouillé en tête de l'escadre. Au soir, le vent au Sud ; pluie et orage. Pendant la nuit, même vent, joli frais.

JEUDI 4. — Le vent au Sud, petit frais. A 5 heures, signal d'appareiller. A 6 heures 1/4, nous avons mis sous voile. A 9 heures 1/2, signal de ralliement à la *Fine* et de nous passer à poupe. On lui a envoyé un canot avec des ordres. Elle a aussitôt fait route pour Tranquebar. A 11 heures, le vent au S. E., joli frais. Signal de virer de bord vent devant ; pris bâbord amures. A 11 heures 1/2, signal à la *Bellone* de chasser au Sud.

Route pour Négapatnam.

A midi, lat. observée : 11° 29' ; longit. arrivée : 77° 55' ; le mât de pavillon de Portonovo, S. O. 5° Ouest ; le mât de pavillon de Goudelour, N. O. ; la terre la plus Sud : 2 lieues 1/2 ; distance de terre : 2 lieues 1/2.

A 3 heures, le vent à l'Est, joli frais ; signal de mouiller et mouillé par 15 brasses, vase.

Relevé : le mât de pavillon de Portonovo, Ouest ; la terre la plus Nord, N. O. ; les pagodes de Chalambaram, S. O. 1/4 Ouest ; la terre la plus Sud, Sud ; éloigné de terre : 2 lieues.

Pendant la nuit, le vent au S. S. O., petit frais.

VENDREDI 5. — Le vent au S. O., petit frais, temps brumeux. A 5 heures 1/4, l'escadre a mis sous voile et fait route au plus près, tribord amures. A la même heure, le *Bizarre* a signalé une voile dans le Nord. A 8 heures 1/2, nous avons rendu notre manœuvre indé-

L'escadre ennemie.

Juillet 1782. pendante de celle de l'escadre, pour aller parler à une chelingue sur laquelle on a tiré des coups de canon pour la faire diminuer de voiles. Elle porte pavillon danois et venait de Tranquebar. A 10 heures ½, signal de branle-bas. A la même heure, la *Fine*, mouillée à Tranquebar, nous a signalé l'escadre ennemie au mouillage. A 11 heures, signal de former la ligne de combat, tribord amures, ordre naturel et le général à la tête de la ligne. A 11 heures ¼, signal à la *Fine* de mettre sous voile.

A midi, lat. observée : 11° 00'; longit. arrivée : 77° 55'; le mât de pavillon de Tranquebar, O. S. O. ; distance de terre : 1 lieue.

Route pour Négapatnam. A 1 heure, signal que le général rend sa manœuvre indépendante. A la même heure, nous avons aperçu l'escadre anglaise au mouillage entre Nagur et Négapatnam, le vent d'Ouest en nous faisant serrer la côte nous permettait de porter dessus. A 2 heures ¾, approchant beaucoup l'ennemi, il a appareillé. A 3 heures, le vaisseau l'*Ajax* a démâté de son grand mât de hune et de son perroquet de fougue dans un tourbillon ou grain blanc, qui, quoique la ligne fût assez serrée, n'a été ressenti que par lui. On lui a fait signal de prendre la queue de la ligne et à la *Bellone* de le conserver. Le vent avait dépassé au S. S. O. et nous avait mis conséquemment sous le vent de l'armée ennemie. Nous imaginions, que, vu l'avarie arrivée à l'*Ajax*, elle arriverait pour nous combattre ; mais elle a tenu toujours le vent, le cap au large. A 4 heures, appelé la *Bellone* et la *Sylphide* pour leur ordonner de donner tous les secours possibles au vaisseau l'*Ajax*, afin que son avarie pût être bientôt réparée. A 4 heures ¾, fait diminuer de voiles au *Vengeur*, qui conduit la ligne. A 5 heures ¾, répété le même signal au *Vengeur*. Peu après, signal général de mettre en panne, tribord amures.

Relevé : le pavillon de Négapatnam, O. S. O. 5° Ouest; les pagodes de Nagur, Ouest 5° Nord ; distant de terre : 3 lieues ½.

A 6 heures ¼, signal de se préparer à mouiller avec l'ancre de détroit; peu après, appelé les voiles. A 6 heures ¾, l'escadre a mouillé par 17 brasses, vase. L'escadre anglaise avait reviré à terre. A 6 heures, elle était environ à 3 lieues de nous. Nous avons tout de suite envoyé à bord de l'*Ajax*; on espère qu'il sera réparé demain.

Pendant la nuit, le vent au S. S. O. La *Fine* a resté sous voile pour observer l'ennemi.

SAMEDI 6. — Le vent au S. S. O. ; joli frais. A 5 heures, signal de nuit de mettre sous voile. Au point du jour, même signal avec des pavillons abattant sur tribord. A 5 heures ³/₄, ordre de former la ligne de bataille ordre renversé, bâbord amures. Le vaisseau l'*Ajax* n'étant pas encore réparé, a fait signal qu'il ne pouvait exécuter le signal. Ordre à la *Bellone* de conserver le vaisseau incommodé.

Relevé Négapatnam, S. O. ¹/₄ Ouest ; distance : 3 lieues.

L'escadre anglaise, au jour, nous restait au S. S. O., 2 lieues ¹/₂. Elle forma la ligne de bataille, bâbord amures et arriva en dépendant sur nous. A 6 heures, le général fit passer l'*Orient* à la queue de la ligne pour avoir un vaisseau de force à l'arrière-garde en cas que les ennemis y eussent porté leurs efforts. A 6 heures ¹/₄, répété le signal de ligne de bataille, ordre renversé, bâbord amures, et à l'*Annibal* de forcer de voiles. A 6 heures 50, ordre à la division blanche de tenir le vent ; à 7 heures, ordre à la *Bellone* de passer à poupe pour savoir l'état de l'*Ajax* et lui ordonner de le conserver. Ce vaisseau n'ayant eu ni sa hune ni ses barres brisées, il était très extraordinaire qu'il n'eût pas encore réparé un mât de hune. A 7 heures ¹/₂, l'*Ajax* a demandé à relâcher ; le général l'a refusé. A la même heure, ordre à la division bleue de serrer la ligne. A 7 heures 35, signal à l'escadre de virer de bord vent devant. Par la contre-marche, le général espérait passer à l'arrière-garde des ennemis ; mais le *Bizarre*, vaisseau de tête, ayant manqué à virer, a retardé l'évolution. Les vents étaient pour lors dans la partie de l'Ouest. A 8 heures, ordre à la division bleue de serrer la ligne. A la même heure, le vaisseau de tête a viré. A 8 heures ¹/₄, signal au *Bizarre* de diminuer de voiles, peu après au *Sphinx* de serrer la ligne. A 8 heures ¹/₂, le *Bizarre*, étant en panne, a eu ordre de faire servir. A la même heure, nous avons donné vent devant. A 8 heures ³/₄, ordre au *Bizarre* de tenir le vent. Le vaisseau ayant pris le signal pour tenir le vent, bâbord amures, a viré vent arrière ; le général lui a

Juillet 1782.

Combat de Négapatnam.

Juillet 1782. donné ordre de prendre poste entre le *Vengeur* et l'*Orient*. En même temps, signal à l'escadre de tenir le vent, tribord amures, et au *Sphinx* de serrer la ligne. L'*Ajax* étant toujours sous le vent, notre ligne n'était formée que de 11 vaisseaux. L'escadre ennemie courant le bord opposé à deux portées de canon au vent à nous, se trouvant à 9 heures 30 par notre travers, a viré de bord vent devant, toute en même temps. A 10 heures $^1/_4$, fait serrer la ligne à la division bleue. A 10 heures 10, l'escadre ennemie a fait porter en dépendant sur notre escadre. A 10 heures 50, on a hissé le signal de commencer le combat. L'avant-garde anglaise était alors à un quart de portée de canon; mais son arrière-garde était bien à une portée et demie.

A midi $^3/_4$, le *Brillant*, notre matelot d'avant, a été démâté de son grand mât; nous avons déjà fait de la voile pour le couvrir. Le vaisseau l'*Annibal* étant au vent de la ligne, le général lui a fait signe d'arriver. A près d'une heure, le vent a sauté dans la partie du S. O. Plusieurs vaisseaux ayant été coiffés ont abattu sur tribord. A 1 heure 10, signal de virer vent arrière, tous en même temps. A 1 heure $^3/_4$, signal de former une ligne sans avoir égard au poste indiqué. Cette saute de vent avait mis beaucoup de désordre dans notre ligne. Le *Brillant* et le *Sévère*, qui avait été loffé, étaient très près de quelques vaisseaux ennemis. Nous avons tenu le vent très près. Fait le même signal à l'escadre blanche et avons doublé le *Brillant* au vent. Le *Sévère* était alors à portée de pistolet d'un 74 ennemi. Son pavillon même était amené, ce qui nous causait de l'inquiétude; mais nous le vîmes bientôt continuer à faire feu sur le vaisseau ennemi et arriver dans la ligne. D'ailleurs, nous étions assez près de lui pour pouvoir le secourir en cas d'accident. La ligne anglaise n'était pas moins en désordre.

Plusieurs vaisseaux étaient pêle-mêle et à des bords diffé- <small>Juillet 1782.</small>
rents. Le premier vaisseau de leur ligne, qui était un 74, combattu par le *Flamand*, avait quitté le combat depuis longtemps et faisait route pour Négapatnam, sans doute très maltraité. Un vaisseau nous a passé à petite portée de pistolet au vent et à bord opposé ; il a reçu nos bordées sans riposter un seul coup de canon et a couru fort au large sans rallier son escadre. Le *Vengeur* et l'*Artésien* combattaient encore un vaisseau ennemi que le général espérait couper, s'ils parvenaient un peu à le dégréer, lorsque nous avons vu l'*Artésien* en feu après une explosion et le vaisseau arriver tout plat. Le général, à cette manœuvre qui pouvait communiquer le feu de l'arrière à l'avant et embraser tout le vaisseau, lui a fait signal de tenir le vent. A 2 heures 50, le feu a cessé de part et d'autre. L'escadre anglaise s'est ralliée et a tenu le vent. La plupart des vaisseaux paraissaient maltraités. L'*Orient* et le *Bizarre* n'ont point eu de part au combat, l'arrière-garde anglaise étant toujours restée éloignée. Après avoir rallié nos vaisseaux, nous avons fait route pour serrer la côte. Le petit *Annibal* a signalé une voie d'eau qu'on pouvait réparer à la mer. L'*Ajax* était enfin parvenu à se regréer. On lui a fait signal d'arriver.

A 5 heures $1/4$, signal à toute l'escadre de se préparer à mouiller et, à 5 heures $3/4$, celui de mouiller, et avons mouillé par 7 brasses, fond de vase.

Relevé : le pavillon de Tranquebar, N. O. 5° Nord ; le pavillon de Négapatnam, S. S. O. 3° Ouest ; l'escadre anglaise : 2 heures $1/2$. Mouillé entre Nagur et Négapatnam à 5 heures $1/2$; distant de terre : 1 lieue $1/2$.

L'escadre anglaise était déjà mouillée, à l'exception du vaisseau qui nous avait passé très près à la fin du combat et qu'on avait perdu de vue, louvoyant toujours au large. Le vent pour lors au Sud, joli frais ; pendant la nuit au S. O. Plusieurs vaisseaux sont venus rendre compte.

Juillet 1782. Dimanche 7. — Le vent au S. O., petit frais ; temps beau. Au jour, le *Flamand* a signalé une voile dans le S. E. M. Ravenel, lieutenant de vaisseau et de port, chargé du détail général de l'escadre, est allé à Tranquebar en canot, pour des achats de munitions navales et autres affaires relatives à l'escadre. L'escadre anglaise était encore mouillée. Le vaisseau qu'on avait perdu de vue à la nuit était mouillé à 3 lieues, sous le vent à elle. A 7 heures, signal d'appareiller. A 8 heures, nous avons tous été sous voile. La *Bellone* a donné la remorque au *Brillant*. A 8 heures, appelé la *Fine*.

A midi, lat. observée : 11° 00' ; longit. arrivée : 77° 55' ; le mât de pavillon de Tranquebar, S. S. O.; la terre la plus Nord, N. N. O. 5° Ouest ; distant de terre : 1 lieue.

Parlementaire. Route au N. O. ¼ Nord. A la même heure, nous avons eu connaissance d'un brick avec pavillon de parlementaire venant sur nous de la partie du Sud. Aussitôt nous avons diminué de voiles et rendu notre manœuvre indépendante. Le général a envoyé à son bord M. de Moissac. L'amiral Hughes envoyait le capitaine Watt, du vaisseau le *Sultan*, porter une lettre au général et lui demander le vaisseau le *Sévère*, qui avait amené son pavillon au dernier combat et s'était rendu au vaisseau le *Sultan*, contre lequel il avait ensuite tiré sans pavillon. Le général, à qui M. de Cillart n'avait point encore rendu compte, a répondu à l'amiral que sans doute une drisse de pavillon coupée avait pu faire imaginer que le vaisseau avait amené ; mais que ce n'avait jamais été son intention et que d'ailleurs il était lui-même dans ce moment-là assez près pour le secourir et même pour le reprendre en cas qu'il se fût rendu. Le capitaine Watt ayant demandé à présenter ses hommages au général a été refusé.

Il a pris les amures pour rejoindre son escadre.

Au coucher du soleil, relevé : le mât de pavillon de Portonovo, Ouest ; Goudelour, N. O. ¼ Nord ; distant de terre : 2 lieues.

Le vent au S. S. O., joli frais. Route au N. N. O. 5° Ouest.

A 7 heures 1/4, le vent ayant varié au N. O., petit, grains et pluie, avons fait signal de mouiller avec une grosse ancre. A 8 heures, mouillé par les 12 brasses, fond de vase. Le vent étant tombé tout à fait, la *Fine* avait eu ordre de forcer de voiles et d'aller mouiller à Goudelour, pour, en se couvrant de feux, nous indiquer le mouillage.

<small>Juillet 1782.</small>

Ligne de bataille	Canons	Capitaines	Tués	Blessés	
Le *Flamand*	50	Cuverville	13	56	Pertes au combat de Négapatnam.
La *Sylphide*		Galifet	0	0	
L'*Annibal*	74	Tromelin	28	80	
Le *Sévère*	64	Cillart	20	77	
Le *Brillant*	64	Saint-Félix	47	187	
Le *Raikes* (flûte)	—	Giloux	—	—	
La *Fine*	36	Salvert	0	0	
Le *Héros*	74	Suffren, Moissac	25	72	
Le *Sphinx*	64	Du Chilleau	19	85	
L'*Annibal* (anglais)	50	De Galles	5	13	
L'*Artésien*	64	Maurville	12	38	
Le *Vengeur*	64	Forbin	8	44	
Le *Bizarre*	64	Lalandelle	0	0	
Brûlot		Joyeuse	0	0	
La *Bellone*	36	Beaulieu	0	0	
L'*Orient*	74	Pallière	1	0	
			178	602	

L'*Ajax* n'était point au combat.

Officiers tués : De Reines, lieutenant de frégate, sur l'*Artésien*; — Levasseur, lieutenant de frégate auxiliaire, sur le *Flamand*; — Duvivier, officier au régiment d'Austrasie, sur le *Héros*; — de Mélicourt, officier de Lauzun, sur le *Brillant*; — Degrigni, auxiliaire, mort de ses blessures, sur l'*Annibal*; — Degennes, auxiliaire, sur le *Sévère*.

LUNDI 8. — Le vent au S. O., petit frais. A 6 heures 1/4, l'escadre a mis sous voile et fait route au plus près, bâbord amures. A 8 heures, appelé la *Pourvoyeuse*. A 8 heures 3/4, nous avons mouillé à Goudelour par les 8 brasses, vase.

<small>Mouillé à Goudelour.</small>

Relevé : la rivière, O. N. O. 5° Ouest ; le mât de pavillon, N. N. O. 5° Ouest ; le Gouvernement, N. O. 5° Nord ; distant de terre : 1/2 lieue.

Juillet 1782.　　Affourché au S. E. par 8 brasses. Appelé à l'ordre tous les vaisseaux. On a sur-le-champ travaillé à se réparer. Le soir, le vent au S. O.; grains et pluie; la nuit, à l'O. N. O., petit.

MARDI 9. Le vent au S.O. Ordre à tous les vaisseaux de débarquer les blessés. A 6 heures 3/4, la *Bellone* a appareillé pour aller faire son eau à Portonovo. La *Fine* a fait route au Nord, pour aller à Pondichéry. Le soir, le vent à l'O. N. O., frais; orage. La nuit, le vent au N. O.

Destination de quelques bâtiments.　　MERCREDI 10. — Nous sommes fort embarrassés pour avoir des mâts de hune, en ayant perdu beaucoup dans les trois combats. Le général a ordonné que le grand mât de la *Pourvoyeuse* avec ses mâts de hune, vergues, voiles, etc., soit donné au *Brillant*. La *Fortitude*, prise, donnera son grand mât à la *Pourvoyeuse* et son mât d'artimon, pour un mât de hune de vaisseau. La *Sylphide* donnera son grand mât, qui peut faire un mât de hune, et mettra à sa place un mât de la *Fortune*. Le *Pulvériseur* donnera ses deux bas mâts, qui peuvent faire des mâts de hune, et sera remâté avec ceux de la prise le *Yarmouth*. L'intention du général est d'envoyer la *Pourvoyeuse* à Malacca, où elle fera un grand mât et chargera des mâtures que les Hollandais font couper dans le détroit. La prise la *Fortitude* ira au Pégou, commandée par M. Gelin, enseigne de vaisseau pour la campagne, et y fera un grand mât et chargera du bois de toutes dimensions pour les besoins de l'escadre. La prise la *Résolution* est destinée pour Manille, où elle prendra du bois, du biscuit, des agrès et engagera des matelots, si elle peut y en trouver. La *Sylphide* partira pour l'Ile-de-France et la prise le *Yarmouth* sera vendue. Tous les changements de mâtures et radoubs demandant la plus grande diligence, vu la position de l'escadre anglaise au vent à nous, le général a ordonné qu'on y mît la plus grande célérité et qu'on travaillât nuit et jour. Cependant, toutes ces ressources donneront à peine un mât de rechange à chaque vaisseau. Encore plusieurs sont-ils avariés ou courts. Dans la soirée, vent au N.O., joli frais; grains et pluie. La nuit à l'O. N.O., petit.

JEUDI 11. — Les vents à l'Ouest, petit. La *Pourvoyeuse* a démâté son grand mât. Le soir, pluie et orage de la partie du Nord. La nuit au N. O., petit.

VENDREDI 12. — Le général est descendu à terre et a été salué du canon. Le *Brillant* a démâté son grand mât. Le vent a soufflé du S. S. E., pendant le jour.

SAMEDI 13. — La *Fine* a joint l'escadre avec le *Yarmouth*, prise, qui avait été décharger ce qu'elle avait à Pondichéry. Il nous est venu un bâtiment de Tranquebar, envoyé par M. de Ravenel, portant des effets pour l'escadre. La mer, qui grossit quelquefois par le vent du large, rend très difficile les démâtements et remâtements et oblige à plus de précautions. Les lettres de Tranquebar disent l'escadre anglaise fort maltraitée et nomment particulièrement le *Superb*. La *Bellone* a mouillé à 7 heures, ayant achevé son eau. *Juillet 1782.*

Pendant le jour, le vent a soufflé du S. E. et la nuit du S. O.

DIMANCHE 14. — La *Bellone* a mis sous voile pour le Sud afin d'avoir des nouvelles de l'escadre ennemie. On travaille toujours aux démâtements et remâtements avec la plus grande activité, ainsi qu'aux autres réparations nécessaires. La *Fortitude* a démâté son grand mât. A 4 heures, grains, vent et pluie de la partie de l'Est. La nuit il a passé au S. O.

LUNDI 15. — Au jour, nous avons porté notre ancre d'affourche à l'O. N. O. par 7 brasses. La *Pourvoyeuse* a mâté son grand mât. Nous avons jumelé notre grand mât et mât d'artimon, percés par plusieurs boulets. Débarqué les troupes appartenant à l'armée de terre. Il nous est encore arrivé une chelingue envoyée de Tranquebar par M. de Ravenel, ayant des effets à l'escadre.

MARDI 16. — Dans la matinée, la *Bellone* a rallié l'escadre. Elle a laissé l'escadre anglaise à Négapatnam, dont plusieurs vaisseaux avaient encore leurs mâts de hune amenés. Le vent au S. E., pendant le jour, a fraîchi le soir au S. O. et la nuit passé à l'O. N. O., petit.

MERCREDI 17. — Le vent au S. O., petit. Venu un bâtiment de Tranquebar avec des cordages, petites mâtures et autres effets pour l'escadre. Les réparations continuent avec célérité.

JEUDI 18. — Le général a jugé à propos de démonter M. de Cillart, commandant le *Sévère*, qui avait effectivement amené son pavillon dans le dernier combat et avait crié au capitaine du *Sultan* qu'il était rendu. Ses officiers, son brave équipage, étonnés de l'action lâche de leur capitaine, n'avaient pas voulu consentir à la reddition du vaisseau et avaient continué à tirer sur l'ennemi. M. de Forbin et M. de Maurville ont aussi reçu l'ordre de quitter leurs vaisseaux, Capitaines démontés.

Juillet 1782.

Plusieurs capitaines changent de commandement.

ces deux capitaines s'étant mal conduits dans toutes les affaires. M. Bouvet a demandé de quitter le sien, pour raison de maladie, ce qui a occasionné un changement dans le commandement des vaisseaux de l'escadre. L'*Artésien* a été donné à M. de Saint-Félix; le *Vengeur*, à M. de Cuverville; le *Flamand*, à M. de Salvert; le *Brillant*, à M. de Beaulieu; le *Sévère*, à M. de Maurville de Langle; l'*Ajax*, à M. de Beaumont; la *Bellone*, à M. de Pierrevert; et la *Fine*, à M. de la Cosne. Le bott de *Négapatnam* a fait plusieurs voyages à Pondichéry pour en apporter le biscuit qui s'y fait pour l'escadre et du blé que nous a donné Hyder-Ali-Kan. Le vent au S. O.

Vendredi 19. — Le vent au S. O., petit. M. de Ravenel est revenu de Tranquebar, où il était pour les affaires de l'escadre occasionnées par des ventes de prises ou achat de munitions.

Samedi 20. — Le vent au S. O., frais. A 5 heures 1/2, la *Bellone* a appareillé. Au jour, elle a signalé une voile à l'E. N. E. et a reçu ordre de chasser. Il nous vient souvent des bœufs, moutons et autres vivres, envoyés à l'escadre par Hyder-Ali-Kan. La nuit, vent au S. O., petit frais.

Dimanche 21. — Le vent au S. E., petit. A 9 heures, la *Bellone* s'est approchée de l'escadre. A 9 heures 1/2, M. de Pierrevert est venu à bord et a rendu compte qu'il avait été chassé par un vaisseau qu'il n'avait point reconnu pour être un de ceux de l'escadre anglaise, et qu'il avait même de l'avantage sur lui. A 10 heures, la *Bellone* a reviré au large et a remouillé le soir.

Lundi 22. — Le vent au S. O., petit. Au jour, la *Bellone* a mis sous voile. A 6 heures 1/2, vu deux bâtiments dans le S. E. 1/4 Est. A 7 heures, la *Pourvoyeuse*, la *Résolution*, les 2 hollandais, le *Trois Amis* ont mis sous voile pour leur destination. Le *Trois Amis* va à Batavia pour son compte. Les hollandais ont salué de 17 coups de canon; rendu 11. A 3 heures, on s'est aperçu que la *Bellone* était chassée par un vaisseau anglais. A 4 heures, signal à l'*Artésien* d'appareiller et à la *Fine*; mais elle n'a pu être sous voile qu'à 4 heures 3/4. Nos bâtiments qui avaient mis sous voile le matin, ont reviré à terre, excepté la *Pourvoyeuse*, qui a chassé. A 4 heures ½, l'*Artésien* a fait signal d'espérance de joindre et peu après, que les bâtiments chassés étaient supérieurs en force à celle des chasseurs. Le bâtiment anglais, qu'on voyait alors de dessus le pont, nous a paru un 64 ; il faisait des signaux de reconnaissance et prenait chasse du côté de Madras.

La nuit, le vent au S. O., petit.

Mardi 23. — Le vent au S.O., petit. Signal à 5 heures à l'*Artésien* et à la *Fine* de se rallier. A la même heure, l'*Artésien* a signalé une voile dans le Sud ¼ S. E. A 6 heures ½, la *Fine* a mouillé, à 7 heures ½, l'*Artésien* ; la *Bellone* a resté sous voile. Le bâtiment chassé ayant de l'avantage, on avait abandonné la chasse. On a embarqué un détachement d'Austrasie et les troupes de la légion qui ont été réparties sur différents vaisseaux, ainsi que les volontaires de Bourbon.

Mercredi 24. — Le vent au S. O., petit. Au jour, la *Fine* a signalé un bâtiment au S.E. Signal de chasser à la *Fine*. La *Bellone*, qui était à Portonovo, a chassé aussi dans cette partie. A 9 heures ½, on les a perdus de vue.

Jeudi 25. — Le nabab Hyder-Ali-Kan est arrivé avec toute son armée, composée de près de 100.000 hommes, et a campé à 2 petites lieues dans le Nord de Goudelour. Il vient exprès pour voir et conférer avec M. le commandeur. A 11 heures, à terre, 21 coups de canon en son honneur. Nous l'avons aussi salué par un salut général de tous les vaisseaux. A 1 heure ½, vu une voile dans le N. N. E. On a embarqué environ 600 cipayes, qui ont répartis sur les vaisseaux de l'escadre.

Vendredi 26. — Vent variable du S. O. au N. O.

Dans la matinée, la *Bellone* a mouillé et a rendu compte que la *Fine* avait pris un brick, parti de Madras il y avait près de deux mois, portant le colonel Horn à Négapatnam, destiné à commander l'armée du Sud. Le capitaine du brick appelé l'*Indou* ayant eu ordre de gagner Négapatnam par le large pour nous éviter, n'avait jamais pu remonter. A 1 heure ½, le général est descendu à terre, accompagné de plusieurs capitaines de son escadre, pour aller chez le nabab. En débarquant à Goudelour, il a été salué par le canon de la place. Il s'est rendu au camp de l'armée française chez M. Duchemin, qui est malade depuis longtemps. Là, le nabab lui a envoyé deux chefs de son armée avec un corps considérable de cavalerie pour l'escorter. Il avait, en outre, des grenadiers de l'armée et toutes les cérémonies d'usage chez les grands. A son arrivée au camp, toutes les troupes du nabab étaient sous les armes. Il est descendu à la tente de M. Pivron, chargé des affaires de France auprès du nabab. A la nuit, il a été à la tente d'Hyder-Ali-Kan, qui a reçu M. de Suffren avec la plus grande considération et lui a dit les choses les plus flatteuses. M. de Suffren lui ayant témoigné ses regrets sur ce qu'il n'était pas à portée de voir l'escadre, Hyder lui a répondu qu'il aimait bien mieux voir celui qui la commandait et qui la commandait si glorieusement. Après une audience très longue, le bétel et le parfum donnés, le nabab a fait des présents à tous ceux qui accompagnaient M. de Suffren ; ces présents consistaient en bijoux et argent. M. de Suffren a eu 10,000 roupies et tous les autres 1,000. Ces présents sont d'usage dans toutes les cours de l'Inde et ne peuvent être refusés. Il a engagé M. de Suffren à venir le lendemain matin déjeuner chez lui où ils parleraient affaires, ne s'étant entretenus dans cette première audience que des choses générales. Le général a couché chez M. Pivron, où le nabab avait fait tendre une tente exprès.

SAMEDI 27. — La *Fine* a rallié l'escadre avec la prise l'*Indou*. A 8 heures du soir, le général est venu à bord, après un grand déjeuner chez le nabab dans le goût indien. Ils avaient été renfermés longtemps tête à tête. Il paraît qu'Hyder a la plus grande confiance en lui ; sa démarche de venir de 50 lieues avec 100.000 hommes pour le voir, le prouve assez. On a appelé à l'audience des chefs de notre armée pour des arrangements à prendre à son égard. Le général doit retourner au camp, à cet effet, demain matin.

DIMANCHE 28. — A 5 heures du matin, M. de Suffren est descendu à terre pour aller chez Hyder-Ali-Kan. Il a dîné chez M. Pivron, où le nabab avait envoyé un dîner à l'indienne et beaucoup de fruits. Il a eu ensuite audience et est res é à coucher au camp, devant retourner au dorbar le lendemain et avoir son audience de congé. La *Bellone* est arrivée aujourd'hui de Tranquebar, ayant à bord M. de Launay, commissaire général de l'armée de M. de Bussy. Il a dit que M. de Bussy était arrivé à l'Ile-de-France avec les vaisseaux le *Saint-Michel* de 60 canons, l'*Illustre* de 74 et le cutter le *Lézard*, et l'avait envoyé sur le cutter jusqu'à Galles, d'où il était venu par terre jusqu'à Jaffna et de là à Tranquebar avec des paquets pour M. de Suffren et M. Duchemin. Les vaisseaux arrivés devaient partir quelques jours après lui de l'Ile-de-France avec la *Consolante*, des transports avec des vivres et munitions navales, et 600 hommes du régiment de l'Ile-de-France aux ordres de M. de Suffren. L'escadre anglaise n'est plus à Négapatnam ; elle en est partie pour aller à Madras. Il ne paraît pas qu'elle eût envie de nous rencontrer, ayant passé hors de vue.

Juillet 1782.

Arrivée de M. de Bussy à l'Ile-de-France.

LUNDI 29. — M. de Suffren a eu son audience de congé du nabab Hyder-Ali-Kan. Ce prince, ayant la plus grande confiance en lui, s'est enfin décidé à rester à la côte, — quoique ses affaires l'appelassent à la côte Malabar pour défendre son pays contre une armée anglaise que le consul de Bombay avait envoyée, — sur l'espérance que M. de Suffren lui a donnée de puissants secours partis de France. L'arrivée de M. de Launay n'a pas peu servi à le lui persuader. On a pris des arrangements définitifs pour qu'il fournît de l'argent et des vivres à l'armée. Il avait toujours donné à l'escadre et avec la plus grande célérité ce que nous lui avions demandé ; mais il n'en était pas de même pour notre armée avec laquelle il n'était pas toujours dans la meilleure intelligence. Le général a couché à Goudelour.

Juillet 1782.

MARDI 30. — A 11 heures du matin, M. de Suffren est arrivé à bord. Le départ est fixé au 1er août. L'intention de M. de Suffren est de remonter à Batacalo, pour s'y joindre avec les vaisseaux et secours venant de l'Ile-de-France et de là faire une tentative sur Trinquémalay. C'est à cet effet que nous avons embarqué quelques troupes et une compagnie de canonniers. M. des Roys, chef du génie, passe à notre bord. Nous avons su qu'un convoi parti de France avec 2 vaisseaux et 5,000 hommes de troupes, destiné pour l'Inde pour faire partie de l'armée de M. Bussy, qui doit commander terre et mer, avait été attaqué et dispersé sur les côtes de France par une escadre anglaise. Deux transports arrivés aux Iles-de-France assurent que plusieurs ont été pris et que les autres doivent être entrés dans les ports de France.

MERCREDI 31. — Le vent au S. O., petit frais. Au jour, la *Bellone* a mis sous voile et a fait route pour le Sud.

Août 1782.

Départ de Goudelour.

JEUDI 1er AOUT. — Le vent au S. O., petit. Au jour, signal de désaffourcher. Nous laissons au mouillage la *Fortitude*, qui doit aller au Pégou, et deux prises pour être vendues. A 11 heures, toute l'escadre a mis sous voile. Nous avons resté en panne pour attendre quelques chelingues et nous avons fait servir. A midi 3/4, route au plus près, tribord amures. A 5 heures, signal et viré de bord, tous en même temps.

Au coucher du soleil, relevé : Portonovo, O. S. O., 2 lieues ; Goudelour, N. N. O. 5° Ouest.

Le vent au S. O., joli frais. Route au plus près, bâbord amures. A 7 heures, après le signal, nous avons fait mouiller par 13 brasses, fond de vase, avec l'ancre de détroit. Vent au S. O.

VENDREDI 2. — Le vent au S. O., petit. A 1 heure 1/2, nous avons mis sous voile. Route au plus près du vent, tribord amures. Le vent a varié à l'O. S. O. Au jour, le *Diligent* était encore au mouillage. Le *Sévère* ayant signalé une voile dans l'Est 1/4 S. E., signal à la *Fine* de chasser.

Au soleil levé, relevé : Portonovo, N. O. 1/4 Ouest 3° Nord ; distant de terre : 2 lieues.

A 6 heures, nous avons rendu notre manœuvre indépendante et arrivé sur la *Sylphide* pour lui donner des paquets. Elle a fait route pour l'Ile-de-France, ayant à bord M. de Maurville et quelques prisonniers. A près de 8 heures, appelé la *Fine*. A 11 heures 1/2, signal et viré vent devant ; pris bâbord amures.

Août 1782.
Route pour Batacalo.

A midi, lat. observée : 11° 12' ; longit. arrivée : 73° 00' ; Tranquebar, S. O. 5° Sud, 4 lieues.

Le vent au S. S. E., joli frais. Route au plus près, bâbord. A 1 heure, signal de virer. Pris les amures à tribord ; vent au S. O., joli frais. A 1 heure, vent variable ; pris bâbord amures. A 3 heures, signal de virer ; pris tribord amures. A 3 heures 1/2, pris encore bâbord amures. A 4 heures 3/4, signal de mouiller ; laissé tomber l'ancre par les 10 brasses, fond de vase.

Relevé : Tranquebar, Sud 5° Ouest, 4 lieues 1/2.

Le vent au S. E., joli frais. A 6 heures, appelé le *Maurepas* avec deux coups de canon. Nous n'avons point vu le *Diligent* depuis le jour du départ ; il était destiné pour l'Ile-de-France.

Samedi 3. — Le vent au S. E., petit ; beau temps. A 3 heures du matin, la *Bellone* a mis sous voile avec ordre de porter des lettres du général à Batacalo, pour nos vaisseaux, en cas qu'ils fussent arrivés à Galles, et de s'élever ensuite au Sud de Ceylan. Au jour, signal d'appareiller, abattant sur bâbord. L'escadre a mis sous voile. A 9 heures, étant devant Tranquebar, le capitaine du vaisseau hollandais est venu à bord. Avons mis en panne. A 9 heures 1/2, nous avons fait servir et rendu notre manœuvre indépendante. A 11 heures 1/2, signal de diminuer de voiles.

A midi, lat. observée : 10° 53' ; longit. arrivée : 77° 51' ; le pavillon de Tranquebar, O. N. O., 1 lieue 1/2 ; pagodes de Nagur, S. S. O. 5° Sud ; le pavillon de Négapatnam, Sud 1/4 S. O.

A la même heure, signal à l'escadre de diminuer de voiles. A midi 1/2, calme plat ; 1/4 d'heure après, il s'est déclaré à l'Ouest, petit. Nous avons forcé de voiles pour rejoindre l'escadre. A 3 heures 1/2, le vent a varié au Sud. Sondé 17 brasses. A 6 heures, nous avons mouillé par 7 brasses 1/2.

Relevé : Négapatnam, Ouest 5° Nord, 1 lieue 1/2 ; les pagodes de Nagur, N. O. 1/4 Ouest 5° Nord.

Le vent au S. S. E., joli frais. Le *Maurepas* a fait route pour l'Ile-de-France ; il y a passé M. de Forbin, des officiers de l'armée et

Août 1782. le colonel Horn, avec plusieurs autres prisonniers. Nous n'avons plus vu le *Diligent* depuis notre départ ; il devait aller à l'Ile-de-France.

Dimanche 4. — Le vent au S. O., petit. A 5 heures 1/4, nous avons mis sous voile. A 6 heures, le *Brillant* a visité une chelingue neutre.

A midi, W. : N. E. 00° 37'. — Lat. observée : 10° 23' ; longit. arrivée : 78° 15' ; distant de terre : 4 lieues 1/2.

A midi, le vent au Sud, petit frais. Mouillé par 8 brasses 1/2, fond de vase. Même vent le reste de la journée et pendant la nuit.

Lundi 5. — Le vent au S. O. Au jour, fait appareiller l'escadre le plus près, bâbord amures.

A midi, lat. observée : 10° 8' ; longit. arrivée : 78° 22'.

Sondé 13 brasses et coquillage. A midi 1/2, le *Vengeur* a signalé la terre à l'O. N. O. Le vent ayant varié au Sud, nous avons arrivé pour rallier la queue de l'escadre et fait mouiller par 9 brasses, sable et gravier. Le vent toujours au Sud, petit.

Mardi 6. — A 4 heures, le vent au S. O., joli frais. Fait appareiller l'escadre et fait route au S. E. 1/4 Sud.

A 8 heures, relevé : la pointe Nord de Ceylan, S. S. E., 7 lieues.

A 9 heures 1/2, le vent a varié au N. O., joli frais. Signal de ralliement à la *Fine*, et à l'*Artésien* de tenir le vent.

A midi, lat. observée : 9° 52' ; longit. arrivée : 78° 41 ; la terre à l'Ouest : 6 lieues.

Sondé 13 brasses, gros gravier et coquillage. Le vent à l'Ouest, petit. A 8 heures 1/2, calme. Fait mouiller l'escadre par 12 brasses, gravier et coquillage. A 9 heures 1/4, fait appareiller l'escadre. Le vent s'étant élévé au S. O., gouverné au S. E. 1/4 Sud ; belle mer.

Mercredi 7. — Le vent au S. S. O., joli frais. Route au plus près, tribord amures. La *Fine* a donné des bœufs à l'escadre, qu'elle avait pris en passant à Tranquebar, où Hyder les avait fait venir. A 7 heures, l'*Orient*, courant à bord opposé, s'est rencontré avec la *Fine* et lui a cassé son beaupré et démâté sa guibre. A ce même moment, fait signal de panne, tribord amures. Sondé 30 brasses. A 7 heures 3/4, nous avons arrivé vent arrière pour aller donner la remorque à la *Fine ;* mais le grelin ayant cassé, nous lui avons dit de faire route pour l'escadre avec toutes les voiles qu'elle pouvait faire. Le vent à l'Ouest, petit. Nous avons gouverné au Sud.

A midi, lat. observée : 9° 52'; longit. arrivée : 78° 41'; terre à l'Ouest : 6 lieues.

Août 1782.

Sondé par 13 brasses d'eau. Le vent à l'Ouest, petit. Route au S. S. E. A 1 heure 1/2, route au S. E. 1/4 Sud.

Au coucher du soleil, relevé : la montagne de Trinquémalay, Sud 5° Ouest; la pointe Nord de ladite baie, Sud 5° Est; la terre la plus Sud, S. S. E.; distant : 2 lieues.

A la nuit, les vents ont varié au S. O. Route au plus près, tribord amures.

JEUDI 8. — Le vent au S. O., joli frais. Route au plus près, tribord amures.

Au lever du soleil, relevé : la pointe Sud de Trinquémalay, O. S. O. 5° Ouest; la montagne Ronde, Ouest 5° Sud; distant de terre : 3 lieues.

A 9 heures, le *Vengeur* a demandé à parler au général. Nous l'avons approché et il a envoyé un canot avec un officier envoyé par M. d'Aymar, commandant les vaisseaux arrivés à Galles, pour chercher l'escadre le long de la côte et informer le général de son arrivée.

A midi, lat. observée : 8° 12'; longit. arrivée : 79° 52; distant de terre : 5 lieues 1/2.

A 1 heure 3/4, signal aux vaisseaux de l'avant de diminuer de voiles. A 2 heures 1/2, signal de ralliement. A 4 heures 1/2, l'*Artésien* a signalé une voile à l'E. S. E. à laquelle il a fait les signaux de reconnaissance. A 7 heures, le vent à l'E. S. E., presque calme. Route au plus près, bâbord amures. A 2 lieues de la côte, fait mouiller l'escadre par 17 brasses, sable fin. A 9 heures 1/2, le général a envoyé un canot avec un officier à Batacalo porter des dépêches pour Galles. Pendant la nuit, le vent à l'O. S. O., joli frais.

VENDREDI 9. — Le vent à l'Ouest, joli frais. Au jour, fait appareiller l'escadre et gouverné au S. S. E. Le bâtiment aperçu hier était la *Consolante*, commandée par M. de Péan, faisant partie de la division de M. d'Aymar. Ayant manqué le mouillage de Galles, elle était venue mouiller à Batacalo, où elle avait vu la *Bellone*, qui lui avait donné des nouvelles de l'escadre. A 7 heures, elle nous a passé à poupe et salué de trois cris de « vive le roi ! »; rendu un. A 10 heures, l'escadre a mouillé à Batacalo par les 10 brasses, sable rougeâtre.

Mouillé à Batacalo.

Relevé : le bâton de pavillon de Batacalo, S. S. E. 3° Sud; l'entrée de la rivière, S. S. E. 5° Est; le Cap, S. S. E. 5° Sud; la

Août 1782. terre la plus Sud, S. E. 5° Est; la terre la plus Nord, N.O. 5° Nord; distant de terre : 1/2 lieue.

Affourché au N. E. par 9 brasses 1/2, même fond. La *Fine* travaille à se radouber. La nuit, le vent au S. O.

SAMEDI 10. — Tous les vaisseaux ont envoyé à l'eau et au bois.

DIMANCHE 11. — A 6 heures, le général est descendu à terre. Pendant le jour, les vents au S. S. E.

LUNDI 12. — Le vent à l'O. S. O. A 9 heures, l'*Ajax* a signalé une voile dans l'E. S. E.

Fait signal à l'*Artésien* d'appareiller, qui a mis aussitôt pavillon en berne et tiré deux coups de canon pour appeler ses bâtiments à rames. A 9 heures 1/2, nous avons vu deux bâtiments, dont l'un manœuvrait pour rallier l'escadre et l'autre prenait du large. Signal au *Vengeur* de mettre sous voile et à l'escadre de se tenir prête à appareiller. A 9 heures 1/4, presque calme; un peu d'air au S. O. Signal d'envoyer les bâtiments de rames pour remorquer les bâtiments qui ont ordre d'appareiller. A la même heure, répété le signal d'appareiller au *Vengeur* et à l'*Artésien*. A 10 heures, le fort a tiré deux coups de canon pour signaler des voiles au large. Les deux vaisseaux ont mis sous voile. Le vent a passé à l'Est et l'E. S. E., petit frais. A 11 heures 3/4, un des bâtiments, reconnu pour la *Bellone*, a fait signal de bâtiments ennemis. A 2 heures, la *Bellone* a mouillé dans l'escadre. Un officier est venu rendre compte au général que le bâtiment en vue était une frégate de 28 canons, avec laquelle il s'était battu la veille près des basses; qu'une supériorité de mousqueterie et beaucoup de mitraille jetée par des obusiers avaient dégréé la *Bellone* dès le commencement du combat et fait perdre l'avantage que devaient lui donner le nombre et la force de ses canons.

Combat de la *Bellone* contre une frégate anglaise.

Ne pouvant plus manœuvrer, M. de Pierrevert, commandant la frégate, avait été tué au commencement de l'affaire; M. Boucher, officier auxiliaire, qui avait pris le commandement après, avait aussi été tué et M. Stéfanos, officier napolitain, grièvement blessé. La frégate anglaise s'était en allée après une heure de combat et avait laissé la *Bellone* dans l'impossibilité de la poursuivre. Elle avait eu 40 hommes hors de combat. On ne se louait point de l'équipage. On a présumé que c'était le *Cowentry*, qui était attendu venant de la côte de Malabar avec un renfort de matelots pour l'escadre anglaise. A 4 heures, ralliement aux chasseurs.

Le vent à l'E. S. E. a passé la nuit à l'O. S. O.

MARDI 13. — La *Consolante* a mis sous voile pour aller croiser sur les brasses au-devant du cutter le *Lézard*. Le *Vengeur* et l'*Artésien* ont rallié l'escadre.

MERCREDI 14. — Nous avons mis sur le côté pour changer de doublage des bordages de la flottaison qui ne sont pas doublés en cuivre. A 8 heures du soir, pluie et orages dans le N. N. O.

JEUDI 15. — Nos bâtiments ont travaillé à notre doublage. La *Fine* a mâté au beaupré.

VENDREDI 16. — Le vent à l'Ouest, petit ; a varié dans la journée au N. E. et à l'Est et le soir a passé au S. O., joli frais et orage.

SAMEDI 17. — Nous avons achevé de doubler les tribords. Mis sur le côté pour commencer bâbord. Le soir, pluie et orage dans le N. N. O.

DIMANCHE 18. — A 4 heures du soir, il a paru un bâtiment dans le Sud, faisant des signaux de reconnaissance, auxquels nous avons répondu. A 7 heures, il a mouillé dans l'escadre. C'était le cutter le *Lézard*, qui était resté dans un petit port au Sud de Ceylan, jusqu'aux ordres qu'il a reçus de M. de Suffren de venir le joindre. Il est doublé en cuivre, porte 18 canons et est commandé par M. de Saint-Georges, enseigne de vaisseau.

LUNDI 19. — La *Consolante* a rallié l'escadre et a mouillé à 3 heures. M. de Beaulieu a quitté le commandement du *Brillant* pour prendre celui de la *Bellone*, plus en activité. Le commandement du *Brillant* a été donné à M. de Kersauson, lieutenant de vaisseau. A 7 heures $1/2$, nous avons eu un grain très fort dans la partie de

Août 1782. l'O. N. O. La *Bellone* a chassé. Le *Vengeur* a cassé son câble et plusieurs vaisseaux ont cassé leurs grelins d'affourche. Nous continuons de raccommoder notre doublage.

MARDI 20. — Nous avons fini de doubler les deux bords.

Arrivée de deux vaisseaux et d'un convoi.

MERCREDI 21. — Dans la nuit, le cutter le *Lézard* a appareillé avec ordre d'aller chasser la rade de Trinquémalay et venir en rendre compte. A 8 heures, on a donné la cale à un contre-maître de l'*Annibal*, convaincu d'avoir insulté et blessé un habitant à terre. A 1 heure, nos vaisseaux venant de Galles et le convoi ont paru dans le S. E. 1/4 Sud. A 5 heures, la *Fortune* qui les précédait a fait des signaux de reconnaissance, auxquels nous avons répondu. Elle est venue au mouillage et a salué de trois cris de « vive le roi ! » Un peu avant le coucher du soleil, les deux vaisseaux de guerre et les bâtiments du convoi ont salué du canon ; nous avons rendu 17 coups. A 9 heures, tous les bâtiments étaient mouillés. Le *Saint-Michel*, de 60 canons, doublé en cuivre, commandé par M. d'Aymar, capitaine de vaisseau ; l'*Illustre*, de 74, par M. de Bruyères, capitaine de vaisseau, et sept bâtiments marchands, dont deux hollandais, chargés de munitions de guerre et de bouche et ayant 600 hommes du régiment de l'Ile-de-France ; la *Fortune*, 18, commandée par M. de Lusignan, lieutenant de vaisseau.

JEUDI 22. — Le départ est fixé pour demain. Nous avons déferlé le petit hunier et tiré un coup de canon. Le *Saint-Michel*, mouillé un peu au large, a mis sous voile pour se rapprocher et nous a salué de trois cris de « vive le roi ! » ; rendu un.

Départ de Batacalo.

VENDREDI 23. — Le vent à l'O. N. O. A 10 heures, signal de désaffourcher ; nous avons embarqué une compagnie de malais hollandaise pour l'expédition de Trinquémalay, que le général compte aller attaquer. A 1 heure 3/4, signal d'appareiller à l'escadre et à la flotte. Nous avons pris à bord une compagnie du régiment de l'Ile-de-France, embarquée sur les transports. A 4 heures, l'escadre a mis sous voile. La *Bellone* et la *Consolante* ont resté au mouillage pour prendre quelques fascines qu'on a fait faire à terre. Le vent à l'Est. Fait route au Nord 1/4 N. O.

A 6 heures, relevé : le pavillon de Batacalo, S. S. E.

Route pour Trinquémalay.

Route au N. N. O. ; la *Fine* en avant. A 11 heures 1/3, le vent a varié au Nord, petit. A minuit, signal à l'escadre et à la flotte de mouiller.

Samedi 24. — A minuit ¼, nous avons mouillé par les 13 brasses, vase et sable. A 5 heures ½, le vent ayant varié au S. O., petit, fait appareiller l'escadre et la flotte. La *Bellone* a rallié dans la nuit. A 7 heures, nous avons eu connaissance du cutter. A 8 heures ½, le vent a varié au N. O. Sondé 15 brasses, sable vaseux.

Août 1782.

A midi, lat. observée : 8° 13' ; longit. arrivée : 79° 42' ; la pointe Sud de Trinquémalay, N. O., 13 lieues.

A 1 heure ¼, le vent petit au S. O. Nous avons rendu notre manœuvre indépendante et arrivé au Nord pour joindre le cutter. A 3 heures, il a envoyé un canot à bord et a rendu compte qu'il avait été jusqu'à portée des batteries de Trinquémalay et qu'il n'y avait pas un bâtiment mouillé. Nous avons pris les amures à bâbord pour rallier l'escadre. Les vents ayant varié à l'O. S. O., gouverné au N. O. ¼ Nord. A 4 heures, signal à la *Bellone* de chasser 2 lieues en avant de l'escadre pour ne se rallier qu'à la nuit. A 6 heures, signal de virer de bord vent devant ; pris bâbord amures.

Relevé : la pointe Sud de la baie de Trinquémalay, O. N. O. 5° Nord ; la pointe Nord, N. O. ¼ Ouest 3° Nord ; distant de terre : 2 lieues.

Le vent au S. O. A 7 heures ½, signal et mouillé par 26 brasses, gros gravier et motte. A 8 heures, s'étant aperçu que nous chassions, avons mouillé une grosse ancre par 31 brasses. A 10 heures, la *Consolante* a rallié l'escadre.

Dimanche 25. — Le vent à l'O. S. O., petit frais.

Au soleil levé, relevé : la pointe Nord de Trinquémalay, N. O. ¼ Ouest 2° Ouest ; la pointe Sud, O. N. O. 3° Nord ; distant de terre : 2 lieues ½.

A 6 heures, nous avons relevé notre grosse ancre. A la même heure, signal de se préparer au combat et peu après signal d'appareiller. A 7 heures, signal de ligne de bataille, ordre naturel n° 1. A 7 heures ¼, le général va prendre la tête de ligne. A 11 heures, ne pouvant attraper le mouillage de Trinquémalay de la bordée, signal de virer de bord vent devant, par la contremarche. En virant, l'*Artésien* nous a abordés par l'arrière et enfoncé un peu notre galerie sans autre avarie de part ni d'autre. A 11 heures ¾, signal de route libre, et à la même heure de se préparer à mouiller avec une grosse ancre.

A midi, pris hauteur et relevé : lat. observée, 8° 40' ; le fort d'Austimbourg, S. O. 5° Sud ; le mât de pavillon, S. O. ¼ Ouest,

Août 1782.

Trinquémalay.

1 lieue ; la pointe Sud de la baie, S. E. $^1/_4$ Sud ; la pointe Nord, N. O. 5° Nord ; le mouillage, Ouest 5° Nord.

Le vent au S. O., joli frais, par rafales ; louvoyant pour mouiller dans l'arrière-baie, à 1 heure, signal de virer de bord. A 1 heure $^1/_2$, nous avons mis nos pavillons. A 3 heures, viré de bord ; pris bâbord amures. A 3 heures $^3/_4$, reviré ; pris bâbord amures, étant obligés, pour attraper le mouillage, de passer assez près de la batterie du pavillon. Elle a tiré sur plusieurs de nos vaisseaux ; le *Sphinx*, l'*Annibal* (anglais) et le *Saint-Michel* ont été touchés, mais sans avaries marquées ni personne touché. Le *Saint-Michel* a tiré deux ou trois volées, qui ont fait retirer les ennemis qui étaient sur la montagne. Nous lui avons fait signal de serrer le feu. A 4 heures $^1/_2$, signal de mouillage à la flotte. A 5 heures $^1/_2$, nous avons mouillé par 10 brasses, sable vaseux.

Relevé : la pointe Sale, S. E. 5° Est ; le mât de pavillon, S. S. E. 5° Sud ; le fort de Trinquémalay, Sud 5° Est ; le fort d'Austimbourg, Sud $^1/_4$ S. O. 2° Sud ; la pointe Nord avec ses écueils, N. N. O. ; distant de terre : $^2/_3$ de lieue.

A 6 heures, le vent ayant tourné au S. S. E., les bâtiments qui avaient mouillé au large se sont tous rapprochés. A 7 heures, on a envoyé un canot armé à terre, avec un officier, pour chercher un endroit propre à la descente. Il fut décidé qu'elle se ferait à environ 1 lieue au Nord du fort, où les canots pouvaient aborder assez près de terre. L'officier qui y avait été y avait hissé un gros arbre sec pour l'indiquer. Aussitôt les ordres furent donnés dans tous les vaisseaux pour que les troupes fussent prêtes à descendre. A 3 heures du matin, le rendez-vous de tous les bâtiments à rames était à bord du *Héros*. Le *Lézard* eut ordre d'aller mouiller près de terre pour protéger la descente.

Débarquement de troupes

Siège de Trinquémalay.

LUNDI 26. — A 3 heures, toutes les troupes ont été mises à terre, sans opposition de la part de l'ennemi. Elles étaient au nombre d'environ 2,300 hommes, dont 600 cipayes et 500 hommes de troupes de marine, sous les ordres de M. Dupas, lieutenant de vaisseau. J'ai descendu en qualité d'aide-major des troupes de marine. M. d'Agout, lieutenant-colonel de la légion de Lauzun, commandait les troupes, M. Duvis, le génie, et M. Fontaine, l'artillerie.

A 5 heures, M. de Suffren est descendu à terre. On a été Août 1782. reconnaître la place et marquer l'emplacement pour les batteries. On a travaillé à débarquer des canons de 18, des boulets, de la poudre, trois mortiers et des bombes. Quelques bombardiers de l'escadre ont été mis à terre pour le service des mortiers. Il est arrivé une chelingue de Jaffna, avec des lettres pour le général. A midi, la *Fortitude* a mis sous voile pour la pointe de Pedro, pour de là envoyer des lettres du général à Jaffna et demander des troupes malaises. Dans l'après-dîner, le fort a tiré quelques coups de canon et, vers les 10 heures, deux bombes. Le général est venu à bord.

MARDI 27. — Vers minuit, il y a eu une petite alerte, qui a retardé les travaux des batteries et tranchées qu'on ouvre devant la place. On a pris un sergent anglais, qui a été envoyé à bord. On n'a trouvé aucun habitant dans la ville, ayant tous décampé à notre approche ou s'étant retirés dans le fort. A 5 heures du matin, le général est descendu à terre avec le projet d'y rester pendant le siège, pour être plus à portée de donner les ordres nécessaires et mettre de l'activité dans les travaux. A 11 heures, les ennemis ont fait une sortie d'environ 100 hommes, dont le résultat a été de mettre le feu à quelques broussailles qu'ils croyaient couvrir nos travailleurs, mais sans déranger les ouvrages, qui se faisaient avec d'autant plus de diligence et de sûreté qu'on était à couvert par des maisons et des arbres. Sur le soir, le fort a tiré des coups de canon et des bombes, mais sans succès.

MERCREDI 28.— On travaille toujours avec la plus grande célérité aux batteries, qu'on espère être finies demain matin et pouvoir commencer à tirer. A 7 heures, la *Bellone* a mis sous voile pour Batacalo ; elle doit en rapporter des bœufs. Dans l'après-dîner, il est arrivé une chelingue

Août 1782.

venant de Batacalo. Les ennemis ne font pas grand feu ; ils se réservent sans doute pour quand nos batteries seront démasquées. Tous les bâtiments à rames de l'escadre sont occupés à débarquer continuellement des munitions de guerre et des vivres pour l'armée. On a envoyé à terre quelques charpentiers pour construire les plates-formes.

Le vent dans la partie du S. O., petit.

JEUDI 29. — A 6 heures $1/4$, nos batteries ont tiré sur la place. Le feu a été très vif de part et d'autre. Dans l'après-midi, on a envoyé quelques blessés à bord. Le feu des ennemis commençait à diminuer et nos boulets à faire effet sur les murs. Le général se propose d'établir une autre batterie, à laquelle on commence à travailler. Nous n'avons dans le moment que 4 canons en batterie, dont trois de 18 et un de 12, et une batterie de 3 mortiers, dont deux de 12 pouces et un de 8 pouces. Nous avons envoyé deux canots armés, à la nuit, croiser dans la baie des Hollandais, au Sud du fort, pour intercepter des chelingues, sur des indices qu'on avait eus que le commandant du fort devait passer avec sa garnison à celui d'Austimbourg; mais on a été jusqu'à portée de fusil sans rien trouver.

Les vents dans la partie du S. O.

Capitulation du fort.

VENDREDI 30. — Nous avons fort peu tiré cette nuit, ayant été occupés à réparer nos batteries. Au jour, notre feu a recommencé jusqu'à 8 heures, que M. de Suffren a envoyé sommer le gouverneur. Après quelques pourparlers, on est convenu d'une capitulation. La garnison sortira avec les honneurs de la guerre et sera transportée à Madras. La même capitulation aura lieu pour le fort d'Austimbourg, au cas cependant que le commandant dudit fort voulût y consentir. A 5 heures du soir, la *Bellone* a mouillé avec 2 botts hollandais venant de Galles. Nos troupes se sont emparées des portes du fort, où elles ont passé la nuit.

SAMEDI 31. — A 4 heures, le *Lézard* a mis sous voile pour Tranquebar, afin de porter des lettres du général et d'avoir des nouvelles de l'armée. Au jour, le général a envoyé un détachement pour occuper la hauteur voisine du fort d'Austimbourg et prendre poste hors de la portée du canon ; mais l'officier commandant, contre les ordres, s'étant trop approché de la place, il en a résulté une canonnade et une fusillade où nous avons eu deux ou trois hommes tués ou blessés. M. de Suffren s'est aussitôt approché et a sommé le gouverneur de se rendre. Ce n'a été que le soir qu'il a consenti à la même capitulation que Trinquémalay. Ils ne devaient pas s'attendre sans doute à des termes si honorables ; mais la possession d'une place de si grande importance pour nous et à si peu de frais, et surtout l'escadre anglaise, dont l'arrivée devait être très prochaine, ne permettaient pas de traîner cette affaire en longueur.

Août 1782.
Capitulation d'Austimbourg.

La garnison de Trinquémalay est sortie ce matin au nombre de 150 blancs et 300 cipayes, qui ont été répartis sur les vaisseaux de l'escadre, jusqu'à ce que nous ayons des bâtiments prêts pour les transporter à Madras. La *Bellone* a mis sous voile à 6 heures du matin pour Batacalo. A 9 heures du matin, la *Fortune* a mouillé. Elle a amené M. Waurendon, secrétaire du Conseil de Jaffna. Il nous vient des Malais de cette place par terre. A 3 heures, un portugais, parti de l'Ile-de-France depuis 36 jours, a mouillé en rade. Il avait des lettres pour le général. Il nous a appris que la division de M. Peynier, composée de 4 vaisseaux, dont 2 en flûtes, et beaucoup de transports portant des troupes, était arrivée au Cap lors de son départ des îles. La frégate la *Cléopâtre*, faisant partie de cette division, était à l'Ile-de-France avec 11 transports. A la nuit, le général est revenu à bord.

Septembre 1782.

Pertes au siège de Trinquémalay.

DIMANCHE 1ᵉʳ SEPTEMBRE. — Les troupes de la garnison d'Austimbourg ont été embarquées sur les vaisseaux de l'escadre, à peu près dans le même nombre que celles du fort de Trinquémalay. Nous avons eu, dans le courant du siège, 25 hommes tués ou blessés. Le portugais a mis à la voile pour aller à la côte; nos transports se sont rapprochés du fort. Le général est occupé aux arrangements qu'exige notre nouvelle possession. Le pavillon français est arboré sur le fort; M. des Roys est nommé commandant.

LUNDI 2. — Le vent au S. O., petit frais. A 3 heures après-midi, on a eu connaissance de plusieurs voiles dans l'E.S.E., qu'on a bientôt reconnues pour l'escadre anglaise portant sur Trinquémalay. Nous en avons fait le signal et tiré deux coups de canon pour en avertir le général, qui était à terre. On a rembarqué une partie des troupes blanches et noires. A 5 heures $1/4$, le général étant à bord, on a fait signal de se préparer au combat et de se tenir prêts à appareiller. A 6 heures, l'escadre anglaise nous restait à l'E. N. E.; distance : 3 lieues.

Le vent au S. O.

Combat de Trinquémalay.

MARDI 3. — Le vent au S. O., joli frais. L'escadre anglaise, dont nous voyions les feux, a manœuvré toute la nuit pour s'approcher de la rade. A 4 heures $1/2$, nous avons embarqué la chaloupe et fait signal de virer à pic. Au point du jour, l'escadre anglaise nous restait au Nord, à 2 lieues de distance, travaillant à former sa ligne, tribord amures. A 5 heures $3/4$, signal d'appareiller, en abattant sur bâbord. Le pavillon blanc était arboré sur le fort. A 6 heures, fait signal de ligne de bataille dans l'ordre naturel n° 1, tribord amures, et en même temps de tenir le vent. La *Bellone*, venant de Batacalo, a rallié l'escadre fort heureusement, en rangeant de près les vaisseaux ennemis. A 7 heures $1/4$, l'*Annibal* (anglais) nous a abordés par l'avant et notre beaupré s'est trouvé engagé dans ses haubans d'artimon. Le général a fait signal de se parer à mouiller avec une grosse ancre, dans le cas où nous eussions eu quelque avarie de conséquence; mais, peu après, les deux vaisseaux se sont dégagés; nous avons seulement perdu notre bout-dehors de beaupré. A 7 heures ½, donné ordre à la *Bellone* d'arriver sur les ennemis et de signaler le nombre de vaisseaux à deux batteries. Tous nos vaisseaux sous voile travaillaient à former la ligne ; les ennemis faisaient porter. A 7 heures 55, la *Bellone* a signalé 13 vaisseaux. Aussitôt nous avons fait signal d'arriver tous en même temps et répété le signal de ligne de bataille.

Les vents fraîchissaient à l'O. S. O. par rafales, et notre ligne ne se formait point; le signal d'ordre de bataille a été répété pour la troisième fois et celui de forcer de voiles à l'avant-garde, qui restait au vent et sans ordre en mettant les flammes de l'*Artésien*, de l'*Orient*, du *Saint-Michel* et de l'*Annibal* (anglais). A 8 heures ¾, répété le signal de laisser arriver tous en même temps. A 9 heures 10, le général a fait faire signal de panne, tribord amures, pour laisser former la ligne ; dix minutes après, d'arriver à l'arrière-garde, qui était fort au vent. Nous avons pris des ris; plusieurs vaisseaux en ont fait autant. La brise était très fraîche et la mer houleuse. A 9 heures ½, ordre à l'escadre d'arriver tous en même temps à l'E. S. E., courant en échiquier. A 9 heures ¾, fait forcer de voiles au *Sévère* et au *Sphinx*. A 9 heures 50, l'escadre anglaise faisant toujours porter, ordre de gouverner à l'Est tous en même temps et, à 11 heures ¾, signalé l'E. N. E.

A 11 heures ½, fait tenir le vent à toute l'escadre pour essayer de former la ligne, qui cependant ne se formait point. Nous étions alors à environ 1 lieue ½ des ennemis,

Septembre 1782. qui, courant toujours largue de l'E. S. E. au S. E., nous avaient conduits à 6 lieues de la côte. Ils n'avaient que 12 vaisseaux en ligne; le 13me, qu'on avait pris pour un vaisseau, n'était apparemment qu'un gros transport. Leur ligne était assez mal formée et surtout point serrée. Le dernier vaisseau était très éloigné de son chef de file. A 11 heures 30, fait le signal de gouverner à l'E. N. E. et au *Vengeur* et à la *Consolante* de porter leurs efforts sur l'arrière-garde ennemie. Toutes nos voiles étaient à sarayer ou sur le mât pour attendre notre arrière-garde encore éloignée. A midi, appelé la *Bellone*, à laquelle on a donné l'ordre d'aller dire aux vaisseaux de l'avant-garde et particulièrement à l'*Artésien* qu'il paraissait que l'intention des ennemis n'était point de combattre au plus près, mais vent arrière au largue; qu'on formerait donc la ligne parallèle à celle des ennemis et qu'il fallait, par conséquent, que l'avant-garde se tînt beaucoup plus arrière. Nous étions alors à environ 7 à 8 lieues de terre.

A midi $^1/_2$, signal à l'avant-garde d'arriver et, peu après, à l'*Artésien* et au *Saint-Michel* de forcer de voiles. A 1 heure $^1/_2$, ordre à l'avant-garde d'arriver; peu après, à l'*Illustre* de serrer la ligne. Elle ne se formait point encore. Le *Sphinx*, le *Brillant* et le *Sévère* étaient par le travers du centre et de l'arrière-garde mal en ordre. A 1 heure $^1/_4$, fait arriver l'*Annibal* (anglais) et le *Sphinx*. A 1 heure 55, le vaisseau l'*Artésien*, qui avait arrivé tout à plat, se trouvait à demi-portée de canon des vaisseaux de tête de la ligne ennemie. On a fait alors le signal de tenir le vent dans les eaux des vaisseaux de tête en mettant la flamme de l'*Artésien*. D'après l'ordre porté par la *Bellone*, le général espérait que l'*Artésien* ne reviendrait au vent que parallèlement à la ligne ennemie, ce qui, d'après le signal, faciliterait la formation de la ligne;

mais le vaisseau ayant trop pris du lof et mis par là plus de vent dans ses voiles, s'est éloigné de la ligne ennemie de l'avant et au vent, ainsi que quelques vaisseaux qui le suivaient. A 2 heures, signal au *Vengeur* et à la *Consolante* de doubler l'ennemi par la queue. Les deux bâtiments ont aussitôt arrivé. A 2 heures $^1/_4$, nous avons laissé arriver en faisant le signal général. A 2 heures $^1/_2$, répété le même signal à l'arrière-garde en virant peu après les flammes de l'*Annibal* et du *Flamand*. Nous étions à près d'une demi-portée de canon de l'ennemi et notre ligne commençait à se former. Le général ayant voulu faire appuyer le signal d'arriver par un coup de canon, nos deux batteries ont tiré.

Nous avons arrêté le feu. Le général était dans l'intention de ne le commencer que de très près; mais il était devenu général dans toute l'escadre. Nous avons donné alors le signal d'approcher l'ennemi à portée de pistolet. L'escadre anglaise courait toujours grand largue en combattant. Quelques vaisseaux de notre avant-garde, trop en avant, étaient devenus inutiles. A 3 heures 20, le général a fait faire le signal de doubler l'avant-garde ennemie, et peu après, à notre avant-garde d'arriver. A 3 heures 27, signal à l'arrière-garde d'arriver; mais tous les signaux n'ont pas été exécutés et nous avons été exposés seuls avec l'*Illustre* et l'*Ajax* au feu de toute l'escadre ennemie. Notre avant-garde et premier vaisseau de corps de bataille avaient éloigné l'escadre ennemie de l'avant et au vent. Les vaisseaux le *Vengeur* et la *Consolante* avaient retenu le vent, mais sans doubler l'ennemi, et se trouvaient alors par notre travers au vent, avec le *Flamand* et tous les vaisseaux de l'arrière-garde. Le feu ayant pris au mât d'artimon du *Vengeur*, il en a coupé le mât. A 4 heures 25, toujours dans la même position, très maltraité par le feu général

Septembre 1782. de l'ennemi, le lui rendant de notre mieux, ayant l'*Illustre* pour notre matelot d'arrière et l'*Ajax* de l'avant, le général a fait faire signal de virer par la contremarche, dans l'espérance que nos vaisseaux s'approcheraient et nous délivreraient de la fâcheuse position où nous nous trouvions. Les ennemis formaient un demi-cercle autour de nous et nous enfilaient de l'avant et de l'arrière dans les abattées, ayant la barre sous le vent, nos manœuvres coupées et nos voiles en lambeaux ne nous servant plus.

A 4 heures $^1/_2$, nous avons appelé nos frégates; mais elles étaient assez loin au vent. A 5 heures, fait signal de prendre la queue de la ligne, y joignant peu après celui de l'avant-garde, dont quelques vaisseaux étaient le plus près. La mer avait alors fort diminué, et le vent ayant calmé, avait passé au S. S. E. Les ennemis ont alors viré vent arrière; s'ils l'eussent fait vent devant, nous étions tous trois coupés et sans doute détruits. Nous avons redoublé notre feu pour gêner leur manœuvre. Notre équipage, désespéré de la mauvaise manœuvre de nos vaisseaux, n'en était cependant pas découragé, et nous avons toujours répondu avec la même vivacité au feu des 12 vaisseaux ennemis, que nous recevions alors à bord opposé, réparti sur l'*Ajax*, l'*Illustre* et nous. Le signal d'arriver était toujours virer; mais nos vaisseaux, qui avaient enfin mis le cap sur nous, venaient lentement.

Nous avons fait signal aux frégates de venir donner la remorque aux vaisseaux incommodés et les retirer du feu. Elles étaient encore loin. L'*Illustre*, très maltraité, avait été obligé de passer de l'avant à nous, mais nous secondait toujours vivement; il était démâté de son grand mât de hune et mât d'artimon. Peu après 6 heures, notre grand mât criblé, sans aucun hauban qui le retînt, est enfin tombé. Nous avons combattu dans cet état jusqu'à 6 heures ³/₄, heure où les ennemis se sont éloignés et où nous avons enfin été joints par nos vaisseaux. L'*Artésien*, arrivé le premier, s'est mis au même bord que l'armée anglaise et a encore tiré quelques coups de canon. Les ennemis ont couru au S. O. et nous avons gardé la bordée du S. E. et E. S. E. Le général a passé sur le vaisseau l'*Orient* et a laissé M. de Moissac capitaine du vaisseau. Le *Sphinx* nous a pris à la remorque. A 8 heures, l'*Illustre* a démâté de son grand mât. A 9 heures, signal de mettre en panne, tribord amures. Les vents étaient alors au S. O., petits.

MERCREDI 4. — Le vent au N. O., petit frais. Route au S. E. ¹/₄ Est. Au jour, le général a fait signal de donner la remorque aux vaisseaux incommodés. Aussitôt le *Sphinx* s'est approché et nous a envoyé un grelin. Le petit *Annibal* a donné la remorque à l'*Illustre*.

A 6 heures ³/₄, vu et relevé les montagnes de Batacalo, S. O. 5° Sud, 12 lieues.

A 8 heures, le général a fait signal de panne, tribord amures. Nous avons resté avec du vent dans les voiles, c'est-à-dire le *Sphinx*, pour nous approcher de l'escadre dont nous étions un peu éloigné. Nous travaillons à mettre un peu d'ordre dans nos manœuvres, qui sont absolument toutes coupées. A 9 heures, la *Bellone* a été envoyée à Trinquémalay.

A midi, lat. observée : 8° 0' ; les montagnes de Batacalo, S. O. 5° Sud, 12 lieues.

Le vent au S. E., petit. Route à l'Ouest ¹/₄ S. O. pour gagner Trinquémalay, où il était à craindre que les ennemis n'eussent été mouiller. A midi ¹/₄, nous avons envergué une misaine. A 3 heures ³/₄, le général a encore fait signal de panne pour rallier l'escadre et signalé la route à l'Ouest. A 5 heures ¹/₂, il a signalé à l'O. N. O. A 9 heures ¹/₂, signal de virer de bord. Nous avons pris les amures à bâbord.

LIGNE DE BATAILLE
MORTS ET BLESSÉS A L'AFFAIRE DU 3 SEPTEMBRE

Frégates	Canons	Capitaines	Tués	Blessés
La *Fine*	36	La Cosne, lieutenant....	0	0
La *Bellone*	36	Beaulieu, »	0	0
Le *Pulvériseur*	64	Joyeuse, capit. de brûlot.	0	0
La *Fortune*	18	Lusignan, lieutenant...	0	0

Septembre 1782.

Vaisseaux	Canons	Capitaines	Tués	Blessés
L'*Artésien*	64	De Saint-Félix, capitaine	4	12
L'*Orient*	74	De la Pallière, »	0	0
Le *Saint-Michel*	60	D'Aymar, »	2	0
Le *Sévère*	64	De Langle, lieutenant...	0	0
Le *Brillant*	64	Kersauson, » ...	5	8
L'*Annibal*	50	De Galles, capitaine...	0	0
Le *Sphinx*	64	Du Chilleau, » ...	0	8
Le *Héros*	74	Suffren, G. Moissac, lieut^t	30	72
L'*Illustre*	74	Bruyères, capitaine.....	24	82
Le *Flamand*	50	Salvert, lieutenant.....	1	13
L'*Ajax*	64	Beaumont, lieutenant...	10	24
La *Consolante*	40	Péan, » ...	3	8
L'*Annibal*	74	Tromelin, capitaine.....	0	0
Le *Vengeur*	64	Cuverville, »	1	20
Le *Bizarre*	64	Lalandelle, »	2	16
		Total......	82	255

Morts et blessés. Officiers tués : Péan, lieutenant, commandant la *Consolante* ; — Voutron, lieutenant de vaisseau, sur l'*Illustre* ; — Saint-Légier, enseigne de vaisseau, sur l'*Illustre* ;

Officiers grièvement blessés : Dubusquet, lieutenant de frégate, sur le *Héros*, une jambe emportée (mort de ses blessures) ; — Amielh, auxiliaire, sur le *Héros*, le gras de jambe emporté ; — Dulac, auxiliaire, sur le *Héros*, perdu l'œil droit ; — Dankarloo, lieutenant suédois, sur l'*Illustre*, une cuisse emportée ; — La Grandière, enseigne de vaisseau, sur le *Bizarre*, forte contusion à la jambe (mort de ses blessures).

Blessés légèrement : De Bruyères, commandant l'*Illustre* ; — De Beaupoil, enseigne, sur l'*Illustre* ; — La Tourhody ; — De Seguin, officier dans l'Ile-de-France.

Route pour Trinquémalay. JEUDI 5. — Le vent au S. S. O., petit, presque calme. Route au plus près, tribord amures. A 2 heures, signal de virer de bord ; pris bâbord amures. Route à l'O. N. O.

Au soleil levé, relevé : le Capuchon, S. O. 5° Sud ; distant de terre, 6 lieues.

A 9 heures 1/4, le général, toujours sur *l'Orient*, a fait signal de chasser à la *Fine*. A 11 heures 1/2, nous avons eu la brise du large au S. E., petit.

A midi, lat. observée : 7° 55'.

Le vent au S. E., petit. Route au N. O. A 1 heure, vu le mât de pavillon de Batacalo Sud 5° Ouest, 4 lieues. A 2 heures, le vent a varié au N. O., petit frais. Notre remorque a cassé. Nous avons mâté un grand mât de hune pour nous servir de grand mât. Sondé 35 brasses, gros gravier. A 3 heures 1/2, le vent s'est décidé au S. E., petit frais. Le *Sphinx* nous a alors envoyé la remorque. A 4 heures, signal de panne pour attendre l'*Illustre*, qui était loin de l'arrière. A 4 heures 1/4, signal de faire servir.

Au soleil couché, relevé : le Capuchon, Sud 1/4 S. O. ; la terre la plus Nord, N. O. 1/4 Ouest.

Le vent au S. E., petit. Route au N. O. A 7 heures, signal de virer de bord ; pris tribord amures. A 8 heures, signal de mouiller dans l'ordre où l'on se trouve. A 9 heures 1/4, largué la remorque et mouillé par 3 brasses, sable et vase. Le vent à l'Ouest.

Vendredi 6. — Le vent au S. O., petit. A 5 heures 1/2, signal d'appareiller.

A 5 heures 3/4, relevé : le Capuchon, Sud 1/4 S. O. ; distant de terre : 8 lieues.

A 6 heures, nous avons mis sous voile. Le *Sphinx* nous a pris à la remorque. A 8 heures, le général est venu à bord. Appelé la *Fine* et la *Fortune*. A 11 heures, envergué un grand hunier pour grande voile.

A midi, lat. observée : 8° 11' ; longit. arrivée : 79° 45' ; la montagne Sud de Trinquémalay, N. O. 1/4 Ouest ; distant de terre : 4 lieues.

Le vent à l'Ouest, joli frais. Route au plus près, bâbord amures. A midi 1/2, l'*Annibal* a signalé une voile au N. O. ; signal de chasse à l'*Artésien*. Peu après, nous l'avons reconnue pour le cutter. Nous avons mis le pavillon de commandement. A 3 heures, le *Lézard* est venu nous parler. A 4 heures 3/4, signal de ralliement.

Au soleil couché, avons relevé : la pointe Sud de la baie, Ouest ; le mât de pavillon, Ouest 1/4 N. O. 2° Ouest ; la pointe Nord, O. N. O. 5° Ouest ; distant de terre : 3 lieues,

Septembre 1782.

Le vent à l'O. S. O., petit frais. Route au plus près, bâbord amures. A 7 heures, allumé les trois feux de poupe et celui de hune. A 11 heures ³/₄, signal de virer de bord; pris tribord amures.

Mort de M. Duchemin.

Le cutter le *Lézard* nous a rassuré sur Trinquémalay, ayant eu connaissance de l'escadre anglaise sur la pointe de Pedro. Il avait appris à Tranquebar la mort de M. Duchemin, arrivée le 11 d'août, à la suite d'une longue maladie. M. le comte d'Hofflize avait pris le commandement de l'armée. Le général Coote avait marché sur Goudelour, où notre petite armée s'était renfermée, et l'on croyait qu'il n'attendait que des munitions par mer pour en faire le siège. On disait Hyder-Ali-Kan hors d'état, pour le manque de fourrages, de se porter sur Goudelour. Cette nouvelle nous inquiétait d'autant plus que nous étions hors d'état, au moins pour quelques jours, d'aller au secours de notre armée.

L'armée anglaise devant Goudelour.

SAMEDI 7. — Le vent à l'O. S. O., joli frais, par rafales; route au plus près, tribord amures. A 3 heures, trouvé 35 brasses, sable et vase.

L'*Orient* échoué.

A 5 heures, nous avons entendu plusieurs coups de canon tirés par un vaisseau échoué sur la pointe Sale; aussitôt nous avons fait signal d'envoyer des secours au vaisseau incommodé. Peu après, nous l'avons reconnu pour l'*Orient*. A 6 heures, signal au *Saint-Michel* et à la *Consolante* de forcer de voiles pour s'approcher de l'*Orient*. A 6 heures ¹/₄, signal d'envoyer des ancres et des grelins au vaisseau incommodé. Le vent à l'O. S. O., joli frais; faisant route pour mouiller près de l'*Orient* et pouvoir lui donner du secours. A 6 heures ³/₄, signal de se préparer à mouiller avec une grosse ancre. Nous avons crié au *Sphinx* d'arriver sur le vaisseau échoué et, à 7 heures ¹/₄, de larguer l'amarre. A 8 heures, nous avons mouillé par 15 brasses, fond de sable, gravier et corail.

Relèvement : la pointe Sud de la baie, S. E. 5° Est; le mât de pavillon, O. N. O. 5° Nord; la pointe Nord de la baie, N. O. ¹/₄ Nord.

Le vent à l'O. S. O., joli frais. Le *Vengeur*, le *Flamand*, l'*Ajax* et le *Bizarre* ont mouillé au large de l'arrière-baie. Tous les vaisseaux ont aussitôt envoyé leur chaloupe, des grelins et des ancres à bord de l'*Orient*. La *Consolante* s'est mouillée très près de lui, pour qu'au besoin on pût virer sur elle; mais le vent bon frais et la mer nuit beaucoup à la manœuvre des chaloupes qui portent les ancres, et nous fait craindre pour le sort de ce vaisseau, qui est absolument sur les roches et d'où il paraît qu'on peut le tirer diffici- Septembre 1782. lement, étant déjà beaucoup sur le côté. A 5 heures, mis les flammes de l'*Annibal,* du *Sphinx,* du *Saint-Michel,* du *Brillant.* A la nuit, l'*Orient* était toujours dans la même position et l'on désespère de le sauver ; le vent soufflant toujours bon frais du S. S. O. et S. O. A 5 heures 1/2 du soir, le *Lézard* a mis sous voile pour la côte.

Dimanche 8. — Le vent à l'O. S. O., toujours bon frais.

Au jour, l'*Orient* a fait signal pour demander les bâtiments à rames. Le vaisseau était sur le côté bâbord jusqu'à la seconde batterie et était crevé par les roches. Toute espérance de le sauver est perdue. On va en retirer le monde et tous les effets qu'on pourra. Il serait à désirer qu'on pût le démâter ; ses mâts serviraient du moins aux vaisseaux démâtés ; mais sa position très penchée rend cette manœuvre très difficile pour ne pas dire impossible. Tous les bâtiments de rames de l'escadre ont été à bord. Au jour, signal de ralliement aux vaisseaux Trinquémalay. qui étaient mouillés au large. Le *Vengeur* a fait signal qu'il ne pouvait exécuter l'ordre. A 9 heures 1/4, le *Brillant* a fait signal d'incommodité, en demandant des ancres. Il n'avait que celle qui était à la mer. Le général lui a fait faire signal d'appareiller, pour s'approcher. La *Bellone,* venant dans le moment au mouillage, est tombée sur nous de l'avant, nous a obligés de filer notre câble par le bout et nous a cassé notre bâton de fer. Nous avons mouillé une grosse ancre et avons tenu. A 10 heures 3/4, des soldats du régiment d'Austrasie embarqués sur l'*Orient* sont venus à bord. Pendant la journée, le vent toujours au S. O., bon frais ; grosse mer. Les bâtiments de rames ont beaucoup de peine à naviguer. Le *Brillant* court des bords pour venir mouiller dans l'escadre. Même vent la nuit.

Lundi 9. — Le vent toujours au S. O., bon frais. Au jour, le grand mât de l'*Orient* est tombé, ses haubans ayant manqué au vent par la force qu'il faisait. Le vaisseau était toujours plus penché. Le *Sévère* et le *Bizarre* sont venus mouiller près de nous. Le *Brillant* a demandé des ancres et est toujours à louvoyer. L'après-midi, le *Flamand* a aussi mouillé. On continue à déblayer l'*Orient ;* mais la grosse mer rend cette opération très difficile. Même vent pendant la nuit.

Mardi 10. — Le vent au S. O., frais, par rafales. A 6 heures, la *Consolante* a mis sous voile pour entrer dans la baie d'Austimbourg. Nous avons reçu à bord 70 hommes, provenant de l'*Orient*.

Septembre 1782. Nous allons travailler à démâter le mât d'artimon de l'*Orient* et l'on coupera le mât de misaine ras du premier pont, en ouvrant le côté du vaisseau pour le faire tomber à l'eau. Pendant la nuit, le vent au S. O., joli frais.

MERCREDI 11. — Le vent au S. O., joli frais. Au jour la *Bellone* a mis sous voile pour aller à l'arrière-baie, et, de là, à la côte. Tous les vaisseaux envoient toujours à bord de l'*Orient* pour en sauver tout ce qu'on peut. A 6 heures, le *Brillant* a signalé une voile au Nord. Pendant la nuit, le vent au S. O., joli frais.

JEUDI 12. — Le vent au S. O., petit frais; beau temps. A 6 heures, le *Flamand* a signalé une voile au N. O. Vu un petit bâtiment hollandais mouillé. On a envoyé des corvées de plusieurs vaisseaux pour travailler à démâter l'*Orient*. A 4 heures après-midi, on a démâté le mât d'artimon de l'*Orient*. La *Fortune* a mouillé à Back-Bay. A 4 heures 1/2, le cutter est mouillé près de nous, venant de la côte. La nuit, le vent au S. O., joli frais.

Nouvelles. Le cutter nous a donné l'agréable nouvelle que l'amiral anglais, après le combat, avait été à Madras sans s'arrêter, non sans crainte d'être poursuivi par l'escadre française, dont douze vaisseaux devaient être sans aucune avarie. Le général Coote, à ces nouvelles, était parti précipitamment du coteau de Perimbé, où il était campé, attendant le secours de son escadre pour s'avancer de Goudelour, et s'était retiré au Grand-Mont. La prise de Trinquémalay l'avait aussi fort affecté, de sorte que notre combat, tout malheureux qu'il est, a encore été la cause du salut de Goudelour. On dit l'escadre anglaise plus maltraitée que nous devons nous y attendre.

VENDREDI 13. — Le vent au S. O., joli frais. Envoyé du monde de corvée à bord de l'*Orient*, de plusieurs vaisseaux. Nos maîtres et charpentiers travaillent pour le démâtement du mât de misaine. A midi 1/4, le *Lézard* a mis sous voile pour l'arrière-baie, et la *Fortune* pour Batacalo. La nuit, même vent.

SAMEDI 14. — Le vent au S. O., joli frais. A 7 heures 1/2, le *Sévère* a signalé une voile au Nord. Signal à la *Fine* d'être prête à appareiller. A 6 heures du soir, démâté le mât de misaine de l'*Orient*. La nuit, le vent au S. O., frais par rafales.

DIMANCHE 15. — Le vent au S. O., bon frais. Le *Vengeur*, ayant chassé, a mis sous voile pour s'avancer dans l'arrière-baie. On travaille toujours à sauver des effets de l'*Orient* et surtout les ancres et les

câbles ; mais les derniers donnent beaucoup de peine. Pendant la jour- Septembre 1782.
née et la nuit, même vent.

Lundi 16. — Le vent au S. O., joli frais. Au jour, aperçu un bott hollandais, mouillé près de nous. A la même heure, signal à la *Fine* d'appareiller. A 1 heure $^1/_4$, l'*Annibal* a mis sous voile pour aller à l'arrière-baie. A 3 heures, le vent a varié au N. E., petit grain et pluie par intervalles. On a remorqué à bord les mâts de misaine et d'artimon, ainsi qu'un bossoir dont nous avions besoin, le nôtre ayant été cassé dans le combat. A 8 heures, le vent a varié au S. O., joli frais.

Mardi 17. — Le vent au S. O., petit. A 6 heures $^1/_4$, signal d'appareiller. Nous avons mâté un grand hunier factice et mis un perroquet de fougue pour petit mât de hune. A 6 heures $^1/_2$, nous avons mis sous voile. A 9 heures $^1/_4$, nous avons mouillé à l'arrière-baie par 10 brasses d'eau, fond sable et coquillages.

Relèvement du mouillage : la pointe Sud de la baie. S. E. $^1/_4$ Est ; le mât de pavillon, S. S. E. 5° Sud, 4 câbles ; le débarcadère, Sud ; le fort d'Austimbourg, Sud $^1/_4$ S. O. ; la pointe Nord de la baie, N. N. O. 1° Ouest.

Laissé mouiller près de l'*Orient* l'*Artésien* pour en apporter le beaupré et tous les gens qui y sont en corvée. A 11 heures $^1/_2$, le vent a varié à l'Est, petit frais. A midi $^1/_2$, la *Fine* a mouillé, ayant des mâtures de l'*Orient* à la remorque. A 3 heures, l'*Illustre* a appareillé pour mouiller plus en dedans. Le *Bizarre* a fait de même. A 4 heures, l'*Artésien* a mis sous voile. A 6 heures, étant en calme etfort près de terre, il a demandé des bâtiments à rames. Aussitôt fait signal de les envoyer ; mais le vent s'étant déclaré au S. O. a annulé le signal. A 6 heures, affourché au N. O. avec une petite ancre par 8 brasses $^1/_2$, même fond. A 7 heures, grains de la partie du S. S. O., pluie et orage. Pendant la nuit, petit vent du S. O. et S. S. O.

Mercredi 18. — Le vent an S. O., petit. A 6 heures, le *Sphinx* a signalé une voile à l'Est. A 7 heures, signal au *Saint-Michel* d'appareiller en filant le câble par le bout. A 9 heures $^1/_4$, le *Saint-Michel* a signalé français le bâtiment chassé. Annulé le signal de chasse et fait celui de ralliement. Reconnu la *Fortune*. A 11 heures $^1/_2$, le vent a varié à l'E. N. E., petit. A midi, le *Saint-Michel* a mouillé au même poste. A 3 heures, la *Fortune* a mouillé avec un bott hollandais, venant tous les deux de Batacalo. Nous travaillons avec toute la dili_

Septembre 1782. gence possible à nous réparer. L'*Illustre* doit prendre le grand mât du *Bizarre*, qui prendra celui de la *Consolante*, qui aura en échange celui d'un bâtiment hollandais. Il prendra le mât d'artimon de l'*Orient*. Nous enterons le mât de misaine de l'*Orient* sur le tronçon de notre grand mât et nous ferons encore servir notre mât de misaine et mât d'artimon, quoique très endommagés, en mettant dessus de fortes jumelles. Nous avons changé tous les haubans de misaine, dont la plupart étaient boutonnés jusqu'à trois fois. Nous avons embarqué deux mâts de hune provenant de l'*Orient*, qui nous serviront de bigues pour mettre notre grand mât. A 7 heures, le vent a varié au S. O. La nuit, de même.

JEUDI 19. — Le vent au S. O., petit. On a envoyé un bott à bord de l'*Orient* pour en sauver quelques canons de sa seconde batterie. Nous avons travaillé à placer les bigues. Le *Bizarre* travaille à démâter son grand mât. L'*Illustre* élève des bigues pour se mâter. Il nous est venu un lotty marron de Goudelour avec des lettres de l'armée, mais de vieille date. Le vent au S. O.

VENDREDI 20. — Le vent au S. O., petit, presque calme. A 2 heures $1/2$, variable ; pluie et orage ; la nuit, au S. O., petit frais. Dans la journée, le *Bizarre* a démâté son grand mât.

SAMEDI 21. — Le vent au S. O., petit. Au jour, la *Fortune* a mis sous voile. Le *Raikes* étant destiné à aller en Europe, on lui a fait un équipage et on travaille à le mettre en état. Le *Bizarre* a mâté son grand mât. A 6 heures, nous avons eu de l'orage.

DIMANCHE 22. — Le vent au S. O., petit ; temps couvert. Le bott est venu de l'*Orient* avec des canons de sa seconde batterie. Pendant la journée, le vent a varié au S. E. Nous avons mâté notre grand mât, enté sur le tronçon de l'ancien, au premier pont. L'*Illustre* a aussi mâté le sien. Dans la nuit, le vent au S. O.

Capitaines malades ; leurs commandements donnés à d'autres capitaines.

LUNDI 23. — Le vent au S. O., petit. A 2 heures après minuit, la *Bellone* a paru courant de bord à bord pour venir au mouillage. A 5 heures, elle a mouillé, venant de la côte. A 2 heures, le vent a varié à l'Est, petit frais ; à 6 heures, à l'Ouest, petit frais ; grains de pluie. M. de Tromelin a demandé à quitter son vaisseau pour vaquer à ses affaires à l'Ile-de-France et de là aller en Europe. MM. de Saint-Félix, de Lalandelle et de Galles, étant très incommodés, ont demandé à quitter leurs vaisseaux, pour aller à l'Ile-de-France rétablir leur santé.

Le grand *Annibal* est donné à M. d'Aymar et le *Saint-Michel* Septembre 1782.
à M. Dupas, lieutenant de vaisseau ; l'*Artésien*, à M. de Vignes,
capitaine de vaisseau ; le *Bizarre*, à M. Tréhouset, lieutenant de
vaisseau ; l'*Annibal* (anglais), à M. de Beaulieu ; la *Bellone*, pro-
visoirement à M. de Joyeuse, capitaine de brûlot ; la *Fine*, à M. de
Saint-Georges ; le *Lézard*, à M. Dufrainaux, lieutenant de frégate,
et le *Pulvériseur*, destiné pour l'Ile-de-France, à M. Le Fer, lieutenant de vaisseau. M. de la Cosne, commandant la *Fine*, prend le
commandement du *Raikes*, destiné pour l'Europe.

A 9 heures ½, le *Pulvériseur* a mis sous voile pour l'Ile-de-   Départ
France. MM. de Tromelin, de Saint-Félix, de Galles et de Lalandelle   du *Pulvériseur*
sont passagers dessus. M. de la Pallière, commandant l'*Orient*, et   pour les îles.
M. Bouvet, qui est malade à terre, attendent une autre occasion.

MARDI 24. — Le vent au S. O., petit frais ; pendant la journée,
il a varié au Sud. Nous avons affourché avec une grosse ancre. La
saison des vents de N. E. approchant, nous avons guindé le petit mât
de hune. Tous les vaisseaux travaillent à se réparer, à faire des vivres,
de l'eau et du bois. A 5 heures, le vent a varié au S. S. O., grains,
pluie et orage. Le *Sphinx*, en chassant, est tombé sur nous, mais
sans aucune avarie. Le tonnerre est tombé à bord de l'*Ajax*, sans
faire dommage essentiel. L'orage a duré jusqu'à 7 heures, que le **vent**
a passé au S. O.

MERCREDI 25. — Le vent au S. O., petit. A 6 heures, vu un   Le *Lézard*
bâtiment au large ; fait signal à la *Bellone* d'être prête à appareiller.   va à Tranquebar
A 7 heures, appelé le capitaine du *Lézard*. A 8 heures, présenté le
grand mât de hune. A 9 heures, le cutter a mis sous voile pour
Tranquebar. Le vent au S. O.

JEUDI 26. — Le vent au S. O. Le bâtiment aperçu la veille court
des bords pour s'approcher du mouillage, ayant pavillon hollandais.
A 2 heures, guindé le mât de perroquet de fougue.

VENDREDI 27. — Le vent au S. O., petit. A 9 heures ½, appelé
à l'ordre. A midi, le vaisseau de la Compagnie hollandaise, nommé
la *Pallas*, venant de Tranquebar, a salué de 15 coups de canon
(rendu 11) et a mouillé en dehors de la baie à 1 heure ½. Pendant
la nuit, le vent a régné au S. O.

SAMEDI 28. — Le vent au S. O., petit. Donné ordre aux vaisseaux
d'envoyer les soldats anglais de la garnison de Trinquémalay à bord
des bâtiments qui doivent les conduire à Madras. A 10 heures, la

Septembre 1782. *Fortune* a mouillé dans l'escadre, venant de Batacalo. A midi, le vent à l'Ouest, petit, et petite pluie. Nous avons envergué nos voiles. Le navire français la *Betsi* a mis sous voile pour Madras, en parlementaire, portant une partie de la garnison de Trinquémalay.

Parlementaire parti pour Madras.

DIMANCHE 29. — Le vent au S. O., petit. Au jour, vu une voile à l'Est ; signal à la *Fine* d'être prête à appareiller. A 9 heures, la *Concorde*, bâtiment hollandais, est partie pour Madras en parlementaire, portant le reste de la garnison anglaise de Trinquémalay. A 4 heures $^1/_4$, le vent au N. N. O. et petite pluie. A 5 heures $^3/_4$, un portugais, venant de Galles, a mouillé dans l'escadre, ayant pour nous des vivres et cordages du Caire. A 6 heures $^3/_4$, appelé à l'ordre.

LUNDI 30. — Le vent au S. O., petit frais. Le départ est fixé à demain pour Goudelour. Le *Raikes* doit partir pour l'Europe deux jours après notre départ. M. de Châteaubourg, lieutenant de vaisseau, repasse en Europe pour raison de santé. Pendant le jour, le vent à l'Est, petit frais ; le soir et la nuit, au S. O.

Octobre 1782.

Appareillé de Trinquémalay.
Route pour Goudelour.

MARDI 1ᵉʳ OCTOBRE. — Le vent au S. O., petit. A 4 heures, signal de désaffourcher. A 8 heures $^1/_4$, signal d'appareiller. A 9 heures, appelé la *Fortune*. A 10 heures, viré à pic. A midi, nous avons mis sous voile ; resté en panne jusqu'à 1 heure $^1/_4$, que nous avons fait servir. A 3 heures $^3/_4$, le vent a varié à l'E. S. O., petit frais. Envergué une grande voile. Route au Nord $^1/_4$ N. O. A 4 heures $^3/_4$, embarqué nos bâtiments de rames et fait route au N. N. O.

Au coucher du soleil, relevé : le pavillon de Trinquémalay, S. S. E. 5° Sud ; la terre la plus Nord, Nord $^1/_4$ N. O. ; l'île aux Pigeons, Sud 5° Est ; distance : 2 lieues.

Le vent à l'Est, petit frais. Route au N. O. $^1/_4$ Nord. A 9 heures, vent au S. O., joli frais ; pluie et orage. Sondé 25 brasses, fond de roches.

MERCREDI 2. — Le vent au S. O. Route au N. N. O. A 4 heures, mis le cap au N. N. O. A 5 heures, signal à la *Fine* de chasser en avant de l'escadre. A 5 heures $^1/_2$, sondé 25 brasses. A 8 heures, route au N. O. 5° Ouest. Trouvé 16 brasses, gros gravier.

A midi, W. : 0° 21' N. E. — Lat. observée : 9° 40' ; longit. arrivée : 78° 29' ; route corrigée depuis hier à 6 heures du soir : N. O. $^1/_4$ Nord 3° Ouest, 20 lieues $^2/_3$; distant de terre : 8 lieues ; fond, 30 brasses.

Le vent à l'O. S. O., petit. Route au plus près, bâbord amures.

A 1 heure $^{3}/_{4}$, le vent au S. O. $^{1}/_{4}$ Ouest. Signal à la *Fortune* de nous passer à poupe. A 5 heures $^{1}/_{4}$, ralliement à la *Fine*. A 6 heures, le vent à varié au S. S. O.; petit frais. Route au N. O. $^{1}/_{4}$ Ouest. La nuit, vent variable du S. S. O. au S. O. et Sud, petit frais. Route au N. O.

Octobre 1782.

Jeudi 3. — Le vent au Sud, petit frais. A 4 heures, mis le cap au N. O. $^{1}/_{4}$ Ouest. A 5 heures $^{3}/_{4}$, sondé 35 brasses, sable et vase. A 6 heures, route au N. O. A 6 heures $^{3}/_{4}$, la *Fine* a signalé la terre. A 7 heures $^{3}/_{4}$, elle a signalé le fond à 14 brasses; nous avons sondé et trouvé 15. A 9 heures $^{3}/_{4}$, la *Fine* a signalé un bâtiment au N. O. $^{1}/_{4}$ Nord; signal de chasse. A 11 heures, signal de chasse à l'*Artésien* et à l'*Annibal* (anglais). Le bâtiment chassé était anglais et courait à terre un peu au Nord de Négapatnam. A 11 heures $^{1}/_{4}$, signal de chasse au *Sphinx*. Le bâtiment chassé s'est échoué toutes voiles dehors. Alors signal de se préparer à mouiller avec une grosse ancre et d'attaquer l'ennemi. Les chasseurs ont manœuvré pour s'approcher. Nous avons vu des chelingues aller à bord et retourner à terre.

A midi, lat. observée : 10° 32'; longit. arrivée : 77° 53'; relevé : le pavillon de Négapatnam, O. N. O. 5° Nord, 3 lieues; les pagodes de Nagur, N. O.

A midi $^{1}/_{2}$, l'*Artésien*, le petit *Annibal* et la *Fine* ont mouillé à portée de canon du bâtiment et ont commencé à le canonner. A 1 heure, nous avons mouillé par 6 brasses, vase.

Relevé : le pavillon de Négapatnam, O. S. O. 5° Sud; les pagodes de Nagur, N. O. $^{1}/_{4}$ Ouest; distant de terre : 1 lieue $^{1}/_{2}$.

Le vent à l'E. S. E., joli frais. Le vaisseau échoué ayant toujours son pavillon et ne ripostant pas sur nos vaisseaux qui tiraient, à 1 heure $^{1}/_{2}$, nous avons envoyé notre grand canot armé à bord du bâtiment, avec ordre à M. le chevalier de La Tour du Pin de voir ce que c'était et d'y mettre le feu au cas qu'il ne fût chargé de rien d'essentiel et propre aux besoins de l'escadre. A 4 heures, le feu a été mis au bâtiment, qui a sauté en l'air avec une très grande explosion. Le fort de Négapatnam a tiré plusieurs coups de canon; mais les boulets ne venaient point jusqu'à nos vaisseaux. A la même heure, signal de se tenir prêts à appareiller, et, peu après, de mettre sous voile. Le canot de retour à bord, nous avons su que le bâtiment était chargé de munitions de guerre, comme poudre, canons, mortiers,

Octobre 1782. bombes, boulets, et de riz. Le général aurait désiré qu'on l'eût conservé, d'autant mieux que, n'étant échoué que dessus la vase, on l'eût aisément retiré. Tout le monde s'était sauvé à terre. Le bâtiment portait 24 canons et était doublé en cuivre, appartenant sans doute à la Compagnie.

A 5 heures, signal aux vaisseaux de l'avant de diminuer de voiles. A 5 heures 1/2, nous avons mis sous voile. Route au Nord 1/4 N. O.

Au soleil couché, relevé : les pagodes de Nagur, O.N.O. 5° Nord ; Négapatnam, S. O. 5° Ouest ; Tranquebar, Nord 1/4 N. O.; distant de terre : 1 lieue 1/2.

Le vent au S. E. Route au Nord 5° Ouest. Pendant la nuit, le vent au S. E., Sud et S. O. par 10 brasses, vase.

VENDREDI 4. — Le vent au S. O., petit frais. Route au Nord 1/4 N. O. A 3 heures 1/2, mis le cap au N. N. O. A 4 heures, sondé 20 brasses. Au jour, vu un bâtiment à tribord ; signal au *Saint-Michel* et à l'*Annibal* (anglais) de chasser à l'E. N. E.

Au soleil levé, relevé : Portonovo, O. S. O. 3° Sud, 1 lieue 1/2 ; les pagodes de Chalambaram, S. O.

Le vent au S. S. O., petit. Route au N. O. 1/4 Nord. A 6 heures 1/2, l'*Artésien* a signalé une voile au Nord 1/4 N. E. ; nous lui avons fait signal de chasse. A 7 heures, signal de se préparer à mouiller avec une grosse ancre. A 7 heures 1/2, ralliement au petit *Annibal*. A 9 heures, le *Saint-Michel* a signalé neutre le bâtiment chassé. A 9 heures 1/4, ordre au *Saint-Michel* d'amener au général le bâtiment chassé ami ou neutre. A 10 heures 1/2, nous avons mouillé à Goudelour par 7 brasses, sable et vase.

Relèvement : le pavillon de Goudelour, N. N. O. 5° Ouest ; la rivière, O. N. O. 3° Ouest ; le Gouvernement, N. O. 1/4 Nord ; la terre la plus Nord, Nord 1/4 N. E. ; la terre la plus Sud, Sud ; distant de terre : 1/3 de lieue.

Le *Bizarre* perdu à la côte.

Le vent au S. S. E., petit frais. A 10 heures 3/4, appelé à l'ordre. A 11 heures 3/4, le vaisseau le *Bizarre*, en venant au mouillage, s'est échoué sur la barre. Il a fait aussitôt signal de secours, demandant des ancres et des grelins ; fait signal d'envoyer les secours demandés ; à 3 heures 3/4, signal d'envoyer les bâtiments de rames au vaisseau incommodé. On a, aussitôt que le bâtiment a été échoué, élongé une touée et viré de dessus l'*Artésien*, mais sans pouvoir le retirer. Le peu de mer qui venait du large le jetait de plus en plus à la côte et, en roulant, lui faisait faire un lit dans le sable. Il avait aussitôt calé les basses vergues et mât de hune. Les coups de talon qu'il donnait faisaient craindre pour sa mâture. Enfin, à 5 heures, malgré tous les soins qu'on s'est donnés, soit en l'allégeant, soit en virant de plusieurs ancres, il n'y a plus d'espoir de le sauver, s'étant crevé en tâtonnant et rempli d'eau. Nous avons appris que le bâtiment que nous avions fait sauter à Négapatnam était un corsaire que la Compagnie avait frété à Madras pour porter des secours en munitions de guerre et de bouche à Négapatuam et destiné pour l'armée de Tanjaour. Il y avait été escorté par le vaisseau de guerre le *Sultan*, qui, en retournant, avait enlevé le cutter le *Lézard*, en rade de Tranquebar, où il était mouillé sur la foi des traités, et l'avait conduit à Madras. Le fait s'était passé deux jours avant notre apparition à Négapatnam.

Octobre 1782.

Le *Lézard* pris en rade de Tranquebar.

Pendant la nuit, le vent a soufflé du S. O. et S. S. O., petit.

SAMEDI 5. — Nous trouvant un peu trop près de terre pour la saison, nous avons appareillé et avons mouillé un peu plus au large.

La rivière, O. S. O., 2/3 de lieue ; le Gouvernement, N. O. 5° Ouest ; le pavillon, N. O. 5° Nord.

On a envoyé tous les bâtiments de rames à bord du *Bizarre* pour en sauver tout ce qu'on pouvait, le vaisseau étant décidément perdu. Pendant la nuit, vent au S. O., petit frais.

DIMANCHE 6. — Même vent. Plusieurs vaisseaux ont mis sous voile pour mouiller plus au large. Après midi, le vent a varié au S. E. On continue à déblayer le *Bizarre*. La nuit, vent au S. O.

LUNDI 7. — Nous avons débarqué les soldats d'Austrasie, de la légion de l'Ile-de-France et les volontaires de Bourbon, qui ne faisaient point partie des garnisons des vaisseaux. L'équipage du *Bizarre* a été réparti sur les vaisseaux de l'escadre. On va travailler à le démâter de ses mâts majeurs, si cela est possible, car le vaisseau est déjà très penché. A 8 heures 1/4 du matin, la *Fine* a mis sous voile pour le Sud. L'après-midi, le vent a varié à l'E. S. E.

Goudelour.

MARDI 8, MERCREDI 9. — Le général avec M. de Moissac ont été en canot à Pondichéry. Ils sont revenus le soir par terre. On continue à travailler au démâtement du *Bizarre*. Le jour, vent au S. E. ; la nuit, au S. O.

JEUDI 10, VENDREDI 11. — Le vent au N. N. O. L'*Annibal* (anglais) a mouillé plus au large. A 1 heure, la *Fine* a mouillé dans l'escadre, venant de Tranquebar. On a démâté le *Bizarre* de son

Octobre 1782. grand mât. Pendant la journée, le vent à l'E. N. E., petit frais ; la nuit, au N. N. O., petit.

SAMEDI 12. — Le vent au N. N. O., petit ; mer de N. E. ; la barre mauvaise. Le général a pris le parti, vu la saison qui s'avance, d'aller mouiller plus au rivage.

A 1 heure ½ après-midi, signal aux vaisseaux mal mouillés d'appareiller pour changer de mouillage. A 2 heures, signal à l'*Ajax* et au *Brillant* d'appareiller. A 3 heures ¾, nous avons mis sous voile, le vent à l'E. N. E., petit ; temps couvert, orageux, et l'horizon très chargé. A 4 heures, signal de se préparer à mouiller avec une grosse ancre ; à 5 heures, de virer de bord ; pris tribord amures. A 5 heures ½, même signal ; repris l'amure à bâbord. A 7 heures ½, nous avons mouillé par 12 brasses, vase. Le vent au N. N. E. ; petite pluie et orage toute la nuit.

DIMANCHE 13. — Le vent au N. N. O., petit ; grosse pluie. Au jour, signal de ralliement à l'*Artésien* et à l'*Annibal* (anglais), qui étaient restés à l'ancien mouillage ; ils ont mis sous voile. Trois de nos vaisseaux, qui sont restés sous voile, font des bords pour prendre le mouillage ; l'*Artésien* et l'*Annibal* (anglais) ont mouillé près de nous. A 9 heures ½, quelques vaisseaux sous le vent ont mis sous voile pour s'approcher de nous.

Relevé : le pavillon, N. O. ¼ Nord 2° Ouest, 1 lieue ⅔ ; le Gouvernement, N. O. 2° Nord.

De midi à 4 heures, le vent au N. N. E., joli frais ; temps orageux et chargé. A 4 heures ½, vu deux bâtiments au N. E. faisant route au Sud. Dans la journée, il est venu plusieurs chelingues à bord, ayant du monde à l'escadre qui était resté à terre. Une chelingue a chaviré sur la barre ; il s'est noyé quelques personnes. Dans la nuit, le vent du N. E. au Nord, joli frais ; pluie et orage.

LUNDI 14. — Le vent au Nord, petit frais. Au jour, vu un bâtiment au mouillage, à 2 lieues, mettant sous voile ; signal à la *Fine* d'appareiller et d'amener le bâtiment au général. A 11 heures, il a mouillé dans l'escadre ; c'était un danois, venant du Bengale ; il avait vu l'escadre anglaise en rade de Madras ; il allait à Tranquebar. Le reste du jour et de la nuit, vent de l'E. N. E. au N. N. E.

Appareillé de Goudelour. MARDI 15. — Le vent au N. E., joli frais. A 3 heures, grain de la partie du Nord et N. N. O., joli frais, avec pluie ; au jour, apparence de mauvais temps. La partie du Nord et N. E. étant très chargée, la mer grosse, le général s'est résolu à appareiller et à quitter la côte. A 8 heures 1/2, mis le pavillon en berne et tiré trois coups de canon pour appeler nos bâtiments à rames ; à 9 heures 1/4, nous les avons embarqués. A 10 heures 1/2, signal de se préparer à appareiller ; peu après, de virer à pic, et, à 11 heures, d'appareiller, le vent alors au N. N. E., joli frais, grosse mer du N. E. Nous avons eu beaucoup de peine pour aller sur l'ancre et la déraper ; mais enfin, à midi, nous avons appareillé. A midi 1/4, l'apparence du temps étant toujours plus mauvaise, et voyant plusieurs vaisseaux qui ne pouvaient avoir leur ancre, fait signal de couper les câbles en laissant une bouée. A midi 1/2, fait route à l'E. S. E. A 1 heure 3/4, signal à tous les bâtiments de l'escadre de mettre leur numéro ; nous avons dépassé les mâts de perroquet et calé la vergue d'artimon ; le vent au N. E., la mer augmentant toujours. A 3 heures, fait route à l'E. 1/4 S. E. A 3 heures 3/4, le *Brillant* a signalé une voie d'eau ne pouvant se réparer à la mer. A 5 heures 1/2, le vent ayant passé au N.N.O., fait route à l'Est. A 10 heures, le vent a varié au S. O., petit frais ; beau temps. La mer diminuant, continué la même route.

Octobre 1782.

L'intention du général est de faire route pour Achem, où nous devons hiverner, et nous joindre avec la division de M. de Peynier et l'armée de M. de Bussy, ainsi que les renforts nous venant d'Europe, qui doivent, dit-on, trouver des ordres au Cap pour y venir en droiture. La *Bellone* et la *Fortune*, laissées à Trinquémalay, ne nous ayant pas joints à Goudelour, sans doute à cause du vent du Nord, y trouveront des ordres, laissés par le général, de venir nous joindre à Achem.

Route pour Achem.

Rendez-vous général.

MERCREDI 16. — Le vent au S. O., petit ; beau temps ; belle mer. Route à l'Est. Travaillé à réparer les mâts de perroquet. Au jour, appelé la *Fine*. A 6 heures, le *Vengeur* et le *Brillant* ont demandé à parler au général ; accordé. A 7 heures, le vent a varié au Sud, petit. A 10 heures, gouverné au N. E. 1/4 Nord. Appelé les canots de plusieurs vaisseaux pour leur remettre des personnes de leurs équipages que nous avions à bord.

A midi, lat. observée : 11° 5' ; longit. estimée : 79° 3' ; route corrigée depuis hier midi : E. S. E., 26 lieues 2/3.

Le vent au S. S. E., presque calme. Route au plus près, tribord amures. L'après-midi, le vent a passé au Sud. Route à l'Est.

Octobre 1782.

JEUDI 17. — Le vent au S. O., presque calme. Route à l'Est. A 2 heures 1/2, le vent a varié à l'Ouest, petit frais ; grain et pluie par intervalles. A 10 heures, le vent a varié au Nord, petit, et petite pluie.

A midi, point de hauteur. W. : 0.19° N. E. — Lat. estimée : 11° 5' ; longit. estimée : 79° 37' ; route estimée : Est, 11 lieues.

Le vent au N. N. O., petit. Route à l'Est. A 3 heures, petit, grain et pluie dans la partie du Nord. A 10 heures 1/2, le vent a passé à l'Est. Signal de virer de bord vent devant ; pris tribord amures.

VENDREDI 18. — Le vent à l'Est, joli frais. Route au plus près, tribord amures. A 6 heures, petit grain et pluie.

A midi, pris hauteur. Lat. observée : 10° 55' ; longit. estimée : 80° 8' ; route estimée depuis avant-hier : Est. 1/4 S. E. 2° Sud, 20 lieues 2/3 ; diff. Sud : 8 lieues.

A midi 1/2, le *Sévère* nous a envoyé quatre hommes de notre équipage, qu'il avait à son bord. A 2 heures, signal aux vaisseaux de tête de diminuer de voiles, et ralliement. A 7 heures, le vent ayant passé à l'E. N. E., signal de virer de bord ; pris tribord amures. La nuit, nous avons eu le même temps.

SAMEDI 19. — Vent variable du N. E. au N. N. E. par grain. Route au plus près, bâbord amures. A 4 heures, le vent a sauté à l'E. S. E. et nous avons coiffé. A 5 heures, le vent ayant varié au N. E., fait signal d'amures à bâbord. A 6 heures 1/2, ordre de marcher sur trois colonnes.

A midi, point de hauteur. W. par azimut : 1° 52° N. E. — Lat. estimée, 10° 36 ; longit. estimée, 80° 47 ; route estimée, E. S. 3° S., 14 lieues 1/4.

A 4 heures, signal de ralliement à la *Fine*. A la même heure, nous avons arrivé pour rallier les vaisseaux de dessous le vent ; pris les bas ris aux huniers. Jusqu'à minuit, vent variable au N. E., joli frais ; grain et pluie par intervalles.

DIMANCHE 20. — Le vent au S. E. N. E., petit frais ; grain et pluie. Route au plus près, bâbord amures. A 3 heures, le vent a varié dans la partie de l'Est ; signal de virer de bord ; pris tribord amures et allumé nos feux. A 6 heures, arrivé pour rallier le *Sévère*, qui était sous le vent. A 6 heures 3/4, signal de ralliement au *Saint-Michel*.

A midi, point de hauteur. Lat. estimée : 10° 22' ; longit. estimée : 81° 3 ; route estimée : S. E. 1/4 Est, 7 lieues.

A 3 heures, signal au *Brillant* de forcer de voiles. A 6 heures, le vent à l'E. N. E., petit ; signal de virer de bord vent arrière ; pris bâbord amures. A 10 heures ¹/₂, le vent ayant varié à l'E. S. E., petit frais, grains et pluie, signal de virer de bord vent devant ; pris tribord amures.

Octobre 1782.

LUNDI 21. — Le vent à S. E., joli frais ; pluie par intervalles ; au plus près, tribord amures. A 2 heures, vent au S. S. E., joli frais ; vent et pluie ; à 6 heures ¹/₂, il a varié à l'Ouest, petit grain et pluie. Route à l'Est. A 7 heures, signal de ralliement à toute l'escadre ; le vent a varié au Sud. A 11 heures ¹/₄, signal aux vaisseaux de l'arrière de forcer de voiles.

Route pour Achem.

A midi, point de hauteur. Lat. estimée : 10° 28' ; longit. estimée : 81° 25' ; route estimée : E. N. E. 4° Est, 7 lieues ¹/₃.

Le vent au S. S. O., petit. Route à l'Est. A 1 heure, signal aux vaisseaux de l'arrière de forcer de voiles ; mis le cap à l'E. N. E. A 6 heures ¹/₄, le vent a varié au Sud, petit ; allumé nos feux. A 10 heures ¹/₂, le vent au S. S. E., joli frais ; à 11 heures, au S. S. O. ; toujours grain et pluie.

MARDI 22. — Le vent au S. O., joli frais ; pluie. Route au S. E. S. E. A 6 heures, signal de panne, tribord amures et ralliement. A 3 heures ³/₄, fait servir et fait route à l'Est.

A midi, pris la hauteur. W. par azimut : 5° 40' N. E. ; W. : 1° 39' N. E. — Lat. observée, 11° 11' ; longit. observée, 82° 51' ; route corrigée depuis vendredi, Est 5° Nord, 53 lieues ²/₃.

Vent au S. S. O. A 1 heure ³/₄, l'*Ajax* a signalé un homme à la mer. A 2 heures, signal de panne ; à 2 heures ¹/₂, de faire servir. Remis en route, vent variable du S. O. au S. S. O., petit.

MERCREDI 23. — Le vent au S. O., joli frais. A 4 heures, petit grain de pluie. Route à l'Est. A 5 heures, signal aux vaisseaux de l'avant de diminuer de voiles ; à 10 heures, signalé la route à l'E. S. E.

A midi, lat. observée : 11° 11' ; longit. observée : 84° 51' ; route corrigée : Est, 40 lieues ²/₃ ; différence Nord : 3 lieues ¹/₂.

A 1 heure, signalé la route au S. E. ¹/₄ Est. Le reste du jour, le vent à l'O. S. O.

JEUDI 24. — Vent au S. O., joli frais. Route au S. E. ¹/₄ Est. A 6 heures ¹/₂, fait route à l'E. S. E. ; à 7 heures ¹/₂, signal de ralliement ; à 10 heures, route à l'Est ¹/₄ S. E., le vent toujours dans la partie du S. O.

Octobre 1782. A midi, lat. observée : 10° 3' ; longit. arrivée : 86° 51' ; route corrigée : S. E. 1/4 Est, 45 lieues 1/3 ; différence Nord : 2 lieues.

Signalé la route à l'Est. A 1 heure 1/2, grain et pluie, même vent. Pendant la nuit, vent à l'O. S. O., joli frais. Route à l'Est 3° Sud.

VENDREDI 25. — Le vent à l'O. S. O., joli frais. A 4 heures, petit grain de pluie. A 6 heures 1/4, fait route à l'Est 1/4 S. E. Signal à la *Fine* de chasser à 4 lieues en avant de l'escadre.

A midi, lat. observée : 9° 45' ; longit. estimée : 89° 17' ; route corrigée : Est 1/4 S. E. 4° Est, 48 lieues.

Le vent à l'O. S. O., joli frais ; grain par intervalles. Route à l'Est. A 9 heures du soir, la *Fine* a rendu compte qu'elle n'avait point vu la terre. Sa longitude estimée était 91° pendant la nuit, à l'O. S. O., frais. Route à l'Est.

SAMEDI 26. — Le vent à l'O. S. O., joli frais ; temps couvert ; pluie par intervalles. Route à l'Est. A 6 heures 1/4, croyant avoir dépassé l'île Carnicobar, les courants, selon M. Dapris, portant à l'Est, nous avons fait route au S. E. 1/4 Est et l'avons signalé. A 6 heures 1/2, signal à la *Fine* de chasser en avant de l'escadre. Nous avons demandé en même temps la longitude observée des vaisseaux de l'escadre. N'ayant point de signal pour demander l'estime, aucun n'a répondu. Depuis notre départ de Goudelour, le temps toujours couvert nous a empêchés de faire des observations. A 7 heures, mis le cap au S. E.

A midi, point de hauteur. Longit. estimée : 9° 20' ; lat. estimée : 91° 50' ; route estimée : Est 1/4 S. E., 50 lieues 1/2.

Le vent au S. O., joli frais. Route au S. S. E. A 2 heures, signal de tenir le vent. Nous avons arrivé pour rallier les vaisseaux de dessous le vent.

A 2 heures 3/4, nous sommes revenus au vent ; pris le plus près, tribord amures, et signal de ralliement. A 4 heures, le *Phénix* a signalé la terre au N. E. ; plusieurs vaisseaux ont fait le même signal. A 4 heures 1/4, appelé le *Phénix*.

Carnicobar. Relevé la terre : la terre la plus Nord, N. E. 5° Nord ; la terre la plus Sud, Est 1/4 S. E. ; distant de la terre : 6 lieues.

Le *Phénix* nous a dit qu'il croyait cette terre l'île de Carnicobar ; en effet, par sa position, ce ne pouvait être que cette île. A la même heure, signal de virer de bord ; pris bâbord amures, voulant passer au Nord de Carnicobar. Pendant la nuit, vent au S. O., joli frais ; grain et pluie. Route au plus près, bâbord amures.

DIMANCHE 27. — Le vent au S. O., joli frais. Route au plus près, bâbord amures. A 6 heures, étant à l'Est ¼ S. E. de Carnicobar, distant de 15 lieues, fait signal d'arriver. Route à l'Est ¼ N. E. A 8 heures, vu la terre au S. E. ¼ Est, distante de 8 lieues. Gouverné à l'Est ; à 9 heures, à l'Est ¼ S. E. ; à 9 heures ½, à l'E. S. E. A 11 heures, signal à la *Fine* de chasser 4 lieues en avant de l'escadre. Diminué de voiles pour attendre les traîneurs.

Octobre 1782.

Route pour Achem.

A midi, lat. observée : 9° 21' ; longit. estimée : 90° 35'. Relevé : le milieu de l'île, S. O. ¼ Sud ; la pointe Nord, O. S. O. ; la pointe Sud, S. S. O. 5° Sud ; distant de terre : 2 lieues ½.

D'après la hauteur, cette île est marquée sur la carte à 5 lieues ⅔ plus Nord ; différence Ouest depuis le départ de Goudelour : 35 lieues. A 2 heures, le vent a varié à l'Ouest, petit grain et pluie. A 5 heures ½, le cap au S. E. ¼ Est ; à 6 heures ¾, pris les bas ris aux huniers ; petit grain et petite pluie par intervalles. A 9 heures, la *Fine* a rendu compte qu'elle avait, au soleil couché, la terre à 9 lieues au S. S. E. C'est sans doute l'île Talichan.

LUNDI 28. — A 2 heures, le vent a varié à l'O. N. O., frais ; grain et pluie. A 8 heures, signal de tenir le vent ; pris le plus près, tribord amures ; à 9 heures ½, le *Flamand* a signalé la terre au S. E.

A midi, point de hauteur. — Lat. estimée : 8° 18' ; longit. estimée : 91° 47' ; route estimée : S. E. 3° Est, 32 lieues.

Vent à l'O. S. O., joli frais ; grain et pluie par intervalles. A 4 heures, signalé la route Sud ¼ S. E. Vent à l'Ouest, joli frais. A 4 heures, vu la terre.

Relevé : l'île Nacaravy, O. S. E., 7 lieues.

A 5 heures ¾, vent à l'O. S. O., petit frais. Même route.

Relevé : l'île Souvy, S. O. ¼ Sud ; l'île Nacaravy, Ouest, 8 lieues. Pendant la nuit, vent variable du S. O. à l'Ouest, petit.

MARDI 29. — Le vent au S. O., presque calme : petite pluie. Route au plus près, tribord amures. A 4 heures ½, le vent a varié à l'Ouest, petit frais ; grain et pluie. Route au Sud ¼ S. E. A 6 heures, le vent a varié au S. O., petit. A 9 heures ¼, un soldat de la marine est tombé à la mer ; nous sommes aussitôt venus, avons coiffé toutes nos voiles et mis le bateau à la mer, mais sans pouvoir le trouver. A 10 heures, nous avons rembarqué le bateau et fait route au Sud ¼ S. O.

A midi, pris hauteur. — Lat. observée : 7° 9' ; longit. : 92° 16' ; route corrigée, depuis le 27, S. E. ¼ Sud 3° Est, 55 lieues.

Octobre 1782.

L'île grande Nicobar nous reste à l'Ouest $^1/_4$ N. O., 9 lieues. Le vent à l'O. S. O., petit frais. Route au plus près, tribord amures. A 1 heure $^3/_4$, mis le cap au Sud $^1/_4$ S. E. A 2 heures, grain frais de la partie de l'Ouest.

A 4 heures, relevé : l'île Nicobar, Ouest $^1/_4$ N. O., 9 lieues.

A la même heure, le vaisseau le *Flamand* a signalé la terre à l'O. S. O. et S. O., petit frais ; grain par intervalles. Route au Sud $^1/_4$ S. E.

MERCREDI 30. — Le vent au S. O., petit. Route au plus près, tribord amures.

A 6 heures, relevé : l'île Ronde, S. E. $^1/_4$ Sud, 8 lieues.

A 6 heures, signal à la *Fine* de nous passer à poupe.

A 7 heures $^3/_4$, relevé : l'île Ronde, S. E. $^1/_4$ Est, 4 lieues.

A 8 heures, la *Fine* a envoyé un canot à bord avec un officier ; le général a donné ordre à M. de Saint-Georges de forcer de voiles et de prendre connaissance de la rade d'Achem, après quoi de venir lui rendre compte. A 11 heures, signal de virer ; pris bâbord amures.

A midi, point de hauteur et relevé : lat. estimée : 6° 0' ; longit. estimée : 93° 0' ; le milieu de l'île Ronde, Est $^1/_4$ S. E., 2 lieues ; la pointe N. O. de Pulo Way, S. E. ; la pointe N. O. de Pulo Brasse, Sud 2° Est.

Vent au S. O., joli frais. Route au plus près, bâbord amures. A 3 heures, signal de virer vent devant, tous à la fois ; pris tribord amures. La *Fine* a fait route pour Achem. A 4 heures $^1/_4$, l'*Illustre* a signalé un homme à la mer. A 5 heures $^1/_4$, signal de ralliement ; à la même heure, signal à l'*Ajax* de virer de bord.

Au soleil couché, relevé : l'île Ronde, E. S. E. 5° Est, 3 lieues $^1/_2$; le plus en dehors, E. S. E. 2° Sud ; la pointe N. O. de Pulo Way, S. E. 2° Est ; la pointe N. O. de Pulo Brasse, Sud 5° Est.

A la même heure, signal de virer vent arrière, tous en même temps ; avons arrivé pour rallier l'escadre. A 7 heures, pris le plus près, bâbord amures ; le vent toujours au S. O., petit frais.

JEUDI 31. — Le vent au S. O. et O. S. O., petit frais. Route au plus près, les amures à bâbord. A minuit, signal de virer de bord ; pris tribord amures. A 3 heures $^1/_2$, le vent ayant varié au Sud, joli frais, signal de virer de bord ; pris bâbord amures. En même temps, un grain de la partie de l'Ouest et l'O. S. O. A 6 heures $^3/_4$, signal de virer de bord ; pris tribord amures. Vent au S. O., petite pluie.

A midi, hauteur. Lat. observée : 6° 23'; longit. observée : 93° 3'; Octobre 1782. relèvement de l'île Ronde, Sud 5° Est, 8 lieues ; la pointe Ouest de Pulo Way, S. S. E. 5° Sud ; la pointe Ouest de Pulo Brasse, Sud 1/4 S. O. 3° Sud.

Calme plat au coucher du soleil.

Relevé : l'île Ronde, Sud 5° O., 8 lieues ; la pointe N. O. de Pulo Way, Sud 1/4 S. E. ; la pointe N.O. de Pulo Brasse, Sud 1/4 S. O.

Le vent au S. O., petit. Route au plus près, bâbord amures.

VENDREDI 1ᵉʳ NOVEMBRE. — Le vent à l'O. S. O., petit ; belle Novembre 1782. mer. Route au plus près, tribord amures.

Au soleil levé, relevé : l'île Ronde, N. O. 1/4 Nord ; la pointe N. O. de Pulo Way, S. O. 1/4 Ouest ; la pointe S. E. S. S. E. ; distant de Pulo Way : 3 lieues.

Le vent à l'Ouest, petit. Nous avons côtoyé l'île du côté de l'Est, à 1 heure de distance, pour entrer dans la passe de Malacca ; à 7 heures, mis les pavillons et tiré un coup de canon.

A midi, relevé : la pointe S. E. de Pulo Way, S.O. ; l'île Ronde, O. N. O. 5° Nord ; la pointe de Pedro, Sud 3° Est ; la pointe du Roi, S. S. O. 5° Ouest ; distant de Pulo Way : 2 lieues.

Le vent au S.O., petit. A 2 heures, signal de se préparer à mouiller avec une grosse ancre. A 2 heures 1/4, permis de prendre le mouillage aux vaisseaux qui en sont à portée. A 2 heures 3/4, pris les amures à bâbord. A 3 heures, reviré, pris tribord amures. A 4 heures 3/4, sondé 17 brasses, sable fin et corail, étant pour lors à 2/3 de lieue S. S. E. de Pulo Bouro. La *Fine*, en mouillant à Achem, nous a envoyé sa chaloupe ; la *Bellone* et la *Fortune* étaient au dit mouillage.

Au coucher du soleil, relevé : la pointe Ouest de Pulo Brasse, O. N. O. 5° Ouest ; la pointe Est de Pulo Nancy, O. S. O. ; la pointe du Roi, S. O. 5° Sud ; le mouillage d'Achem, S. O. 1/4 Sud; Pulo Bouro, N. E. 1/4 Est; la pointe Sud de Pulo Way, N. N. O. 5° Ouest ; distant de la terre : 1 lieue.

Vent à l'Ouest, petit ; courant du bord pour prendre le mouillage. A 7 heures, nous avons mouillé par 20 brasses, sable noir ; distant de terre : 1 lieue. Même relèvement qu'au coucher du soleil.

SAMEDI 2. — Le vent à l'Ouest, petit : presque calme. A 10 heures 3/4, le vent ayant passé au N. O., petit frais, signal d'appareiller ; nous avons aussitôt mis sous voile et mouillé, à 3 heures, à la rade d'Achem, par 27 brasses, fond sable et petit coquillage.

Novembre 1782.

Relèvement corrigé : l'entrée de la rivière, E. S. E.; la pointe de Pedro, E. N. E. 5° Nord ; Pulo Bouro, N. E. 5° Est ; la pointe Sud de Pulo Way, N. N. O. 2° Ouest ; la pointe N. O. de Pulo Brasse, O. N. O.; la pointe du roi, S. O. 1/4 Ouest 3° Ouest ; distant de terre, 1/2 lieue.

Trouvé la Bellone et la Fortune.

Affourché Nord et Sud avec l'ancre de détroit ; mouillé au Sud par 15 brasses, même fond ; la *Bellone* et la *Fortune* étaient arrivées depuis quelques jours ; il y avait encore au mouillage d'Achem, trois petits bâtiments danois et trois petits bâtiments appartenant au roi d'Achem. L'*Annibal*, le *Flamand* et l'*Ajax* sont encore mouillés au large. Pendant la nuit, calme.

DIMANCHE 3. — Le vent au Sud, presque calme. Nous avons envoyé à l'eau, qu'on fait très commodément dans la rivière. M. de Moissac a été envoyé à la ville d'Achem, à environ 1 lieue 1/2 dans la rivière, pour faire part au roi de notre arrivée et lui présenter les respects du général. Comme on ne voit point Sa Majesté, il s'est adressé au shabaudar ou ministre, qui a fait la commission, à laquelle le roi a répondu qu'il était bien aise de notre arrivée et nous offrait tout ce qui dépendait de lui et, en même temps, nous envoyait quelques bœufs et fruits en présents.

A 11 heures du matin, la *Bellone* a mis sous voile pour Malacca, possession hollandaise, afin de tâcher de s'y procurer des vivres et agrès pour l'escadre. Tous les vaisseaux ont gagné le mouillage ; le vent à O. S. O.; la nuit Sud.

Achem.

LUNDI 4. — Le vent au Sud, presque calme. Appelé le capitaine du *Saint-Michel*. A 10 heures, le vent s'est déclaré à O. S. O., petit frais. A 3 heures 1/2, un bâtiment danois, venant de Tranquebar, a mouillé dans la rade. La nuit, vent au Sud.

MARDI 5. — Le vent au S. S. E., petit frais. L'après-midi, appelé le capitaine de la *Fine*. Pendant la journée, le vent à l'O. S. O., petit frais ; la nuit, au S. S. O., petit, et petite pluie.

MERCREDI 6. — Le vent au S. S. O., petit frais. A 6 heures du matin, appelé le capitaine de la *Fortune*. A midi, la *Fine* a appareillé avec ordre d'aller à Gueda, côté de l'Est, pour y acheter tout le riz qu'elle pourrait porter et venir ensuite nous rejoindre. Tous les vaisseaux font de l'eau. Pendant la journée, les vents à Ouest et O. S. O., joli frais; la nuit, à l'O. S. O., petit, et petite pluie.

Novembre 1782.

JEUDI 7. — Le vent au S. S. O., petit; temps couvert. A 6 heures, signal à la *Fortune* d'appareiller; à 6 heures 1/2, elle a mis sous voile avec ordre d'aller croiser au vent dans la partie de l'Ouest, pour pouvoir nous avertir en cas que l'escadre anglaise eût aussi fait le projet de venir hiverner à Achem. Elle doit rester en croisière jusqu'au renversement de la mousson. A 4 heures, le *Brillant* a signalé une voile au N. E. Pendant le jour, le vent à l'O. S. O.; la nuit, calme.

VENDREDI 8. — Le vent au S. S. E., petit frais; le temps beau. A 9 heures, le *Flamand* a signalé une voile au N. E.; à 9 heures 1/2, le *Flamand* a signalé une voile à l'E. N. E; au même instant, signal au *Saint-Michel* de se tenir prêt à appareiller. A 11 heures, il a mis sous voile; mais les courants le portant sur le *Brillant*, il a été obligé de remouiller pour ne pas l'aborder, et n'a mis sous voile qu'à 5 heures 1/2 du soir, faisant route pour la passe de Malacca, en chasse du bâtiment aperçu, mais qu'on ne voyait plus, ayant doublé la pointe de Pedro. Pendant la journée, le vent à l'O., petit; la nuit, au S. S. O.

SAMEDI 9. — Le vent au S. O., petit frais; beau temps. A 11 heures, il a varié à l'E. N. E., petit; la nuit, il a soufflé à l'E. S. E.

DIMANCHE 10. — Le vent au S. E., petit; temps nébuleux. A 6 heures 1/2, le *Flamand* a signalé deux voiles au S. S. O. A la même heure, un bâtiment danois a mis sous voile. A 7 heures, le vent a passé à l'E. N. E; temps couvert et petite pluie. Les bâtiments aperçus ont été reconnus pour le *Saint-Michel* et une prise, manœuvrant pour gagner le mouillage. A 4 heures 1/2, le *Saint-Michel* a mouillé. Pendant la journée et la nuit, vent à l'E. N. E., petit.

LUNDI 11. — Le vent au S. E., petit; temps couvert. Un bâtiment du pays a mis sous voile. A 7 heures, le vent a passé à l'Est, petit, et petite pluie; la prise du *Saint-Michel* était encore à 4 heures du mouillage. A 1 heure 1/2, un bâtiment du pays a mouillé en rade. La prise du *Saint-Michel* est un brick, nommé le *Nautilus*, venant du Bengale à Achem, chargé d'opium, toile et tabac. Dans la nuit du jour qu'il avait paru, il avait envoyé un canot à terre vers la pointe de Pedro, pour savoir qui nous étions, et, ayant su que nous étions Français, il avait repiqué au Nord et avait été aperçu dans la nuit par

Prise.

Novembre 1782. le *Saint-Michel,* qui l'avait chassé jusqu'à l'île Ronde, où il l'avait pris. Dans la journée, le vent a soufflé au N. E., petit frais. La prise a mouillé. Pendant la nuit, le vent à l'E. S. E.

MARDI 12. — Le vent à l'Est, petit frais ; temps nébuleux. A 6 heures ¹/₂, le *Saint-Michel* a mis sous voile pour aller croiser dans la partie de l'Est sur Pulo Way. A 10 heures, nous avons eu un grain de vent et de pluie dans la partie de l'E. N. E. A 1 heure, appelé le capitaine du *Flamand*. Deux parents du roi sont venus à bord pour complimenter le général de sa part et lui apporter quelques présents, consistant en bœufs, légumes et fruits ; en quittant le bord, ils ont été salués de 5 coups de canon. A 5 heures, le *Saint-Michel* a mouillé, ayant les courants contre lui. Le vent à l'E. S. E., petit.

MERCREDI 13. — Le vent au S. E., petit frais ; petite pluie. A 6 heures, le *Saint-Michel* a mis sous voile avec un bâtiment du pays. A 5 heures du soir, le général a fait faire signal au *Saint-Michel* de mouiller, ayant les vents et les courants contre, pour s'élever dans l'Est. La nuit, vent au S. E., petit.

JEUDI 14. — Vent au S. E., petit frais ; petite pluie par intervalles. A 6 heures, le *Saint-Michel* a mis sous voile. Pendant la journée, les vents ont soufflé au N. E. ; la nuit, au S. E., petit.

Inquiétudes du roi d'Achem. Il paraît, par les manières froides et les réponses ambiguës du shabaudar lorsque nous demandons quelque chose pour l'escadre, que le roi et ses sujets sont dans une très grande inquiétude sur notre compte, n'ayant jamais vu des forces aussi considérables dans leur rade ; ils craignent que nous n'ayons quelques projets d'établissement dans le pays, ayant su surtout que nous attendions des forces de l'Ile-de-France. Nous espérons que nos bonnes raisons et plus encore nos piastres, dont le roi retire une très grande quantité par les achats de bœufs et autres provisions que nous faisons journellement, établiront la bonne intelligence et dissiperont ces craintes mal fondées.

VENDREDI 15. — Le vent au S. E. E., petit ; temps couvert. Au jour, le *Saint-Michel* a appareillé. A 7 heures ¹/₂, la prise a mis sous voile pour rallier l'escadre. A 6 heures ³/₄, nous avons embarqué la chaloupe pour la raccommoder.

SAMEDI 16. — Le vent au S. E., petit ; presque calme ; dans la Novembre 1782. journée et pendant la nuit, variable au S. S. E.

DIMANCHE 17. — Le vent au S. S. E., petit frais ; beau temps. A 1 heure, l'*Ajax* a signalé une voile au N. E. ¹/₂ Est. A 2 heures, fait signal au bâtiment aperçu de mettre son numéro. A 2 heures ¹/₂, fait les signaux de reconnaissance ; nous avons reconnu le bâtiment pour être la *Pourvoyeuse,* venant de Malacca ; elle a mouillé à 6 heures ³/₄ ; elle était chargée de bois de mâture du pays pour l'escadre et autres munitions ; à son arrivée à Malacca, ayant appris que les 5 bâtiments particuliers allant à la Chine étaient dans le détroit, elle avait été les chercher et les avait attaqués ; mais les bâtiments ayant fait bonne contenance et s'étant défendus en ligne, la frégate les avait abandonnés, les croyant sans doute trop forts pour être réduits. Pendant la nuit, le vent à l'E. S. E., petit.

LUNDI 18. — Le vent à l'E. S. E., petit frais ; beau temps. A 9 heures ¹/₂, appelé à l'ordre. A midi ³/₄, l'*Ajax* a signalé une voile à l'E. N. E. ; nous l'avons reconnue peu après pour le *Saint-Michel,* auquel nous avons fait signal de mouillage. Le vent à l'E.N.E., petit frais. A 5 heures, l'*Ajax* a signalé une voile à l'E. N. E., petit frais. A 8 heures ¹/₂, la *Fortune* a mouillé. La nuit, le vent au S. E., petit.

MARDI 19. — Le vent au S. E., petit, temps couvert. A 8 heures, appelé à l'ordre. A 10 heures, nous avons eu un grain ; petit vent et pluie dans la partie du S. E. A 2 heures, aperçu une voile dans le N. E. ¹/₄ Est., que nous avons reconnue pour le *Saint-Michel.* A 5 heures, il a mouillé.

MERCREDI 20. — Le vent au S. E., petit frais ; beau temps. Dans la journée, appelé plusieurs vaisseaux. La nuit, le vent au S. E.

JEUDI 21, VENDREDI 22. — Le vent au S. E., petit. Au jour, nous avons envoyé faire du bois sur Pulo Way. A 10 heures, l'*Artésien* a mis sous voile pour aller en croisière au vent. A 7 heures ¹/₂, les courants l'ont obligé de mouiller. La nuit, le vent au S. E.

SAMEDI 23. — Le vent à l'E. S. E., petit frais ; beau temps. A 5 heures, l'*Artésien* a mis sous voile pour s'élever au vent. A 7 heures, le *Vengeur* a signalé une voile au N. O. ; aussitôt fait signal à la *Fortune* d'être prête à appareiller. A 1 heure, il est venu du large, par la grande passe, un canot avec un officier, provenant de la corvette du roi le *Duc de Chartres,* venant de l'Ile-de-France. M. de Ker-

Novembre 1782. saint, faisant fonctions de lieutenant, qui la commandait, avait envoyé son canot pour s'informer si l'escadre était à Achem ; il devait rester en l'attendant à l'Ouest des îles ou mouiller à la pointe du Roi. A 3 heures, nous avons envoyé la chaloupe à la pointe du Roi pour voir s'il y était, et la *Fortune* a appareillé, à 4 heures, pour le chercher au cas où il serait resté sous voile. Le vent au S. E., petit.

DIMANCHE 24. — Le vent à l'E. S. E., petit frais ; beau temps. A 9 heures, appelé à l'ordre tous les vaisseaux. A 2 heures, le vent à varié à l'E. N. E. L'*Artésien* a mis sous voile.

Arrivée du Duc de Chartres

Notre chaloupe est revenue avec les paquets pour le général, et le *Duc de Chartres* est entré par la passe de Surate ; M. de Kersaint avait eu une très belle traversée, avait touché à Galles, à Trinquémalay, à Goudelour et avait eu connaissance de l'escadre anglaise faisant route pour Bombay ; M. de Bussy, retenu à l'Ile-de-France par des maladies, malade lui-même, n'avait point encore fixé le moment de son départ et semblait encore attendre des nouvelles de M. de Suffren. Nous avons appris les malheurs arrivés à l'armée du comte de Grasse et au convoi destiné pour l'Inde. Le *Duc de Chartres*, navire mâté en brick, doublé en cuivre, et parti de Brest en juin, avait apporté les nouvelles ; il était chargé de vin, eau-de-vie et de quelques munitions navales. Le bâtiment avait été acheté par l'administration à l'Ile-de-France tout chargé et nous avait été dépêché avec la *Nayade*, partie de l'Ile-de-France un jour avant lui. Il l'avait laissée à Galles, où on envoyait à l'escadre 25,000 piastres sur les deux bâtiments. Le *Duc de Chartres* avait laissé les siennes partie à Trinquémalay et partie à Goudelour. Le départ de M. de Bussy, le convoi de M. de Soulange pris ou rentré dans les ports, nous réduisaient à des forces bien médiocres vis-à-vis de celles de l'amiral Hughes, renforcées par la division de Bikerton, et nous nous trouvions encore heureux de les savoir sur la route de Bombay, d'où elles ne pourraient guère revenir qu'à la fin de mars. A minuit, le brick a mouillé près de l'escadre.

Lundi 25. — Le vent au S. E., petit ; beau temps. A 3 heures après-midi, nous avons amarré un homme sur un canon, coupable de désertion. Peu après, appelé à l'ordre. A 7 heures, petit grain et pluie dans la partie du S. E. La nuit, le vent de la même partie, petit.

Mardi 26. — Le vent petit au S. E. L'*Artésien*, cherchant toujours à s'élever, est obligé souvent de mouiller à cause des courants ; on travaille à répartir le chargement du *Duc de Chartres* sur les vaisseaux de l'escadre ; l'intention du général est de le renvoyer à l'Ile-de-France.

Mercredi 27. — Le vent au S. E., petit frais. L'*Illustre* a signalé une voile, à 10 heures, au N. E. 1/4 Est. A 10 heures 1/2, signalé un autre bâtiment au Nord 1/4 N. O. A 2 heures, l'*Artésien* a fait des signaux de reconnaissance au premier bâtiment signalé ; nous l'avons reconnu pour la *Fine*, venant de Gueda. A 4 heures, elle a mouillé dans l'escadre ; elle avait acheté autant de riz qu'elle en pouvait porter, lequel va être réparti sur l'escadre. Peu après, la *Fortune* a rallié et mouillé dans l'escadre ; elle n'avait rien vu au large. Pendant la nuit, le vent a régné au S. E., petit.

Jeudi 28. — Le vent au S. E., petit. A 5 heures, sur des nouvelles qu'il avait paru des voiles le long de la côte de l'Ouest, nous avons envoyé un canot à la découverte à la pointe du Roi, qui n'a rien vu. A 5 heures, signal de ralliement à l'*Artésien* ; il a mouillé dans l'escadre à 7 heures.

Vendredi 29. — Le vent au S. S. E., petit ; beau temps. A 7 heures, la *Fortune* a mis sous voile pour croiser au vent. A 8 heures 1/2, signal pour permettre d'écrire. A 4 heures, l'*Ajax* a signalé une voile au Nord et quart de Nord. A 5 heures, nous avons arboré pavillon de poupe, ayant reconnu le bâtiment pour braman. Pendant la journée, le vent au N. E., petit ; dans la nuit, au S. S. E. Le navire a mouillé.

Novembre 1782.

Départ du *Duc de Chartres*

Décembre 1782.

SAMEDI 30. — Le vent au S. S. E., petit frais. A 9 heures, le *Duc de Chartres* a mis son pavillon pour l'Ile-de-France ; dans la journée il a été obligé de remouiller à cause du calme. Belle nuit [1].

DIMANCHE 1ᵉʳ DÉCEMBRE. — Dans la nuit, le *Duc de Chartres* a mis sous voile. Pendant le jour, le vent au N. N. E., petit ; dans la nuit, au S. S. E.

LUNDI 2. — Vent variable, avec vent et pluie ; la nuit, petit, à l'Est.

MARDI 3, MERCREDI 4. — La *Pourvoyeuse* ayant fait à Malacca un mât de 64, a eu ordre de démâter pour le donner au *Brillant*, qui rendra celui de la *Pourvoyeuse ;* en conséquence les deux bâtiments travaillent à démâter.

JEUDI 5. — Le vent au S. E., petit. A 6 heures, le *Sévère* a signalé une voile au N. N. O. ; peu après, annulé le signal. A 4 heures, le *Saint-Michel* et l'*Ajax* ont signalé une voile au N. E. Pendant la nuit, le vent à l'Est, joli frais.

VENDREDI 6, SAMEDI 7, DIMANCHE 8. — Le vent à l'Est, joli frais ; A 3 heures $1/4$, l'*Ajax* a signalé un bâtiment à l'E. N. E. ; nous l'avons peu après reconnu pour la *Fortune* ; elle a mouillé dans l'escadre.

LUNDI 9, MARDI 10. — Le vent au S. E., petit frais ; beau temps. A 9 heures, l'*Ajax* a signalé un bâtiment à l'E. N. E. ; peu après, il l'a signalé suspect. A 11 heures, le bâtiment a été reconnu pour la *Bellone* ; elle a mouillé à midi venant de Malacca. La nuit, au S. E.

MERCREDI 11. — Le vent au S. S. E., petit frais. Appelé tous les vaisseaux à l'ordre ; le *Vengeur* fait beaucoup d'eau.

JEUDI 12. — Le vent au S. E., petit ; temps couvert. A 1 heure, nous avons eu un grain dans la partie de l'Est, joli frais, mêlé de pluie.

---

1. Lettre de M. de Suffren à Mᵐᵉ de Seillans :

« Rade d'Achem, ce 30 nov. 1782, à bord du *Héros*. — J'ai eu un grand combat le 12 Je me porte fort bien aujourd'hui 18.

« Je me porte fort bien, ma chère amie, c'est la seule bonne nouvelle pour vous que j'aie à vous mander. Il est à craindre que les malheurs d'Europe et d'Amérique n'influent prodigieusement sur notre situation. Une malheureuse épidémie qu'à eue la division de M. de Peynier a fait tout manquer. Si je me tire bien de l'Inde, ce sera un grand bonheur. J'étais ici en attendant huit vaisseaux et autant de mille hommes ; arrive un aviso qui m'apprend qu'un convoi pour l'Inde est pris et que l'autre est arrêté par la maladie. En vérité, c'est trop de malheurs à la fois. »

(Ortolan, *Monit. Univers.*, 5 nov. 1859.)

A 5 heures, le vent a fraîchi à l'E. N. E.; grain et pluie. Le câble d'affourche a rompu. Pluie jusqu'à minuit.

Vendredi 13, Samedi 14. — Le vent à l'E. S. E., petit frais. A 6 heures, nous avons eu un grain dans la partie de l'Est. Peu après, nous avons affourché avec une petite ancre. A 3 heures, rappelé à l'ordre; nous travaillons à bord à larder une misaine pour le vaisseau le *Vengeur*, qui fait toujours beaucoup d'eau.

Dimanche 15. — Le vent au S. E., petit frais; beau temps. A 5 heures 3/4, l'*Ajax* a signalé un bâtiment au N.E. 1/4 Est; c'était un petit bâtiment hollandais, chargé de riz pour l'escadre, venant de Malacca, que la *Bellone* avait laissé dans le détroit. Nous attendons aussi un grand bâtiment de la Compagnie, chargé de riz pour nous. La nuit, le vent au S. E.

Lundi 16. — Le vent au S. E., petit; beau temps. Le *Vengeur* et la *Pourvoyeuse* ont mis sous voile pour Trinquémalay. La bonnette lardée n'ayant pas diminué l'eau de ce vaisseau, peut-être à cause de son doublage en cuivre, le général s'est déterminé à l'envoyer à Trinquémalay pour qu'il fût vite mis en état; la *Pourvoyeuse* l'escortait en cas d'accident. Tous les vaisseaux ont eu ordre d'envoyer à bord du *Vengeur* un calfat et charpentier pour aider à sa carène et radoub.

Mardi 17, Mercredi 18, Jeudi 19. — Le vent au S.E., petit; couvert. A 3 heures 1/2, appelé à l'ordre. Le départ est fixé pour demain; le général compte atterrer à la côte le plus Nord possible et venir, en la longeant, jusqu'à Goudelour. Nous espérons que les prises nous fourniront du riz en abondance, tant pour nous que pour l'armée et Trinquémalay. L'*Annibal* (anglais) et la *Bellone* doivent aller croiser sur les Brasses, pour intercepter tout ce qui entrera et sortira du Gange; la *Fortune* attendra le vaisseau hollandais venant de Malacca pour lui donner ordre d'aller à Trinquémalay.

Achem est un excellent port d'hivernage, tant pour la sûreté que pour les rafraîchissements, qu'on y trouve en abondance. L'eau s'y fait dans la rivière et très aisément, en calculant la marée ; il n'est pas même nécessaire de la monter bien haut pour trouver l'eau douce. On nous avait permis de faire du bois sur Pulo Way, en payant ; ordinairement on vous l'apporte de la ville dans des bateaux, et alors il est très cher. Les bâtiments seuls doivent tout trouver à meilleur compte qu'une escadre ; les bœufs nous ont coûté 10 piastres, les volailles 6 à 8 à la piastre ; on y trouve assez abondamment des légumes et des fruits particuliers au pays. C'est le shabaudar, ou ministre, avec qui l'on traite pour les achats de bœufs, bois, etc. Le reste se trouve au bazar ou marché, qui, cependant, dépend de lui.

Je ne crois pas que l'air y soit bien sain ; nos malades ont augmenté au lieu de diminuer. Cela vient peut-être des marais, dont le pays est rempli, et coupé de ruisseaux. Dans les moindres pluies, la campagne est noyée ; les maisons ou cases sont, pour cette raison, élevées sur des pilotis qui montent à 4 ou 5 pieds de terre, et l'on ne va plus alors qu'en pirogue. Il s'en faut de beaucoup que les Malais, habitants du pays, aient la douceur et l'apathie des Indiens ; toujours prêts à percer de leur cric ceux qui les insultent ou simplement les contrarient, il faut avoir la plus grande attention à ce que les gens de l'équipage ne se disputent point dans la campagne. Ils professent la religion mahométane et sont très jaloux de leurs femmes, qui ne sont pas cependant d'une beauté tentante. Leur roi n'a qu'une ombre d'autorité et craint plus ses sujets qu'il n'en est craint.

Départ d'Achem. VENDREDI 20. — Le vent au S. E., petit ; temps couvert et pluie. A minuit, signal de désaffourcher ; à 4 heures, signal d'appareiller. La *Fortune* reste au mouillage pour attendre le hollandais venant de Malacca. Le capitaine de la *Fine* a eu ordre de rester pour aller réclamer quelques déserteurs de l'escadre restés à terre. La *Fine* devait ensuite rallier l'escadre. A 7 heures, nous avons mis sous voile et gouverné au Nord ¼ N. O. du compas. L'*Annibal* (anglais) et la *Bellone* ont fait route pour leur croisière, passant à l'Est des îles Nicobar. *Décembre 1782.*

A midi, relevé : la pointe Sud de Pulo Way, Est ¼ S. E. ; la pointe N.O., N. N. E. 2° Nord ; l'île Ronde, Nord ¼ N.O. ; l'écueil le plus en dehors de Pulo Brasse, Ouest ¼ S. E. ; la pointe N. E. de Pulo Brasse, O. S. O. 2° Ouest ; la pointe de Pedro, S. E. ¼ Est ; le mouillage d'Achem, S. E. ¼ Sud 3° Sud (corrigé) ; distance de terre : 2 lieues. *Route pour la côte d'Orixa.*

Le vent au S. E., joli frais. Route au N. O. A 1 heure, les vents ont varié à l'Est, petit frais. A 1 heure ¼, embarqué nos bâtiments à rames. A 2 heures, signal de ralliement au *Sévère*.

A 2 heures, relevé : la pointe Nord de Pulo Way, Est ¼ N. E. 5° Nord ; l'île Ronde, Nord ¼ N. E. 2° Est ; l'écueil le plus en dehors de Pulo Brasse, S. O. 5° Sud ; la pointe N. O. de Pulo Brasse, S. O. 5° Sud ; distance de Pulo Way : 3 lieues (corrigé).

Le vent à l'E. N. E., petit frais ; route au N. O. du compas. A 4 heures ½, pris des ris dans les huniers.

Au soleil couché, relevé : l'île Ronde, Est ¼ N. E. 3° Nord ; la pointe N. E. de Pulo Brasse, S. E. 3° Sud ; la pointe Nord de Pulo Way, Est ¼ S. E. 2° Sud ; distant de l'île Ronde : 8 lieues (corrigé).

Le vent au N. E., petit frais ; route au N. O. A 10 heures, nous avons eu un grain dans la partie de l'Est ; vent variable, presque calme.

SAMEDI 21. — Calme ; temps couvert et pluie. A 4 heures, le vent s'est élevé au S. O., petit. Route au N. O.

Au lever du soleil, relevé : l'île Ronde, E. S. E. 5° Sud, 8 lieues.

Au jour, nous n'avons plus vu l'*Annibal* (anglais) et la *Bellone*. Tous les vaisseaux ayant eu ordre d'exercer un certain nombre de matelots au maniement des armes pour les faire servir en cas de besoin comme troupes de débarquement, nous avons commencé à les exercer. A 10 heures, le vent a varié au N. N. O., petite pluie ; pris tribord amures. A 11 heures, nous avons viré et pris bâbord amures ; le vent à l'Ouest, petit.

A midi, point de hauteur. — Lat. estimée : 6° 8' ; longit. arrivée : 92° 46' ; route estimée depuis le dernier relèvement, au N. O. ¼ Nord 5° Ouest, 9 lieues ⅓ ; l'île Ronde à l'E. S. E., 8 lieues ⅓.

Décembre 1782.　　Le vent à l'Est, petit, et petite pluie. Route au plus près, bâbord amures. A 1 heure, nous sommes arrivés au N. E. pour rallier les vaisseaux tombés sous le vent. A 1 heure, le *Saint-Michel* a signalé la terre à l'Ouest $1/4$ N. O., que nous avons reconnue peu après pour la grande Nicobar, et nous l'avons relevée au N. O. 5° Ouest. Le Le vent au N. O., petit, et pluie. A 4 heures $1/4$, signal de ralliement. Le vent au Nord, petit; pris le plus près du vent, bâbord amures. A 4 heures $1/2$, ordre de marcher sur deux colonnes pour tenir les vaisseaux plus ralliés. Au même instant, viré de bord ; pris tribord amures.

Au coucher du soleil, relevé : la pointe S.O. de la grande Nicobar, N. O. $1/4$ Ouest; la pointe Est, N. O. $1/4$ Nord; distant de la terre : 10 lieues (corrigé).

Le vent au Nord, petit. Route à l'O. N. O. A 11 heures $1/2$, le vent a varié au N. O., petit frais ; temps nébuleux.

Dimanche 22. — Le vent au N. O., petit, presque calme. Route au plus près, tribord amures.

A minuit, relevé : la pointe Sud de la grande Nicobar, N. O., 4 lieues.

A 6 heures, le vent a varié à l'E. N. E.; mis le cap au N. N. O.

Au lever du soleil, relevé : la pointe S. E. de la grande Nicobar, N. E. 2° Est; la pointe Ouest, Nord $1/4$ N. O., 3 lieues $1/2$.

Pirogues venues à bord.　　A 9 heures, changé le petit hunier. A 10 heures, trois pirogues du pays, à baleiniers, sont venues à bord avec quelques noirs ayant des cocos et d'autres fruits; ils parlaient une langue absolument inconnue et ne voulaient que du tabac en échange de leurs fruits.

A midi, lat. observée : 6° 50'; longit. arrivée : 91° 24'; la pointe S. E. de la grande Nicobar, Est $1/4$ N. E. 3° Nord ; la pointe N.O. de la grande Nicobar, N. N. E. 5° Nord; la pointe Est de la petite Nicobar, Nord $1/4$ N. E.; la pointe N.O. de la petite Nicobar, Nord 3° Est; distance de la grande Nicobar : 4 lieues $1/2$.

Le vent au N. N. O. Route au plus près, tribord amures.

Au coucher du soleil, relèvement corrigé : la pointe S. E. de la grande Nicobar, Est 5° Nord; la pointe N. O. de la grande Nicobar, N. N. E. 5° Nord ; la pointe Ouest de la petite Nicobar, Nord 5° Est; distant de la grande Nicobar : 5 lieues.

Vent de N. O. Route au plus près, tribord amures.

LUNDI 23. — A 1 heure, le vent a passé à l'O. S. O., petit. Fait Décembre 1782. signal de virer de bord et pris bâbord amures. A 1 heure ³/₄, route au N. N. O. Jusqu'à 9 heures, vent variable de l'Ouest au S. O. Petite pluie à midi.

Point de hauteur. — Lat. estimée : 7° 1'; longit. arrivée : 91° 15'; la pointe S. E. de la grande Nicobar, Est 5° Sud ; la pointe N. O. de grande Nicobar, N. E. 5° Est ; la pointe S. E. de la petite Nicobar, N. E. 5° Nord ; la pointe N. O. de la petite Nicobar, N. E. ¹/₄ Nord ; distant de la grande Nicobar : 6 lieues ¹/₂.

Le vent au N. O., presque calme. Route au plus près, bâbord amures.

Au soleil couché, relèvement corrigé : la pointe S. E. de la grande Nicobar, Est 5° Est ; la pointe N. O. de la grande Nicobar, N. E. 4° Est ; la pointe N.O. de la grande Nicobar, N. E. ¹/₄ Nord ; distant de terre : 5 lieues.

A 7 heures ¹/₄, gouverné au N. O. ¹/₄ Nord ; le vent à l'O. S. O. sous les huniers ; vent petit, variable.

MARDI 24. — De minuit à 4 heures, vent variable du S. O. au S. S. E.

Au lever du soleil, relèvement corrigé : la pointe N.O. de la petite Nicobar, E. N. E. 4° Est ; la pointe S. E. de la petite Nicobar, Est ¹/₄ N. E. 3° Est ; la pointe N. O. de la grande Nicobar, Est 3° Nord ; distant de terre : 6 lieues.

Vent au S. E., petit frais. Route au N. N. O. A 6 heures ¹/₂, l'*Artésien* a signalé une voile à l'Est ; on lui a fait signal de chasser, mais il a annulé celui de bâtiment ; c'était une roche.

A midi, lat. observée : 7° 40'; longit. arrivée : 90° 59'; route corrigée depuis le relèvement d'hier soir à 6 heures, N. N.O. 2° Ouest ; chemin : 14 lieues ²/₃.

Le vent au S. E., petit frais. Route au N. N. O. A 3 heures ¹/₂, le vent a varié au S. S. O., joli frais; pluie. Peu après, il a repris au S. S. E. Route au N. O. ¹/₄ Nord. De 4 heures à minuit, vent frais au S. S. E. ; grain et grosse pluie.

MERCREDI 25. — Le vent au S. S. E., joli frais ; temps couvert et pluie. Route au N. O. ¹/₄ Nord. A 6 heures, gouverné au Nord ¹/₄ N. O. A 5 heures ¹/₄, le *Sphinx* a signalé une voile au S. S. E. Le vent très frais par grain et grosse pluie. Reconnu le bâtiment

Route pour la côte d'Orixa.

Décembre 1782. aperçu pour la *Fine*; à 11 heures, elle a rendu compte qu'elle ramenait les déserteurs laissés à Achem.

A midi, point de hauteur. Lat. estimée : 9° 12'; longit. estimée : 90° 15'; route estimée : N. N. O. 5° Ouest, 34 lieues ; la pointe Ouest de Carnicobar, N. E., 5 lieues 1/2.

A 1 heure, fait de la voile ; le vent à l'E. S. E., joli frais. Route au Nord 1/4 N. O. Le reste de la journée, le vent à l'E. N. E., joli frais ; grain et petite pluie. Même route.

Jeudi 26. — Le vent à l'E. N. E., joli frais ; temps couvert. Route au Nord 1/4 N. O. A 3 heures, le vent a passé au N. E. Route au plus près, tribord amures. A 9 heures 1/2, notre vergue a cassé par le milieu. Au même instant, le *Sévère* a démâté de son petit mât de hune. L'*Annibal* a signalé un homme à la mer. Nous avons amené de la voile et appelé la *Fine*, qu'on a envoyée savoir si l'avarie du *Sévère* n'avait eu aucune suite fâcheuse. Nous avons travaillé à gréer une autre vergue barrée.

A midi, lat. observée : 10° 55'; longit. arrivée : 89° 35'; depuis mardi, route corrigée : N. N. O. 1° Nord, 70 lieues ; différence Nord : 8 lieues 1/2 ; la petite Andaman, E. N. E., 6 lieues 2/3.

Le vent à l'E. N. E., frais ; grosse mer du N. E.; grain et pluie par intervalles. Route au plus près, tribord amures. A 1 heure 1/2, signal de ralliement au *Brillant*. Même vent et route.

Vendredi 27. — Le vent variable de l'Est à E. N. E., joli frais ; temps couvert et pluie. A 3 heures, la *Fine* nous a passé à poupe et nous a rendu compte que le *Sévère* venait de faire de la voile. Au même instant, avons amuré la misaine et fait signal à l'escadre de faire servir. Route au plus près, bâbord amures.

A midi, lat. observée : 11° 25'; longit. arrivée : 88° 51'; route corrigée : N. O. 1/4 Ouest 3° Nord, 16 lieues 1/3.

Pendant la journée, le *Sévère* a guindé un petit mât de hune. A 7 heures, gouverné au N. N. O. Le vent à l'E. N. E.

Samedi 28. — Le vent au N. N. E., joli frais ; beau temps. Route au plus près, tribord amures.

A midi, W. : N. E. 1° 11'. — Lat. observée : 12° 13'; longit. arrivée : 88° 14'; route corrigée : N. O. 1/4 Nord 3° Ouest ; chemin corrigé : 20 lieues 1/2.

A 3 heures 3/4, arrivé pour rallier l'*Annibal*. A 6 heures, signal à ce vaisseau de forcer de voiles, au *Brillant* d'arriver, et de ralliement à la *Fine*. Pendant la nuit, au N. E., tribord amures. Décembre 1782.

DIMANCHE 29. — Le vent au N. N. E., joli frais ; temps couvert ; route au plus près, tribord amures. A 6 heures 1/2, signal de virer de bord ; pris bâbord amures.

A midi, lat. observée : 12° 52' ; longit. estimée : 87° 49' ; route corrigée : N. O. 1/4 Nord 1° Nord ; chemin corrigé : 15 lieues 1/3.

Le vent au N. E., joli frais. Route au plus près, bâbord amures. A 5 heures, signal de ralliement à la *Fine,* et aux vaisseaux de tête de diminuer de voiles ; le reste de la journée, même vent et route.

LUNDI 30. — Le vent au N. N. E., joli frais ; temps couvert. Route au plus près, bâbord amures. A 6 heures, arrivé pour rallier les mauvais voiliers. A 7 heures 1/2, remis au plus près. A 10 heures 1/2, signal de virer vent arrière ; pris tribord amures.

A midi, W. : N. E. 1° 4'. — Lat. observée : 12° 38' ; longit. estimée : 88° 48' ; route corrigée : Est 1/4 S. E. 3° Sud, 19 lieues 2/3.

Le vent au N. E., joli frais. Route au plus près, tribord amures. A la même heure, signal de ralliement ; à 5 heures, au *Brillant,* qui courait à bord opposé, de virer de bord ; la nuit, même vent et route.

MARDI 31. — Le vent au N. E., joli frais ; beau temps. Route au plus près, tribord amures. A 6 heures 1/2, le *Brillant* a fait signal d'incommodité. A la même heure, signal et mis en panne, tribord amures. Appelé la *Fine* pour savoir l'état du *Brillant,* qui faisait beaucoup d'eau et dont le beaupré avait besoin d'être jumelé. A 8 heures 3/4, signal de faire servir et d'ordre de marche sur deux colonnes.

Route pour la côte d'Orixa.

A midi, lat. observée : 13° 26' ; longit. arrivée : 88° 2' ; route corrigée : N. O. 2° Nord, 22 lieues ; différence Nord : 1 lieue 2/3.

Le reste de la journée, même vent et route.

MERCREDI 1ᵉʳ JANVIER. — Le vent au N. E., joli frais. Route au plus près, tribord amures. A 8 heures, le *Sévère* a fait signal d'homme à la mer, et, peu après, qu'il était sauvé.

Janvier 1783.

A midi, lat. observée : 14° 6' ; longit. arrivée : 87° 19' ; route corrigée : N. O. 1° Nord, 19 lieues.

A 2 heures, signal aux vaisseaux de forcer de voiles. A 9 heures, vent à l'Est, joli frais ; mis le cap au Nord 1/4 N. O.

JEUDI 2. — Le vent au N. E., joli frais. Route au plus près, tribord amures.

Janvier 1783. A midi, point de hauteur. — Lat. observée : 15° 3' ; longit. arrivée : 86° 45' ; route estimée : N. O. ¹/₄ Nord 4° Nord, 21 lieues.

Le reste du jour et de la nuit, même vent et route.

VENDREDI 3. — Le vent au N. E., joli frais. Route au plus près, tribord amures. A 7 heures, le *Sphinx* a signalé un homme à la mer et, peu après, qu'il était sauvé.

A midi : lat. observée : 15° 31' ; longit. arrivée : 86° 22' : depuis mercredi, route corrigée : N. O. ¹/₄ Nord 1° Nord, 34 lieues ; différence Sud : 9 lieues.

Le reste de la journée et pendant la nuit, même vent et route.

SAMEDI 4. — Le vent à l'E. N. E., joli frais. Route au N. N. O. A 6 heures, signal d'ordre de marche sur deux colonnes ; à 6 heures ¹/₂, au *Sphinx* et au *Flamand* d'être à leur poste.

A midi, lat. observée : 16° 50' ; longit. arrivée : 85° 45' ; route corrigée : N. N. O. 1° Nord, 29 lieues ; différence Nord : 1 lieue ²/₃.

A midi ¹/₄, signal à la *Fine* de passer à poupe. A 1 heure, répété le même signal avec un coup de canon. A 2 heures ¹/₂, ordonné à la *Fine* de chasser 4 lieues en avant de l'escadre. A 4 heures, ordonné au *Saint-Michel* de se tenir à 2 lieues en avant de l'escadre pour répéter les signaux de la *Fine*. Le reste du jour, le vent au N. E. et à l'E. N. E. Route au Nord ¹/₄ N. O.

DIMANCHE 5. — Le vent au N. E., petit, beau temps. Route au plus près, tribord amures.

A midi, lat. observée : 18° 1' ; longit. estimée : 85° 14' ; route corrigée : N. N. O., 25 lieues ¹/₂ ; différence Nord : 6 lieues ²/₃.

Le vent au N. N. E., petit frais. Route au plus près, tribord amures ; à 4 heures ¹/₂, signal de ralliement à la *Fine*. Le reste du jour et la nuit, même vent et route.

LUNDI 6. — Au jour, calme ; beau temps ; belle mer.

A midi, lat. observée : 18° 30' ; longit. arrivée : 85° 1' ; route corrigée : N. N. O., 10 lieues ¹/₂.

Petit vent au S. S. O. Route au Nord ¹/₄ N. O. A 5 heures, diminué de voiles pour attendre les traînards ; à 5 heures ³/₄, mis en panne. A 7 heures, sondé sans trouver de fond ; à 11 heures, étant ralliés, fait servir et gouverné au N. N. O.; le vent au S. S. E., petit.

MARDI 7. — Le vent au S. S. O., petit ; temps nuageux. Route au N. N. O. De 4 à 6 heures, vent variable du S. S. O. au Nord,

presque calme. A 6 heures, sondé sans trouver fond. A 7 heures, le   Janvier 1783.
vent a varié au S. E. Route au N. N. O.

A midi, point de hauteur. W. : N. E. 00° 33'. — Lat. estimée : 19° 10' ; longit. arrivée : 84° 49' ; route estimée : Nord ¼ N. O. 2° Ouest, 13 lieues ; les pagodes blanches au N. O. 5° Ouest, 22 lieues.

A 5 heures ¼, la *Fine* a signalé un bâtiment au N. O. ¼ Nord ; signal de chasser à la *Fine*. A 6 heures, sondé, point de fond. A 6 heures ½, route au N. O. ¼ Ouest. Peu après, la *Fine* a joint le bâtiment chassé ; nous avons ordonné à l'*Artésien*, au porte-voix, d'aller prendre la prise à la remorque et de dire à la *Fine* de venir rendre compte.

MERCREDI 8. — Le vent au S. E., joli frais ; beau temps. A 1 heure, sondé, trouvé 60 brasses, vase. Gouverné à l'Ouest ¼ S. O. A 3 heures ½, sondé par 40 brasses, même fond. Le bâtiment pris, à un mât, venait du Bengale, chargé de riz et d'un peu d'opium, allant à Madras. A 4 heures, mis le cap à l'O. S. O. Au jour, nous avons vu la terre à 5 lieues. A 6 heures ¾, le *Flamand* a signalé des voiles au Nord ; signal au *Saint-Michel* de chasser à cet air de vent ; à 7 heures, nous avons envoyé un canot à la prise ; à 7 heures ½, ayant demandé au *Saint-Michel* s'il espérait joindre, il a répondu que les bâtiments étaient mouillés ; nous lui avons fait signal de ralliement. A 8 heures ½, signal de manœuvre indépendante ; à la même heure, mis en panne et signal au *Flamand* de passer à poupe. Nous ne reconnaissions pas la terre, et, croyant être au Nord de Gangeou, nous craignions de l'avoir dépassé. A 9 heures ¼, fait servir et signal à l'escadre de forcer de voiles. La *Fine*, ayant passé à portée, nous a dit que nous avions laissé Gangeou au Nord. Nous avons envoyé chercher le capitaine de la prise pour nous en assurer ; il nous a dit la même chose. Nous voyions en même temps dans le Sud deux ou trois parias mouillés devant une aldée. A 11 heures ½, signal de virer de bord par la contremarche.

A midi, lat. observée : 19° 7' ; longit. arrivée : 84° 11' ; depuis   Côte d'Orixa.
lundi, route corrigée : N. O. ¼ Ouest 3° Nord, 20 lieues ; relevé Gangeou : Nord 5° Est, 5 lieues.

La *Fine* a eu ordre d'aller aux bâtiments qu'elle voyait dans le Sud. Fait signal de ralliement à l'*Artésien*. A 3 heures, signal à l'escadre de se préparer à mouiller avec une grosse ancre. Le fort de Gangeou a tiré quelques coups de canon. A 4 heures ½, le *Saint-*

Janvier 1783.

Mouillé à Gangeau.

Michel a mouillé et a tiré sur les bâtiments qui étaient en rade; nous lui avons fait signal de serrer le feu et de mettre ses bâtiments de rames à la mer; nous avons mis nos pavillons. A 5 heures 1/4, nous avons mouillé à Gangeau par 12 brasses, sable vaseux mêlé de coquillages. Nous avons trouvé audit mouillage trois bricks, cinq petits bâtiments à un mât, nommés parias, et quelques grosses chelingues; plusieurs parias dans la rivière et sur les chantiers.

Relèvement du dit mouillage : le cap de Gangeau, N. N. O. 5° Ouest; la pagode noire, N. O. 1/4 Ouest; le mât de pavillon de la ville, O. N. O. 5° Ouest; la rivière, N. O. 5° Ouest; éloigné de terre : 3/4 de lieue.

Prises.

Les canots du *Saint-Michel* armés sont venus à bord; le général a envoyé M. de Ravenel, chargé de détail général de l'escadre, pour s'emparer des bâtiments mouillés; on n'y a trouvé personne. Tous les bâtiments sont chargés ou à moitié chargés de riz, d'un peu de blé et de mantèque; un des bâtiments étant des Maldives, le général a ordonné qu'on n'y touchât point, quoique ses propriétaires se fussent sauvés à terre. La nuit, le vent E. N. E.

JEUDI 9. — Le vent au Nord, petit frais; beau temps. A 5 heures du matin, le général a été dans un petit canot voir l'entrée de la rivière; elle ne paraît pas praticable pour nos bâtiments à rames. Au jour, tous les vaisseaux qui avaient mouillé au large ont appareillé pour s'approcher. A 11 heures, l'*Annibal* a signalé un bâtiment au N. E.; une demi-heure après, l'*Ajax* en a signalé un à l'E. S. E. A 1 heure, l'*Ajax* a signalé une autre voile au Sud 1/4 S. E. Nous avons viré le pavillon anglais et mis le pavillon bleu au mât de misaine, distinction de l'amiral Hughes. Signal à l'*Ajax* d'envoyer son canot armé à bord du général. A 2 heures 1/2, nous avons envoyé notre canot armé à bord des deux bâtiments en vue, longeant la côte; à 5 heures, ils ont mouillé; un des deux était à deux mâts et l'autre à un mât, venant du Bengale, chargé de riz. A 5 heures, l'*Artésien* a signalé une voile au Sud 1/4 S. O.; nous l'avons jugée devoir être la *Fine*. Le vent à l'Est, petit; la nuit, au N. N. O., petit frais.

VENDREDI 10. — Le vent au N. N. O., petit frais. A la plus petite pointe du jour, nous avons vu un bâtiment mouillé à 3/4 de lieue dans le S. E.; nous avons cru d'abord que c'était la *Fine;* mais, en l'examinant mieux, et le jour se faisant, nous l'avons reconnu pour frégate anglaise. On a envoyé sur-le-champ ordre au *Saint-Michel* de mettre sous voile ainsi qu'au *Sphinx*; mais les bâtiments ayant un peu tardé et la frégate nous ayant reconnus, a appareillé aussitôt et pris chasse toutes voiles dehors devant nos deux vaisseaux. A 7 heures, signal aux deux vaisseaux de forcer de voiles. Pendant la journée, le vent à l'Est, petit. Tous les vaisseaux ont ordre de prendre le plus de riz possible à bord des prises; on a mis le feu à quelques-unes déchargées. Il nous paraît qu'on craint d'être attaqué à Gangeau; on y remue de la terre et on traîne quelques canons. Nos vaisseaux continuent la chasse, mais sans avantage.

SAMEDI 11. — Le vent au N. N. O., petit; beau temps. Au jour, nous avons aperçu la *Fine*, venant du mouillage. A 10 heures $\frac{1}{2}$, l'*Ajax* a signalé un bâtiment au Sud. A 1 heure, la *Fine* a signalé une voile au Sud; nous lui avons fait signal de chasser; mais, ayant demandé à parler au général, on le lui a accordé; à 1 heure $\frac{1}{4}$, signal à l'*Artésien* de mettre sous voile, le vent pour lors au Sud. A 2 heures, le capitaine de la *Fine* est venu à bord; il a rendu compte qu'il avait pris du riz et détruit les bâtiments mouillés dans le Sud; qu'ensuite, en ralliant l'escadre, il avait chassé et joint le soir un bâtiment de la Compagnie anglaise, qu'il avait attaqué et combattu très longtemps, sans que le bâtiment, à qui il paraissait faire beaucoup de mal, se rendît, mais au contraire qu'il ripostait, quoique faiblement, en allant toujours à terre; que, le fond diminuant beaucoup et n'ayant plus que 200 ou 300 coups de canon à tirer, il avait cessé le feu et attendu le jour pour l'attaquer avec plus d'avantage; mais que, le lendemain, ayant vu au large deux gros bâtiments venant sur lui, il avait rallié l'escadre, vu le peu de munitions qui lui restaient. M. de Saint-Georges est retourné à son bord, avec ordre de chasser avec l'*Artésien*.

Tous les bâtiments en cuivre étant en chasse, nous nous sommes préparés à appareiller en cas qu'il parût

Janvier 1783. quelque bâtiment. A 5 heures $^1/_4$, vu deux bâtiments dans le S. S. O. A 10 heures, beau clair de lune. Nous avons aperçu un bâtiment venant au mouillage, toutes voiles dehors; nous avons aussitôt viré à pic, guindé nos huniers et envoyé ordre à tous les vaisseaux d'être préparés à tirer. A 10 heures $^1/_2$, nous l'avons reconnu pour frégate anglaise, bien étonnés de sa sécurité; elle était à peine à une demi-lieue, toujours toutes voiles dehors. A 11 heures, l'*Ajax* a fait feu dessus avec l'*Illustre* et le *Brillant*; elle a voulu alors, voyant sa méprise, essayer de manœuvrer pour s'éloigner; mais le calme, la proximité de nos vaisseaux, n'étant guère qu'à une petite portée de fusil, l'ont décidée à se rendre. A 11 heures $^1/_2$, le capitaine a été conduit à bord. La frégate se nommait le *Cowentry*, de 28 canons, dont 22 de 9 en batterie. Ayant rencontré la veille le vaisseau de la Compagnie qu'avait combattu la *Fine*, le capitaine dudit bâtiment lui avait dit qu'il avait eu affaire avec un corsaire français, qui avait pris la route de Gangeau; ayant parlé, d'ailleurs, à quelques bâtiments de la Compagnie qui devaient mouiller à Gangeau, le capitaine Wolseley, du *Cowentry*, nous avait pris pour eux et n'avait pas hésité à venir pour savoir des nouvelles du prétendu corsaire; il avait en effet envoyé un canot avec un officier à bord de l'*Ajax*, vaisseau mouillé le plus en dehors; l'officier anglais ayant été hélé en anglais, avait abordé et été fait prisonnier.

Ce qu'il y a eu de plus particulier encore, c'est que le général ayant envoyé un canot à bord de l'*Illustre*, le patron ivre avait été droit à la frégate anglaise; mais on y était si persuadé de l'existence du corsaire, qu'on les avait pris pour de ses matelots et, leur parlant ironiquement, — car on les regardait déjà comme une proie assurée, — on les avait envoyés à l'entre-pont, où ils avaient été déshabillés proprement. Au premier coup de canon, on les avait montés et on leur avait demandé quels étaient les bâtiments mouillés ; on peut juger de leur surprise, lorsqu'ils apprirent que c'était M. de Suffren avec son escadre. Tout le monde se précipita alors dans la cale et le capitaine, resté seul sur le gaillard, avait été obligé de se rendre. Nous avons su que l'escadre anglaise, obligée, dans le coup de vent qui nous avait fait appareiller de Goudelour, de mettre sous voile, y avait été fort maltraitée et que le vaisseau de l'amiral avait été démâté de son mât de misaine ; qu'elle avait aussitôt fait route pour Bombay, où on la savait arrivée ; que le commodore Bikerton avait paru deux jours après à Madras avec son escadre et en était parti pour rejoindre l'amiral à Bombay.

Janvier 1783.

On nous donnait aussi la fâcheuse nouvelle que Hyder-Ali-Kan était mort le 7 décembre, d'un abcès au côté. Son fils était alors à la côte Malabar ; mais on ne pouvait rien nous apprendre sur ce qu'était devenue son armée et l'armée française ; l'amiral Hughes, en passant par Bombay, avait laissé, pour protéger le commerce de la côte de Coromandel, le *San-Carlos*, le *Cowentry* et la *Médée*, frégate qui avait mouillé la veille dans l'escadre.

Nouvelles
—
Mort
d'Hyder-Ali-Kan

DIMANCHE 12. — Le vent au N. N. E., petit frais ; beau temps. A 9 heures, on a aperçu deux bâtiments mouillés au S. O. $^1/_4$ Sud. A la même heure, signal à tous les vaisseaux d'amener leurs pavillons qui étaient au sec. A 9 heures $^1/_2$, les bâtiments aperçus ont mis sous voile. A la même heure, appelé à l'ordre et arboré pavillon anglais. A 9 heures $^3/_4$, nous avons appareillé seul. Donné ordre qu'on fournît 150 hommes au *Cowentry*, dont le commandement a été donné à M. d'Herly, enseigne de vaisseau, avec ordre de mettre sous voile dès qu'il serait prêt, et de nous suivre. Nous avons fait route au

Janvier 1783. S. S. O. sur les bâtiments aperçus, dont nous jugions l'un des deux être le vaisseau de la Compagnie attaqué par la *Fine,* que le *Cowentry* nous avait dit avoir été laissé dans le Sud et occupé à se regréer. A 10 heures ½, le *Cowentry* a mis sous voile.

A midi, lat. observée : 19° 18' ; le mât du pavillon de Gangeau : Nord 5° Ouest ; distant de terre : 1 lieue ½.

Prise. Le *Cowentry* nous a gagné très rapidement et nous a dépassé ; à 4 heures, nous avons mis notre pavillon et celui de distinction. Le *Cowentry* avait déjà tiré quelques coups de canon sur les bâtiments qui ont alors amené ; nous avons aussitôt envoyé des canots pour les amariner avec M. de Ravenel, chargé de détail général de l'escadre ; un des deux était vaisseau de la Compagnie, nommé le *Blandford*, qui allait au Bengale, venant de Madras, où il avait déchargé ; il n'avait plus à bord qu'une centaine de ballots de drap et d'autres petites marchandises ; l'autre était un brick, allant au Bengale sur son lest, qui s'était arrêté pour donner du secours au *Blandford*. Les bâtiments, manquant de Madras depuis fort longtemps, ne savaient aucune nouvelle.

A 5 heures, relevé les vaisseaux au mouillage, N. E., 6 lieues.

Le vent à l'E. S. E., petit, faisant route pour l'escadre au plus près, bâbord amures. Vent à l'E. S. E.

LUNDI 13. — Le vent au N. O., petit ; beau temps. Route au N. E. ¼ Nord.

Au soleil levé, relevé : l'escadre, Nord ¼ N. E., 4 lieues.

Vent au Nord, presque calme. Route au plus près du vent, bâbord amures. A la même heure, découvert une voile dans le N. E.; nous avons mis notre numéro et l'avons reconnue pour le *Sphinx,* auquel nous avons fait signal de passer à poupe ; M. du Chilleau est venu à bord ; il a rendu compte que la frégate chassée le 10 avait été au moment d'être jointe ; mais qu'ensuite, le vent étant tombé et passé au large, elle avait eu alors beaucoup d'avantage sur eux, étant au vent, et s'était éloignée. Le *Saint-Michel* chassait un petit bâtiment.

A midi, lat. observée : 19° 19' ; le mât de pavillon : N. N. O. 5° Ouest, 3 lieues.

Le vent à l'Est, petit ; route au nord. A midi ¾, l'*Ajax* a signalé une voile dans l'Est ¼ N. E. A 2 heures ½, l'*Annibal* en a signalé au S. E. ¼ Sud.

A la même heure, signal de ralliement et viré de bord sur l'escadre.

Le *Sphinx*, par ordre du général, est allé conserver les prises qu'il devait escorter ou remorquer au mouillage. A 6 heures, nous avons mouillé par 14 brasses, vase. Janvier 1783.

Relèvement : le mât de pavillon, O. N. O. 5° Nord ; la montagne de Gangeau, Nord 1/4 N. E.; l'entrée de la rivière, N. O. 5° Nord ; distant de terre : 1 lieue.

A 8 heures 1/2, l'*Artésien*, le *Sphinx*, la *Fine* ont mouillé près de l'escadre. Le *Saint-Michel* a mouillé aussi, ayant un paria à la remorque, venant du Bengale pour Gangeau et ayant à bord des canons, affûts de rempart et autres effets d'artillerie, quelques caisses de fusils, ainsi que des sacs de salpêtre. Il y avait dessus quelques officiers d'artillerie ; mais ils s'étaient sauvés à terre dans un petit canot. On travaille toujours à décharger les prises et autres bâtiments, auxquels l'on met le feu après. Prise.

MARDI 14. — Le vent au N. N. O., petit ; beau temps. Au jour, nous avons aperçu trois parias. La *Fine* a mis sous voile et a envoyé un canot pour en amariner deux, qui étaient au vent ; nous lui avons fait signal de chasser celui qui était au Sud. A 7 heures, appelé à l'ordre. La *Fine* a mouillé sur le soir, ayant joint et pris à la remorque le troisième bâtiment. Chaque vaisseau prend le plus de riz qu'il peut. Pendant la nuit, le vent au N. N. O., petit.

MERCREDI 15. — Le vent au N. N. O., petit ; beau temps. Au jour, signal à l'escadre d'appareiller ; l'intention du général était de se rendre tout de suite à Goudelour, où nous pouvions être de la plus grande utilité à l'armée, suivant la tournure qu'auraient prise les affaires après la mort d'Hyder-Ali-Kan. A 7 heures 1/2, avons mis sous voile, faisant route au S. S. O. Le *Phénix* remorquerait le *Blandfort*, l'*Artésien* un paria, et le *Saint-Michel* le petit bâtiment chargé d'artillerie. Appareillé de Gangeau.

A midi, lat. observée : 19° 14' ; relevé le bâton de pavillon de Gangeau, Nord 1/4 N. O., 5 lieues.

Le vent au S. S. E., petit. Route au plus près, tribord amures. A 1 heure, signal de virer de bord ; pris bâbord amures. Le vent au S. S. O.

JEUDI 16. — Le vent au S. S. O., petit ; beau temps. Route au plus près du vent, bâbord amures ; à 7 heures, nous avons embarqué nos bâtiments à rames. Route pour Goudelour.

A midi, lat. observée : 18° 35' ; longit. observée : 82° 50. Route,

Janvier 1783. S. E. 1/4 Est 1° Sud, 11 lieues 2/3 ; à 13 lieues de terre, depuis le relèvement du soleil couché, que la montagne de Gangeau me restait au N. E. 5° Nord ; distant de terre : 1 lieue.

Le vent à l'O. S. O., petit. Route au plus près, tribord amures. A 3 heures 1/2, signal de virer de bord, tous en même temps ; pris bâbord amures. Vent variable du S. S. O.; au S. O. le reste de la journée.

VENDREDI 17. — Le vent au S. O., petit. Route au plus près, bâbord amures. A 2 heures 1/2, les vents ont varié à l'O. S. O. Signal de virer de bord ; pris tribord amures ; à 7 heures, calme ; à 9 heures, il s'est décidé à l'E. S. E., petit. Route au S. O. 1/4 Ouest. A 11 heures, le *Sévère* a signalé la terre à l'Ouest.

A midi, lat. observée : 18° 22' ; longit. : 82° 33 ; route : S. O. 1/4 Ouest 5° Sud, 7 lieues.

A midi 1/4, le *Sévère* a signalé une voile à l'Ouest 1/4 S. O. A 2 heures 1/2, mis en panne et fait le signal à l'escadre. A 2 heures 3/4, fait chasser la *Fine* à l'Ouest 1/4 S. O.; trouvé fond à 65 brasses. A 10 heures 1/4, l'escadre ralliée ; signal de faire servir. Les vents au S. O. Route au plus près, les amures à bâbord.

SAMEDI 18. — Le vent à l'Ouest, petit ; presque calme. Route au plus près, bâbord amures. A 1 heure, le vent ayant varié au Nord, signalé tribord amures. Au jour, vu un bâtiment de levant à nous. A 6 heures 1/2, le *Brillant* a signalé un bâtiment au N. O. ; peu après que le bâtiment était mouillé. Signal à l'*Artésien* et au *Saint-Michel* de chasser ; à 7 heures, à l'*Artésien* de chasser au N. O. Le *Saint-Michel* a largué la remorque du petit bâtiment chargé d'artillerie et a pris bâbord amures. Signal au *Saint-Michel* de virer de bord ; à 8 heures, même signal à l'*Artésien* et de chasser au vent.

A midi, lat. observée : 18° 12' ; longit. : 82° 20' ; route, S.O. 1/4 Ouest 5° Sud : 5 lieues 1/2.

Le vent au S. O., petit. Route au plus près, tribord amures. A 1 heure, signal de virer de bord ; pris bâbord amures, toutes voiles dehors. Le *Saint-Michel* chassait toujours le bâtiment, qui paraissait très bien marcher, car il le gagnait peu. A la même heure, signal au *Cowentry* de tenir le vent ; peu après, au *Cowentry* de virer de bord, A 3 heures, mis les bonnettes hautes et basses ; les vents au Sud. Route à l'Ouest 5° Nord, forçant de voiles pour être intermédiaire entre les chasseurs et l'escadre. La chasse nous conduisant à terre, signal de se préparer à mouiller avec une petite ancre. A 6 heures, signal au *Cowentry* de continuer la chasse. A la même heure, mouillé par 13 brasses, vase; distant de terre : 2 lieues. A 8 heures ½, le *Cowentry* a tiré sur le bâtiment chassé, qui a enfin été joint et pris ; nous y avons envoyé un canot. Le bâtiment était une palme ou gourabe percée de 18 canons, venant de Madras et allant au Bengale sur son lest. Pendant la nuit, le vent au N. O., petit.

Janvier 1783.

Prises.

DIMANCHE 19. — Le vent au N. O., petit; temps brumeux. A 5 heures, signal d'appareiller. Route au S. O. A 9 heures ½, le brouillard s'étant dissipé, le *Sevère* a signalé une voile au Sud ; fait chasser la *Fine* et le *Cowentry*. A 9 heures ¼, le *Sevère* a signalé une voile au N. O., et, peu après, qu'elle était mouillée. A 10 heures, gouverné au S. S. O.

A midi, lat. observée : 18° 5' ; longit. : 81° 58' ; route : O. S. O. 5° Sud, 7 lieues ⅓ ; distant de terre : 2 lieues.

Le vent au Sud, petit. Route au plus près, bâbord amures. A 4 heures ½, le bâtiment chassé, joint par le *Cowentry*, a amené ; fait signal au *Cowentry* de le prendre à la remorque et au *Saint-Michel* de reprendre à la remorque le petit bâtiment chargé d'artillerie que le *Brillant* avait remorqué depuis la chasse de la veille. A 9 heures, le vent au S. O., petit frais. Fait signal de mouillage, et mouillé par 16 brasses, vase. Le bâtiment pris, mâté en brick, allait au Bengale sur son lest, venant de Madras ; le général l'a fait couler. Ces bâtiments de tôle marchant très mal, il est impossible de les conserver, attendu le chemin qu'ils feraient perdre à l'escadre.

LUNDI 20. — Le vent à l'O. S. O., petit. Signal d'appareiller. A 3 heures ¼, mis sous voile; pris le plus près, tribord amures. A 6 heures ½, l'*Ajax* a signalé un bâtiment au Sud.

A midi, lat. observée : 17° 56' ; longit. : 81° 44' ; route : S. O. ¼ Ouest 3° Ouest, 5 lieues ½; distant de terre : 7 lieues.

A 2 heures, signal de virer de bord, tous en même temps. A 4 heures, la *Fine* a fait deux prises, bâtiments à deux mâts, sur leur lest. A 10 heures ½, par 19 brasses, vase, fait signal de mouillage et mouillé par le même fond.

MARDI 21. — Le vent au N. O., petit; belle mer. A 6 heures, signal d'appareiller; à 6 heures ½, à la *Fine* de chasser en avant. A la même heure, signal de mouillage à l'escadre. Ayant aperçu beaucoup de parias qui longeaient la côte, nous avons envoyé tous les canots

Janvier 1783. armés pour les amariner avec celui de l'*Ajax*, qui a eu ordre de venir à bord; nous avons mis le pavillon anglais avec le guidon rouge au grand mât. A 9 heures, signal à la *Fine* de brûler les prises; la palme nommée le *Blek* marchant assez bien, a été conservée. A 11 heures ½, l'*Ajax* a signalé une voile au S. O.

A midi, lat. observée : 17° 52'; longit. : 81° 3'; relevé Biblipatnam, Ouest 5° Sud, 3 lieues.

Route pour Goudelour. Le vent au S. S. O., petit. A 4 heures ½, fait rallier le *Cowentry*. A 6 heures, l'*Artésien* a appareillé pour aller prendre un paria à la remorque et en prendre le riz à bord; tous les vaisseaux en avaient une grande quantité. Si nous étions arrivés à la côte trois semaines plus tôt, nous eussions absolument affamé Madras; mais il en était déjà passé, et tous les bâtiments pris sur leur lest retournaient au Bengale pour faire un second chargement.

MERCREDI 22 — Le vent au N. O., petit. A 2 heures ½, signal d'appareiller, le vent au N. E., petit. Route au S. O. ¼ Ouest. A 6 heures, rendu notre manœuvre indépendante pour attendre notre canot, qui était allé couler une prise. A 8 heures, notre canot étant venu à bord, nous avons fait servir. Route au S. O. A 2 heures, le *Brillant* a signalé deux voiles dans le S. O.; signal de chasse à la *Fine* et au *Cowentry;* A 11 heures, le vent a varié dans la partie du S. E., petit; pris les amures bâbord. Route au S. S. O.

A midi, lat. observée : 17° 50'; longit. observée : 81° 3'; relevé Biblipatnam, O. N. O., 2 lieues.

Le vent au S. S. E. Route au plus près du vent, bâbord amures.

Au soleil couché, relevé : Biblipatnam, N. O. 5° Ouest; la terre la plus Sud, S. O. 5° Ouest; distant de la terre : 21 lieues ½; 21 brasses, vase.

Le vent à l'E. S. E., petit. Route au S. S. O. A 10 heures ½, le vent au Sud, petit; fait signal de mouillage et mouillé par 20 brasses, vase.

JEUDI 23. — Le vent au N. O., petit frais. A minuit, signal d'appareiller; à midi ¾, mis sous voile, le cap au S. S. O.

Au soleil levé, relevé : Biblipatnam, N. O.; la terre la plus Sud, S. O.; distant de terre : 2 lieues, 25 brasses.

A 9 heures ½, signal de ralliement à la *Fine*.

A midi, lat. observée : 17° 40'; longit. arrivée : 80° 51'; Biblipatnam, N. N. O.; Vizagapatnam, Ouest; distant de terre : 3 lieues.

Calme. A 7 heures ¹/₂, appelé le capitaine de la *Fine,* pour lui donner ordre d'aller en toute diligence à Goudelour annoncer l'escadre et nous donner les nouvelles à notre arrivée. *Janvier 1783.*

Au coucher du soleil : Biblipatnam, Nord 5° Ouest ; Vizagapatnam, N. O. ¹/₄ Ouest ; la terre la plus Ouest, O. S. O. ; distant de terre : 3 lieues.

Le vent à l'E. S. E., petit. Route au S. S. O. Sondé 36 brasses.

VENDREDI 24. — Le vent au N. N. E., petit ; presque calme. Route au S. S. O. A 7 heures, mis le cap au Sud.

A midi, lat. observée : 17° 0' ; longit. arrivée : 80° 48' ; Vizagapatnam, N. O. 3° Nord ; distant de terre : 3 lieues ¹/₂.

A 2 heures ¹/₂, le vent s'est décidé au S. O., petit ; signal de virer de bord ; pris tribord amures ; à 3 heures ¹/₄, ralliement à l'escadre. Au soleil couché, relevé Vizagapatnam au N. O. ¹/₄ Ouest, 5 lieues.

La nuit, vent variable du Sud au S. O., presque calme.

SAMEDI 25. — Le vent au S. O., petit. Route au plus près, bâbord amures. A 10 heures, vent au S. E., petit. Signal de virer de bord, pris tribord amures ; nous avons longé la côte jusqu'alors, parce que le premier rendez-vous pour l'*Annibal* anglais, la *Bellone* et la *Fortune* était dans ces parages ; mais la grande utilité dont notre présence pouvait être à Goudelour depuis la mort d'Hyder-Ali exigeant de s'y rendre le plus tôt possible, le général a décidé de prendre le large comme la route la plus prompte, dans l'espérance d'y trouver le vent des moussons. Il avait quelques projets sur les possessions anglaises de cette partie ; mais la fâcheuse circonstance le force de les abandonner pour aller au plus utile.

A midi, W. : N. E. 1° 19'. — Lat. observée : 17° 16' ; longit. arrivée : 80° 57'. Depuis le dernier relèvement, route S. S. E. 3° Est, 4 lieues ¹/₂ ; différence Sud : 2 heures ¹/₂.

Le vent au S. S. O., petit. Route au plus près, tribord amures. La nuit, les vents à l'O. S. O., petit.

DIMANCHE 26. — Le vent au S. O., petit. Route au S. S. E. A 6 heures, vu un bâtiment à deux mâts de l'avant à nous, qui a mis pavillon danois ; fait signal au *Coventry* de le visiter. A 8 heures, le capitaine dudit bâtiment est venu à bord. Etant parti depuis longtemps du Bengale pour Tranquebar, nous lui avons donné de l'eau dont il manquait. A 9 heures, mis le cap au Sud ¹/₄ S. E. ; à 10 heures, au S. S. E. Le vent à l'O. S. O., petit frais.

Janvier 1783. A midi, W. : N. E. 0° 50'. — Lat. observée : 16° 30'; longit. arrivée : 81° 29'; route, S. E. 1/4 Sud, 18 lieues 1/2.

A la même heure, fait route au Sud; le vent à l'Ouest, petit frais. A midi, signal au *Sphinx* de prendre le *Blandfort* à la remorque, qu'il avait largué dans les petits vents. A 2 heures 1/2, mis le cap au Sud 1/4 S. O. A 4 heures 1/2, mis en travers pour attendre les traînards. A 5 heures, signal à l'*Ajax* d'arriver. A 5 heures 1/2, nous avons fait servir. A 6 heures, route au Sud. La nuit, petit, au S. O. au plus près, tribord amures.

Route pour Gondelour. LUNDI 27. — Le vent à l'O. S. O., petit; beau temps. Route au plus près, tribord amures.

A midi, W. : N. E. 0° 54'. — Lat. observée : 16° 14'; longit. observée : 81° 33'; corrigée par les courants : 81° 49'; route : Sud 1/4 S. E. 2° Est, 5 lieues 1/2; route corrigée par les courants : S. E. 5° Est, 8 lieues 1/2; différence Nord : 8 lieues.

Le vent au S. O., petit; route au plus près, tribord amures. A 9 heures 1/4, le vent ayant passé dans la partie du S. S. E., signalé bâbord amures.

MARDI 28. — Le vent au S. O., petit; beau temps. Route au plus près, bâbord amures. A 1 heure 1/2, signal de virer; pris tribord amures.

A midi, W. : N. E. 1° 34'. — Lat. observée : 16° 27'; longit. : 81° 19'; route : N. N. E. 1° Est, 4 lieues 1/2; différence Nord : 7 lieues; longit. corrigée par les courants : 82° 9'; route corrigée par les courants : N. E. 1/4 Est, 7 lieues 2/3.

Le vent au S. O., petit; en panne. A 1 heure 1/2, le vent s'est décidé au S. S. O., petit. Signal de virer de bord; pris tribord amures. A 4 heures, fait signal aux vaisseaux d'arriver. Le reste de la journée, au Sud et S. S. E. Route au plus près, tribord amures.

MERCREDI 29. — Vent variable du Sud au S. S. E., petit frais.

A 1 heure 3/4, signal de virer de bord; pris bâbord amures. A 6 heures, le *Cowentry* a signalé un bâtiment ami ou neutre dans l'O. S. O.

A midi, W.: N. E. 1° 33'.— Lat. observée : 16° 17'; longit. : 81° 45'; route corrigée : S. E. 1/4 Sud 8° Sud, 4 lieues ; longit. observée : 84° 00'; longit. corrigée par les courants : 82° 24'.

Le vent au S. S. E., petit. Route au plus près, bâbord amures. A 2 heures, signal de virer de bord; pris tribord amures. A 2 heures ½, arrivée à l'Est pour rallier les vaisseaux tombés sous le vent. Pendant la nuit, le vent au Sud, petit. Route au plus près, tribord amures.

Janvier 1783.

JEUDI 30. — Le vent au Sud, petit ; beau temps. Route au plus près, tribord amures. A 7 heures, le vent a passé à l'O. N. O. ; mis le cap au S. S. O. A 11 heures, le vent a varié à l'Est, petit.

A midi, W. : N. E. 1° 35'. — Lat. observée : 16° 4' ; longit. arrivée : 82° 0' ; longit. corrigée par les courants : 82° 39' ; longit. par observation : 84° 15' ; route corrigée : S. E. 3° Sud, 6 lieues ⅔.

Le reste du jour, le vent Nord et N. E., petit. Route au S. S. O.

VENDREDI 31. — Le vent au N. E., petit ; beau temps. Route au S.S.O. A 6 heures ½, signal au *Sphinx* de remorquer le *Blandfort*.

A midi, W. : N. E. 1° 42'. — Lat. observée : 15° 10' ; longit. corrigée : 83° 52' ; route observée : 82° 16' ; longit. corrigée par les courants : 81° 37' ; longit. corrigée : S. S. O. 1° Ouest, 19 lieues ¼ ; différence Sud : 6 lieues 1½.

A 1 heure, le *Cowentry* a signalé une voile au Sud ¼ S. O. ; signal de chasse. A 3 heures, le *Cowentry* l'a jointe et amarinée ; elle venait du Pégou, allant à Madras, chargée de poivre, calin et autres marchandises sèches ; ce bâtiment n'avait qu'un mât. Pendant la nuit, route au S. S. O. ; vent à l'E. N. E.

Prise.

SAMEDI 1ᵉʳ FÉVRIER. — Le vent au N. E., petit frais ; beau temps. Route au S. O. A 6 heures, signal de ralliement à toute l'escadre.

Février 1783.

A midi, W. : N. E. 1° 38'. — Lat. observée : 14° 35' ; longit. observée : 80° 56' ; longit. estimée : 81° 35' ; longit. corrigée par les courants : 83° 11' ; route corrigée : S. O. ¼ Ouest, 17 lieues ½ ; différence Nord : 2 lieues ⅓.

A 3 heures ¾, signalé la route S. O. ¼ Ouest. A 11 heures ¾, est tombé un petit noir à la mer ; mais nous n'avons pu le sauver. A 11 heures ½, rembarqué le canot et remis en route.

DIMANCHE 2. — Le vent au N. E., petit frais ; beau temps. Route au S. O. ¼ Ouest.

A midi, W. : N. E., 1° 36'. — Lat. observée : 14° 11' ; longit. estimée : 80° 8' ; longit. corrigée par les courants : 80° 47' ; longit. observée : 82° 23' ; route corrigée : O. S. O. 5° Sud, 17 lieues ¼ ; différence Nord : 4 lieues ⅔.

Le vent au N. E., petit frais. Route S. O. ½ Ouest. La nuit, même vent et route. W. : N. E., 1° 39'.

Février 1783.

LUNDI 3. — Le vent au N. E., petit frais ; beau temps. Route au S. O. 1/4 Ouest. A 8 heures, mis un canot à la mer pour observer les courants, qui nous portent 2/3 de nœud S. O. 1/4 Sud.

A midi, lat. observée : 13° 37' ; longit. estimée : 79° 13' ; longit. corrigée par les courants : 79° 52' ; longit. observée : 81° 28' ; route corrigée S. O. 1/4 Ouest 2° Ouest, 21 lieues 1/2.

A 2 heures 1/2, signalé la route à O. S. O. Pendant la nuit, même route.

MARDI 4. — Le vent à l'E. N. E., petit frais. Route à l'O. S. O. A midi, W. : N. E., 1° 30'. — Lat. observée : 18° 12' ; longit. estimée : 78° 10' ; longit. corrigée par les courants : 78° 49' ; longit. observée : 80° 25'; route corrigée : S.O. 1/4 Ouest 4° Ouest, 23 lieues 1/3; différence Sud : 3 lieues.

Le vent au N. E., joli frais. Route à l'O. S. O. A 2 heures 1/2, vu une voile à l'O. N. O. ; nous avons aussitôt mis toutes voiles dehors et lui avons donné chasse à l'O. N. O. Fait signal de manœuvre indépendante et de chasse au *Cowentry* et à l'*Artésien*. A 3 heures 1/2, signalé la route de l'escadre à l'Ouest 1/4 S. O. ; à 3 heures, à l'Ouest 1/4 N. O. Le bâtiment chassé, qui nous avait attendus jusqu'alors, a pris chasse ; nous l'avons jugé frégate anglaise. A 3 heures 1/4, fait prendre à la palme le paria de l'*Artésien* à la remorque. Gouverné à l'Ouest, et, à 4 heures, à l'O. S. O. Nous n'approchions point du bâtiment chassé ; le *Cowentry* même n'avait pas un grand avantage sur lui. A 4 heures 1/2, vu un autre bâtiment à l'Ouest 1/4 N. O., qui nous a paru aussi de guerre. Fait signal aux vaisseaux de l'avant de diminuer de voiles. A 5 heures 1/4, vu la terre ; nous en avons fait signal à l'escadre et ordonné à l'*Illustre* de sonder. Au soleil couché, signal de ralliement. Mis les flammes de l'*Artésien* et du *Cowentry* et tiré un coup de canon. L'*Artésien* ne se ralliant point, répété un coup de canon.

Frégates anglaises.

Côte de Coromandel.

Relevé : la terre la plus Nord, Ouest ; la terre la plus Sud, O. S. O. ; distant : 6 lieues.

A la même heure, signal de panne, tribord amures pour laisser rallier les mauvais marcheurs. A 7 heures 1/2, signal de faire servir au S. O.

MERCREDI 5. — Le vent au N. E., petit frais ; beau temps. Route au S. O. A 1 heure, sondé 40 brasses, sable fin ; fait route alors au S. O. 1/4 Sud ; à 3 heures, 28 brasses, sable vaseux ; mis le cap au S. S. O.

A 7 heures, relevé : Sadras, N. O. 1/4 Ouest 2° Ouest, 3 lieues. Février 1783.

Sondé 24 brasses. A 8 heures, ordonné au *Cowentry* de forcer de voiles pour Pondichéry et de venir donner les nouvelles.

A midi, lat. observée : 12° 13' ; longit. estimée : 72° 2.

A 2 heures 1/2, le *Cowentry* a signalé une voile. A la même heure, forcé de voiles ; mis le cap au S. S. O., le vent au N. E., petit frais. A 3 heures 3/4, le *Cowentry* a mouillé à Pondichéry, où était aussi un senau danois. A 4 heures 1/2, le *Cowentry* a appareillé, demandant à nous parler.

Au soleil couché, relevé : le mât de pavillon de Pondichéry, Ouest 1/4 S. O. ; Goudelour, S. O. 1/4 Sud 5° Sud ; distant de terre : 1 lieue 1/2. Pondichéry.

Le canot du *Cowentry* est venu à bord avec le capitaine de port de Pondichéry, M. de Solminiac. Le vent au N. E., petit. A la même heure, signal de se préparer à mouiller avec l'ancre de détroit. A 9 heures, par 9 brasses d'eau, fond de vase, signal de mouillage et mouillé avec une petite ancre.

Nous avons su qu'après la mort d'Hyder-Ali-Kan, arrivée le 4 décembre et causée par un abcès au côté qu'il avait trop différé de faire ouvrir, M. d'Hofflize, campé pour lors à Mangicoupan, s'était décidé à s'approcher de l'armée du nabab pour en imposer aux gens mal intentionnés et maintenir les droits de Tippou-Saëb, premier fils du nabab, qui était alors à la côte Malabar, avec un fort détachement, pour s'opposer aux Anglais, qui de Bombay avaient envoyé une petite armée dans son pays. Après la mort du père, quelques chefs qui avaient eu sa confiance, lui avaient aussitôt dépêché un courrier pour l'en instruire et avaient tenu cette mort cachée à l'armée tant qu'ils avaient pu. Quelques chefs, qui avaient voulu remuer, soit pour profiter du désordre eux-mêmes ou en faveur des Anglais, avaient été emprisonnés. Tous les ordres étaient donnés au nom du deuxième fils d'Hyder, qui avait toujours été dans l'armée. Enfin le 27, Tippou-Saëb arrivé à son armée fut paisiblement proclamé nabab d'Arcote et

Février 1783. prit possession sans difficulté des trésors et des possessions de son père. Il n'est peut-être point d'exemple dans l'Inde d'une pareille tranquillité. La présence de l'armée anglaise eût fait sûrement débander cette armée, et toutes les possessions de Tippou fussent sûrement devenues la proie de ses gouverneurs mêmes ou des puissances voisines. On assure que le manque de vivres empêcha les Anglais d'entrer en campagne. Notre armée était restée depuis avec celle de Tippou-Saëb.

Le *Chasseur*, venant de l'Ile-de-France, expédié à M. de Suffren par M. de Bussy pour lui apprendre l'époque qu'il avait fixée pour son départ, était arrivé à Achem quelques jours après notre départ, et, ayant appris notre route par la corvette la *Fortune*, il était venu nous chercher à la côte d'Orixa ; mais, ayant eu le malheur de rencontrer la frégate anglaise la *Médée*, qui était la même qui était venue mouiller à Gangeau et s'était échappée si heureusement, il avait été attaqué et obligé de se rendre après un combat très chaud, dans lequel M. de Boisgelin, commandant, avait perdu beaucoup de monde, presque tous ses officiers, et avait lui-même été dangereusement blessé à la cuisse. Les nouvelles venaient de Madras et par un bâtiment pégouan, que nous avions laissé à Achem et sur lequel était un Français.

Mouillé à Goudelour. JEUDI 6. — Le vent au N. O., petit ; temps brumeux. A 5 heures 1/2, signal de mettre sous voile. A 6 heures 1/2, le *Flamand* a signalé un bâtiment au Nord ; signal au *Cowentry* de chasser au Nord. A 6 heures 1/2, signal de ralliement au *Cowentry*. A 9 heures 1/4, mouillé à Goudelour par les 9 brasses, sable et vase [1].

---

1. Lettre de M. de Suffren à Mme de Seillans :

« Ce 6 février 1783, Goudelour. — ..... Sir Hughes est toujours à la coste de Malabar, et nous à celle de Coromandel ; ainsi nous voilà en paix pour quelque temps. D'ici au temps où il viendra, je serai joint par de puissants renforts. Si la paix ne se fait pas, nous aurons encore plusieurs affaires cette année. Si l'on se bat mal, ce n'est pas faute d'être exercé..... »

(Ortolan, *Monit. Univers.*, 5 nov. 1859.)

Relèvement : le mât de pavillon, N. O. ¹/₄ Ouest ; le Gouvernement, O. N. O. 2° Nord ; la rivière, O. S. O. 2° Ouest ; la terre la plus Sud, Sud 5° Ouest ; la terre la plus Nord, Nord 5° Est ; distant de terre : ³/₄ de lieue.

Février 1783.

Le vent au N. N. O., petit. Trouvé la *Fine* audit mouillage, avec le bâtiment pégouan ; nous n'avons amené de toutes nos prises que le *Blandfort*, la palme et les deux bâtiments chargés d'artillerie et de poivre.

VENDREDI 7. — Le vent au N. O., petit ; temps brumeux. Fait visiter par le *Saint-Michel* un paria qui passait à portée. A 11 heures ¹/₂, la palme a mis sous voile pour Trinquémalay. A 6 heures ¹/₂, appelé à l'ordre pour faire dire aux capitaines d'envoyer leurs malades à terre ; il y en avait beaucoup dans les différents vaisseaux de l'escadre et surtout sur l'*Illustre* et le *Sévère*. La nuit, le vent au N. O.

SAMEDI 8, DIMANCHE 9. — Le vent à l'Ouest, petit frais ; beau temps. A 10 heures ¹/₂, au S. S. E. Le général ayant fait le projet d'envoyer le *Saint-Michel* en croisière, M. Dupas, commandant le vaisseau, a représenté que sa santé ne lui permettait pas d'entreprendre une croisière dure et le général a décidé qu'il passerait au commandement de l'*Ajax*, M. de Beaumont passant à celui du *Saint-Michel*.

LUNDI 10. — Le vent au S. S. E., petit frais. Appelé les capitaines du *Saint-Michel* et du *Cowentry*. M. de Beaumont a eu ordre d'aller croiser avec le *Cowentry* sur Madras jusqu'à la fin du mois. A 10 heures, il a mis sous voile. La frégate anglaise la *Médée* ayant passé il a quelques jours à Goudelour, au moment où un vaisseau hollandais venait de charger la batterie du *Bizarre* pour la porter à Trinquémalay, s'en est emparée. On a accusé le capitaine hollandais de n'avoir pas appareillé aussitôt qu'il aurait pu, ayant été prévenu de bonne heure de l'apparition de la frégate.

MARDI 11. — Le vent à l'Ouest, petit. A 5 heures ¹/₂, signal d'appareiller ; à 6 heures ¹/₂, mis sous voile pour aller faire de l'eau à Portonovo, où elle se fait plus aisément, pouvant y employer nos bâtiments avancés. Le *Flamand* est resté à Goudelour pour apporter quelques effets nécessaires à l'escadre. Les matelots convalescents étaient avec l'armée française, où ils étaient employés à l'artillerie. A 9 heures, calme, les courants nous portant au Nord. Fait signal de mouillage et mouillé avec une petite ancre. Le *Sphinx* a été envoyé à Pondichéry pour prendre du biscuit qu'on y fait pour l'escadre et du blé

Appareillé de Goudelour.

Février 1783.

que nous y avons envoyé. A 1 heure, l'*Ajax* a signalé un bâtiment au S. E. A 1 heure $^3/_4$, le vent au S. E., petit. Signal d'appareiller ; pris bâbord amures. A 2 heures $^1/_2$, ordre à l'*Artésien* de prendre le paria, chargé d'artillerie, à la remorque.

Au soleil couché, relevé : lat. observée : 11° 36' ; le mât de pavillon de Portonovo, S. S. O. 2° Sud, 2 lieues ; le mât de pavillon de Goudelour, N. O. $^1/_4$ Nord 4° Nord.

A 7 heures, le vent à E. S. E., petit frais. Signal de mouillage et mouillé par 9 brasses, sable et vase.

MERCREDI 12. — Le vent au S. O., petit frais ; beau temps. A 5 heures, signal d'appareiller. A 6 heures, nous avons mis sous voile et relevé : le mât de pavillon de Portonovo, S. S. O., 1 lieue ; celui de Goudelour, N. N. O. 5° Ouest.

A 9 heures $^3/_4$, le vent ayant molli, signal de mouiller avec une petite ancre ; mouillé par 11 brasses, sable vaseux.

Relevé : le mât de pavillon de Portonovo, S. O. $^1/_4$ Sud, 1 lieue ; celui de Goudelour, Nord $^1/_4$ N. O. 4° Ouest.

A 10 heures, mis la chaloupe à la mer. Le vent s'étant décidé au Sud petit, à midi, signal d'appareiller ; nous avons mis sous voile. A 2 heures $^1/_2$, signal de virer de bord ; pris tribord amures. Les vents ont varié au S. E., petit frais ; viré de bord et pris les amures à bâbord. A 5 heures $^1/_2$, signal au *Sévère* de virer de bord.

Au soleil couché, nous avons relevé : le mât de pavillon de Portonovo, S. O. 5° Sud ; Goudelour, Nord 5° Ouest ; distant de terre : $^2/_3$ de lieue.

Mouillé à Portonovo.

A 6 heures $^1/_4$, mouillé à Portonovo par 7 brasses, vase. On a tout de suite envoyé à l'eau. La nuit, le vent au Sud, presque calme.

JEUDI 13. — Le vent au Sud, petit ; presque calme.

Relèvement du mouillage : le mât de pavillon de Portonovo, S. O. 5° Ouest ; la terre la plus Sud, S. S. E. ; Goudelour, Nord ; distant de terre : $^1/_2$ lieue.

A 11 heures $^1/_2$, les vents ayant passé au S. E., petit frais, tous les vaisseaux qui n'avaient pas pu prendre le mouillage ont mis sous voile dans la journée ; ils ont tous mouillé et envoyé à l'eau.

VENDREDI 14. — Le vent au S. O., petit ; beau temps. A 4 heures, la *Fine* a mis sous voile avec le paria chargé de poivre, etc., pour le conduire à Tranquebar, où il doit être vendu. Elle est chargée d'acheter les munitions navales qu'elle pourra se procurer et surtout des boulets, dont nous manquons ; au jour, l'*Annibal* et l'*Illustre* ont mis sous voile pour prendre un meilleur mouillage. A 11 heures, les vents ont varié au S. E. A 4 heures, aperçu un bâtiment, qui a mouillé à Goudelour. La nuit, calme.

Février 1783.

SAMEDI 15. — Le vent à l'Ouest, petit frais ; beau temps.

A 6 heures $1/2$, l'*Ajax* a signalé un bâtiment au N. N. E. A 9 heures, le vent a passé au S. S. E., petit. A 2 heures, M. Pivron de Morlot, agent de France auprès du nabab, est arrivé du camp de ce prince et est venu à bord. On n'était point aussi content du fils que du père ; il paraissait décidé à repasser les Ghattes pour aller au secours de son pays, que les Anglais avaient attaqué vivement. Le gouverneur de Nagpour, place forte, et où il y avait une partie de ses trésors, s'était revolté et donné aux Anglais, ce qui les mettait en possession d'une grande province, étant déjà maîtres de Mangalor, port de mer, à la côte Malabar, où le nabab avait perdu toute sa marine. On aurait désiré qu'il eût attendu l'arrivée de M. de Bussy ; mais il était annoncé depuis si longtemps qu'il était difficile de faire entendre raison là-dessus à Tippou-Saëb, que son dorbar pressait de retourner dans ses Etats. Dans l'espérance que M. de Suffren pourrait avoir quelque pouvoir sur l'esprit du fils, comme il en avait eu sur le père, M. Pivron était venu pour le prier d'écrire fortement à ce prince afin de l'engager à renoncer à ce départ, qui, en entraînant la perte des Français à la côte de Coromandel, diminuerait beaucoup sa puissance et le priverait du seul allié qui pût soutenir ses droits sur sa nababie d'Arcote ; qu'à l'arrivée de M. de Bussy, qui ne pouvait être que très prochaine, on enverrait un détachement dans ses États, suffisant pour en chasser les Anglais.

M. Pivron à bord.

Le nabab, avant de quitter le Coromandel, avait le projet d'une expédition sur Vandavachi, et il était même

Février 1783. en marche pour l'exécuter. Les Anglais s'étaient pareillement mis en campagne, sans doute pour s'y opposer, et l'on attendait à tout moment les nouvelles d'une affaire qui ne devait nullement être à craindre pour nous, étant en forces si supérieures. M. Pivron est retourné à terre avec les dépêches du général pour le nabab, afin de se rendre au camp de ce prince.

Nous nous sommes procuré ici quelques bœufs et moutons, qui ont été embarqués à bord du *Blandfort*; A 6 heures 1/2, le *Sphinx*, venant de Pondichéry, a mouillé dans l'escadre. Le reste de la journée, le vent au S. E.; la nuit calme. Nous comptons mettre sous voile demain pour Trinquémalay, où le général a grand désir d'arriver pour presser les réparations à faire à quelques vaisseaux de l'escadre et pouvoir être prêt à l'apparition de l'escadre anglaise sur la côte.

Appareillé de Portonovo. DIMANCHE 16. — Le vent à l'Ouest, petit frais. A 2 heures 3/4, signal d'appareiller, abattant sur bâbord. A 5 heures 1/4, mis sous voile. Route au Sud 1/4 S. E. Au jour, nous avons envoyé visiter une chelingue chargée de sel pour Goudelour. Le *Flamand*, appareillé de Goudelour, fait force de voiles pour rallier l'escadre. A 6 heures 1/2, l'*Artésien* était encore mouillé; on lui a fait signal d'appareiller et un coup de canon. Il nous venait encore des chelingues avec des bœufs, qui ont été à bord de l'*Artésien*.

A midi, lat. observée, 11° 26'; le mât de pavillon de Portonovo, O. N. O. 5° Nord; distant de terre : 2 lieues.

Route pour Trinquémalay. A 4 heures, signal aux vaisseaux de tête de diminuer de voiles et de ralliement général.

A 5 heures, relevé : Portonovo, N. O., 4 lieues; la terre la plus Sud, Sud 5° Ouest.

Le vent à l'E. N. E., petit frais. Route au S. S. E. Sondé 20 brasses, sable fin. A 6 heures, embarqué tous les bâtiments de rames.

LUNDI 17. — Le vent au N. N. E., petit frais. Route au S. S. E. A minuit 1/4, vu les bâtiments mouillés à Tranquebar, au

S. O. 1/4 Ouest. La *Fine* a rallié l'escadre. Nous avons tiré 2 fusées et allumé nos feux.

Au soleil levé, relevé : Tranquebar, N. O. 5° Ouest ; Négapatnam, S. O. 3° Sud ; les pagodes de Nagur, S. O. 1/4 Ouest 3° Sud ; distant de terre, 4 lieues.

Le vent au N. N. O., joli frais. Route au S. S. E. A 6 heures 1/2, l'*Illustre* a signalé une voile au S.S.O. Signal au *Sphinx* de ralliement et de donner la remorque au *Blandfort*. Mis le cap au S. E. 1/4 Sud.

A 10 heures, relevé : les pagodes de Nagur, Ouest 1/4 N. O., 5 lieues ; Négapatnam, Ouest 3° Sud.

A 11 heures, le *Brillant* a signalé une voile au S. S. O. signal de chasse à la *Fine* ; c'était une chelingue.

A midi, lat. observée : 10° 45' ; longit. observée, 77° 56 ; depuis 10 heures, route corrigée, S. E. 1/4 Sud 1° Sud, 2 lieues 3/4.

A 1 heure, la chelingue chassée jointe par la *Fine*, ayant mis pavillon blanc, rendu notre manœuvre indépendante et fait route dessus au S. S. O. A 1 heure 3/4, M. Desplanes, capitaine de port en second de Goudelour, est venu à bord ; il venait de Trinquémalay, où il avait été envoyé de Goudelour par M. d'Hofflize pour avoir des nouvelles et savoir si on n'en aurait pas de M. de Bussy. Il avait quelques lettres de Trinquémalay pour le général. A la même heure, pris bâbord amures pour rallier l'escadre. A 5 heures, le vent a varié à l'Est. Route au plus près, bâbord amures.

MARDI 18. — Le vent variable de l'Est à l'E. S. E., petit. A 2 heures, sondé 33 brasses. A 2 heures 1/2, signal de virer de bord ; pris bâbord amures. A 9 heures 1/4, le vent a passé au N. N. O., petit ; mis le cap au S. S. E.

A midi, lat. observée : 10° 16' ; longit. : 78° 15' ; route corrigée, S. E. 1/4 Sud, 11 lieues ; la pointe de Pedro me reste, S. O., 8 lieues 2/3.

Sondé 32 brasses, roche. Vent au Nord, petit frais. Route au S. E. 1/4 Sud. A 1 heure, mis le cap au S. E. A 2 heures, la *Fine* a signalé la terre de Ceylan au Sud 1/4 S. O. Fond 27 brasses. A 10 heures, le *Sphinx* a signalé le fond ; sondé et trouvé 20 brasses. Un quart d'heure après, signal de mouillage par 16 brasses, gros gravier ; vent d'E. S. E., petit frais.

MERCREDI 19. — Le vent au S. S. E., petit. A 4 heures 1/2, signal d'appareiller. A 5 heures 1/2, mis sous voile ; pris tribord

Février 1783. amures. Au jour, vu la terre au S. O., petit frais. Fait route au S. E. 1/4 Est.

A midi, lat. observée : 10° 1'; longit. : 78° 34'; route corrigée : S. E. 1/4 Est 4° Sud, 8 lieues ; différence Nord : 3 lieues.

Le cap de Pedro nous restant à l'O. S. O. 5° Ouest, 10 lieues.

Sondé 42 brasses, gros gravier. Calme. A 1 heure, le vent est venu N. E., petit frais ; nous avons viré de bord et fait route au S.E. A 9 heures 1/4, le vent au S. E. Fait signal de mouillage ; mouillé par 15 brasses, gros gravier.

Jeudi 20. — Le vent au Sud, petit. A 4 heures, ayant passé au S. S. O., signal d'appareiller. A 4 heures 1/2, mis sous voile. Au jour, vu la côte au S. S. O., 5 lieues. A 8 heures 1/4, calme. Les courants portant au Nord et N. N. O., fait signal de mouillage et mouillé par 26 brasses, sable et petit gravier.

A midi, W. : N. E. 45'. — Lat. observée : 9° 52'; longit. observée : 78° 24'; la terre la plus Nord, S. O. ; la terre la plus Sud, Sud 1/4 S. O. ; distant de terre : 5 lieues.

Le vent à l'E. N. E., petit. Signal d'appareiller. Route au S. E. 1/4 E. Le reste du jour, vent variable de l'E. N. E. à l'Est.

Vendredi 21. — Le vent à l'Est, petit frais ; beau temps. Route au plus près, bâbord amures. A 3 heures, trouvé 25 brasses, sable fin. A 4 heures, par 18 brasses, même fond. Signal de virer de bord ; pris tribord amures. A 7 heures, le vent a passé au N. E. Signal de virer de bord ; gouverné au S. E. 1/4 Est. A 9 heures, mis le cap au S. E.

A midi, W. : N.E., 00° 40'. — Lat. observée : 9° 44'; longit. arrivée : 78° 35'; différence Nord : 8 lieues 2/3 ; distant de terre : 6 lieues.

Le vent au N. E., petit. Route au S. E. 1/4 Est ; à 5 heures, route au S. E.

Samedi 22. — Le vent au N.E., petit frais. Route au S.E. 1/4 Sud. A 6 heures 3/4, gouverné au S. S. E.

A midi, lat. observée : 9° 26'; longit. arrivée : 78° 41'; distant de terre : 5 lieues ; différence de l'estime à la hauteur : 10 lieues, Nord.

Même vent et route S. E. A 10 heures, le vent a fraîchi ; pris un ris.

Dimanche 23. — Le vent au N. E., joli frais. Au jour, mis le cap au S. S. E.

Au soleil levé, relevé la baie de Trinquémalay, S. S. O.

A 6 heures ¼, mis le cap au Sud ; à 7 heures ½, au S. S. E. A 8 heures ½, signal de se préparer à mouiller avec une grosse ancre ; à 9 heures, nous avons donné dans la baie et fait signal d'ouvrir les distances.

Février 1783.

A 11 heures ½, nous avons mouillé dans la baie de Trinquémalay, par 17 brasses, vase. Tous les vaisseaux sont entrés, excepté le *Sévère*, qui a été obligé de mouiller en dehors, vis-à-vis l'anse, au carénage. Le *Vengeur* et la *Pourvoyeuse* étaient arrivés depuis longtemps. Le vaisseau était on ne peut pas moins avancé dans son radoub, n'ayant pas encore été abattu. Nous avons encore trouvé, dans le port, la *Consolante* et l'*Apollon*, bâtiment de 40 canons, acheté pour le roi au Cap avec trois autres bâtiments marchands, chargés de vivres, que l'*Apollon* avait laissés à Galles ; il avait apporté, lui, tout ce qu'il avait pu. Ce bâtiment, ayant du 18, ne pouvait cependant nous être d'aucune utilité, n'étant point doublé en cuivre et n'ayant pas 100 hommes d'équipage ; il était commandé par M. de Saint-Hilaire, ancien officier de la Compagnie, aujourd'hui lieutenant de vaisseau.

On avait retenu dans le port un bâtiment portant pavillon portugais, percé pour 50 canons et doublé en cuivre, chargé en entier de munitions navales, de vin de Madère et d'autres provisions de bouche. Ce bâtiment, venant d'Europe, était commandé par un Anglais de Bombay, qui venait tout récemment de se faire naturaliser Portugais. Sa destination était pour Bombay ; mais, ayant reçu, à son atterrage sur Ceylan, à la mi-novembre, un coup de vent qui l'avait démâté de tout mât, il s'était vu forcé de relâcher à Trinquémalay. Le croyant sans doute encore aux Anglais, ayant paru très surpris lorsque le pilote lui apprit qu'il appartenait aux Français, le général l'a décidé bonne prise, sur ce que ce bâtiment, ayant été

Trinquémalay.

construit à Bombay et appartenant aux Anglais, n'avait été acheté par les Portugais que depuis les hostilités; il n'avait d'ailleurs aucun connaissement ni état de la cargaison, qu'il disait lui avoir été emportés par un coup de mer lors du coup de vent. Il y avait dessus plusieurs passagers anglais.

Le vaisseau hollandais venant de Malacca était aussi arrivé avec un autre de Ceylan, chargé de provisions et effets nautiques, et deux prises faites par l'*Annibal* et la *Bellone*, chargées de riz. Il était aussi arrivé de l'Ile-de-France la corvette les *Deux Hélènes*, portant le double des expéditions du *Chasseur*; mais on avait dépêché la *Naïade*, la veille, avec les paquets pour la côte, croyant y trouver le général. On avait aussi des nouvelles de la *Fortune*, qu'on avait vu croisant au vent d'Achem, sans doute sur les nouvelles apprises par le *Chasseur*. La *Fortitude* était arrivée du Pégou avec un chargement complet de bois de construction.

Lundi 24. — Le vent au N. E., joli frais. A 6 heures, affourché au S. O. avec une grosse ancre, par 26 brasses, vase. La nuit, même vent.

Mardi 25. — Le vent au N. E., joli frais; la frégate l'*Apollon* a amené du Cap les détachements d'Austrasie qui y étaient en garnison; le général les envoie à la côte joindre leur corps sur la *Fine* et la palme. A 2 heures ½, la *Fine* a appareillé avec la palme, elle est mouillée en dehors le soir. Même vent, pendant la nuit.

Mercredi 26. — A 10 heures, la *Naïade*, corvette de 22 canons de 8, doublée en cuivre, qui avait été nous chercher à la côte, est entrée et a mouillé dans le port.

M. de Suffren chef d'escadre.

Le général a reçu ses dépêches par lesquelles M. de Bussy lui annonçait son départ des îles vers le 10 décembre; il a su aussi qu'il avait été fait chef d'escadre.

Jeudi 27. — Le vent au S. O., petit; beau temps. A midi ¾, il a passé au N. E. La *Fortune* est arrivée; elle avait croisé sur Achem sans avoir rien vu ; la *Consolante* a appareillé avec ordre d'aller à Galles pour dire aux trois transports du convoi de l'*Apollon* de venir à Trinquémalay et les escorter.

Vendredi 28. — La *Consolante*, qui avait mouillé en dehors, a appareillé.

Samedi 1er Mars. — A 4 heures après-midi, amarré un matelot sur un canon pour vol. Il est arrivé des lettres de la côte par un cotre marron ; nous avons su que les Anglais, d'après le projet du nabab de s'emparer de Vandavachi, s'étaient portés sur cette place, et, jugeant qu'ils ne pouvaient pas la défendre, ils l'ont démolie et fait sauter les fortifications. Les deux armées ont été quelques jours en présence, mais sans qu'il en ait résulté d'affaire. M. le comte d'Hofflize faisait part à M. de Suffren que le nabab était absolument décidé à repasser les Ghattes pour aller au secours de ses États, toujours pressé plus vivement par le général Mathews. On l'avait cependant engagé, pour gagner du temps et voir enfin arriver M. de Bussy, à attendre un officier de l'escadre que M. de Suffren enverrait et auquel il ferait part de ses dernières déterminations, si M. de Bussy n'était point arrivé. Sur ces nouvelles, M. de Suffren donna ordre à M. de Moissac de passer sur-le-champ à bord de la *Naïade* pour se rendre à la côte, et, de là, au camp du nabab avec instructions de bien convaincre le nabab de l'arrivée très prochaine de M. de Bussy, et que, des renforts considérables de troupes et vaisseaux devant bientôt arriver, on reprendrait aisément les pays que les Anglais pouvaient avoir conquis. A 6 heures du soir, M. de Moissac a passé sur la *Naïade* ; M. de Costebelle, qui la commandait, étant retenu à terre par maladie, il était ordonné à M. de Saint-Georges, second, de prendre les ordres de M. de Moissac dans toutes les occasions.

Mars 1783.

DIMANCHE 2. — Le vent au N. E., petit frais. A 8 heures, la *Naïade* a mis sous voile. A 1 heure, l'*Annibal* (anglais) et la *Bellone* sont arrivés de leur croisière ; ils avaient été au moment de prendre le vaisseau de guerre le *San-Carlos,* qui ne s'était sauvé qu'en s'échouant sur les bancs de l'entrée du Gange et en jetant des canons à la mer. M. Launay est arrivé de Goudelour sur les bâtiments, pour se trouver à l'arrivée de M. de Bussy. Le *Vengeur* a été mis sur le côté ; mais on a été obligé bien vite de le redresser par la grande quantité d'eau qu'il faisait, les hauts apparemment étant mal calfatés.

LUNDI 3, MARDI 4, MERCREDI 5. — A 1 heure, la *Bellone* et un bott, prise, ont appareillé pour aller à la côte porter du riz dont l'armée a besoin et quelque argent, que la Compagnie hollandaise à Ceylan a prêté sur les demandes de M. le comte d'Hofflize.

JEUDI 6. — Le vent à l'Est, petit frais. A 3 heures, le fort d'Austimbourg a signalé trois voiles au Nord. A 4 heures, la *Fine* et la palme qui avaient été porter des troupes à la côte, ont mouillé ; elles avaient pris en passant à Tranquebar le bott chargé de poivre et autres effets qu'on y avait vendus, et l'on avait acheté et chargé dessus des boulets et quelques munitions navales, lequel a aussi mouillé.

VENDREDI 7. — Le *Saint-Michel*, venant de croiser sur Madras, est entré avec le *Cowentry* ; ils ont détruit plusieurs bâtiments, dont deux fort gros. Deux senaux, chargés de riz, avaient seuls été conservés et laissés à Goudelour pour y être déchargés.

SAMEDI 8. — A midi, le *Cowentry* a mouillé.

Arrivée de M. de Bussy.

DIMANCHE 9. — A 4 heures après-midi, la frégate la *Cléopâtre* est entrée et a annoncé la division de M. de Peynier.

LUNDI 10. — A 3 heures, la division de M. de Peynier est entrée avec son convoi au nombre de 35 voiles, chargées de vivres, munitions navales, et portant environ 2,500 hommes de troupes. M. de Bussy se portait à merveille et était bien réparé de la maladie qu'il avait eue. Il avait passé à Achem, espérant y trouver l'escadre ou quelques croiseurs ;

Vaisseaux composant la division.

c'est ce qui les avait retardés si longtemps. A 4 heures ½, tous les bâtiments de la flotte ont été mouillés.

Cette division était composée du 74, M. de Peynier,

capitaine de vaisseau ; de l'*Argonaute*, 74, M. de Clavières, capitaine de vaisseau ; du *Hardi*, 66, M. Kerhué, lieutenant de vaisseau ; de la *Cléopâtre*, 36, M. de Rosily, lieutenant de vaisseau. L'*Alexandre* devait être radoubé à l'Ile-de-France et nous joindre sous 2 mois au plus tard.

<small>Mars 1783.</small>

MARDI 11. — M. de Suffren, avec tous les capitaines et l'état-major de l'escadre, a été, à 10 heures, faire une visite à M. de Bussy, ayant le pavillon de l'avant de son canot déployé ; il a été salué de trois cris de : « vive le roi ! » par tous les bâtiments de l'escadre. Dans l'après-midi, M. de Peynier et tous les officiers de la division sont venus à bord voir M. de Suffren.

<small>Trinquémalay.</small>

MERCREDI 13, JEUDI 14. — L'intention du général est de n'aller à Goudelour qu'avec les vaisseaux doublés en cuivre pour achever l'opération et être à même d'éviter plus facilement l'escadre anglaise au cas où elle serait rencontrée à son retour de Bombay. L'on embarque sur lesdits vaisseaux les troupes et effets d'artillerie les plus urgents, se réservant d'envoyer le reste peu à peu, et l'on ne mène à la côte que les transports qui marchent le mieux ; l'on complète les équipages des vaisseaux arrivés avec ceux des vaisseaux qui restent ; à 2 heures nous avons appareillé et sommes allés mouiller en dehors avec plusieurs autres vaisseaux et bâtiments du convoi.

<small>Départ de Trinquémalay.</small>

VENDREDI 14. — Le vent Sud, petit ; beau temps. Mouillé à l'arrière-baie. A 8 heures 1/2, la *Fortune* a signalé une voile au N. N. E. A 2 heures, ayant sorti du port les autres vaisseaux de guerre et du convoi, fait signe d'appareiller et mis aussitôt sous voile, tribord amures. Route au plus près du vent. A la même heure, signal à la *Fortune* de chasser au Nord 1/4 N. O. M. de Bussy est resté sur le *Fendant*. A 6 heures, signal aux vaisseaux de l'avant de diminuer de voiles, ainsi qu'à la flotte.

Au soleil couché, relevé : le pavillon de Trinquémalay, Sud 5° Est ;

Mars 1783. l'île aux Pigeons, O. S. O. 5° Ouest ; la terre la plus Nord, N. O. 5° Ouest.

Le vent à l'Est. A 6 heures, gouverné au Nord $^1/_4$ N.O.; à 8 heures $^1/_2$, au N. N. O.

LISTE DE LA DIVISION

Le *Héros*	74 canons
Le *Fendant*	74 »
L'*Argonaute*	74 »
Le *Sphinx*	64 »
L'*Artésien*	64 »
L'*Annibal* (anglais),	50 »
Le *Saint-Michel*	60 »
La *Cléopâtre*	36 »
La *Fine*	36 »
Le *Cowentry*	28 »
La *Bellone*	36 »
La *Fortune*	18 »

SAMEDI 15. — Le vent au S. E., petit. Route au N. N. O. A 1 heure, sondé 40 brasses, gros gravier. A 2 heures, le cap au Nord $^1/_4$ N. O. A 6 heures, signal de ralliement à l'escadre et à la flotte ; mis en panne pour faciliter le ralliement. A 7 heures $^1/_2$, fait servir et gouverné au plus près, tribord amures. Signal à la *Cléopâtre* de chasser deux lieues en avant de l'escadre. A 8 heures, remis en panne. A 10 heures, fait servir au N. N. O.

A midi, lat. observée : 9° 39'; longit. arrivée : 78 39'; route corrigée depuis le dernier relèvement : Nord $^1/_4$ N. O. 4° Ouest, 19 lieues ; différence Nord : 6 lieues $^1/_2$; distant de terre : 6 lieues.

Le vent à l'E. S. E. A 2 heures, mis le cap N. O. $^1/_4$ Nord. A 3 heures $^1/_2$, signalé la route à cet air de vent. A 6 heures, la *Cléopâtre* a signalé la terre. Pendant la nuit, même vent et route.

DIMANCHE 16. — Même vent et route.

Au soleil levé, relevé : la tour de Chine, S. O. $^1/_4$ Ouest 2° Ouest ; les pagodes de Nagur, O. S. O. 5° Ouest ; distant de terre, 5 lieues.

Route pour Goudelour. Mis le cap au N. O. A 6 heures $^1/_2$, la *Cléopâtre* a signalé une voile au S. S. O. ; on lui a fait signal de chasse ; à 7 heures, annulé le signal. A 7 heures $^1/_2$, signal au *Fendant* de passer à poupe. A la même heure, mis le cap au N. O. $^1/_4$ Nord. A 7 heures $^3/_4$, le général a été à bord du *Fendant;* à 9 heures ¹/₂, mis le cap au N. N. O.; à 11 heures forcé de voiles.

Mars 1783.

A midi, lat. observée : 11° 8' ; longit. arrivée : 77° 38' ; le mât de pavillon de Tranquebar : S. O. ; distant de terre : 1 lieue ; différence Nord : 10 lieues.

Le vent au S. E., petit. Route au N. N. O. A 1 heure, aperçu un bâtiment au Nord ¹/₄ N. E. ; fait signal de chasse à l'*Artésien.* L'intention du général étant de débarquer les troupes à Portonovo, par la facilité qu'on y trouve de se servir de ses bâtiments de rames, d'où elles n'ont qu'un trajet de 4 lieues ¹/₂ pour se rendre à Goudelour. Il a fait signal, à 2 heures, d'être prêts à débarquer les troupes ; à 3 heures de se préparer à mouiller avec l'ancre de détroit. A 4 heures, le bâtiment chassé par l'*Artésien* a été reconnu pour être la *Naïade,* laquelle a rallié l'escadre. A 5 heures ¹/₂, signal de se préparer à mouiller. A 6 heures ¹/₂, appelé à l'ordre les bâtiments de l'escadre ; peu après nous avons mouillé à Portonovo par 7 brasses, sable vaseux. Donné ordre de débarquer les troupes pendant la nuit avec les vivres nécessaires ; la *Cléopâtre*, la palme et le navire les *Bons Amis* ont continué leur route pour Goudelour. Pendant la nuit, débarqué les troupes.

Débarquement de troupes.

SAMEDI 17. — Le vent au S. O., petit. *La Naïade* a mis sous voile pour aller croiser sur Tranquebar, au vent de l'escadre.

Relevé : les pagodes de Chalambaram, S. O. ; le mât de pavillon de Portonovo, Ouest ¹/₄ S. O. ; l'entrée de la rivière, Ouest 5° Sud, ²/₃ de lieue ; la terre la plus Nord, Nord ¹/₄ N. O. 4° Ouest ; la terre la plus Sud, S. S. E. 3° Sud.

A 9 heures, toutes les troupes étant débarquées, M. de Bussy est descendu, accompagné du général, des capitaines et de plusieurs officiers de l'escadre. Il a été salué de 21 coups de canon par le *Héros* et par tous les bâtiments de l'escadre et de la flotte ; toutes les troupes, en grande tenue et sous les armes, bordaient la haie depuis le débarquement jusqu'à la maison qui lui avait été destinée. Le gouverneur de Chalambaram pour le nabab est venu le recevoir ainsi que les bayadères des pagodes. M. de Suffren doit se rendre à Goudelour en palanquin ; encore fort incommodé de sa goutte, n'ayant point du tout l'usage de ses mains, il débarquerait difficilement d'une chelingue, seul bâtiment qui puisse aborder à Goudelour. A 3 heures, M. de Suffren s'en est retourné à bord et a fait aussitôt

Portonovo.

Mars 1783.

Appareillé de Portonovo.

signal d'appareiller à l'escadre et à la flotte. A 3 heures ¹/₄, mis sous voile pour Goudelour. Route au Nord ¹/₄ N. E. ; nous devons y déposer les bagages, artillerie, munitions de guerre et de bouche pour l'armée. A 5 heures ¹/₂, fait signal de se préparer à mouiller avec l'ancre de détroit.

Au soleil couché, relevé : le mât de pavillon de Goudelour, Nord ¹/₄ N. O., 2 lieues.

Mouillé à Goudelour.

Le vent à l'Est, joli frais. Route au Nord. A 6 heures ³/₄, nous avons mouillé à Goudelour par 8 brasses ¹/₂, sable vaseux. Le vent au N. O.

MARDI 18. — Le vent à l'O. N. O., petit. Au jour, ayant vu quatre bâtiments au large, fait signal d'appareiller à l'*Artésien*, au *Saint-Michel* et à la *Cléopâtre*. A 6 heures, ayant aperçu lesdits bâtiments faisant route pour le mouillage, signal aux vaisseaux et à la *Cléopâtre* de mouiller.

Goudelour.

Relèvement de Goudelour : le mât de pavillon, O. N. O. 5° Nord ; le Gouvernement, O. N. O. 5° Ouest ; la rivière, O. S. O. ; distant de terre, ²/₃ de lieue.

A 7 heures ³/₄, le *Cowentry* ayant signalé les bâtiments suspects, fait signal de chasse au *Cowentry* et à la *Cléopâtre*, fait rallier la *Bellone* et appareiller le *Saint-Michel*. A 8 heures ¹/₂, fait rallier les chasseurs, ayant reconnu la *Naïade* et un navire étranger faisant route pour le mouillage ; le bâtiment étranger est un danois, qui, ayant des officiers anglais de marque, passagers pour Madras, avait été arrêté par la *Naïade* qui venait à cet effet prendre les ordres du général. M. de Bussy est entré à Goudelour et a été salué par le canon de la place.

Débarquement des effets et munitions.

MERCREDI 19. — Le vent à l'O. N. O., petit. A 3 heures, le *Cowentry* a mis sous voile pour le Sud. A 6 heures ¹/₂, le général est descendu à terre et a été salué du canon de la place. On continue à débarquer les effets et munitions de guerre. La *Fortune* et les *Deux Hélènes* ont rallié l'escadre. La nuit, vent au S. E., petit.

JEUDI 20. — Le vent à l'Ouest, petit. A 4 heures, la *Bellone* et la palme ont mis sous voile, la *Bellone* pour aller sur Tranquebar et la palme à Trinquémalay. A midi, signal de ralliement au *Cowentry*. A 4 heures ¹/₄, il a mouillé dans l'escadre. Dans la journée et la nuit, vent au S. E.

VENDREDI 21. — Le vent à l'Ouest, petit. A 6 heures, le *Saint-Michel* a signalé un bâtiment au S. S. E. A 3 heures ¹/₂, le canot de l'*Annibal* venant de Trinquémalay, commandé par M. d'Aché, est venu à bord avec des paquets pour le général.

SAMEDI 22. — Le vent au S. S. O., joli frais. L'*Artésien*, à 6 heures du matin, a signalé un bâtiment au S. E. ; nous comptions mettre sous voile demain pour Trinquémalay ; on n'a débarqué que les choses les plus nécessaires pour accélérer le départ, qui devient toujours plus urgent, attendu l'escadre anglaise, qui ne doit pas tarder d'arriver.

DIMANCHE 23. — Le vent au S. S. O., petit. A 3 heures, fait signal à l'escadre et à la flotte d'appareiller. A 4 heures 1/4, mis sous voile. Route au S. E. Le général étant instruit qu'on attendait à Madras un convoi venant d'Europe sous escorte du vaisseau de guerre le *Bristol*, de 50 canons, a destiné le *Fendant*, le *Saint-Michel*, la *Cléopâtre* et le *Cowentry* pour aller croiser sur Madras une quinzaine de jours ; à 9 heures 1/4, fait prendre à la *Garonne* un paria à la remorque. A 10 heures 1/2, mis en panne pour embarquer nos canots.

A midi, lat. observée : 11° 48' ; longit. estimée : 77° 45' ; le mât de pavillon de Goudelour : O. S. O. 5° Sud, 3 lieues.

Le vent au S. S. E., joli frais. Route au plus près, tribord amures. A midi 3/4, signal de virer de bord à l'escadre et à la flotte ; pris bâbord amures. Les bâtiments destinés pour aller en croisière sur Madras sont restés mouillés à Goudelour pour achever de faire de l'eau. A 5 heures 3/4, signal de se préparer à mouiller avec l'ancre de détroit. A 6 heures 1/4, mouillé à Portonovo par 10 brasses, vase.

Le mât de pavillon de Portonovo, S. O. 5° Sud, 3/4 de lieue ; les pagodes de Chalambaram, S. O. 5° Sud, 3/4 de lieue.

Le vent au S. S. E., petit frais ; la nuit, varié au Nord.

LUNDI 24. — Le vent au Sud, petit. A 3 heures, ayant passé au S. S. O., fait signal d'appareiller ; à 4 heures, mis sous voile.

Au soleil levé, relevé : le mât de pavillon de Portonovo, O. S. O. 3° Sud ; les pagodes de Chalambaram, S. O. 3° Ouest ; distant de terre, 1 lieue.

Le vent au S. O., petit. Route au S. E. 1/2 Est. A 6 heures, le *Sphinx* a signalé une voile à l'E. S. E. ; signal de chasse à la *Naïade*. A 10 heures, le vent ayant passé à l'Est, pris bâbord amures.

A midi, lat. observée : 11° 29' ; longit. estimée : 77° 35' ; le mât de pavillon de Portonovo, Ouest 5° Sud ; les pagodes de Chalambaram, O. S. O. 5° Sud ; distant de terre : 1 lieue 1/2.

Mars 1783.

A 1 heure 3/4, signal de ralliement à la *Naïade*.

A 6 heures, relevé : les bâtiments au mouillage de Goudelour, O. N. O. 3° Ouest, 4 lieues.

La *Garonne* ayant beaucoup de peine à suivre avec le paria à la remorque, le général a envoyé le paria à Goudelour ; la *Garonne* a une avarie à son mât de misaine. A 10 heures, étant par 17 brasses, fond sable vaseux, signal de virer de bord ; pris tribord amures. A 11 heures 3/4, sondé, trouvé 40 brasses. Fait signal de virer de bord ; pris bâbord amures.

MARDI 25. — Le vent au S. E., joli frais. Route au plus près, bâbord amures. A 2 heures 1/2, par 11 brasses, signal de virer de bord ; pris tribord amures. A 3 heures 1/2, le vent ayant varié au S. S. O., fait route au S. E.

A 6 heures, relevé : le mât de pavillon de Portonovo, Ouest 1/4 N. O.; les pagodes de Chalambaram, O. S. O. 5° Ouest ; distant de terre : 2 lieues 1/2.

Route pour Trinquémalay.

A 7 heures, vent au S. O. Arrivé au S. E. pour rallier le convoi. A 10 heures 1/4, signal à la *Naïade* et à l'*Artésien,* qui étaient fort sous le vent au large, de virer de bord. Arrivé en même temps à l'E. N. E. pour rallier la flotte.

A midi, lat. observée : 11° 33'; longit. arrivée : 77° 56'.

Depuis 9 heures, Portonovo nous restait à l'Ouest, 4 lieues. Route corrigée : E. N. E. 5° Nord, 3 lieues 2/3.

A 1 heure, mis le cap au N. N. E. Signal de ralliement à l'*Annibal* (anglais) et à la flotte ; à 1 heure 1/2, appelé la *Naïade*. L'*Argonaute* a signalé une voile à l'E. N. E. A 2 heures, revenu au vent ; pris le plus près, tribord amures. A 2 heures 1/2, pris les amures à bâbord ; continué la même bordée. A minuit, sondé 25 brasses.

MERCREDI 26. — Vent variable du S. S. E. au S. O. A 3 heures, fait signal de virer de bord ; pris tribord amures. Au jour, l'*Artésien* et sa remorque étaient à peine en vue sous le vent.

Relevé, au soleil levé : le mât de pavillon de Goudelour, Ouest 5° Sud, 2 lieues.

Le vent au Sud, petit. Route au plus près, tribord amures. A 6 heures 1/2, signal de manœuvre indépendante ; forcé de voiles sur un bâtiment restant de l'avant à nous. Signal de chasse à l'*Argonaute ;* un moment après, ayant reconnu le navire pour être de la flotte, nous avons diminué de voiles.

A 8 heures, relevé : le gouvernement de Goudelour, Ouest 5° Sud, 4 lieues.

Mars 1783.

Le vent au S. S. O. Route au plus près, tribord amures. A 10 heures, les vents au S. E., joli frais ; fond, 15 brasses. Signal de mouillage à l'escadre et à la flotte ; au même instant, laissé tomber l'ancre.

Jeudi 27. — Le vent au S. S. E., petit. Ayant passé au S. O. A 4 heures, fait signal d'appareiller. A 4 heures 1/2, mis sous voile.

Relevé, au soleil levé : Goudelour, S. O. 5° Ouest ; distant de terre : 2 lieues.

Nous n'avons plus vu l'*Artésien* et sa remorque. A 7 heures, ne pouvant refouler les courants, qui allaient rapidement dans le fond, fait signal de mouillage et mouillé par 21 brasses, sable vaseux. A 9 heures, vu un bâtiment faisant route sur nous. A 10 heures, il a fait des signaux de reconnaissance et nous l'avons reconnu pour la *Bellone* venant de Tranquebar. A la même heure, vu une autre voile au même air de vent, que nous avons peu après reconnue pour la palme, qui, ayant eu ordre d'aller à Trinquémalay, ne pouvait gagner dans le Sud, à cause des vents et courants et manque d'eau. A 11 heures 3/4, le vent s'étant élevé au S. E., joli frais, la mer houleuse, signal d'appareiller ; peu après, mis sous voile et couru au plus près, bâbord amures.

A midi, lat. observée : 11° 40' ; longit. arrivée : 77° 40' ; le mât de pavillon de Goudelour, N. O. 2° Nord ; celui de Portonovo, S. O. ; distant de terre : 2 lieues.

A 1 heure, la *Bellone* a mouillé à Goudelour par ordre du général. A 3 heures, signal de mouillage. Mouillé à 3 heures 3/4 par 9 brasses 1/2, vase.

Le mât du pavillon de Portonovo, S. O. 5° Sud ; distant de terre : 1 lieue.

Vendredi 28. — Le vent au S. E., petit. A 2 heures, il a passé au S. O. ; pendant la journée, revenu au S. E., joli frais ; la nuit, calme. La *Fortune* est destinée à aller en Europe porter les dépêches des généraux. M. de Lusignan, ayant demandé à rester dans l'escadre, a passé sur le *Sphinx*, et M. Bouvet, capitaine de brûlot, a pris le commandement de la *Fortune*. L'escadre anglaise, attendue de jour en jour à Madras, nous fait voir avec peine les contrariétés que nous éprouvons.

Mars 1783.

SAMEDI 29. — Le vent au Sud, petit frais. Au jour, signal d'appareiller. La *Bellone* et un bâtiment de la flotte ont rallié pendant la nuit. A 6 heures $1/4$, nous avons mis sous voile et fait route au plus près, tribord amures. A 7 heures, les vents ont varié à l'O. S. O.; mis le cap au S. E. A 10 heures $3/4$, ayant passé au S. E., signal de virer de bord ; pris bâbord amures.

A midi, long. observée : 11° 31' ; longit. arrivée : 77° 35' ; le mât de pavillon de Portonovo, S. O. 5° Ouest ; les pagodes de Chalambaram, S. O. 5° Sud ; distant de terre : 1 lieue.

Le vent à l'E. S. E., joli frais. Route au plus près, bâbord amures. A 1 heure, pris les amures à tribord ; à 1 heure $3/4$, mis en panne pour attendre notre canot, qui était allé chercher quelques matelots restés sur un catimaron de pêche qui s'était démarré du bord. A 3 heures, fait servir et pris bâbord amures.

Route pour Trinquémalay.

Au soleil couché, relevé : le mât de pavillon de Portonovo, O. S. O. 5° Ouest ; les pagodes de Chalambaram, O. S. O. 3° Sud ; distant de terre : 2 lieues.

Le vent au S. E., joli frais. Route au plus près, tribord amures.

A 7 heures $1/2$, signal de mouillage et mouillé par 13 brasses, vase.

DIMANCHE 30. — A 1 heure $1/4$, le vent au S.O., joli frais. Signal d'appareiller. A 2 heures $1/4$, mis sous voile et fait route au S. E. A 3 heures $3/4$, les vents ayant passé au S. S. E., presque calme, les courants nous portant dans le N. E., fait signal de mouillage et mouillé par 20 brasses, vase. A 5 heures, signal d'appareiller.

A 6 heures, relevé : Portonovo, Ouest $1/4$ N. O. ; les pagodes de Chalambaram, O. S. O. ; distant de terre : 1 lieue $1/3$.

Le vent à l'O. S. O., petit frais. A 10 heures $1/2$, signal de virer de bord ; mais les vents ayant adonné, annulé le signal.

A midi, lat. observée : 11° 36' ; longit. observée : 77° 45' ; distant de terre : 5 lieues.

Le vent au S. E. ; pris bâbord amures. A 4 heures $3/4$, viré de bord vent devant. A 7 heures, viré vent arrière, ayant manqué vent devant ; pris tribord amures. Le vent au S. S. E., petit frais. A 7 heures $3/4$, pris bâbord amures. A 9 heures, signal de mouillage et mouillé par 9 brasses, fond de vase.

LUNDI 31. — Vent variable du S. E. au S. S. E., petit. A 6 heures, relevé : le mât de pavillon de Portonovo, Ouest $1/4$ N. O. ; les pagodes de Chalambaram, O. S. O. 5° Sud ; distant de terre, 1 lieue.

Le vent au S. O., petit frais. A 7 heures ³/₄, signal d'appareiller. **Mars 1783.**
A 8 heures ¹/₂, mis sous voile ; quelques vaisseaux manquant d'eau et la traversée pouvant être longue et sujette à des événements, le général s'est décidé à mouiller à Portonovo pour y en faire. A 8 heures ³/₄, fait signal d'envoyer à l'eau. A la même heure, de se préparer à mouiller. A 9 heures ¹/₄, mouillé à Portonovo par 7 brasses, vase.

Relèvement du mouillage : le mât de pavillon de Portonovo, O. S. O. 5° Sud ; l'entrée de la rivière, O. S. O. 5° Ouest ; les pagodes de Chalambaram, S. O. 3° Sud ; distant de terre, ²/₃ de lieue.

Le vent au Sud, petit frais, envoyé à l'eau. A 10 heures ¹/₂, la *Naïade* a fait route vers le Sud pour être en croisière sur Négapatnam. La *Fortune* a été à Goudelour ; le vent à S. E., petit frais.

MARDI 1ᵉʳ AVRIL. — Le vent au Sud et E. S. E. ; continué à **Avril 1783.** faire de l'eau.

MERCREDI 2. — Le vent au S. O., petit, presque calme. A 7 heures, signal à la flotte de se préparer à appareiller. Vu la *Bellone* et la *Naïade* travaillant à s'élever dans le Sud. Les ferrures du gouvernail du navire la *Garonne* ayant manqué, on travaille à la forge du *Héros* et du *Sphinx* pour en faire d'autres. Dans la nuit, la *Fortune* a rallié l'escadre. Calme.

JEUDI 3. — Vent variable du S. E. à l'Ouest et O. S. O. Au jour, vu quatre bâtiments dans le Nord et au S. O. A 10 heures ¹/₄, la brise du large est venue de l'Est et E. N. E. Il eût fait beau temps pour appareiller ; mais l'avarie arrivée à la *Garonne* nous retarde. Nous espérons que les deux mâles qu'on fait seront achevés aujourd'hui et le gouvernail mis en place. L'*Hélène*, qui était tombée sous le vent, a rallié l'escadre. L'*Artésien*, avec le bâtiment qu'il remorquait, a mouillé à Goudelour.

VENDREDI 4. — Le vent à l'O. S. O., petit frais. A 3 heures ¹/₂, signal d'appareiller. Mis sous voile et gouverné au S. E.

Au soleil levé, relevé : le mât de pavillon de Portonovo, O. N. O. 5° Ouest ; les pagodes de Chalambaram, O. S. O. 2° Ouest ; distant de terre, 1 lieue ¹/₂.

Les vents à l'Ouest, petit frais. Route au S. E. ¹/₄ Sud.

A 7 heures ¹/₂, relevé : Portonovo, O. N. O. 5° Nord, 4 lieues ¹/₂.

A 10 heures ³/₄, le vent a passé à l'Est et E. S. E.

A midi, lat. observée : 11° 25' ; longit. arrivée : 77° 43' ; distant de terre : 3 lieues.

16

Avril 1783. Le vent à l'E. S. E., petit. Route au plus près, bâbord amures. A 4 heures 1/2, vu les bâtiments du mouillage de Tranquebar. A 5 heures, la *Fortune* a signalé deux voiles dans le S. S. E. ; peu après, qu'elles étaient neutres.

Au soleil couché, relevé : le mât de pavillon de Tranquebar, S. O. 1/4 Sud, 3 lieues.

A 9 heures 1/2, par 10 brasses d'eau, signal de mouillage et mouillé un quart d'heure après, par 9 brasses 1/2, vase. Vent au S. E.

SAMEDI 5. — A 3 heures 1/4, le vent ayant passé dans la partie du S. S. O., signal d'appareiller. A 4 heures, mis sous voile. Route au S. E.

Route pour Trinquémalay. Au soleil levé, relevé : le mât de pavillon de Tranquebar, N. O. 1/4 Ouest ; les pagodes de Nagur, S. S. O. ; distant de terre : 1 lieue 1/2.

Le vent à l'O. N. O., petit, presque calme ; à 6 heures 1/4, calme. Fait signal de mouillage et mouillé par 10 brasses, vase. A la même heure, envoyé le canot à bord d'un petit bâtiment étranger, mouillé en dehors de nous. Nous avons appris par le canot de la *Naïade*, qui est venu à bord, que c'était une prise faite la veille, chargée de riz pour Madras. Le général a ordonné qu'elle fît route pour Tranquebar pour y être vendue. A 9 heures 1/4, le vent à l'E. N. E. ; fait signal d'appareiller ; mis sous voile. Route au plus près, bâbord amures. A 10 heures 1/4, fait signal à l'*Annibal* anglais de visiter un bâtiment qui nous paraissait suspect ; mais nous l'avons reconnu pour la *Batistine*, venant de Trinquémalay.

A midi, lat. observée, 10° 65' ; longit. arrivée, 77° 40' ; le mât de pavillon de Tranquebar, N. O. 1/4 Ouest ; les pagodes de Nagur, S. O. 1/4 Sud ; distant de terre : 2 lieues.

Le vent à l'Est, petit. Route au plus près, bâbord amures ; la *Bellone* et la *Naïade* ont rallié l'escadre.

A 4 heures, relevé : le mât de pavillon de Tranquebar, N. O. 1/4 Ouest ; les pagodes de Nagur, O. S. O. 5° Sud, 3 lieues ; la tour de Chine, S. O. 1/4 Ouest 4° Sud.

Le vent à l'E. N. E., petit frais. Route au plus près, bâbord amures.

Relevé, au soleil couché : les pagodes de Nagur, Ouest 5° Sud ; la tour de Chine, O. S. O. 2° Ouest ; distant de terre : 4 lieues.

Pendant la nuit, vent variable de l'Est à l'E. S. E., joli frais. Route au plus près, bâbord amures.

DIMANCHE 6. — Le vent à l'E. S. E., petit frais. Route au plus près, bâbord amures. A 3 heures 1/4, par 12 brasses, gros gravier, signal de virer de bord ; pris tribord amures. A 4 heures, le vent a varié au S. S E.

A 6 heures, relevé : les pagodes de Nagur, N. O. 1/4 Ouest ; la tour de Chine, O. N. O. 3° Ouest ; la terre la plus Sud, O. S. O. ; distant de terre : 5 lieues.

Le vent au Sud, petit. Route au plus près, tribord amures. A 6 heures 1/2, signal de ralliement. A 8 heures, ne pouvant refouler les courants qui portaient au Nord, 1 nœud 1/2, signal de mouillage ; mouillé par 32 brasses, sable et petit gravier. A 10 heures 1/2, la *Naïade* a mis sous voile pour aller à Tranquebar.

A midi, lat. observée, 10° 42' ; longit. arrivée : 77° 43' ; les pagodes de Nagur, O. N. O. 3° Ouest ; la tour de Chine, Ouest 5° Nord, 6 lieues.

Le vent au S. E., petit frais ; la nuit, même vent.

LUNDI 7. — Le vent au S.S.O. A 4 heures 3/4, signal d'appareiller. A 5 heures 1/2, mis sous voile. Route au plus près, tribord amures. A 9 heures, vu un bâtiment dans le Sud, venant sur nous. A 10 heures 1/2, il a mis pavillon portugais ; nous avons mis pavillon blanc et tiré un coup de canon, puis largué les basses voiles. Mis en panne, tribord amures.

A midi, lat. observée, 10° 45' ; longit. arrivée, 78° 9' ; route corrigée depuis l'appareillage, Est 1/4 N. E. 1° Est, 5 lieues 1/2.

A midi 3/4, le portugais a passé à poupe ; il venait de Galles et a passé à Trinquémalay, où il n'y avait rien de nouveau. A 1 heure, nous avons fait servir, route au plus près, tribord amures ; les vents au S. O., joli frais. A 6 heures, l'*Artésien* a signalé une voile dans le Sud. Signal à la flotte de serrer le centre de l'escadre et ralliement général. A 8 heures et pendant la nuit, vent dans la partie du S. S. O.

MARDI 8. — Le vent au S. S. O. Route au plus près, tribord amures. A 6 heures, signal à la *Bellone* de chasser deux lieues en avant de l'escadre.

A midi, lat. observée : 10° 21' ; longit. arrivée : 78° 49' ; route corrigée : S. E. 1/4 Est 3° Est, 15 lieues 1/2.

A 2 heures, arrivé au S. E. 1/4 Sud, pour rallier les bâtiments qui sont sous le vent. Le reste de la journée et de la nuit, vent de S. S. O.

Avril 1783.

MERCREDI 9. — Vent au S. O., joli frais. Route au plus près, tribord amures.

A midi, lat. observée : 9° 43' ; longit. arrivée : 79° 34' ; route corrigée : S. E. 5° Est, 19 lieues 1/2.

Le vent à l'O. S. O., petit frais. Route au plus près, tribord amures. A 3 heures 1/2, le vent a varié au Sud. Signal de virer de bord ; pris bâbord amures. A 10 heures 1/4, le vent ayant encore varié au S. O., signal de virer de bord ; pris les amures bâbord.

JEUDI 10. — Le vent au S. O., petit frais. Route au plus près, tribord amures.

A midi, lat. observée : 9° 57' ; longit. arrivée : 79° 46' ; route corrigée : Sud 1/4 S. E. 3° Sud, 16 lieues 1/3 ; Trinquémalay me reste à l'O. S. O., 18 lieues 1/2.

Le vent à l'O. S. O., petit. Route au plus près, tribord amures. A 1 heure 1/4, le vent ayant varié au S. E., et E. S. E., fait signal de virer de bord ; pris bâbord amures. A 3 heures, la *Bellone* a signalé la terre à l'O. S. O. Fait route au S. O. A 3 heures 1/4, nous avons vu la terre ; à 5 heures 1/2, la *Bellone* a signalé 9 voiles au S. S. O., ensuite 15, ensuite 23, courant au N. N. O. ; nous n'avons pas douté que ce ne fût l'escadre anglaise. Fait aussitôt signal de ralliement à l'escadre et à la flotte.

Vu l'escadre anglaise.

Au soleil couché, relevé : le morne de Trinquémalay, S. O. 1/4 Ouest 3° Ouest, 7 lieues.

Le général s'est décidé à forcer de voiles sur Trinquémalay, plutôt que de prendre le large devant, par la position de l'escadre ennemie, lui passer de l'avant et mouiller avant d'être joint. Elle était, lorsque les frégates l'ont découverte, à environ 8 lieues dans le S. S. E. et la nuit survenant, elle ne pouvait avoir vu que la *Bellone* et la *Fortune*, qui étaient environ 3 lieues de l'avant de l'escadre et dans le Sud. Le vent à l'E. S. E , petit frais. Route au S. O., toutes voiles dehors. A la même heure, signal de branle-bas ; à 6 heures 3/4, à la frégate qui a découvert des voiles, de nous passer à poupe. A 7 heures, la *Bellone* a rendu compte qu'elle avait vu 24 voiles au S. S. E., faisant route au Nord 1/4 N. O., dont trois paraissaient de la grande hune et couraient sur elle ; on ne voyait les autres que du perroquet. A 8 heures 3/4, nous avons donné dans la baie ; mais les vents ayant sauté au S. O., nous avons été obligés de mouiller près la pointe Sale, par 26 brasses, gros gravier. Fait signal de mouillage. Envoyé sur-le-champ un officier

Mouillé à l'entrée de la baie de Trinquémalay.

pour aviser M. des Roys et M. d'Aymar de se tenir prêts à protéger, par les batteries, la rentrée de l'escadre, au cas que les ennemis voulussent s'y opposer.

Avril 1783.

VENDREDI 11. — Le vent à l'Ouest, petit frais. Plusieurs bateaux ont dit avoir aperçu les feux de l'escadre vers 11 heures.

Au jour, relevé : le pavillon de Trinquémalay, O. N. O. 5° Ouest ; l'île aux Pigeons, N. O. 5° Nord ; l'île Ronde, O. S. O. 5° Sud ; la pointe de la Chapelle, Ouest 1/4 S. O. ; la pointe Sale, Sud 5° Est, 1/2 lieue.

Le commandement de la *Bellone* a été donné à M. de Costebelle, lieutenant de vaisseau, et celui de la *Naïade* à M. de Joyeuse, capitaine de brûlot. L'intention du général étant d'envoyer sur-le-champ la *Naïade* avertir M. de Peynier de l'arrivée de l'escadre anglaise, plusieurs vaisseaux ont eu ordre de lui donner de l'eau, dont elle avait besoin.

A 8 heures 3/4, l'*Artésien* a signalé un bâtiment au N. N. E. A 2 heures, le vent dans la partie du S. S. E. ; signal d'appareiller à l'escadre et à la flotte. A 2 heures 3/4, notre ancre, sans doute dans quelques roches, dont cette partie est pleine, n'a pu être levée et notre câble a cassé. Fait route pour entrer dans le port. A 4 heures 1/2, mouillé dans le port ; mais notre câble ayant cassé en faisant tête, nous avons été obligés de mouiller une seconde ancre par 16 brasses, vase. Affourché au N. E. avec une petite ancre par 16 brasses, vase. Nous avons trouvé : la *Consolante*, arrivée de Galles avec les transports qu'elle avait été y chercher ; le *Vengeur* réparé ; l'*Illustre* démâté de son grand mât pour l'allonger et le jumeler. La *Fine* avait besoin d'être virée en quille, faisant beaucoup d'eau. A 5 heures, l'*Annibal* s'est échoué sur la sèche qui est près de terre, vis-à-vis des magasins ; on a envoyé des chaloupes et des ancres et il s'est déchoué. La *Naïade* a appareillé pour sa mission, et la *Fortune* pour l'Europe en droiture. Il est entré un bâtiment de la flotte, qui était resté en arrière. Il manque encore la palme, les *Deux-Hélènes* et un brick qui, lorsqu'on a découvert l'escadre anglaise, était très éloigné de l'arrière et n'a pu voir les signaux de terre et de découverte de voiles ; il est à craindre qu'il ne soit tombé dans l'escadre anglaise. Le navire qui vient d'entrer a rendu compte que, dans la nuit, il s'était trouvé au milieu des ennemis ; que, les prenant pour son escadre, il avait fait route quelque temps avec eux, mais qu'ensuite

Mouillé dans le port de Trinquémalay.

Avril 1783. le nombre et la route lui ayant donné des soupçons, il avait pris ses amures et avait été chassé quelque temps par un vaisseau et ensuite abandonné.

La nuit, petit vent variable, presque calme.

SAMEDI 12. — Les vents au S. S. O., petit frais. A 4 heures, le fort de Trinquémalay a signalé un bâtiment français. Nous avons mis sur-le-champ côté bâbord pour changer le doublage et la flottaison.

DIMANCHE 13. — Le vent au S. S. O., petit, presque calme. Le brick qui manquait des bâtiments du convoi est entré et n'avait rien vu dehors.

Trinquémalay. LUNDI 14. — Le vent au S. O., petit. Dans la matinée, le fort a signalé un bâtiment suspect. L'intention du général était de virer en quille le *Brillant*, qui fait beaucoup d'eau ; il a été au carénage. Nous continuons à travailler à notre doublage et à faire de l'eau et du bois.

MARDI 15. — Le vent au S. O., petit. A 6 heures, la *Bellone* a appareillé pour croiser dehors en vue.

MERCREDI 16, JEUDI 17, VENDREDI 18. — La *Bellone* a mouillé à Back-Bay. A 8 heures $1/2$, amarré un matelot sur un canon pour avoir volé dans un navire particulier. A midi, fini de doubler un cotre. Tous les vaisseaux travaillent à se mettre en état de sortir.

SAMEDI 19. — Calme. Au jour, mis sur le côté pour doubler bâbord. A 6 heures, le fort a signalé des voiles dans le Nord ; dans l'après-midi, nous les avons reconnues pour être le *Fendant* et les autres bâtiments sous ses ordres. L'*Illustre* a mâté son grand mât.

DIMANCHE 20. — Le vent au S.S.O., petit frais. Dans la journée, la division de M. de Peynier s'est beaucoup approchée ; le calme fait la veille l'a empêché d'entrer. A 6 heures, orage, vent, pluie dans la partie du Sud.

LUNDI 21. — A 9 heures, le *Fendant*, la *Cléopâtre* et le *Cowentry* sont entrés dans le port.

MARDI 22. — A 6 heures $1/2$, le *Saint-Michel* est entré dans la baie ; il a fait, avec les susdits, plusieurs prises dans sa croisière, qu'ils ont détruites.

MERCREDI 23. — Le vent au S. O., petit ; beau temps. Le fort a signalé un bâtiment à deux mâts dans le Nord. Le *Saint-Michel* est entré dans le port.

JEUDI 24. — Nous avons achevé de doubler les deux flottaisons et continué à faire de l'eau, du bois et des vivres, ainsi que toute l'escadre. *Avril 1783.*

VENDREDI 25, SAMEDI 26, DIMANCHE 27. — Le navire les *Bons-Amis* a fait voile pour l'Ile-de-France.

LUNDI 28. — Le vent au S. O., joli frais. A 8 heures, le morne a signalé un bâtiment français à deux mâts, venant du Sud, faisant route pour la rade. La *Bellone* a appareillé pour Batacalo. A 3 heures, autre bâtiment signalé dans le Sud, s'approchant du mouillage.

MARDI 29. — Le bâtiment arrivé est la *Colombe*, venant de l'Ile-de-France, ayant des paquets pour les généraux et quelques passagers. Nous avons appris que l'*Alexandre* avait été condamné et brûlé.

MERCREDI 30. — Le vent au S. O., joli frais. A 11 heures, le morne a signalé une voile au Sud, s'approchant de la rade. Dans l'après-midi, un vaisseau portugais, venant de Goa, a mouillé à Trinquémalay ; il avait du biscuit pour l'escadre.

JEUDI 1er MAI, VENDREDI 2, SAMEDI 3. — Il est arrivé un portugais, qui a mouillé à Trinquémalay. Le morne a signalé deux bâtiments au Sud. *Mai 1783.*

DIMANCHE 4. — Le vent au S. O., petit. Le *Cowentry* a mis sous voile pour Goudelour. Arrivé un autre portugais ; ils demandent à faire de l'eau, qui se fait difficilement à la côte et où on la paie.

LUNDI 5. — Le vent au S. O., joli frais. Le morne a signalé un bâtiment suspect. Le *Brillant* a été viré en quille.

MARDI 6, MERCREDI 7. — Les vents au S. O., petit. Dans la journée, une palme portugaise, venant de la côte de Malabar et ayant manqué Cochim par le mauvais temps, a mouillé à Austimbourg ; on prépare des artifices pour armer un brûlot. A 6 heures, vent d'O.S.O. et petite pluie.

JEUDI 8. — La *Bellone*, venant de Batacalo, a mouillé à Austimbourg. Le vent au S. O. ; orage et pluie.

VENDREDI 9, SAMEDI 10. — A 5 heures, découvert un bâtiment au large cherchant à venir au mouillage.

DIMANCHE 11. — Les prises le *Blandfort*, la *Fortitude*, et les deux senaux pris par l'*Annibal* ont été vendus à des Portugais. Le bâtiment aperçu hier est le *Cowentry*, venant de Goudelour; il a mouillé à Back-Bay; nous avons su que la palme et les *Deux-Hélènes* avaient été pris par l'escadre anglaise. L'*Annibal* ayant appris par là que nous avions une division sur Madras, avait laissé quelques vaisseaux sur Goudelour, croyant qu'elle y toucherait en quittant sa croisière. La *Naïade* étant arrivée le soir en vue du *Sceptre*, de 64, avait été chassée, jointe pendant la nuit et obligée de se rendre après 5 heures de combat.

Le convoi du *Bristol* était arrivé à Madras le 14, le lendemain que M. de Peynier avait quitté la croisière, et l'escadre le surlendemain 15. Le *Fendant*, ayant fait route pour le large, n'avait rien vu. Tippou-Saëb, arrivé à la côte de Malabar, avait repris Thiagar et une partie de l'armée anglaise qui la défendait, aux ordres du général Mathews, avait été faite prisonnière. Le régiment de l'Ile-de-France, commandé par M. de Cossigny, avait tout l'honneur de cette attaque vigoureuse, dans laquelle il avait perdu quelques hommes et deux officiers. Les troupes du nabab n'avaient point donné; il restait aux Anglais Mangalor, que ce prince allait assiéger, et il devait après retourner au Coromandel. M. de Bussy, arrivant à la côte, avait rappelé la division de M. d'Hofflize et les troupes du nabab. On craignait que les Anglais n'eussent des projets sur Goudelour; quelques troupes leur étaient arrivées sur le convoi du *Bristol*, et, comme ils avaient des forces navales bien supérieures aux nôtres, puisqu'elles étaient de 18 vaisseaux (l'amiral n'en ayant point laissé à Bombay, comme le bruit en avait couru), M. de Bussy demandait à M. de Suffren des munitions de bouche et de guerre et surtout des caissons d'artillerie. Le *Brillant*, caréné de côté, a été mis sur le côté tribord. Le général fait mettre la plus grande activité dans le radoub, voulant que l'escadre soit prête à mettre sous voile le plus tôt possible.

Lundi 12. — On charge le *Dromadaire*, les *Bons-Amis* et la *Garonne* de munitions de guerre et de bouche.

Mai 1783.

Mardi 13, Mercredi 14. — La palme portugaise a mis sous voile ; M. de Suffren l'a chargée de riz pour porter à la côte.

Jeudi 15, Vendredi 16, Samedi 17, Dimanche 18, Lundi 19. — On a travaillé tous les jours à se mettre en état de sortir et à charger les flûtes destinées pour la côte ; le transport du roi la *Jeune-Héloïse* a été équipée et armée en brûlot sous le nom de la *Salamandre* ; le commandement en a été donné à M. Giloux, lieutenant de frégate.

Mardi 20. — Le général a ordonné que tous les vaisseaux appareilleraient pour aller mouiller à l'arrière-baie ; en conséquence, le *Hardi*, le *Flamand*, l'*Annibal* ont appareillé et mouillé dans la journée à Back-Bay.

Mercredi 21. — Dans la matinée, l'*Ajax* a appareillé pour aller mouiller à l'arrière-baie. L'*Argonaute*, ayant cassé son câble, a demandé des ancres et des grelins ; on lui en a envoyé. A 5 heures 1/2, notre câble a cassé ; mouillé l'ancre de détroit. Vent variable ; petite pluie. Le soir, orage.

Jeudi 22. — A 7 heures, mouillé une ancre à jet au S E., par 14 brasses. Dans la matinée, le morne a signalé une voile au Sud, s'approchant de la côte ; à 8 heures, le *Cowentry* a mis sous voile pour aller reconnaître. Dans la matinée, le *Sévère*, le *Vengeur* et l'*Argonaute* ont appareillé pour aller mouiller à l'arrière-baie. Dans l'après-midi, orage et petite pluie. Le soir, le *Cowentry* a remouillé à l'arrière-baie avec le bâtiment aperçu, qui était un portugais.

Vendredi 23. — Le portugais mouillé la veille a salué le fort, qui lui a rendu son salut ; le général, pour renforcer les équipages des vaisseaux, bien diminués par les combats et les maladies, a fait embarquer 250 soldats de la garnison et 300 cipayes.

Toutes les frégates et flûtes du roi ont été désarmées, excepté la *Cléopâtre*, le *Cowentry* et les flûtes qui devaient venir à la côte avec nous, chargées de vivres et munitions de guerre. On a pris sur les bâtiments particuliers autant de monde qu'on a pu, en les remplaçant par des

Mai 1783.
Etat des équipages.

prisonniers anglais, et on a embarqué tous les lascars noirs ouvriers, employés dans le port. Malgré ces dispositions, les équipages n'ont pu être portés aux trois quarts de leur complet, ayant près de 900 malades à terre et presque autant à Goudelour. Les capitaines et officiers des frégates désarmées ayant demandé à servir sur l'escadre, ont été employés sur différents vaisseaux. L'intention du général est de partir pour la côte avec les munitions de guerre et de bouche demandées par M. de Bussy aussitôt que le *Brillant* sera prêt, et il doit l'être dans deux ou trois jours. La *Cléopâtre* a pris le 18 de l'*Apollon*.

SAMEDI 24. — Le vent au S.O., petit frais. A 10 heures, le *Sphinx* a mis sous voile pour aller mouiller à l'arrière. A 11 heures, le morne a signalé 17 voiles au large ; peu après, le grand *Annibal* a signalé le même nombre. Le général, ne doutant plus que ce ne fût l'escadre anglaise, en peine pour le petit nombre de vaisseaux mouillés à l'arrière-baie, rade ouverte où l'on n'est point soutenu par des batteries de terre, s'est rendu tout de suite par terre et a arboré son pavillon sur l'*Annibal*. A 11 heures $^1/_4$, signal aux vaisseaux de l'arrière-baie de s'embosser, présentant bâbord. A midi, le morne a signalé 20 bâtiments de guerre ; mais ils étaient encore bien sous le vent. A 1 heure, le *Fendant* et l'*Annibal* (anglais) ont mis sous voile pour aller mouiller à l'arrière-baie ; le vent au S. O., frais. Nous avons travaillé le soir et toute la nuit à nous touer, pour être à même d'appareiller si la position de l'ennemi le permettait, auquel cas le général devait en faire le signal. Les Anglais ont porté leur bordée au Sud.

DIMANCHE 25. — A 2 heures du matin, le *Cowentry* a mouillé à Back-Bay, venant de Batacalo ; il a passé a portée de voir l'escadre anglaise. A 6 heures, le morne a signalé l'escadre anglaise au Sud ; à la même heure, le *Cowentry* a mis sous voile pour l'aller observer. A 6 heures $^1/_4$, le général a fait signal d'appareiller au *Héros* et autres vaisseaux mouillés à Austimbourg. A 8 heures $^1/_4$, l'*Illustre* a mis sous voile ; à 10 heures $^1/_4$, la *Salamandre*. A 11 heures, nous avons mis sous voile et mouillé, à midi $^1/_4$, à l'arrière-baie par 8 brasses d'eau, sable et vase. A midi $^3/_4$, l'*Artésien* est aussi venu mouiller.

Relèvement : le mât de pavillon, S. E. 3° E. ; le fort de Trinqué- Mai 1783.
malay, Sud 5° Est ; le fort d'Austimbourg, S. S. O. 5° E. ; la pointe
Sale, S. E. 1/4 Est ; l'île aux Pigeons, Nord 5° Ouest ; distant du
morne au pavillon, 5 câbles.

Le vent au S. S. O., petit frais. On a perdu de vue l'escadre anglaise.

Lundi 26. — Le vent au S. S. O., joli frais. A 6 heures, fait
signal au *Saint-Michel* d'appareiller ; il est venu mouiller à l'arrière-
baie ainsi que le *Brillant* et la flûte le *Dromadaire*. A 4 heures, le
morne a signalé une voile au Sud. A 10 heures 1/2, le *Cowentry* a
mouillé ; il avait laissé l'escadre anglaise près de Batacalo et avait été
chassé par quelques bâtiments sans être approché. Tous les vaisseaux
sont rendus à Back-Bay. Nous ne pouvons deviner l'intention de
l'escadre anglaise, à moins qu'elle ne soit venue faire de l'eau et du
bois à Batacalo, auquel cas nous le saurons bien vite par terre.

Mardi 27. — A 11 heures 1/2, la *Cléopâtre* a appareillé d'Austimbourg et est venue mouiller à l'arrière-baie. Les navires particuliers,
les *Cousines* et le *Prince-d'Orange* y ont aussi mouillé. A 2 heures,
le morne a signalé un bâtiment au Sud, frisant la côte sans s'approcher
de la rade. La nuit au S. O., joli frais. Tous les vaisseaux sont
embossés, présentant bâbord, le plus près possible.

Mercredi 28. — Le vent au S. O. A 7 heures 1/4, la *Garonne* a
mouillé dans l'escadre ; peu après, la *Consolante*. Le général, voulant
profiter du moment où les ennemis étaient dans le Sud pour envoyer
à M. de Bussy les munitions de guerre et de bouche qu'il avait
demandées et dont il pouvait être pressé, a fait partir, à 5 heures du
soir, pour Goudelour, le *Dromadaire* et la *Garonne*, escortés par le
Fendant, la *Cléopâtre* et le *Cowentry*. Ces trois bâtiments étant
dans le cas, par leur marche supérieure, d'échapper à l'ennemi en cas
de rencontre. A 6 heures, les *Bons-Amis* sont venus mouiller dans
l'escadre. Le vent à l'E. S. O., joli frais ; temps couvert.

Jeudi 29. — Le vent à l'O. S. O.. joli frais. A 7 heures, la *Conso-* Trinquémalay.
lante a mis sous voile pour rentrer dans la baie d'Austimbourg. Le
navire particulier le *Neptune Royal* est sorti d'Austimbourg et a
mouillé à l'arrière-baie. A 11 heures, les *Bons Amis* ont chassé, le
vent à l'O. S. O., frais, et ont été obligés d'appareiller pour prendre
le mouillage.

Vendredi 30. — Le vent à l'O. S. O., petit frais. A 10 heures 1/2,
le *Neptune Royal* a mis sous voile pour l'Ile-de-France. A 4 heures,

nous avons aperçu une frégate anglaise, venant du Sud, qui lui a donné la chasse ; mais à la nuit, elle a reviré au Sud. Le *Neptune Royal* a continué la route. La nuit, vent à l'O. S. O.

SAMEDI 31. — Vent à l'O. S. O. A 2 heures $^1/_4$, on a commencé à voir quelques vaisseaux de l'escadre anglaise au Sud. A 9 heures $^3/_4$, nous avons fait le signal de découverte de voile et un coup de canon ; tous les vaisseaux se sont préparés à s'embosser. A 10 heures $^1/_2$, toute l'escadre anglaise a été en vue, au nombre de 21 voiles, s'avançant de la baie. A midi $^1/_2$, une frégate anglaise s'est avancée à deux petites portées de canon et a signalé à l'amiral 14 vaisseaux. Nous avons élongé de petites ancres pour prendre poste ; toute l'escadre mouillée en ligne, prête à s'embosser au premier signal. Toute la journée, les ennemis ont manœuvré et paradé devant nous, se tenant à environ trois lieues au large ; à 8 heures, ils ont reviré au Sud. Nous avons compté 17 vaisseaux, 3 frégates et un transport. On a envoyé un canot armé de bivouac et recommandé à l'ordre à tous les vaisseaux de bien garder leurs prisonniers.

DIMANCHE 1er JUIN. — Le vent à l'Ouest, petit frais. A 6 heures, le morne a signalé un bâtiment à deux mâts s'approchant de la rade ; à la même heure, découvert l'escadre anglaise au S. E. Le bâtiment à deux mâts, que nous avons visité, est un maure venant de Galles, allant à la côte. Nous avons mis notre pavillon. A 4 heures, le général a expédié un canot à la côte avec un officier pour prévenir M. de Peynier de la manœuvre des Anglais, qui paraissaient vouloir se tenir toujours au vent de la baie, — n'ayant jamais été plus au Nord qu'à l'Est ; — conséquemment, signal de ne point venir par le large, mais de longer la côte en ralliant l'escadre. A 5 heures, l'escadre anglaise, portant sur nous, paraissait être dans l'intention de nous attaquer. Signal à l'escadre de s'embosser présentant bâbord à l'ennemi et de se préparer au combat. La manœuvre a été promptement exécutée. A 5 heures $^1/_2$, l'escadre anglaise n'étant plus qu'à une lieue $^1/_2$, a viré de bord vent arrière, et nous l'avons observée jusqu'à 11 heures, heure où on l'a perdue de vue. Le navire les *Bons Amis* a rendu compte que deux prisonniers anglais s'étaient sauvés de son bord en enlevant un canot. Le vent au S. O. et S. S. O., joli frais.

LUNDI 2. — Le vent à l'O. S. O., joli frais. Au jour, découvert les ennemis à l'E. S. E., 5 lieues, faisant route au Nord sous petites voiles. A 8 heures, les *Bons Amis* ont mis sous voile pour rentrer dans la baie d'Austimbourg. L'après-midi, l'escadre anglaise étant devant la baie, a mis en panne à 2 lieues de distance, et les trois frégates, entre elles et nous, à 1 lieue. A 10 heures 3/4, perdu de vue l'ennemi faisant route au Nord.

Juin 1783.

MARDI 3. — Le vent à l'O. S. O., joli frais. Au jour, nous n'avons plus vu l'escadre anglaise ; nous ignorons s'ils auront reviré au Sud ou s'ils auront continué la bordée du Nord ; ce dernier parti serait fort inquiétant pour la division du *Fendant*. Les navires particuliers l'*Iris* et l'*Aurore* ont mis sous voile pour l'Ile-de-France.

On ne voit plus l'escadre anglaise.

MERCREDI 4. — Le vent à l'O. S. O. A 6 heures, le *Saint-Michel* a signalé une voile au S. E. Même vent pendant la nuit.

JEUDI 5. — A la pointe du jour, aperçu un bâtiment à deux mâts à la pointe Sale. A 4 heures 1/2, le navire la *Betsi* a mis sous voile pour l'Ile-de-France. Nous avons envoyé un canot au bâtiment à deux mâts qui avait appareillé et faisait route pour le mouillage ; c'était un portugais venant de Galles. Il avait à bord le capitaine de la flûte le *Malbrough,* qui, en partant de Trinquémalay au mois d'octobre 1782, avait été pris par la frégate anglaise l'*Active* ; il était sur sa parole. Nous sommes fort inquiets de la *Résolution*, que le général avait envoyée à Manille. Elle avait été vue depuis longtemps, à son retour dans le détroit de la Sonde, et, n'ayant aucune nouvelle depuis, elle doit être ou prise ou perdue. Nous sommes toujours dans le doute sur la route qu'a prise l'escadre anglaise et, conséquemment, fort en peine du *Fendant*.

VENDREDI 6. — Nous n'avons encore aucune nouvelle de l'escadre anglaise, du *Fendant*, ni de la position de notre armée à la côte. Nous sommes toujours prêts à mettre sous voile au premier moment.

SAMEDI 7. — Le vent au S. O. et à l'O. S. O., joli frais. A 8 heures, vu une voile au Nord. A 11 heures, le *Dromadaire*, qui avait été à la côte avec M. de Peynier, est arrivé ; il a eu ordre d'entrer à la baie Austimbourg. Nous avons su que, le 3 au matin, revenant de Goudelour avec le *Fendant*, ils avaient eu connaissance de l'escadre anglaise ; que M. de Peynier lui avait fait dire de prendre le bord à terre et que le *Fendant* avec la *Cléopâtre* et le *Cowentry* avaient pris chasse au N. N. O., chassés par toute l'escadre

Juin 1783.

L'escadre anglaise mouillée à Portonovo.

Position de l'armée.
—
Trinquémalay.

anglaise, qui ne paraissait avoir aucun avantage sur eux. Le *Dromadaire* avait été mouiller à Tranquebar, d'où, le lendemain 4, il avait vu passer l'escadre anglaise au nombre de 21 voiles. A son départ de Tranquebar, le 6, on disait que l'escadre ennemie était au Nord de Portonovo. La *Garonne* avait été laissée à Goudelour, achevant de débarquer ses munitions; l'on craint qu'elle n'ait été prise. M. d'Espinassy, qu'une santé très affaiblie empêchait de rester plus longtemps à la côte, était passager sur le *Dromadaire* et venait chercher une occasion de passer à l'Ile-de-France avec quelques autres officiers non employés. Il nous a dit que l'armée française et l'armée anglaise étaient en présence et qu'on s'attendait à une affaire à tout moment; l'armée anglaise, forte d'environ 15,000 hommes, n'avait cependant pas plus d'Européens que nous; mais le détachement de Tippou-Saëb, sur lequel on ne pouvait guère compter, faisait craindre que M. de Bussy ne se vît obligé de s'enfermer dans Goudelour, que les Anglais avaient sans doute le projet d'assiéger, aidés de leurs forces maritimes, bien supérieures aux nôtres. Toutes les raisons démontraient une nécessité absolue d'aller attaquer l'escadre anglaise; et tel paraissait être aussi le dessein du général.

A l'arrivée du *Fendant*, on a découvert une voile au Nord; c'était un portugais, qui a mouillé dans la baie à 5 heures et a salué de 11 coups de canon; rendu 7.

Dimanche 8. — Le vent à l'O. S. O., joli frais. Le portugais est entré dans la baie d'Austimbourg pour y faire de l'eau. Dans la matinée, la *Fortitude* et les deux senaux, prises vendues à des Portugais, sont sortis de la baie d'Austimbourg et ont mouillé à l'arrière-baie. Le navire la *Rosalie* a fait voile pour l'Ile-de-France; les 3 portugais ont fait voile pour le Nord. Le vent au S. O.

Lundi 9. — Le vent à l'O. S. O., joli frais. A midi, la *Consolante* est sortie de la baie d'Austimbourg et a mouillé dans l'escadre.

MARDI 10. — Le vent à l'Ouest, petit frais. Au jour, nous avons eu connaissance du *Fendant*, la *Cléopâtre* et le *Cowentry* restant dans l'E. S. E., 2 lieues. Aussitôt, on a donné ordre à tous les vaisseaux de tenir de l'eau prête à leur donner. A 5 heures ½, signal de rappeler à bord tous les gens des équipages qui sont à terre. A 8 heures, le *Fendant* et les frégates ont mouillé dans l'escadre. M. de Peynier a rendu compte que, les Anglais ayant abandonné la chasse le même jour qu'il les avait aperçus, vu le peu d'avantage qu'ils avaient sur lui, il courut au large et n'en avait plus eu connaissance. Tous les capitaines ont été appelés et, dans un conseil de guerre tenu sur la position de notre armée à la côte et de lettres écrites au général par M. de Bussy, il a été décidé qu'on appareillerait le plus tôt possible pour aller attaquer l'escadre ennemie, seul moyen de sauver l'armée et Goudelour, pressé par mer et par terre. Quoique nos forces fussent très inférieures, on a embarqué sur les vaisseaux des munitions de guerre et de bouche et tout ce qu'on a cru nécessaire pour notre armée ; le vent à l'O. S. O. et S. O.; on compte demain, au jour, mettre sous voile.

Juin 1783

MERCREDI 11. — Le vent à l'O. S. O., joli frais. Au jour, signal d'appareiller. A 8 heures ½, l'escadre a été sous voile, composée de 15 vaisseaux, 3 frégates, un brûlot et 2 navires particuliers allant à Tranquebar. L'*Illustre* et le *Saint-Michel* faisaient beaucoup d'eau ; ce dernier surtout ne pouvait rester un moment sans pomper. Huit des vaisseaux n'étaient point doublés en cuivre, la plupart carénés depuis trois ou quatre ans, et les équipages n'ayant pu même être mis aux trois quarts de leur complet, y compris les cipayes et les lascars. C'est dans cet état-là que nous eussions attaqué une escadre de 18 vaisseaux, tous doublés en cuivre, et sortant d'un port où ils avaient été radoubés.

Départ de Trinquémalay.
—
Etat de l'escadre.

Juin 1783. M. de Suffren a mis l'embargo sur les bâtiments restant à Trinquémalay, pour laisser plus de monde en cas qu'il fût attaqué. M. Males, capitaine de brûlot, commandant la *Bellone*, avait le commandement du port, et devait se concerter avec M. des Roys pour la défense générale ; M. de Suffren devait, par ordre du roi, passer sur une frégate pendant le combat ; il avait choisi la *Cléopâtre* à cet effet.

Route pour Goudelour. A 9 heures $^1/_2$, signal de panne pour rallier l'escadre. A 10 heures $^1/_2$, signal de faire servir. Route au N. N. E. A 10 heures $^3/_4$, signal de ligne de bataille, ordre naturel n° 1, le général à la tête de la ligne. Mis le cap au Nord.

A midi, lat. observée : 8° 36' ; longit. arrivée : 79° 30'. Relevé : le morne du pavillon, Sud 5° Ouest, 1 lieue $^1/_2$; l'île aux Pigeons, O. S. O. 2° Ouest.

Le vent au Sud, petit ; sondé 30 brasses, sable fin. A 1 heure $^1/_4$, mis le cap au Nord $^1/_4$ N. O. A 2 heures $^3/_4$, répété le signal de ligne de bataille, ordre naturel n° 1. A 4 heures, signal d'ordre de marche sur deux colonnes. A 4 heures $^1/_2$, signal à la troisième division de forcer de voiles.

Au soleil couché, relevé : le morne de Trinquémalay, Sud $^1/_4$ S. E. 2° Sud, 6 lieues ; l'île aux Pigeons, Sud 5° Ouest.

Le vent au S. E., joli frais. Route au N. N. O. A 8 heures $^1/_2$, le vent a varié au Sud, joli frais, sous les huniers.

JEUDI 12. — Le vent au S. S. O., joli frais. Route au N. N. O. A 4 heures, mis le cap au N. O. $^1/_4$ Nord. Au jour, vu un navire étranger au N. E. A 5 heures $^1/_2$, l'*Annibal* a signalé une voile au S. S. E. ; au même instant, signal au *Vengeur*, à l'*Artésien*, au *Saint-Michel* et à la *Cléopâtre* de chasse au S. S. E. ; mais, à mesure que le jour s'est fait, l'ayant reconnu pour le *Cowentry*, annulé le signal ; mis le cap au N. O. et fait signal à la *Cléopâtre* de chasser au N. E., où nous voyons une autre voile. A 6 heures, signal de ralliement au *Vengeur*, au *Saint-Michel* et à l'*Artésien*.

A midi, lat. observée : 9° 59' ; longit. arrivée : 78° 14' ; route corrigée depuis hier soir à 6 heures, N. O. $^1/_4$ Nord 2° Nord, 25 lieues ; différence Nord : 2 lieues.

Le vent au S. S. O., petit frais. Route au N. O. A 1 heure, mis le cap au N. O. 1/4 Ouest ; à 3 heures 1/2, sondé 35 brasses, fond, petit gravier. A 4 heures, le *Vengeur* a signalé la terre à l'Ouest 1/4 S. O. A 8 heures, mis le cap au N. O. Vent au S. S. E., petit.

Juin 1783.

VENDREDI 13. — Le vent au S. S. O., petit. Route au N. O. A 5 heures, ayant sondé 9 brasses, sable, mis le cap au Nord 1/4 N. O. A 5 heures 1/2, le *Sévère* a signalé un bâtiment dans le S. O. Peu de temps après, le *Cowentry* a signalé 3 voiles au Nord. Appelé le *Cowentry*.

Au lever du soleil, relevé : la tour de Chine, S. O. 1/4 Ouest 2° Sud ; Négapatnam, S. O. ; les pagodes de Nagur, Ouest 5° Sud ; Tranquebar, N. N. O. ; distant de terre : 1 lieue 1/2.

A 6 heures, mis le cap au N. N. O. A 7 heures 1/2, l'*Ajax* a signalé 20 voiles au Nord 1/4 N. O. A 8 heures 3/4, mis nos pavillons. A 9 heures 3/4, signal de panne, bâbord amures ; le *Cowentry* a signalé un bâtiment au N. N. E. A 10 heures, signal de branle-bas et de se préparer au combat. Les bâtiments aperçus dans le Nord nous ont paru frégates ennemies. La *Cléopâtre* venait de la partie de l'Ouest avec un bâtiment à la remorque, que nous jugions une voile qu'elle avait chassée la veille. A 10 heures 3/4, signal de faire servir. Fait route au N. N. O. A 11 heures 1/2, rendu notre manœuvre indépendante pour attendre une chelingue qui venait sur nous.

Côte de Coromandel.

A midi, lat. observée : 11° 2' ; longit. arrivée : 77° 36' ; Tranquebar, S. S. O. 5° Ouest ; distant de terre : 1 lieue.

Le vent au S. O., petit ; en panne. Sondé 10 brasses, vase. A la même heure, la chelingue a abordé, remorquée par le *Hardi*. Il n'y avait aucune nouvelle de Goudelour ; on voyait toujours les armées en présence. A midi 1/4, nous avons eu connaissance de l'escadre anglaise au mouillage, au Nord de Portonovo, environ 7 à 8 lieues de nous. A 1 heure, le vent a passé au S. S. E., petit frais. A 1 heure 1/2, signal de se préparer à mouiller avec l'ancre de détroit. A 2 heures 1/4, signal aux vaisseaux de tête de diminuer de voiles. A la même heure, signal de mouillage et mouillé par 11 brasses. Le général a pris ce parti pour conserver le vent sur les ennemis, étant trop tard pour engager le combat.

Escadre anglaise.

Ce jour-là, relevé : Tranquebar, Sud ; la terre la plus Nord, N. N. O. ; distant de terre : 1 lieue 1/2.

A 3 heures 3/4, le vent a varié au N. O., grain et petite pluie.

17

Juin 1783.   La *Cléopâtre* a rallié l'escadre avec une prise, le même bâtiment que nous avons pris et rançonné à Achem ; il était chargé de riz, venant du Bengale et allant à Madras. La *Cléopâtre* et le *Cowentry* ont été en avant de l'escadre pour observer l'escadre anglaise. A 4 heures, elle a signalé que trois frégates ennemies mettaient sous voile ; nous lui avons fait signal de ralliement. La nuit, vent à l'O. N. O., petit frais.

SAMEDI 14. — Le vent à l'O. N. O., petit. A 1 heure $^3/_4$, signal d'appareiller. La prise a eu ordre d'aller à Tranquebar pour y être vendue. A 2 heures $^1/_2$, l'escadre a été sous voile. Route au Sud sous petites voiles pour avoir le temps de se former, ensuite de tenir le vent, bâbord amures.

Au soleil levé, relevé : Tranquebar, S. S. O., 3 lieues ; la terre la plus Nord, N. O. $^1/_4$ Nord.

Les deux escadres en présence.   A 8 heures, signalé la route au N. N. O. et l'ordre de bataille n° 3. Dans cet ordre, les 5, 7, 4, formant la queue de la ligne, devaient approcher les ennemis à portée de pistolet, tandis que les vaisseaux le *Saint-Michel,* le petit *Annibal* et la *Consolante* doubleraient les ennemis par la queue ; les autres vaisseaux avaient pris de grandes distances et devaient combattre toute la ligne anglaise hormis les cinq vaisseaux de l'arrière-garde. Le *Vengeur* a signalé deux voiles au Nord. A 6 heures $^1/_4$, signal à la 2me division de faire de la voile. A 6 heures $^3/_4$, appelé la *Cléopâtre*. A la même heure, signal au *Hardi* de prendre son poste ainsi qu'au *Sévère;* appelé le *Cowentry*.

L'escadre anglaise au mouillage.   A 7 heures $^3/_4$, signalé la route au N. O. $^1/_4$ Nord. L'escadre anglaise était toujours au mouillage. A 8 heures, signal à la *Consolante* d'être à son poste. A 8 heures $^1/_4$, signal à la division bleue de serrer la ligne. A 8 heures $^3/_4$, signal à la *Cléopâtre* de nous passer à poupe. A 9 heures $^1/_4$, le général a passé sur la *Cléopâtre*, avec M. de Bellefond et l'officier pratique ; il a mis une flamme blanche au mât d'artimon et tiré un coup de canon, signal convenu pour en avertir l'escadre. A la même heure, signal à l'escadre d'arriver au Nord. A 9 heures $^3/_4$, fait signal de serrer la ligne.

A midi, lat. observée : 11° 21' ; longit. arrivée : 77° 36' ; le mât de pavillon de Portonovo, N. O. 5° Ouest, 4 lieues.

A la même heure, signal de panne ; bâbord amures ; le vent faible et dans l'O. N. O. L'escadre anglaise, plus près de la côte, pouvait, en appareillant, avoir le vent sur nous. Nous espérions une brise du large, mais il n'y en a point eu. A 2 heures $^1/_2$, signal de faire servir. Le général a rendu sa manœuvre indépendante par un signal et a arrivé, toutes voiles dehors, sur une frégate anglaise qui venait nous observer et n'était qu'à une lieue et demie ; mais, à la manœuvre du général, elle a reviré sur son escadre. A 3 heures 1/2, le général nous a ralliés et a signalé aux vaisseaux de l'arrière de faire de la voile, n'y ayant aucune apparence d'engager le combat aujourd'hui. A 4 heures 1/2, il a fait signal de se préparer à mouiller avec l'ancre de détroit. A 4 heures 1/4, viré de bord par 7 brasses. A 4 heures 3/4, le général a appelé le *Cowentry*. Nous avons fait plusieurs bords pour attraper le mouillage, où les vaisseaux de tête avaient déjà mouillé. A 6 heures, le général nous a fait signal de forcer de voiles ; nous avons aussitôt mis la grande voile que l'on avait déjà serrée, croyant attraper le mouillage du bord ; mais les courants nous avaient fait dériver et nous avons mis toutes voiles dehors.

Au soleil couché, relevé : Portonovo, N. O. 2° Nord, 3 lieues 1/2; cap Mora, N. O. 5° Nord ; la terre la plus Sud, Sud 1/4 S. E. ; l'escadre anglaise, N. N. O. 5° Ouest, 4 lieues 1/2.

A 8 heures, nous avons mouillé par 13 brasses, sable fin et vaseux, distant de terre : 1 lieue. Nous avons envoyé un canot au général, imaginant qu'il devait venir à bord ; mais, à 4 heures 1/4, il est venu dans le canot de la *Cléopâtre*. Pendant la nuit, le vent à l'O. S. O., petit frais.

DIMANCHE 15. — Le vent à l'O. S. O., petit frais. Au jour, nous avons hissé nos huniers en tête de mâts. Le *Cowentry* était resté sous voile pour observer l'escadre anglaise. A 7 heures 1/2, deux frégates anglaises ont mis en panne à une lieue de nous.

A midi, lat. observée : 11° 24' ; longit. estimée : 77° 38' ; Portonovo : N. O. 3° Nord, 3 lieues ; la terre la plus Sud : Sud 1/4 S. E.

Le vent au S. O. A 1 heure 1/4, signal de virer à pic ; peu après, celui d'appareiller. A la même heure, nous avons mis sous voile. A 1 heure 1/2, signalé l'ordre de bataille n° 3, ordre naturel ; à 1 heure 1/2, au *Sphinx* d'arriver ; à la même heure, à l'escadre d'arriver au N. N. O. A 2 heures 1/4, le vent ayant molli, signal de se préparer à mouiller avec l'ancre de détroit ; au même instant, signal de mouillage.

A 2 heures 1/2, nous avons mouillé par 18 brasses, sable et vase. A la même heure, signal de ralliement à l'*Ajax*.

Juin 1783.

Relevé : Portonovo, N. O. 5° Ouest, 2 lieues ; la terre la plus Sud, Sud ; le centre de l'escadre anglaise, N. N. O. 5° Ouest, 3 lieues.

Le vent à O. S. O., petit. A 3 heures 3/4, le vent a passé au S. S. E., petit ; temps couvert ; apparence d'orage. A 4 heures, aperçu une double chelingue courant la côte, le cap au Nord. Signal au *Sphinx* de la visiter ; à 5 heures, signal au *Brillant* de tirer dessus ; à la *Cléopâtre* et au *Cowentry* de venir prendre le mouillage. La chelingue courant toujours, le *Brillant*, le *Sphinx* et le brûlot ont tiré dessus ; elle a calé toutes ses voiles. Le *Sphinx* lui a envoyé un canot. A 5 heures 1/2, le vent a fraîchi au S. S. E. et nous avons fait chasser.

Les deux escadres en présence.

Nous avons été obligés de mouiller une grosse ancre. A 8 heures, le vent a passé au N. O., joli frais ; petite pluie. A 10 heures 1/2, aperçu quelques bâtiments dans le Nord ; craignant que ce ne fût toute l'escadre anglaise, qui voulait profiter du vent pour nous attaquer, nous avons fait signal d'appareiller et avons serpé la grosse ancre. Le *Brillant* a signalé 4 voiles ; nous croyons que ce ne sont que des frégates, ne voyant pas davantage.

Lundi 16. — Le vent au N. N. O., petit ; temps couvert. A 1 heure, mis sous voile. Les courants nous ont fait abattre sur tribord, contre notre intention. A 1 heure 1/2, pris bâbord amures sous petites voiles. Vent variable de l'Ouest à O. S. O., petit. Au jour, l'escadre anglaise était toujours mouillée, ayant des frégates sous voile et un vaisseau.

Relevé : la terre la plus Nord, N. O. 1/4 Nord ; la terre la plus Sud, S. S. O. 5° Sud ; l'escadre anglaise, N. N. O. ; distant de terre : 1 lieue.

Le vent à l'Ouest, petit. Route au plus près, tribord amures ; fond, 22 brasses. A 6 heures, signal de virer vent devant, tous en même temps ; pris bâbord amures. A la même heure, signal d'ordre de bataille n° 3, dans l'ordre naturel. A 8 heures 3/4, l'*Annibal* a signalé une voile au N. N. E. et, peu après, de nouvelles voiles dans ce même air de vent. A 10 heures 1/4, fait tenir le vent au *Sphinx*, chef de la ligne, et fait faire de la voile aux vaisseaux de l'avant. Le *Sphinx* a fait signal que les voiles aperçues au N. N. E. faisaient des signaux. Il nous a semblé que les bâtiments aperçus faisaient des signaux de reconnaissance français ; nous reconnaissions un vaisseau et une frégate. Aussitôt fait signal de tenir le vent successivement dans les eaux du vaisseau de tête et mis nos pavillons ; les bâtiments venaient toujours sur nous ; mais les frégates anglaises leur ayant fait des signaux, ils ont viré de bord et rallié leur escadre. A 11 heures ¹/₄, appelé la *Cléopâtre*. Nous avons amené le pavillon de commandement.

Juin 1783.

A 11 heures ¹/₂, signal au vaisseau de tête d'arriver et successivement au N. N. O. Au même moment, le général a passé sur la *Cléopâtre* et en a fait le signal à l'escadre. A 11 heures ³/₄, il a appelé le *Cowentry*.

A midi, relevé : Portonovo, N. O. ¹/₄ Ouest 3° Ouest, 2 lieues.

A midi ¹/₂, signal au *Sphinx* d'arriver à l'O. N. O. Nous n'étions guère qu'à 3 lieues des ennemis, et nous étions très étonnés de ne point les voir appareiller ; ils étaient au nombre de 18 vaisseaux, plusieurs frégates et beaucoup de transports, mouillés au Nord et plus à terre, qui avaient sans doute apporté les munitions de guerre et de bouche pour leur armée ; nous avions distingué la veille et voyions encore le pavillon français sur les murs de Goudelour. A midi ³/₄, signal à l'escadre de serrer la ligne et aux vaisseaux de guerre de faire plus de voile ; nous portions toujours sur l'escadre anglaise, que nous approchions. Leurs huniers déferlés nous indiquaient que les ennemis étaient dans le dessein de mettre sous voile. A 1 heure ¹/₂, ils ont fait signal d'appareiller et ont mis aussitôt sous voile, formant leur ligne au large. A 1 heure ³/₄, signal au *Sphinx*, chef de la ligne, d'arriver au Nord. A 2 heures, le *Cowentry* a parcouru la ligne en ordonnant à tous les vaisseaux de suivre tous les mouvements successivement des vaisseaux de tête, en serrant la ligne le plus possible. A 2 heures ¹/₂, signal de gouverner au N. N. E. et de faire faire plus de voile aux vaisseaux de tête. A 2 heures ¹/₄, trouvé 20 brasses, fond de vase.

A 3 heures ³/₄, relevé : le mât de pavillon de Portonovo, Ouest 2° Nord, 1 lieue ¹/₂.

Le vent au S. E. petit frais, courant pour lors tribord

Juin 1783.

Goudelour assiégé par terre et par mer.

amures. A 3 heures ½, signal au *Sphinx* d'arriver au Nord ¼ N. E. A 4 heures ¼, le général a viré le signal de virer de bord vent devant tous à la fois, pour se porter sur quelques bâtiments qui étaient loin de l'escadre anglaise; mais il a annulé aussitôt le signal, les ennemis ayant viré en même temps, à la même heure. Le général a fait signal d'arriver tous en même temps et un coup de canon. A 4 heures ½, dépassant la ligne anglaise, qui courait au bord opposé, signal de virer vent arrière, tous en même temps; mais, peu après, il a fait signal d'annulement et de tenir le vent, tribord amures; les ennemis ayant hissé le signal pour virer et viré vent arrière, tous en même temps, courant au Nord, tribord amures, leurs bâtiments de transport travaillaient à mettre sous voile, étant très près de terre. Les vents du large les gênaient beaucoup pour cette opération. Le général a fait signal aux vaisseaux de la queue de faire plus de voile. A midi, 16 brasses. Signal au *Sphinx* d'arriver, et, à 5 heures ¾, à l'*Annibal* de forcer de voiles. A la même heure, signal à l'escadre d'arriver tous en même temps, et de forcer de voiles à la première division. Nous n'étions alors qu'à une portée de canon de l'escadre ennemie; mais le jour était près de finir, et le général ne se souciait pas d'engager le combat la nuit; à 5 heures ½, il a fait signal de tenir le vent, tous en même temps. Gouverné au Nord. Signal à la première division de forcer de voiles; à la même heure, de tenir le vent successivement dans les eaux du vaisseau de tête, et, peu après, signal de virer de bord vent devant, par la contre-marche.

A 5 heures ¾, relevé : le mât de pavillon de Goudelour, N. O. ¼ Nord ; le mât de pavillon de Portonovo, S. S. O. ; la terre la plus Nord, Nord ¼ N. O.; la terre la plus Sud, Sud 5° Est ; distant de terre : 2 lieues.

Le vent à l'E. S. E., petit frais. Route au plus près du vent, tribord amures, en ligne de bataille. Juin 1783.

L'intention du général était de se tenir à portée de Goudelour, pour pouvoir communiquer avec l'armée et connaître l'état des choses, si l'amiral anglais toutefois le lui permettait, d'autant mieux qu'il n'était guère possible de disputer le vent, avec nos mauvais voiliers, à l'escadre ennemie, dont tous les vaisseaux étaient doublés en cuivre et qui pouvait accepter ou refuser le combat sans pouvoir y être jamais forcée. A 6 heures, signal au *Sphinx* de tenir le vent et de diminuer de voiles ; peu après, à la *Consolante* de forcer de voiles.

A 6 heures 1/2, relevé : la tête de ligne anglaise, Nord 5° Est ; la queue de la ligne anglaise, O. N. O.

A 7 heures, le général est revenu à bord. A la même heure, fait signal de prendre les amures à bâbord en virant tous en même temps, vent devant. A 7 heures 1/2, nous avons viré et allumé nos feux de poupe et de hune. A 8 heures 3/4, étant par 10 brasses d'eau, fond de vase, signal de virer de bord ; pris tribord amures, le vent pour lors dans la partie de l'O. S. O., joli frais ; temps couvert. A 9 heures 1/2, calme.

MARDI 17. — Le vent à l'O. S. O., joli frais ; beau temps. Route au plus près, tribord amures.

Au jour, vu l'escadre anglaise sous le vent à nous à plus de 5 lieues dans le N. E. Au même instant, l'*Annibal* (anglais) a demandé à parler au général ; accordé et rendu notre manœuvre indépendante. Nous avons mis en panne et il nous a envoyé un canot et un officier qui, pendant la nuit, avait joint ce vaisseau venant de Goudelour, d'où il était parti hier au soir, à 10 heures ; c'était le même canot et le même officier que le général avait envoyés de Affaire sur terre. Trinquémalay à M. de Peynier, pour l'avertir de la manœuvre de l'escadre anglaise et qui, ne l'ayant pas trouvé à Goudelour, y était demeuré. Il était envoyé par M. de Bussy avec des lettres pour le général. Nous avons su que, le 13, il y avait eu une affaire entre les deux armées. M. de Bussy, campé dans le S. O. de Goudelour, à un tiers de lieue, manquant de bœufs de charroi, ne s'était nullement opposé à la marche de l'armée anglaise, qui, partie le 21 avril de Madras, n'était arrivée en présence de la nôtre que le 6 de mai sous les ordres du général Stuart, au nombre d'environ 15,000 hommes, dont près de 3,000 Européens. Nos forces montaient environ à 20,000 hommes, dont près de 4,000 Européens; mais on ne pouvait raisonnablement compter sur les troupes auxiliaires de notre allié Tippou-Saëb. Le 13, les ennemis commencèrent l'attaque de nos retranchements par une canonnade très vive de part et d'autre, et débouchèrent ensuite sur plusieurs colonnes. L'affaire fut très meurtrière; la brigade d'Austrasie chargea et repoussa une de ces colonnes à la baïonnettes et fit un carnage effroyable. Le combat, à ce que quelques-uns prétendent, restait à peu près indécis. Le nombre des morts et blessés était plus du double du côté des ennemis; cependant nous nous crûmes obligés, sur le soir, de rentrer et de nous enfermer dans la place, en abandonnant environ 20 pièces de canon. Notre perte a été de 6 à 700 hommes tués ou blessés, dont 40 officiers; celle des Anglais de plus de 1,200, dont 60 officiers. L'armée anglaise s'apprêtait à faire le siège de la place, dont on paraissait craindre les suites si nous ne battions pas l'escadre ennemie. Tippou-Saëb était désiré vivement; mais il était toujours occupé au siège de Mangalore, qui ne paraissait pas devoir finir de sitôt. La *Garonne*, laissée par le *Fendant* à Goudelour pour finir son déchargement, y avait été attaquée après son départ par une frégate anglaise, mais s'était fait laisser en ripostant quelques coups de canon. Elle avait appareillé depuis pour l'Ile-de-France.

Au lever du soleil, relevé : la pointe de Colram, Ouest ; la terre la plus Nord, O. N. O. 5° Nord ; la terre la plus Sud ; S. O. ¼ Sud ; distant de terre : 4 lieues.

Le vent à l'O. S. O. A 6 heures ¼, signal de former la ligne de bataille n° 3, dans l'ordre naturel ; à 6 heures ½, de virer de bord tous en même temps ; pris bâbord amures ; gouverné au plus près du vent. A 7 heures, le général n'espérait pas gagner l'affaire au vent et les ennemis paraissaient vouloir attendre la brise du large. A la même heure, signal de tenir le vent. A 9 heures, l'*Annibal* a signalé deux bâtiments dans le N. N. O. ; aussitôt fait signal de chasse au *Fendant* et à l'*Argonaute*. Les bâtiments paraissaient transports anglais et venaient sur nous, sans méfiance, nous prenant pour leur escadre ; mais, à 9 heures ¼, ils nous ont fait signaux de reconnaissance et pris chasse. A 9 heures ¾, quoique nos vaisseaux les gagnassent rapidement, le général leur a fait signal de ralliement, étant à craindre que les courants ou le changement de vent ne les séparassent de l'escadre au moment de combattre l'ennemi.

Juin 1783.

A midi, relevé : Goudelour, N. O. 5° Nord, 1 lieue ½ ; Portonovo, S. S. O. 3° Ouest.

Le vent au S. O., petit. Route au plus près, bâbord amures ; les ennemis toujours au large. A midi ½, le général a donné ordre au *Cowentry* de s'approcher le plus près de terre qu'il pourrait et de canonner quelques tentes qui paraissaient sur le bord de la mer, ainsi que des chelingues, et de les brûler, s'il pouvait. Nous voyions très bien l'armée anglaise, campée à trois quarts de lieue au Sud de Goudelour, ayant communication avec la mer, où s'étaient élevées quelques tentes servant sans doute d'entrepôt à tout ce qui est mis à terre par les transports ; ils avaient plusieurs chelingues. A cet effet, à 1 heure, fait signal de virer de bord vent devant, tous à la fois. A 1 heure ½, voyant une chelingue partie de Goudelour faire route sur l'escadre, nous avons rendu notre manœuvre indépendante, mis en panne, tribord amures, et ordonné à l'escadre le plus près, tribord amures. A 3 heures, la chelingue a abordé avec un officier de port, ayant des lettres de M. de Bussy pour le général ; elle est repartie aussitôt. M. de Suffren écrivait à M. de Bussy que, si la

Les deux escadres en présence.

Camp anglais.

Juin 1783.

position des ennemis le lui permettait, il mouillerait dans la nuit quelques heures à Goudelour ; que, les équipages étant très faibles, s'il pouvait lui donner un renfort de troupes de l'armée, il irait combattre les ennemis avec plus d'assurance. A 4 heures, signal à l'escadre de prendre bâbord amures. A la même heure, le *Cowentry* a fait feu sur les tentes et chelingues, qui avaient été tirées à terre. A son approche, on lui a riposté quelques coups de canon. Un quart d'heure après, le général lui a fait signal de ralliement. A 5 heures $^3/_4$, comme les ennemis étaient toujours au large et sous le vent, trompés sans doute par l'espérance d'avoir la brise du large, vu que les vents étaient toujours dans la partie de l'Ouest, — circonstance rare dans la mousson du Sud, — le général a pensé qu'il pouvait mouiller à Goudelour sans inconvénient, et a fait signal de se préparer à mouiller avec l'ancre de détroit.

A 6 heures, relevé : Goudelour, N. O., 1 lieue ; la terre la plus Nord, N. N. O. 5° Nord ; la terre la plus Sud, Sud 5° Ouest ; l'escadre anglaise, S. E. S. $^1/_4$ Sud, 4 à 5 lieues.

Mouillé à Goudelour.

Le vent à l'Ouest, petit frais. A 8 heures, nous avons mouillé à Goudelour par 8 brasses, fond de vase. Le *Saint-Michel*, nous ayant passé trop près de l'avant, a eu son bâton de pavillon cassé par notre bout-dehors de beaupré. A la même heure, fait signal de mouillage.

Goudelour assiégé par terre et par mer.

MERCREDI 18. — Le vent toujours à l'Ouest. M. de Bussy, sentant bien que le salut de l'armée de Goudelour et des munitions immenses de guerre et de bouche que cette ville renfermait, dépendait uniquement du succès de l'escadre, n'a pas hésité à accorder à M. de Suffren un renfort ; 600 Européens et 600 cipayes ont été destinés à

Troupes embarquées.

s'embarquer. Vers les 3 heures, les chelingues qui les apportaient ont abordé à bord du *Héros*, et toutes ces troupes ont été distribuées sur-le-champ sur tous les vaisseaux de l'escadre ; cette opération a été on ne peut plus prompte, et l'amiral anglais aurait bien quelque petit reproche à se faire, si nous réussissions à lui faire abandonner le siège.

Juin 1783.

Au jour, nous avons vu un bâtiment dans l'E. N. E.; signal de chasse à la *Cléopâtre* et au *Cowentry*. A 5 heures ³/₄, nous avons eu connaissance de l'escadre ennemie nous restant au Sud, à toute vue. Le bâtiment aperçu venait sans doute de Madras, apportant des munitions à l'armée anglaise. Le jour paraissait, il nous fit des signaux de reconnaissance, et, comme nous n'y répondions point, il chercha à rallier l'escadre ennemie.

Relevé : le mât de pavillon de Goudelour, Ouest ¹/₄ N. O. 2° Nord ; Gouvernement, Ouest ¹/₂ lieue ; l'entrée de la rivière, Ouest ¹/₄ S. O. 3° Sud ; la terre la plus Nord, Nord 5° Est ; la terre la plus Sud, Sud.

Le vent à l'Ouest, petit.

L'escadre dans le Sud, portant sur nous au nombre de 28 voiles, bâtiments de guerre ou transports. Après 7 heures, signal de ralliement au *Cowentry* et à la *Cléopâtre*. A 9 heures, l'escadre anglaise approchant trop sur nous, signal d'appareiller ; à 9 heures ¹/₄, de tenir le vent, tribord amures. A 9 heures ³/₄, toute l'escadre sous voile ; signal de ligne de bataille n° 3, dans l'ordre naturel. A 10 heures ¹/₂, portant trop au vent de l'escadre anglaise, signal d'arriver au Sud ; peu après, à la *Consolante* de forcer de voiles. A 10 heures ³/₄, signal d'arriver au S. S. E.

Appareillé de Goudelour.

A 11 heures ¹/₄, relevé : l'escadre anglaise, S. S. E. 5° Est, 3 lieues.

A 11 heures ¹/₂, signal de gouverner au Sud ; mis les flammes de la *Cléopâtre*, et, peu après, de virer de bord vent arrière par la contre-marche ; l'escadre ennemie bâbord amures. A 11 heures ³/₄, le général a passé sur la *Cléopâtre* et en a fait le signal à l'escadre.

uin 1783.

A midi, relevé : le mât de pavillon de Goudelour, N. N. O. 3° Nord ; le mât de pavillon de Portonovo, Sud 1/4 S. O. 5° Ouest ; la terre la plus Nord, Nord 5° Ouest ; la terre la plus Sud, Sud ; distant de terre : 1 lieue.

Le vent à l'O. N. O. A la même heure, signal aux vaisseaux de tête de manœuvrer de manière à passer de l'avant du chef de file des ennemis. Signalé au *Sphinx* le N. E. ; à midi, l'Est 1/4 N. E. ; à 1 heure 1/2, à la troisième division de forcer de voiles. Même signal au *Saint-Michel*. A 1 heure 3/4, signal de tenir le vent successivement dans les eaux des vaisseaux de tête, accompagné d'un coup de canon. A 2 heures 1/2, signal au *Sphinx*, chef de la ligne, de diminuer de voiles et d'arriver au N. E., et, peu après, aux vaisseaux de l'avant de mettre en panne.

A 2 heures 1/4, relevé : Goudelour, N. O. 1/4 Ouest, 3 lieues 1/2.

Le vent à l'O. N. O., petit frais. Les Anglais faisaient toujours porter à mesure que nous approchions, et il paraissait que leur dessein n'était pas de combattre sous le vent, mais d'attendre la brise du large. Leur nombre supérieur et leur marche supérieure ne nous permettaient pas de les forcer au combat. Le général a fait alors signal de former la ligne de bataille n° 1, ordre naturel. Tous les vaisseaux ont manœuvré pour prendre leur poste. A 3 heures 3/4, signal d'arriver tous en même temps à l'Est 1/4 N. E. A 4 heures, signal au *Sphinx* d'arriver, et à l'*Illustre* de

Les ennemis refusent le combat.

forcer de voiles. Les ennemis nous voyant approcher en ordre et prêts à les attaquer, ont alors viré de bord vent arrière, tous en même temps. A 4 heures 1/4, signal d'arriver au S. E. et, peu après, de tenir le vent, tribord amures, comme l'escadre ennemie. A 4 heures 1/2, signalé l'ordre de bataille n° 1, ordre renversé. A 4 heures 3/4, fait faire plus

Côte de Coromandel.

de voile aux vaisseaux de la queue. Les vents étaient très faibles, par grains. Quelques vaisseaux même de l'escadre anglaise étaient en calme ; ils avaient des bouffées de vent du large. Ils se servaient de leurs bâtiments à rames pour se tenir en ligne et la serrer, leur arrière-garde ayant de grandes distances, et craignant sans doute que les vents d'O. N. O., que nous avions quelquefois plus frais, ne nous permissent de les approcher à portée de les combattre. A 5 heures, signal au *Vengeur* de faire de la voile et de serrer la ligne.

A 5 heures ½, relevé : Goudelour, Ouest ¼ N. O. 3° Nord 4 lieues ½.

Signal à l'*Ajax* de faire plus de voile. A 6 heures, le général, voyant qu'il n'était plus possible d'engager le combat ce jour-là, est revenu à bord.

Au soleil couché, relevé : Goudelour, O. N. O. 3° Nord, 4 lieues ; la tête de ligne anglaise, S. S. E. ¾ de lieue ; la queue de la ligne anglaise, Est ¼ N. E., ¾ de lieue.

Le vent à l'Ouest ¼ N. O., petit frais. Route au plus près, tribord amures. A 6 heures ½, le vent a passé au Sud, petit ; nous avons pris les amures à bâbord. A 7 heures, sondé 25 brasses, sable fin. A 9 heures ¼, étant par 15 brasses, même fond, vent variable dans la partie du S. O., petit frais, petit grain par intervalles, nous avons fait signal de virer de bord vent devant, tous en même temps, et pris les amures à tribord. Route au plus près du vent. A 11 heures ¼, par 20 brasses, même fond, fait signal de virer de bord ; pris les amures à bâbord. Route au plus près du vent.

JEUDI 19. — Le vent variable de l'O. à l'O. S. O., joli frais. A 1 heure, un homme est tombé à la mer ; mais il s'est accroché le long du bord et a été sauvé.

Au soleil levé, relevé : le mât de pavillon de Goudelour, S. S. O. ; Pondichéry, Nord 5° Est ; distant de terre : ½ lieue.

Sondé 8 brasses, fond sable vaseux, à l'O. N. O. A la même heure, fait signal de chasse en avant au *Cowentry*. A 7 heures, il nous a signalé une voile au Sud ; à 7 heures ¾, nous avons aperçu l'escadre anglaise à toute vue dans l'E. S. E. A 9 heures ¼, signalé la route au Sud. Peu après, signal de ralliement au *Cowentry*. A 11 heures ¼, signalé la route au Sud ; peu après, signal de ralliement au *Cowentry*. A 11 heures ¾, l'*Artésien* a signalé un bâtiment dans le N. E. ; peu après, nous l'avons reconnu pour le cutter

Juin 1783.

Goudelour assiégé par terre et par mer.

Juin 1783.

le *Lézard*, pris par les Anglais à Tranquebar ; nous ayant reconnus, il a manœuvré pour rallier son escadre.

A midi, lat. observée : 11° 51' ; longit. arrivée : 77° 38' ; les pagodes de Chalambaram, S. O. 5° Ouest ; le cap de Colram, Sud 1/4 S. E. 5° Est ; distant de Portonovo, S. O. 1/4 O. 1 lieue.

Quelques vaisseaux approchant de trop près le banc du Colram, nous leur avons fait signal de danger. Songé 10 brasses d'eau, vase molle. Commençant à approcher les ennemis, signal d'ordre de bataille n° 3, dans l'ordre naturel. A midi 1/4, signal d'arriver successivement dans les eaux du vaisseau de tête et que le général prend la tête de la ligne. A 1 heure 1/2, signal de tenir le vent successivement. A la même heure, l'*Ajax* et l'*Illustre* se sont abordés ; le dernier a eu toute sa guibre démontée ; il a fait signal d'incommodité. A 2 heures 1/4, signalé l'ordre de bataille n° 1, ordre naturel ; à la même heure, qu'il allait prendre son poste dans la ligne, et nous avons viré de bord. Signal au *Sphinx* de diminuer de voiles, au *Flamand* et à l'*Ajax* de forcer de voiles. A 2 heures 3/4, viré de bord pour rentrer dans la ligne. A 3 heures 3/4, appelé le canot du *Cowentry* ; il a rendu compte que, le mât de beaupré de l'*Illustre* n'ayant pas souffert, il serait prêt à combattre sous peu de temps. A 5 heures 1/4, signal à la deuxième division de tenir le vent.

A 6 heures, relevé : le mât de pavillon de Portonovo, O. S. O., 3 lieues ; les pagodes de Chalambaram, S. O. 1/4 4° Ouest ; la terre la plus Sud, S. S. O. 3° Sud ; le cap de Colram, S. O. 1/4 Sud ; le centre de l'escadre anglaise, Sud, 1 lieue.

Les deux escadres en présence.

Nous étions depuis longtemps à portée d'espérer de combattre l'escadre ennemie, si toutefois elle eût voulu ; mais les vents ont été variables ou calmes. Depuis 3 heures, tantôt des bouffées du large et tantôt de terre ; la moitié des vaisseaux dans l'escadre avec un vent et le reste avec l'autre. Il aurait pu être dangereux pour nous d'attaquer avec un pareil temps, nos forces inférieures exigeant de nous présenter en ordre et avec un vent sûr. Le vent s'était enfin décidé au S. S. E. ; joli frais. Signal de tenir le vent à la seconde division. A 6 heures 1/4, grain, vent et pluie dans la partie du S. O. A 6 heures 1/2, signal de virer de bord vent devant, tous en même temps ; pris bâbord amures. Route au plus près du vent. A 10 heures, étant par 12 brasses, signal de virer de bord vent devant, tous en même temps ; pris tribord amures ; vent S. O., joli frais.

Vendredi 20. — Le vent à l'O. S. O., petit frais ; temps couvert. Juin 1783. Route au plus près du vent, tribord amures.

Au soleil levé, relevé : le mât de pavillon de Portonovo, O. N. O. 5°, 2 lieues ; cap de Colram, Ouest 1/4 S. O.

Le vent au S. O., petit. Route au plus près du vent, bâbord amures. Sondé 24 brasses, sable et vase. A la même heure, signal à la *Cléopâtre* de tourner en avant de l'escadre en découverte de l'ennemi, que nous n'apercevions pas. A 6 heures, signal au *Cowentry* de chasser au N. O. 1/4 Nord. En même temps nous avons aperçu deux bâtiments au S. E., que nous avons jugés frégates de l'ennemi. A 6 heures 1/4, nous avons arrivé pour rallier quelques-uns de nos vaisseaux, qui étaient sous le vent. A 6 heures 3/4, nous avons eu connaissance de l'ennemi dans le S. S. E., au nombre de 23 voiles, bâtiments de guerre ou de transport. A 7 heures, signal de ralliement aux deux frégates. Nous avons alors manœuvré pour approcher l'ennemi. A 7 heures 1/2, signal de virer de bord vent devant, tous en même temps, et à l'*Ajax* de forcer de voiles. A 10 heures 1/4, signalé la ligne de bataille n° 1, dans l'ordre naturel, et aux vaisseaux de l'avant de diminuer de voiles. A 10 heures 1/2, répété le même signal et arrivé au N. N. E., pour joindre des vaisseaux qui étaient sous le vent. A la même heure, fait arriver le *Cowentry* et la *Salamandre*. Même signal à l'*Artésien ;* à 10 heures 3/4, au *Sévère* de forcer de voiles. A 11 heures 1/4, appelé la *Cléopâtre*. A 11 heures 1/2, la ligne étant formée, signal à l'escadre de virer de bord vent devant, tous en même temps. Les vents faibles empêchèrent quelques vaisseaux de virer vent devant.

A midi, lat. observée : 11° 35' ; le mât de pavillon de Portonovo, S. O. 5° Ouest, 4 lieues ; les pagodes de Chalambaram, S. O. 1/4 Sud.

A la même heure, signal de courir en échiquier, tribord amures, le milieu de l'escadre anglaise restant alors S. E. 1/4 Sud, courant comme nous tribord amures. A midi 1/4, signalé la ligne de bataille n° 1, ordre renversé. Signal au *Saint-Michel* de forcer de voiles, et répété le signal de ligne de bataille n° 1, dans l'ordre renversé. Les vents étaient alors dans la partie de l'Ouest, joli frais. A la même heure, signal d'arriver successivement dans les eaux du vaisseau de tête, en y joignant les flammes du *Brillant* et du *Sphinx*. A midi 3/4, signal à l'*Artésien*, qui commençait à approcher l'ennemi, de ne pas dépasser le 3me vaisseau de son arrière-garde ; peu après, signal d'ar-

Juin 1783.

river tous en même temps au S. E. A 1 heure, le général a passé sur la *Cléopâtre* et fait signal à la seconde division de faire de la voile ; à 1 heure 1/4, de tenir le vent tous en même temps et gouvernant au Sud, et, peu après, au S. S. E.

A 1 heure 3/4, relevé : Portonovo, Ouest 1/4 N. O., 4 lieues.

A la même heure, signal à l'*Ajax* de forcer de voiles et un coup de canon. A la même heure, les ennemis ayant viré lof pour lof, tous à la fois, le général a fait le signal de virer de bord vent arrière, et, peu après, celui d'ordre de bataille n° 1, dans l'ordre naturel. Nous avons pris bâbord amures, comme les ennemis ; à 2 heures 3/4, signal d'arriver à l'Est, peu après les flammes de l'*Ajax* et du *Sévère*. Signal au *Sévère*, à l'*Ajax* et au *Flamand* de forcer de voiles ; à 3 heures, au *Sphinx* et au *Brillant* de forcer de voiles ; à 3 heures 1/4, à la *Consolante* de prendre la queue de la ligne. A 3 heures 1/4, signal de tenir le vent tous en même temps, pour bien former la ligne. Signalé la ligne de bataille n° 1, ordre naturel, et tous les vaisseaux à leur poste.

Combat de Goudelour.

Depuis que les deux escadres étaient en présence, les ennemis, toujours sous le vent, — par une continuation de vent d'Ouest fort extraordinaire dans cette mousson, où les brises fraîches se déclarent tous les jours au S. E. dans l'après-midi, — avaient toujours évité le combat, soit en arrivant, soit en virant lof pour lof. Lorsque nous étions prêts de les joindre, leur marche et leur nombre supérieur ne nous permettaient pas de les y forcer, et il paraissait qu'ils avaient formé le dessein de ne point combattre sous le vent, mais d'attendre les brises du large pour nous attaquer au vent. Fatigués apparemment d'une attente vaine, il semblent aujourd'hui avoir changé d'avis : leur ligne, composée de 18 vaisseaux, bien formée, et serrée ; le pavillon queue rouge qu'ils ont viré à la place du bleu, manœuvre qu'ils ont toujours faite au moment de combattre, nous font espérer qu'ils ont le projet de nous attendre. A 3 heures 35, signal d'arriver tous en même temps. A la même heure, le général a donné ordre au *Cowentry* d'aller dire à la *Consolante* de ne combattre les derniers vaisseaux de la ligne ennemie qu'à grande portée. Au même instant, le matelot de l'amiral anglais l'a démâté de sa gaule d'enseigne. A la même heure, signal au brûlot de se tenir prêt à accrocher l'ennemi au premier ordre ; à 3 heures ³/₄, au *Sphinx* et au *Brillant* d'arriver. A 3 heures 50, ordre verbal à l'*Illustre* de faire de la voile ; même signal au *Brillant* et au *Sphinx*. A 3 heures 55, signal d'approcher l'ennemi à portée de pistolet et de serrer la ligne ; ajouté au signal les flammes du *Sphinx*. A 4 heures ¹/₄, nous étions à peu près à une demi-portée de canon des ennemis et ils couraient un peu largue, s'occupant de serrer leur ligne. Peu après, le général a fait signal de commencer le combat. Tous les vaisseaux sont venus au vent pour exécuter l'ordre et le combat a commencé à 4 heures 20, l'escadre courant Nord et Nord ¹/₄ N. O. ; le vent de l'Ouest et de l'O. N. O., petit frais. Le général parcourait la ligne et, étant par le travers de l'avant-garde, à 4 heures ³/₄, il a fait signal au *Sphinx* et au *Brillant* de mettre en panne. En même temps signal au *Flamand* de serrer la ligne ; à 4 heures 55, signal au *Sphinx* et au *Brillant* d'arriver. A 5 heures, le *Vengeur* et l'*Annibal* se sont abordés et ne se sont décrochés que 10 minutes après ; le *Vengeur* a été démâté du mât de perroquet de fougue dans cet abordage. A 5 heures ¹/₄, signal à l'*Artésien* de faire servir. A 5 heures 25, signal « à vos postes ». A 5 heures ¹/₂, signal de forcer de voiles à l'*Illustre* ainsi qu'à l'*Argonaute*. A 5 heures 40, signal à la seconde division de diminuer de voiles. Nous devions avoir pour matelot d'arrière l'*Illustre* ; mais le *Hardi* était venu prendre poste entre lui et nous ; nous avions eu déjà beaucoup de manœuvres coupées, qui avaient été repassées tout de suite. A la même heure, fait forcer de voiles à

Juin 1783. l'*Artésien* et au *Sévère*. A 5 heures ³/₄, signal à la première division de diminuer de voiles avec nos flammes; nous avons aussitôt exécuté l'ordre. L'*Argonaute*, notre matelot d'avant, a fait de même. L'avant-garde était un peu engagée et l'arrière-garde avait de grandes distances. A 6 heures, signal à l'arrière-garde de serrer la ligne; à 6 heures ¼, à l'arrière-garde de forcer de voiles; à la même heure, de tenir le vent; à la première division de diminuer de voiles; à 6 heures 20, de cesser le combat. Quelques vaisseaux ont continué de tirer jusqu'à 6 heures ½, qu'on a cessé d'être à portée. Le combat a été très vif et le feu bien soutenu de l'avant-garde et corps de bataille. Il y a eu quelque désordre dans les deux arrière-gardes, surtout après l'abordage de l'*Annibal* et du *Vengeur*.

La vivacité du feu des ennemis ayant diminué sensiblement et le nôtre s'étant toujours soutenu, il y a lieu de croire qu'ils ont beaucoup souffert. Nous avons eu 15 hommes tués et 45 blessés; beaucoup de manœuvres coupées et plusieurs boulets dans les mâts, vergues et corps du vaisseau, mais sans avaries considérables, quoique nous eussions toujours combattu l'amiral anglais ou ses matelots, qui étaient des 74. A 6 heures 35, le *Cowentry* a eu ordre d'aller dire à l'arrière-garde de forcer de voiles. A 7 heures, le général est revenu à bord, et la *Cléopâtre* a eu ordre d'aller ordonner à l'avant-garde de se replier sur le corps de bataille.

Pris le plus près, bâbord amures; vent à l'Ouest, petit frais. Mis 5 fanaux à la corne d'artimon, ainsi que les autres vaisseaux, pour nous reconnaître. A 9 heures, fait signal de virer de bord vent devant, tous en même temps; mais le vent ayant varié au S. O., fait signal de conserver les amures à bâbord; à 10 heures, répété le même signal. Nous avons envoyé un canot et un officier à bord de l'amiral, qui paraissait incommodé ; on a rendu compte qu'il s'était abordé avec le *Hardi* et que celui-ci avait eu toute sa guibre emportée ; le mât de beaupré ne paraissait pas avoir souffert.

Juin 1783.

SAMEDI 21. — Le vent au S. O., petit ; temps couvert. Route au plus près, bâbord amures. A 2 heures du matin, sondé 22 brasses, sable fin, vaseux. A 5 heures 1/2, nous avons eu connaissance d'un bâtiment à deux mâts mouillé ; à la même heure, on en a signalé un autre dans le S. E. ; aussitôt, signal de chasse à la *Cléopâtre ;* peu après, annulé le signal.

Goudelour assiégé.

Relevé : le mât de pavillon de Pondichéry, S. O. 1/4 Ouest, 2 lieues.

Pondichéry.

Le vent au S. O., petit frais. Au lever du soleil, reconnu le bâtiment mouillé pour une palme ; signal au *Cowentry* de chasser à 2 lieues en avant de l'escadre. Vu un navire au S. S. O. A 7 heures 3/4, signal de chasse à la *Cléopâtre*. A 8 heures 1/4, signal de virer vent devant, tous en même temps. A 10 heures, signal de se préparer à mouiller avec l'ancre de détroit ; à 10 heures 1/2, signal de mouiller et mouillé par 15 brasses, sable fin. Nous n'avions encore point connaissance de l'ennemi. Signal de ralliement aux deux frégates ; à 10 heures 1/2, au brûlot de visiter la palme et de l'amener à bord du général. A 11 heures, la *Cléopâtre* a signalé 23 voiles au S. S. E.; elles devaient être à toute vue de la frégate, quoique nous ne pussions les apercevoir. A la même heure, signal de se tenir prêts à appareiller.

A 11 heures, relevé : Pondichéry, S. O. 1/4 Ouest, 2 lieues.

A midi, lat. observée : 11° 59' ; longit. arrivée : 77° 48'.

Le vent au S. O., petit. A 1 heure, le *Cowentry* a cassé sa grande vergue ; on a donné ordre aussitôt à l'*Annibal* de lui donner une vergue de hune pour la remplacer. A 3 heures 1/4, le général a envoyé un canot avec un officier à Goudelour, pour instruire M. de Bussy de notre combat. A 4 heures, vu une voile dans l'Est. A 5 heures 3/4, l'*Annibal*, ayant rompu son câble, a été obligé de mettre sous voile ; il a demandé par signal des ancres ; à 10 heures 1/4, il a tiré des fusées, signal convenu pour faire connaître qu'il avait mouillé.

Tous les vaisseaux ont envoyé rendre compte des avaries, morts et blessés du dernier combat. Nous n'avons plus vu les ennemis.

Juin 1783.

LIGNE DE BATAILLE
MORTS ET BLESSÉS DANS L'AFFAIRE DU 20 JUIN

Vaisseaux	Canons	Capitaines	Tués	Blessés
Le *Sphinx*	64	Du Chilleau	8	23
Le *Brillant*	64	Kersauson	7	18
Le *Fendant*	74	Peynier	11	55
Le *Flamand*	50	Salvert	17	42
L'*Ajax*	64	Dupas	4	25
L*Annibal* (anglais)	50	Beaulieu	2	16
L'*Argonaute*	74	Clavières	10	25
Le *Héros*	74	Moissac	15	45
L'*Illustre*	74	Bruyères	4	20
Le *Saint-Michel*	60	Beaumont	5	25
Le *Vengeur*	64	Cuverville	10	21
Le *Sévère*	64	De Langle	2	21
L'*Annibal*	74	D'Aymar	5	14
Le *Hardi*	64	Kerhué	0	4
L'*Artésien*	64	De Vignes	2	20
La *Consolante*	40	Costebelle	0	2
Frégates				
Le *Cowentry*	28	D'Herly, enseig^ne de vais.	0	0
La *Cléopâtre*	36	Suffren; G. Rosily, lieut^t.	0	0
		Total	102	376

Officiers tués : Salvert, capitaine du *Flamand* ; — Dupas, capitaine de l'*Ajax* ; — Dien, capitaine du brûlot, sur le *Sévère* ; — Robinot, faisant fonctions d'enseigne, sur l'*Annibal* (mort de ses blessures) ; — L'Isselée, auxiliaire, sur l'*Annibal* anglais (mort de ses blessures) ; — Dumoulin, officier de Médoc, sur le *Fendant* (mort de ses blessures).

Le commandement du *Flamand* a été donné à M. de Saint-Félix, et celui de l'*Ajax* à M. de la Règle.

LIGNE DE BATAILLE DES ENNEMIS

Vaisseaux	Canons	Capitaines
Défense...........	74	F. Newnham
Isis...............	50	Holliday
Gibraltar.........	80	Bikerton, Hicks
Inflexible........	64	J. Chetwynd
Montmouth........	64	J. Ahns
Africa............	64	R. Makdonal
Eagle.............	64	Clarck
Worcester........	64	Hughes
Sultan...........	74	Michel
Superb...........	74	Ed. Hughes, L. Nearloms
Monarcha........	70	J. Gelle
Burford..........	70	P. Raynier
Sceptre..........	64	S. Graves
Magnanime......	64	F. Mackensie
Hero.............	74	R. King, Jhon
Bristol...........	50	J. Burney
Exeter...........	64	G. S. Smith
Cumberland......	74	W. Allen

Frégates	Canons	Frégates	Canons
Lézard.........	18	*Active*.........	32
Naïade........	28	*Junon*.........	32
San-Carlos....	40	*Medea*........	28
Sea-Hone.....	20	*Hound*........	14

DIMANCHE 22. — Le vent au S. S. O., petit frais. A 5 heures, signal d'appareiller. Au jour, nous avons aperçu l'escadre anglaise très dispersée ; quelques vaisseaux, et parmi eux l'amiral, ne se trouvaient pas à 2 lieues de nous dans l'Est $^1/_4$ N. E. ; tous les autres étaient fort sous le vent, très en désordre, nous restant à

l'Est ¼ S. E. Le vaisseau de l'amiral était démâté de son grand mât de hune et avait sa vergue de misaine cassée; plusieurs autres paraissaient très avariés. Dès qu'ils nous ont aperçus, ils ont arrivé tout plat, faisant le plus de voile possible pour nous éviter et courant au Nord. A 5 heures ¾, fait signal à l'*Annibal* d'appareiller; le vent au S. O. attendant en panne. L'intention du général était d'abord de chasser les ennemis; mais, faisant réflexion à leur marche supérieure et au parti qu'ils avaient pris décidément de fuir, — puisque après s'être ralliés, ils avaient mis le cap à l'E. N. E., toutes voiles dehors, — à l'inquiétude d'ailleurs où l'on devait être à Goudelour sur les suites de notre combat tant qu'on ne nous verrait pas arriver, il s'est décidé à faire route sur cette place. Les ennemis étaient alors à environ 5 lieues et faisaient route pour Madras en abandonnant Goudelour et leur armée; ils ne pouvaient être que complètement battus; et il n'était pas douteux qu'en mettant à terre à Goudelour toutes les garnisons des vaisseaux et des canonniers, et même des matelots, M. de Bussy n'obligeât bien vite le général Stuart à lever le siège. A 8 heures, fait signal de tenir le vent, tribord amures; à 11 heures ¾, signal de virer de bord vent devant, tous en même temps.

A midi, lat. observée : 11° 56'; longit. arrivée : 78° 55'.
Vent variable du Sud au S. E.

Signal à la *Cléopâtre* de passer à poupe; le général a ordonné à M. de Rosily de forcer de voiles, et d'aller mouiller à Goudelour, et, à la nuit, d'allumer des feux pour indiquer le mouillage à l'escadre.

A 6 heures, relevé : Pondichéry, Ouest 5° Nord, 3 lieues.

Le vent au S. E., petit; route au plus près, bâbord amures. A 6 heures ¼, signal de se préparer à mouiller avec l'ancre de détroit. A 9 heures, signal de mouillage; mouillé par 10 brasses, sable et vase. Le vent au Sud, joli frais. L'*Artésien* et le *Vengeur* se sont abordés; ce dernier a eu son beaupré cassé, et l'*Artésien* sa bouteille emportée ; nous avons changé le bâton de foc qui avait été coupé d'un boulet.

Juin 1783.

Lundi 23. — Le vent au S. O., petit ; beau temps. Au soleil levé, signal à l'escadre d'appareiller.

Relevé : Pondichéry, Nord 5° Ouest, 3/4 de lieue.

A 6 heures, mis sous voile. Vent variable de l'Ouest au S. O. A 10 heures, relevé : le mât de pavillon de Goudelour, S. O. 5° Ouest.

A 11 heures 1/2, le vent ayant varié au S. E., petit frais, viré de bord et pris bâbord amures.

A midi, lat. observée : 11° 48' ; longit. arrivée : 77° 40' ; Goudelour, S. O., 1 lieue.

Sondé 18 brasses, sable et vase. A 1 heure, signal de se préparer à mouiller avec une grosse ancre. A 1 heure 1/2, signal au *Cowentry* d'envoyer son canot à bord. A 2 heures 1/4, nous avons mouillé à Goudelour par 9 brasses, vase.

Mouillé à Goudelour.

Relèvement : le mât de pavillon de Goudelour, O. N. O. ; le Gouvernement, Ouest 1/4 N. O. ; l'entrée de la rivière, O. S. O. 4° Sud ; la terre la plus Nord, Nord ; la terre la plus Sud, Sud 5° Ouest ; distant de terre, 1/2 lieue.

Le vent au S. E., petit frais.

A 2 heures 1/2, le général est descendu à terre ; il a été salué de 15 coups de canon et reçu sur le quai par tous les officiers de l'armée, qui, le regardant comme le sauveur de Goudelour, l'ont salué du cri de « vive le roi ! » et « vive Suffren ! » en l'accompagnant jusqu'au Gouvernement, suivis de toute l'armée. M. de Bussy l'attendait au haut de l'escalier. A 5 heures, il est retourné à bord et a été encore accompagné jusqu'à son canot par toute l'armée avec des acclamations. Depuis notre arrivée à la côte et l'appareillage de l'escadre anglaise, le général Stuart avait fort peu pressé ses ouvrages contre la place et paraissait plutôt travailler à fortifier qu'à attaquer. Quoique, dans une lettre qu'il écrivait à M. de Bussy, il n'eût pas regardé comme douteux le succès de son escadre, aujourd'hui il allait être fort gêné, pour les vivres qu'il recevait par des transports

Belle réception à terre.

de Madras, de Négapatnam et de Tranquebar; la communication par terre avec Madras est absolument gênée par les troupes et la cavalerie de Tippou-Saëb, campées hors la ville. Nous avons changé la vergue d'un grand hunier, percée d'un boulet dans le combat.

Débarquement de 1,200 hommes.

MARDI 24. — Le vent au S. O. petit frais. A 5 heures ¹/₂, l'*Ajax* a signalé une voile au N. N. E. Dans la matinée, on a débarqué les troupes de l'armée prises avant le combat, et toutes les garnisons des vaisseaux et des matelots volontaires, au nombre de 1,200 hommes. Le chevalier de la Tour du Pin, lieutenant de vaisseau, commande les troupes de marine, et M. de Chevral commande les matelots.

J'ai été employé comme aide-major des troupes de marine. Une sortie générale avec un nombre aussi considérable de troupes embarrasserait, je crois, beaucoup, le général Stuart.

A 9 heures, le vent a passé au S. E. L'après-midi le général est descendu à terre. Les blessés de l'escadre ont été mis à terre. La nuit, vent variable du S. E. au S. O., petit frais. La *Cléopâtre* et le *Cowentry* sont mouillés entre Portonovo et l'endroit qui servait d'entrepôt à l'armée française pour intercepter la communication avec Tranquebar et Négapatnam.

MERCREDI 25. — Le vent au S. O., petit. A 3 heures, nous avons entendu tirer plusieurs coups de canon et des coups de fusil jusqu'à 3 heures ³/₄. A 5 heures, une chelingue, prise par la *Cléopâtre*, a rallié l'escadre ; elle est chargée de riz et de quelques ballots de toile bleue, destinée à l'armée anglaise. A 5 heures ¹/₂, le *Saint-Michel* a mis sous voile pour aller mouiller à la même station que les frégates. A la même heure, il a chassé un bâtiment, qu'on lui a fait signal de conserver quoique ami ou neutre.

A 8 heures, nous avons su qu'il y avait eu une sortie cette nuit, mais qu'elle n'avait pas été heureuse, y ayant perdu beaucoup de monde. M. le chevalier de Damas, colonel en second d'Aquitaine, qui la commandait, avait été fait prisonnier. On dit que le peu d'ordre a été cause du mauvais succès. Nous y avions 1,500 hommes, dont un certain nombre de cipayes, troupes fort peu faites pour des coups de vigueur et des attaques de nuit.

Juin 1783.

A midi, le *Sévère* a signalé une voile au S. E. 1/4 Sud. Le bâtiment chassé par le *Saint-Michel* a mouillé dans l'escadre ; c'était une palme portugaise, venant de Madras et allant à Tranquebar. Le général a engagé le capitaine à aller porter ses dépêches. Un officier anglais, passager pour Tranquebar, qui était dessus, a passé sur la *Consolante* avec promesse d'être envoyé par une frégate. Le *Saint-Michel* a mouillé près des frégates. La nuit, vent au S. O., petit.

JEUDI 26. — Le vent au S. O., petit ; temps couvert. A 4 heures, la palme portugaise a mis sous voile pour Trinquémalay ; le général y a mis un officier de l'escadre et quelques hommes pour l'aider à manœuvrer. A 5 heures 1/2, le *Cowentry* a appareillé, chassant un bâtiment venant du Sud. A 11 heures, le bâtiment a mouillé dans l'escadre, portant pavillon danois. Les Anglais tirent de temps en temps sur des travailleurs en dehors de la place quelques coups de canon, que nous leur rendons. Vent au S. O.

VENDREDI 27. — Le vent au S. O., petit frais. A 1 heure, le danois a mis sous voile. A 3 heures 1/2, le vent a passé au S. E., joli frais. A 5 heures, nous avons arrêté une double chelingue, chargée de riz pour l'armée anglaise. Vent du Sud. Les ennemis, campés au Sud de Goudelour, n'occupent que cette partie, et la communication est entièrement ouverte et sûre avec le Nord. On ne voit pas qu'ils fassent des dispositions pour attaquer la place de notre côté : nous n'en faisons pas davantage pour les chasser ; on se borne de part et d'autre à tirer quelques coups de canon, qui n'ont jusqu'à présent tué dans la place que cinq ou six malheureux noirs ou négresses. On a rembarqué les matelots volontaires. Dans la journée, le vent a soufflé au S. E. ; la nuit, au S. O.

SAMEDI 28. — Le vent au S. O., petit ; temps couvert. La *Cléopâtre* a mis sous voile pour aller à Tranquebar ; elle y a conduit l'officier anglais. Nous avons relevé quelques ancres, que les transports anglais avaient laissées, obligés qu'ils étaient de mettre sous voile précipitamment, lorsque nous parûmes devant Goudelour le 16. La petite canonnade de part et d'autre va toujours son train, mais rien de plus. Tippou-Saëb est toujours occupé au siège de Mangalore.

Juin 1783.

Parlementaire.

La paix.

DIMANCHE 29. — Le vent au S. O., petit frais ; temps couvert. A 1 heure 1/2, l'*Annibal* a signalé une voile au N. N. E.

A 3 heures, signal à l'*Artésien* de mettre sous voile ; le bâtiment a été reconnu pour la frégate anglaise *Médée*. Ayant pavillon de parlementaire, elle a fait route pour le mouillage ; obligée de louvoyer pour gagner, elle n'a pu mouiller qu'à 11 heures 1/2 à côté de nous. Aussitôt le capitaine Gower de ladite frégate est venu à bord avec des paquets de l'amiral Hughes et de lord Makarway pour M. de Suffren et M. de Bussy. L'amiral mandait à M. de Suffren que, sur des nouvelles reçues de Bombay et venues d'Europe par terre, dans des lettres particulières et des gazettes, il paraissait très sûr que des articles préliminaires de paix avaient été signés à Paris le 20 janvier ; que ces nouvelles lui paraissaient on ne peut pas plus fondées. Il proposait à M. de Suffren une suspension d'armes en attendant les lettres ministérielles. Il lui envoyait en même temps copie des lettres particulières et les papiers publics où étaient insérés les articles de paix entre la Grande-Bretagne et la France, l'Amérique et l'Espagne, et seulement une cessation d'hostilités avec la Hollande. Il paraissait bien étonnant qu'on n'eût encore reçu aucune dépêche des deux cours relatives à cet événement et que même les directeurs de la Compagnie anglaise n'eussent pas fait savoir une nouvelle si intéressante pour eux. Ces nouvelles étaient venues de Bombay à Madras le 17 ; on avait aussitôt dépêché un bâtiment à l'amiral, qui, ne l'ayant pas trouvé, ne les avait apprises qu'à son arrivée à Madras.

LUNDI 30. — Le vent à l'O. S. O., petit frais. A minuit, l'*Artésien* a mouillé dans l'escadre. Au jour, le général est descendu à terre pour faire part des nouvelles à M. de Bussy et lui porter des dépêches de l'amiral et gouverneur de Madras ; on a rappelé le *Saint-Michel* et les frégates mouillées dans le Sud. Dans l'après-midi, le capitaine anglais et deux officiers anglais, envoyés par lord Makarway pour traiter de la suspension avec M. de Bussy, sont descendus à terre. *Juin 1783.*

A 3 heures, vu un bâtiment dans le S. E. ; le vent au S. S. O., petit. On a continué à tirer la petite canonnade. La nuit, vent au S. O.

MARDI 1ᵉʳ JUILLET. — Le vent au S. O., petit ; à 4 heures de l'après-midi, il a passé au S. E. S. E., joli frais ; la mer assez grosse. A 6 heures, le câble de la frégate anglaise a cassé ; elle a mouillé plus à terre. A 10 heures, le vent a passé au S. O., petit frais ; la barre grosse. Le général a couché à terre, ne pouvant se rendre à bord. *Juillet 1783.*

La suspension paraît être arrêtée par mer ; mais elle souffre quelques difficultés par terre. Les deux commissaires anglais, dont l'un est le second du Conseil de Madras et l'autre un officier des troupes de la Compagnie, nommé Stauton, sont toujours à terre à traiter avec M. de Bussy, et la petite canonnade continue. *La suspension d'armes éprouve quelques difficultés sur terre.*

MERCREDI 2. — Le vent au S. O., bon frais. A 7 heures, vu un bâtiment dans le S. S. E. A 9 heures, il a été reconnu pour la *Cléopâtre*, venant de Tranquebar ; elle a mouillé dans l'escadre. Nous avons prêté notre chaloupe à la *Médée* pour serper son ancre, mais elle n'a pu en venir à bout. A 5 heures ½, vu une voile au S. S. E. Le vent a fraîchi par rafales ; grains et pluie ; la mer grosse. A 7 heures, le navire aperçu a mouillé dans l'escadre ; c'est le navire français le *Prince d'Orange*, venant de Tranquebar. La nuit, vent au S. O., petit frais.

JEUDI 3. — Le vent au S. O., joli frais. La suspension d'armes par terre éprouve toujours les mêmes difficultés ; les deux commissaires anglais n'ayant pas sans doute des pouvoirs assez étendus pour les lever, il a été résolu qu'ils s'en retourneraient à Madras et que M. de Bussy y enverrait quelqu'un pour traiter avec le Conseil. Comme il a été décidé que la traversée aurait lieu par mer, M. de Suffren

Juillet 1783. a ordonné à M. de Moissac de se rendre à Madras, sur la *Salamandre*, pour en prévenir l'amiral anglais et fixer le jour. M. de Launay, commissaire de l'armée, et M. de Maurville, aide de camp, sont envoyés à Madras par M. de Bussy et passent sur la *Médée* ; à 2 heures, elle a mis sous voile. A 5 heures, M. de Moissac a passé sur la *Salamandre* et a mis sous voile tout de suite pour Madras. Le vent au S. O., frais ; ayant continué pendant la nuit, on ne tire plus.

VENDREDI 4. — A 8 heures du matin, on a rembarqué les troupes de marine et autres garnisons des vaisseaux. A 9 heures, le *Cowentry* a appareillé pour aller à Trinquémalay. Dans l'après-midi, MM. de Joyeuse, de Saint-Georges et de Boisgelin, prisonniers, sont arrivés de Madras, renvoyés par l'amiral. Les vents règnent du Sud au S. O.

SAMEDI 5, DIMANCHE 6. — Le *Vengeur* a mâté, à la place de son beaupré cassé, celui du *Bizarre*, qui était à terre.

LUNDI 7. — A 10 heures, la *Cléopâtre* a mis sous voile pour aller à Trinquémalay. Dans l'après-midi, le vent a passé au S. E., petit ; dans la nuit il est revenu au S. O.

Articles de paix concernant l'Inde.

MARDI 8. — Par les articles préliminaires de paix au sujet de l'Inde, on nous rend toutes les possessions que nous y avions avant la guerre, en ajoutant, pour servir d'arrondissement à Pondichéry, les deux districts de Vallanour et de Bahour, et à Karikal les quatre magans qui l'avoisinent. On nous laisse la liberté d'entourer Chandernagor d'un fossé pour l'écoulement des eaux. Dans le cas que la France ait des alliés dans l'Inde, ils seront invités, ainsi que ceux de la Grande-Bretagne, à adhérer à la présente pacification, et, à cet effet, il sera accordé, à compter du jour que la proposition leur en sera faite, un terme de quatre mois pour se décider ; en cas de refus de leur part, Leurs Majestés Très Chrétienne et Britannique conviennent de ne leur donner aucune assistance directe ou indirecte contre les possessions françaises ou britanniques ou contre les anciennes possessions de leurs alliés respectifs ; et elles leur offriront leurs bons offices pour un accommodement entre eux ; M. de Bussy aura sans doute fait part de cet article à Tippou-Saëb. Il serait heureux que tout pût s'arranger à sa satisfaction.

Juillet 1783.

MERCREDI 9. — Le vent au S. E., petit frais. A 4 heures ³/₄ de l'après-midi, le vent a passé à l'Ouest. A 5 heures ¹/₄, dans un grain frais du S. O., notre câble a cassé ; mouillé aussitôt une ancre. La nuit, vent au S O., petit.

JEUDI 10. — Le vent au S. O., petit ; presque calme. Nous avons été obligés d'attendre l'ancre dont le câble avait cassé avec le vaisseau, n'ayant pas pu l'avoir avec la chaloupe. A 5 heures ³/₄, vu un bâtiment dans l'E. N. E., passant au large. A 9 heures, vu un bâtiment dans le Nord, faisant route pour Goudelour. Le vent au S. S. E., joli frais ; grains et petite pluie. A 3 heures ³/₄, signalé une voile au S. S. E. faisant route pour Goudelour. A 6 heures, étant près de l'escadre, elle a salué, sous pavillon portugais, de 13 coups de canon ; rendu 7. Après avoir mouillé, elle a salué la place de 13 coups ; rendu 11. A 8 heures ³/₄, la frégate anglaise la *Médée* a mouillé dans l'escadre, venant de Madras ; nous avons tout de suite envoyé un officier à son bord. Pendant la nuit, le vent au S. O. ; petit frais.

VENDREDI 11. — A 7 heures, un navire dans le S. S. E. La *Médée* a apporté une partie des prisonniers que nous avions à Madras ; le reste vient sur le brûlot. Tous les prisonniers anglais qui étaient dans l'escadre ont été envoyés sur la *Médée*. La nuit, vent au Sud.

Prisonniers rendus de part et d'autre.

SAMEDI 12, DIMANCHE 13. — Le vent au S. O., petit frais ; beau temps. Au jour, aperçu un bâtiment dans le S. S. E. A 6 heures, le *Cowentry* a mouillé, venant de Trinquémalay ; il nous a annoncé l'arrivée de la frégate l'*Hermione*, partie d'Europe depuis très longtemps avec un convoi de 7 à 8 voiles et que nous avions su arrivée au cap de Bonne-Espérance depuis longtemps. A 8 heures ¹/₂, l'*Illustre*, le *Saint-Michel* et la *Consolante* ont mis sous

Juillet 1783. voile pour Trinquémalay; les deux vaisseaux, faisant beaucoup d'eau, vont y être carénés afin d'être prêts à exécuter les ordres de la Cour sur la destination de l'escadre lorsqu'ils arriveront. Il est bien étonnant que les deux nations n'aient encore reçu aucune nouvelle ministérielle relative à la paix. Le navire le *Prince d'Orange* a fait route pour Pondichéry. Vu un bâtiment au N. E. La nuit, vent à l'O., petit.

LUNDI 14. — Le vent à l'Ouest, presque calme. A 11 heures, la frégate du roi, l'*Hermione*, de 36 canons, commandée par M. de Péroux, capitaine de vaisseau, venant de Trinquémalay, a mouillé dans l'escadre; elle nous a salué de 3 cris de « vive le roi ! » ; rendu un.

A 2 heures, la *Salamandre* a rallié l'escadre, venant de Madras. Il paraît que le Conseil de Madras n'est pas content du général Stuart, commandant l'armée ; il est rappelé et a passé sur la *Médée* pour se rendre à Madras ; il a dîné aujourd'hui à Goudelour, chez M. de Bussy, et a été salué par la place de 11 coups de canon. A 5 heures $^{1}/_{4}$, en s'embarquant sur la *Médée*, il en a été salué de 15 coups. C'est le général Bruce qui commande l'armée anglaise, toujours campée devant Goudelour ; ils attendent sans doute le transport pour embarquer la grosse artillerie et autres effets.

A 10 heures $^{1}/_{2}$, notre barre de gouvernail a cassé; nous en avons tout de suite placé une autre. Vent au S. S. E. ; grosse mer.

MARDI 15. — Vent variable du Sud au S.S.O. A 5 heures $^{1}/_{2}$ du matin, la *Médée* a mis sous voile pour s'en retourner à Madras. A 2 heures $^{1}/_{2}$, vu un bâtiment au Sud, faisant route au Nord. Vent au S. E. ; la nuit, au S. O.

MERCREDI 16. — Le vent au S. S. O., joli frais. A 6 heures $^{1}/_{2}$ du soir, vent au S. S. E., joli frais. La *Cléopâtre*, venant de Trinquémalay, a mouillé dans l'escadre. L'embargo sur les bâtiments mouillés à Trinquémalay ayant été levé, plusieurs avaient fait route pour l'Ile-de-France. Le général a écrit pour qu'on renvoyât le plus vite possible les prisonniers qui y ont été envoyés. La nuit, le vent a passé à l'O. S. O.

Juillet 1783.

Jeudi 17. — Le vent à l'O. S. O., petit. Dans la matinée, la flûte les *Bons Amis*, venant de Trinquémalay, chargée de vivres pour Goudelour, a mouillé dans l'escadre. A 7 heures, vu une voile dans le S. S. E. A mesure qu'elle s'est approchée, nous l'avons reconnue pour un vaisseau de guerre anglais, venant sans doute d'Europe. La proximité et la sécurité avec laquelle il a passé nous font croire qu'il sait la paix. A 11 heures, la *Salamandre* a fait voile pour Pondichéry, y porter quelques effets. Le vent de S. S. E. a soufflé pendant la nuit.

Vendredi 18. — Au jour, le vent au S. S. O., petit. A 10 heures, amarré un homme sur un canon pour désertion. Le jour, vent au S. S. E. A 4 heures 1/2, le *Cowentry* a mis sous voile pour Trinquémalay. La nuit, vent d'O. S. O.

Goudelour.

Samedi 19. — Vent d'O. S. O., petit frais; beau temps. A 1 heure 1/2, le navire portugais a mis sous voile, faisant route au Nord. A 1 heure 3/4, vu une voile au N. E. A 3 heures, le général a passé sur la *Cléopâtre* pour aller à Pondichéry, où il doit passer quelques jours ; la frégate continuera sa route pour Madras, où elle doit déposer quelques prisonniers venus de Trinquémalay ; le général a laissé son pavillon sur le *Héros*. A 3 heures, vent variable ; sur le soir, il s'est fixé au S. O.

Dimanche 20. — Dans l'après-midi, vu deux voiles au N. N. E. A 5 heures, un vaisseau anglais a mouillé au Nord de l'escadre. Toute la nuit, le vent a régné au S. O., petit frais.

Lundi 21. — Le vent au S. O., petit frais. Au jour, vu quatre bâtiments mouillés au Nord de l'escadre, dont trois avec pavillon anglais et un français. Nous avons mis nos pavillons ; peu après, les bâtiments ont mis sous voile. Le français était la *Salamandre*, ralliant l'escadre. Nous avons reconnu deux vaisseaux de 64 et un transport. A 11 heures, le capitaine d'un des vaisseaux de guerre est venu à bord ; il avait des paquets de l'amiral pour le général. Les deux vaisseaux, dont l'un était l'*Africa*, de 64, capitaine Makdonal, et l'autre le *Worcester*, capitaine Hughes, étaient envoyés pour embarquer la grosse artillerie et les gros effets de l'armée anglaise ; ils ont été mouiller avec le transport au Sud de Goudelour, vis-à-vis l'entrepôt. Nous avons su que le vaisseau arrivé était l'*Europa*,

Juillet 1783. de 64, parti d'Angleterre avant la paix avec les vaisseaux le *Grafton* et l'*Elisabeth*, de 74, ainsi que l'*Iphigénie*, de 32 ; mais qu'un coup de vent l'ayant séparé des trois autres, il les croyait rentrés dans les ports d'Angleterre. L'*Europa* avait relâché à Angouan et y avait vu un paquebot apportant les nouvelles de la paix pour la Compagnie et destiné pour le Bengale.

MARDI 22. — Le vent au S. O., petit frais. A 3 heures après-midi, le brûlot a appareillé pour aller à Tranquebar chercher des effets. A 5 heures 1/2, un bâtiment anglais, venant du Sud, a mouillé vent S. O. et O. S. O.

MERCREDI 23. — Dans la journée, le vent à l'Est, petit frais. A 1 heure 1/2, un transport anglais a mouillé, venant du Nord, près des deux vaisseaux de guerre. Nous avons appris que les ministres qui avaient fait la paix en Angleterre avaient été changés ; l'amiral anglais, ainsi que nous, n'avait encore reçu aucune nouvelle ministérielle.

A 4 heures 1/2, vu une palme venant du Sud, faisant route au Nord. Pendant la nuit, le vent au S. S. O.

JEUDI 24. — Les vents au S. S. O., petits. Dans la matinée, les vaisseaux le *Fendant*, l'*Artésien*, le *Brillant* et l'*Annibal* (anglais) ont mis sous voile pour aller à Pondichéry, où ils feraient leurs eaux plus commodément. A 6 heures 1/2, un des transports anglais a mis sous voile pour Madras. Pendant la nuit, vent de S. S. O.

VENDREDI 25, SAMEDI 26 — Au jour, nous avons mis nos pavillons pour deux senaux danois qui ont mouillé la nuit dans l'escadre. Un des danois a mis sous voile à 11 heures 1/2, ainsi qu'un navire anglais, faisant route au Nord. Pendant la nuit, les vents ont régné au Sud.

DIMANCHE 27. — Les vents au Sud, petit frais. A 6 heures, vu un bâtiment au Sud 1/4 S. E. ; reconnu peu après pour paria. A 7 heures, vent à l'O. S. O. et à l'O. N. O. Le vaisseau anglais le *Worcester* a mis sous voile, à 11 heures, faisant route au Nord. A midi, le vent a passé au S. E. ; la nuit, au S. O.

LUNDI 28. — Vent au N. O. ; un senau danois a mis sous voile, faisant route au Nord. L'après-midi, le vent au S. E. ; le soir, au S.O.

MARDI 29. — Le vent à l'O., petit frais ; temps couvert. A 3 heures après-midi, vu un bâtiment au N. E. A 3 heures, le vaisseau de guerre anglais l'*Africa* et un transport ont mis sous voile pour Madras. Le général Bruce, commandant l'armée anglaise, étant très malade, passe à Madras sur le vaisseau. L'armée reste sous les ordres du colonel Gordon ; elle doit se mettre en marche pour Madras le 1ᵉʳ du mois. Notre armée est campée à Mangicoupan. La nuit, vent au S. O. et orage.

Juillet 1783.

Armée anglaise.

MERCREDI 30. — Le vent à l'O. S. O., petit frais. Dans l'après-midi, le *Fendant*, l'*Artésien* et le petit *Annibal* ont mouillé à Goudelour avec la *Cléopâtre*. A 5 heures 1/2, le général est arrivé à bord, venant de Pondichéry ; il doit mettre sous voile le 1ᵉʳ août, pour aller à Trinquémalay, avec toute l'escadre, mettre les vaisseaux en état de partir à la réception des ordres de la Cour.

JEUDI 31. — Le brûlot est arrivé de Tranquebar et a mouillé, à 8 heures du matin, à Goudelour. Le général m'ayant permis d'aller passer à Pondichéry quelques jours, j'ai débarqué le soir, comptant rejoindre l'escadre à Trinquémalay sur le *Brillant*, qui reste à Pondichéry pour rapporter du biscuit qu'on y fait pour l'escadre. Des Malais au service de la Hollande, en garnison à Goudelour, passent à Trinquémalay sur nos vaisseaux.

VENDREDI 1ᵉʳ AOUT. — Le vent au S. O., petit. A 5 heure 1/4, signal à l'escadre d'appareiller ; à 7 heures, elle a été sous voile. M. Ravenel reste à Goudelour pour les affaires de l'escadre. L'*Argonaute* ayant beaucoup de malades, reste à Goudelour ainsi que l'*Hermione*, les *Bons Amis* et la *Salamandre*, toujours aux ordres de M. de Bussy, pour le service de la colonie ; on en a ôté les blancs, qu'on a remplacés par des lascars, et changé le capitaine. Un senau anglais a mis sous voile, faisant route au Sud. A 9 heures 1/2, vent frais d'O. S. O.; à gouverné au Sud. A 11 heures, le vent a passé au Sud. Route au plus près.

Août 1783.

A midi, lat. observée : 11° 36' ; longit. arrivée : 77° 38' ; les pagodes de Chalambaram, S. O. 3° Sud ; le pavillon de Goudelour, O. N. O. 2° Nord ; distant de terre : 3 lieues.

Sondé 28 brasses, sable gris ; à midi 1/4, le vent au S. S. E., petit ; signal de virer de bord ; pris bâbord amures. A 5 heures, signal de mouillage ; mouillé par 10 brasses, vase.

Route pour Tranquebar.

Relèvement : les pagodes de Chalambaram, S. O. 5° Sud ; le

pavillon de Portonovo, O. S. O. 4° Ouest ; le pavillon de Goudelour, N. N. O. 5° Nord ; la terre la plus Sud, S. S. E. 5° Sud.

Le vent au S. S. E., petit frais. A 9 heures ¼, le temps par grain de S. S. O., nous avons chassé sur l'ancre de détroit ; laissé tomber une grosse ancre par 11 brasses. A minuit, calme.

SAMEDI 2. — Vent variable de S. O. et O. N. O. A minuit ¾, levé la grosse ancre. A 4 heures, le vent à l'O. N. O., petit ; temps couvert; signal d'appareiller. A 5 heures ½, nous avons mis sous voile. Gouverné au S. S. E. ; à 7 heures, au Sud ¼ S. E. ; à 8 heures, au Sud.

A midi, lat. observée : 11° 1' ; longit. arrivée : 77° 38' ; le pavillon de Tranquebar, S. O. ¼ Ouest 3° Sud ; les pagodes de Carevipatnam, Ouest 5° Nord ; distant de terre : 1 lieue ⅓.

Mouillé à Tranquebar.

A midi ¼, signal de mouillage. A 1 heure ¾, viré de bord, par 11 brasses. A 2 heures ¾, nous avons mouillé à Tranquebar par 9 brasses.

Relevé : le pavillon de Tranquebar, O. N. O. 5° Nord, ⅔ de lieue ; les pagodes de Carevipatnam, N. O. ¼ Nord 2° Nord ; les pagodes de Nagur, Sud 5° Ouest ; la tour de Chine, Sud ; la terre la plus Nord, Nord ¼ N. O. 3° Nord.

Le vent à l'O., petit frais. Au même instant, salué la place de 15 coups de canon, qu'elle a rendus coup par coup. Même vent.

DIMANCHE 3. — Le vent à l'Ouest, petit frais. A 9 heures ¼, le général est descendu à terre ; il doit dîner chez le gouverneur ; en débarquant il a été salué par la place de 21 coups de canon. A 10 heures ½, l'*Annibal* et le *Sévère*, qui avaient mis sous voile pour s'approcher, ont mouillé dans l'escadre. A 1 heure ¼, un brick danois a mis sous voile. A 6 heures, le général, en s'embarquant, a encore été salué de 21 coups de canon par la place. Vent au S. O.

Appareillé de Tranquebar.

Mouillé à Karikal.

LUNDI 4. — Le vent à l'Ouest, petit frais. A 4 heures ¼, signal d'appareiller. A 5 heures, mis sous voile. Route au plus près, tribord amures. A 7 heures ½, viré de bord par 8 brasses, fond de vase ; pris bâbord amures. A 8 heures, mouillé à Karikal, — possession française prise par les Anglais pendant la guerre, mais qui nous est rendue par la paix avec une augmentation, — par 7 brasses, vase et coquillage.

Relevé : les pagodes de Nagur, Sud ¼ S. O. ; la tour de Chine, Sud 5° Ouest ; le pavillon de Tranquebar, Nord ¼ N. O. ; l'entrée de la rivière de Karikal, O. N. O. ; distant de terre : ⅔ de lieue.

A 9 heures, le général est descendu à terre ; il a été reçu on ne peut mieux par le commandant anglais, nommé M. Coquerel, qui lui a donné une fête et un bal, où étaient toutes les dames de Tranquebar. A 4 heures, une chelingue portant pavillon hollandais a mouillé en rade. Le général est retourné le soir à bord. Pendant la nuit, vent variable du S. S. E. au S. O.

Août 1783.

MARDI 5. — Le vent à l'O. S. O., joli frais. A minuit $1/4$, signal à l'escadre d'appareiller. A 1 heure, étant sous voile, route au S. S. E. 5° Sud. La *Cléopâtre* a eu ordre de rester au mouillage pour prendre les personnes de l'escadre qui n'auraient pas pu retourner à bord faute de chelingues. A 2 heures $3/4$, le vent a molli. Au jour, vu la côte trop embrumée pour la reconnaître. A 8 heures $1/4$, mis le cap au S. S. E.

A midi, lat. observée : 10° 6'; longit. arrivée : 77° 58'; route corrigée : S. S. E. 1° Est, 17 lieues.

Sondé 14 brasses, gros sable grisâtre. A midi $1/2$, vu et reconnu le cap de Pedro, S. S. O. 5°, distant : 5 lieues. A 1 heure $1/2$, diminué de voiles pour attendre une partie des vaisseaux, qui étaient de l'arrière. A 5 heures, par 12 brasses, mis le cap au S. E. $1/4$ Sud. A 6 heures $1/2$, vent de S. O., frais ; pris un ris dans chaque hunier. Jusqu'à minuit, même vent et route.

Route pour Trinquémalay.

MERCREDI 6. — Le vent à l'O. S. O., joli frais, venant par rafales. A 2 heures, vu un bâtiment au vent à nous, faisant route au Nord ; allumé nos feux.

Au jour, vu et relevé : les montagnes de Trinquémalay, Sud $1/4$ S. E., 9 lieues.

Aperçu un bâtiment sous le vent à nous, faisant même route. Nous étions à deux lieues de la plus proche terre, le vent à l'O. S. O. Route au plus près, tribord amures. A 10 heures $1/4$, nous avons viré de bord ; pris bâbord amures. Le bâtiment aperçu est reconnu pour la *Cléopâtre*, mouillant dans le moment à l'arrière-baie. A 10 heures $3/4$, nous avons mouillé à l'arrière-baie, par 10 brasses.

Le morne du pavillon, S. E. $1/4$ Est 5° Est, 4 câbles ; le milieu du fort de Trinquémalay, Sud 5° Ouest ; le fort d'Austimbourg, S. S. O.; la pointe Elisabeth, N. N. O. 2° Nord ; la pointe Sale, S. E. $1/4$ Est.

Mouillé à Trinquémalay.

Avons affourché avec une petite ancre S. E. et N. O. par 12 brasses, même fond. Vu trois bâtiments dans le Sud, faisant route pour la baie. A 4 heures, un bâtiment portugais nous a salué de 11 coups de canon ; rendu 9. A 4 heures $1/2$, un bâtiment avec pavillon du Grand-Duc a mouillé dans la baie ; il était parti de Toulon, chargé pour l'escadre, mais longtemps avant la paix. Le navire français l'*Indiscrète*, chargé pour l'escadre et faisant partie du convoi de l'*Hermione*, que cette frégate avait devancé, a mouillé à 6 heures ½ dans la baie. Plusieurs des vaisseaux de l'escadre n'ont pas encore mouillé. Vent au S. O.

Jeudi 7. — Le vent au S. S. O., joli frais. Dans l'après-midi, 6 navires du convoi de l'*Hermione*, qu'on avait signalés le matin, ont mouillé dans la baie. Les bâtiments arrivés à l'Ile-de-France sous l'escorte de la frégate l'*Hermione*, en étaient partis avec quatre bâtiments de la Compagnie hollandaise, à peu près armés en guerre, quoique avec très peu de monde, et qui étaient restés à Galles. Les navires français sont chargés de vivres et de quelques munitions navales. La *Juliette*, espèce de corvette armée à l'Ile-de-France et commandée par M. Roche, est un des 6 bâtiments. A 6 heures, le *Cowentry*, sorti de la baie d'Austimbourg, a mouillé dans l'escadre. La nuit, vent; à 4 heures, S. O., frais.

Vendredi 8. — Le vent au S. O., joli frais. Vu au jour deux voiles dans le Sud. Mis sur le côté bâbord pour frotter la flottaison. A 8 heures ½, le *Cowentry* a mis sous voile pour Goudelour. Mis sur le côté tribord pour frotter bâbord. Le *Flamand* s'étant abordé avec l'*Ajax*, a eu sa guibre cassée et a été obligé d'entrer à Austimbourg. L'*Ajax* a mouillé à l'arrière-baie. On a vu deux autres voiles dans le Sud. Le *Sévère* et l'*Annibal* ont mouillé dans l'escadre. Tous les vaisseaux ont eu ordre de compléter 6 mois de vivres. Un transport, ayant chassé sur ses ancres, a été obligé de mettre à la voile pour reprendre le mouillage.

Samedi 9. — Vent au S. O., petit frais. Jumelé notre grande vergue, qui avait reçu un boulet. Les flûtes la *Baleine* et le *Chameau* sont sorties d'Austimbourg pour mouiller à l'arrière-baie. Le vaisseau l'*Illustre* est en carène dans le port d'Austimbourg; le *Saint-Michel* carénera aussitôt après.

Dimanche 10. — Le vent au S. O., joli frais; l'*Ajax* est entré dans le port d'Austimbourg. A 7 heures ½, une palme portugaise a mis sous voile, faisant route au Sud.

Lundi 11. — Pendant la nuit, vent à l'Ouest; au jour, au S. O. Dans la matinée, la corvette du roi l'*Auguste*, avec les flûtes la *Baleine* et le *Chameau*, a fait route pour Pondichéry. L'*Auguste* était un marchand doublé en cuivre, marchant bien, que le général avait fait acheter pour le compte du roi, afin de l'employer, avant la paix, à la communication de Trinquémalay avec la côte. La manœuvre de ce bâtiment exigeait peu de monde, et nous en manquions ; il est commandé par M. Geslin, faisant fonctions d'enseigne de vaisseau. Les trois bâtiments sont destinés à aller au Pégou chercher du bois pour nos établissements à la côte. Le *Sévère* est entré dans le port d'Austimbourg. Le navire particulier l'*Union* a fait route pour l'Ile-de-France. A midi 1/2, le *Sévère* a remouillé dans l'arrière-baie, ayant consenti un mât de hune, qu'il est obligé de changer. A 6 heures, la *Cléopâtre* a mis sous voile pour Batacalo. La nuit, vent à l'Ouest, joli frais.

Août 1783.

MARDI 12. — A 8 heures, l'*Artésien* a mis sous voile pour la baie d'Austimbourg. Il est arrivé, dans l'après-midi, deux bâtiments, venant de l'Ile-de-France, chargés de vivres et agrès pour l'escadre. Nous continuons, ainsi que tous les vaisseaux de l'escadre, à faire nos 6 mois de vivres, à compléter notre eau et à embarquer le plus de bois que nous pouvons.

Arrivée de deux transports.

MERCREDI 13. — Au jour, le vent à l'O. S. O. Le navire français les *Trois Amis* a salué le pavillon de 17 coups de canon (rendu 13), et la place de 9 (rendu 5). A 2 heures, eu un grain de vent et de pluie dans la partie du S. O. L'*Illustre* a caréné d'un côté ; son eau ne venait que par des coutures où l'étoupe manquait. La nuit, vent à l'Ouest et O. S. O,, petit.

JEUDI 14. — Le vent au S. O., petit frais. Un bâtiment a mis sous voile pour aller à la côte.

VENDREDI 15, SAMEDI 16, DIMANCHE 17. — Le vent au S. O., joli frais. A 3 heures de l'après-midi, un bâtiment impérial, venant de l'Ile-de-France, a mouillé dans la baie.

LUNDI 18. — Le vent au S. O. et O. S. O. Le morne a signalé une voile au Nord. A midi, un bâtiment français a mis sous voile. Route au Nord.

MARDI 19. — Vent au S. O. L'*Argonaute*, bâtiment signalé hier, a mouillé à 11 heures dans la baie ; à 4 heures, le vent a varié au N. E. ; la nuit, régné au S. O.

MERCREDI 20. — Le vent au S. S. O., petit frais. A 3 heures du matin, l'*Annibal* (anglais) a mis sous voile pour aller à Goudelour. A 8 heures 1/4, la *Cléopâtre* a mouillé dans l'escadre. A 10 heures 1/4, le *Cowentry*, venant de Pondichéry, a aussi mouillé dans l'escadre. A 7 heures, j'ai joint l'escadre sur le vaisseau le *Brillant*,

Août 1783.

qui a mouillé un peu au large à cause du calme ; nous étions partis de Pondichéry le 12. M. de Bussy s'était venu établir dans une maison de campagne près de la rivière d'Oulgarit, à 1 lieue de Pondichéry ; mais l'armée était encore à Goudelour. On n'avait encore reçu à Madras aucune nouvelle ministérielle après la paix, et, sans escorte, l'*Hermione* devait être destinée à aller en Europe porter les dépêches de M. de Bussy. MM. Mouron, intendant de Pondichéry, Coutanceau, brigadier employé, et Bélier, commandant l'artillerie, étaient arrivés à Pondichéry, mais partis d'Europe sur le convoi de l'*Hermione* depuis environ un an.

Jeudi 21. — Le vent au S. S. O., petit frais. A midi, le *Cowentry* a mis sous voile pour Pondichéry. Le *Brillant* est allé mouiller dans la baie d'Austimbourg. A 3 heures, le vent a passé au N. E., pluie et orage ; le soir et pendant la nuit, au S. O.

Vendredi 22, Samedi 23, Dimanche 24. — Le vent au S. O., joli frais. Au soleil couché, tous les vaisseaux ont fait le salut accoutumé en l'honneur de la fête de Sa Majesté, comme veille de saint Louis, ainsi que les forts.

Lundi 25. — Aujourd'hui, fête de saint Louis. Au soleil levé, fait le salut d'usage ; un vaisseau hollandais a salué aussi de 21 coups de canon. La grand'messe a été chantée à bord par tous les aumôniers de l'escadre. Le général a donné un grand dîner aux officiers de l'escadre et de la garnison ; la santé du roi a été portée et saluée de 21 coups de canon. A 5 heures $1/2$, vu une voile au N. E. Au soleil couché, fait le même salut que le matin. La nuit, vent au S. O.

Mardi 26, Mercredi 27. — Vent variable au N. O. ; temps couvert ; grain. A 6 heures, vu une voile au N. N. O. Une flûte, sortie d'Austimbourg, a mouillé dans l'escadre. Même vent pendant la nuit.

Pas de nouvelles de la paix.

Jeudi 28. — Le vent à l'O. S. O. A 9 heures $3/4$, le navire les *Trois Amis* a mis sous voile pour aller à la côte. Amarré un homme sur un canon pour crime de vol. A 3 heures après-midi, un senau français a mis sous voile pour la côte. A 6 heures, un paria de particulier, sortant d'Austimbourg, a fait route pour la côte. A 8 heures $1/4$, un petit bâtiment hollandais, venant du Nord, a mouillé dans la baie. Nous n'avons encore point de nouvelles officielles touchant la paix ; les Anglais n'en ont pas non plus.

Vendredi 29. — Vent variable et pluie ; le soir, il s'est fixé au S. O., en passant par l'Est.

Samedi 30. — Le vent au S. O. Au jour, aperçu un bâtiment faisant route au Nord ; il nous a paru français. Le jour, vent au S. E. et, la nuit, au S. O.

Août 1783.

Dimanche 31. — Les vents ont régné au S. O. pendant la nuit ; au jour, à l'O. S. O. ; dans l'après-midi, ils ont soufflé au S. E. A 6 heures du soir, le *Cowentry* a mouillé dans l'escadre, venant de Pondichéry.

Lundi 1er Septembre. — Le vent au S. O., petit. A 8 heures, la *Pourvoyeuse* est sortie d'Austimbourg et a mouillé dans l'escadre. Dans le jour, le vent a passé à l'E. S. E. ; la nuit, au S. O.

Septembre 1783.

Mardi 2. — Même vent. A 7 heures, un bâtiment impérial a mis sous voile, allant à la côte. Le *Brillant*, sortant d'Austimbourg, a mouillé dans l'escadre. A 2 heures, vent de S. S. E.

A 5 heures ¼, un petit bâtiment français, parti depuis un mois de l'Ile-de-France, a mouillé en rade. Il était arrivé, à son départ des îles, plusieurs bâtiments partis de France depuis la paix, mais point de paquets de la Cour pour les généraux. On disait, à l'Ile-de-France, que M. de Suffren avait été fait lieutenant général, et que c'était la *Surveillante* qui avait dû partir pour annoncer dans l'Inde les nouvelles de la paix. Le *Cowentry* avait laissé à Pondichéry un bâtiment parti d'Europe après la paix. Le retard des nouvelles de la Cour ne peut que nous inquiéter beaucoup sur le sort des bâtiments dépêchés pour nous annoncer la paix, à moins qu'on n'attendît la signature du traité définitif.

Mercredi 3. — Le vent au S. O., petit frais. La flûte *l'Outarde* a mis sous voile pour la baie d'Austimbourg. Vu deux voiles dans le Nord. A midi, un petit bâtiment danois a mouillé dans l'escadre. A 10 heures du soir, l'*Annibal* (anglais) a mouillé dans la baie, venant de la côte. La nuit, vent au S. O. et O. S. O.

Jeudi 4. — Le vent au S. O., petit frais. A 8 heures, la flûte *l'Outarde* a mis sous voile pour la baie d'Austimbourg. Dans l'après-midi, le vent a passé au S. E. A la nuit, le *Cowentry* a mis sous voile pour la côte. La nuit, le vent a régné au S. O.

Septembre 1783.   VENDREDI 5. — Même vent. A 9 heures, la *Pourvoyeuse* a mis sous voile pour aller à l'Ile-de-France ; cette frégate aura besoin d'un très grand radoub, si elle est destinée pour l'Europe. Vent au S. O.

SAMEDI 6. — Le vent à l'O. S. O. A midi, la flûte la *Rosalie*, sortie d'Austimbourg, a mouillé dans l'escadre. La nuit, vent au S. O.

DIMANCHE 7. — Même vent. A 9 heures, un bâtiment impérial a mis sous voile pour entrer dans le port d'Austimbourg. A la nuit, la flûte du roi la *Rosalie* a fait route pour Pondichéry.

LUNDI 8. — Même vent. Au jour, vu un bâtiment au N. E. sous les huniers, le bord au Sud ; A 11 heures, le *Flamand*, sortant d'Austimbourg, a mouillé dans l'escadre. Le bâtiment vu au large louvoie pour s'approcher de la baie. Vent d'O. S. O. et S. O., joli frais.

MARDI 9. — Même vent. Le bâtiment aperçu hier louvoie toujours sous pavillon hollandais. A 6 heures du soir, il a mouillé à la pointe Sale. Il est venu un petit bott de Jaffna.

MERCREDI 10. — Vent au S. O., joli frais. A 2 heures après minuit, le *Cowentry*, venant de Pondichéry, a mouillé dans l'escadre. A 5 heures, un bâtiment français a mis sous voile pour la côte. La nuit, vent au S. O.

JEUDI 11. — Le vent à l'O. S. O., petit frais. Vu, au jour, un bâtiment au Nord, ayant le bord au Sud. A 5 heures, deux bâtiments français ont mis sous voile pour la baie d'Austimbourg. Le bâtiment aperçu est un vaisseau de la Compagnie hollandaise ; il nous a salué de 17 coups de canon ; rendu 11. A 4 heures, il a mouillé dans l'escadre. Pendant la nuit, vent de S. O. et O. S. O., petit frais.

VENDREDI 12. — Le vent à l'Ouest, petit frais. Dans l'après-midi, le vaisseau de la Compagnie hollandaise qui avait mouillé à la pointe Sale, a mouillé dans l'arrière-baie et a salué de 15 coups de canon ; rendu 11.

SAMEDI 13. — Dans la matinée, les vaisseaux le *Sphinx* et l'*Artésien* ont appareillé pour aller à l'Ile-de-France. Les vaisseaux ne pouvant entreprendre sans radoub le voyage d'Europe, le général s'est décidé à les envoyer aux îles pour y être reparés et être prêts à exécuter les ordres de la Cour, que nous attendons toujours. A midi, vent à l'Est ; à 7 heures, au Sud ; la nuit, à l'O.S.O. La flûte du roi le *Drack* Septembre 1783. a mis sous voile pour Pondichéry [1].

Dimanche 14. — Vent de l'O. S. O., petit frais. A 9 heures, la frégate l'*Hermione*, venant de Pondichéry, a mouillé dans la baie ; elle est destinée pour l'Europe et vient prendre les ordres du général. Le comte de La Marck, M. de Launay et M. d'Olbignac sont passagers dessus. A midi, la *Reine de Portugal*, prise que nous avons vendue à des négociants danois, est sortie d'Austimbourg et a continué sa route pour Tranquebar. L'*Annibal* (anglais) a aussi mis sous voile pour Tranquebar.

Lundi 15. — Le vent au S. O., petit frais. A 4 heures, un senau français a mis sous voile pour la côte. Au jour, nous avons désaffourché. Le général, qui était établi à terre, s'est rendu à bord. Nous allons aller à Pondichéry, où le général prendra des arrangements avec M. de Bussy relativement à la destination ultérieure de l'escadre. Plusieurs vaisseaux ont besoin de radoub avant d'entreprendre le voyage d'Europe, et, comme il est très dangereux d'être à l'Ile-de-France pendant l'hivernage, il serait à désirer qu'ils fussent prêts à en

---

1. Lettre de M. de Suffren à Mme d'Alais :

« Ce 13 septembre 1783. — ..... Cette lettre que j'avais écrite précipitamment manqua l'occasion. Depuis il ne s'est rien passé que l'arrivée de M. de Bussy ; il est débarqué avec une petite armée se portant bien, mais lui fort malade.

« Les Anglais sont arrivés à la côte ; il faudra bien les aller chercher. Comme je rentrais ici, n'ayant que cinq vaisseaux, je les aperçus de loin, ou du moins ma frégate les vit. C'est un grand bonheur. J'ai deux vaisseaux dehors ; s'ils arrivent sans malencontre, je serai assez fort pour ne pas me cacher.

« Je puis te dire qu'il est incroyable la considération que j'ai dans l'Inde : des vers, des chansons, des lettres, etc. Mais gare les revers ! Le moindre suffirait pour que les claquements de mains se changent en sifflets. Je ne puis te dire ce que nous ferons.

« Je jouis, ma chère amie, du plaisir que tu auras eu, en apprenant, au mois de mars 82, que je suis chef d'escadre, et, en mars 83, que je suis lieutenant général. En lisant la Gazette, car c'est par là que tu l'auras appris, tu auras fait un beau cri de joie. A présent, je te le dis dans la sincérité de mon cœur et pour toi seule, ce que j'ai fait depuis vaut infiniment mieux que ce que j'avais fait précédemment. Tu sais la prise et le combat de Trinquémalay ; mais la fin de la campagne et ce qui s'est passé du mois de mars jusqu'à la fin de juin, est fort au-dessus de tout ce qui s'est fait dans la marine depuis que j'y suis : peut-être y a-t-il eu plus de bonheur que de bien joué, mais le résultat est agréable pour moi et mes amis, et très avantageux pour l'Etat, car l'escadre était hasardée ;et l'armée perdue. Ainsi je crois que M. le marquis de Castries ne se repentira pas de m'avoir accordé une grâce inouïe.

« Je vais partir pour Pondichéry, pour déterminer M. de Bussy à hâter mon départ. »

(Ortolan, *Monit. Univers.*, 5 nov. 1859.)

Septembre 1783.

Arrangements à prendre relativement à l'escadre.

partir avant cette époque ; car il n'est pas douteux que l'intention de la Cour ne soit de rappeler l'escadre en Europe. A 8 heures, signal à l'escadre de ne point faire attention à la manœuvre du général, et à la *Cléopâtre* d'être prête à appareiller. A 9 heures, appelé l'*Hermione* ; elle doit mettre sous voile dans la journée. A 10 heures $1/2$, notre ancre a chassé avant d'être à pic et a pris le câble du *Fendant* ; nous avons aussitôt coupé ; mais, n'ayant pas eu le temps d'abattre et le *Fendant* étant directement derrière nous et très près, nous l'avons abordé et avons cassé son bâton de foc, sans autre avarie de part et d'autre. Nous avons mis en panne en dehors de la baie pour attendre nos bâtiments de rames. Tiré un coup de canon et mis le pavillon en berne, le vent au S. S. O., petit frais. M. des Roys, commandant à Trinquémalay, passe à la côte sur notre vaisseau. Les bâtiments de rames embarqués, à 2 heures, nous avons mis toutes voiles dehors et fait route au Nord. A 3 heures, le vent a varié au S. E., petit frais. A 4 heures, mis le cap au Nord $1/4$ N. O., toutes voiles dehors, bonnettes hautes et basses.

A 5 heures $1/2$, relevé : le morne de pavillon, Sud 5° Ouest, 7 lieues $2/3$; l'île au Pigeons, S. O. 5° Sud.

A 5 heures $3/4$, fait route au N. N. O. A 7 heures $3/4$, le vent a passé à l'O. S. O., petit, et pluie. A 8 heures, vent variable, de l'Ouest à l'O. N. O. ; à 9 heures, le vent a passé à l'O. S. O., joli frais. Route au N. N. O. A 11 heures, route au Nord $1/4$ N. O.

Mardi 16. — Le vent au S. O., joli frais. Route au N. N. O. A 5 heures $1/2$, signal à la *Cléopâtre* de sonder. A 5 heures $3/4$, vu une voile à l'Ouest $1/4$ N. O. ; même route que nous. A 6 heures $3/4$, mis le cap au N. O. $1/4$ Nord. Fait signal à la *Cléopâtre* de parler au bâtiment signalé, qui avait pavillon du roi de Sardaigne. A 10 heures, grain de pluie et vent joli frais dans la partie du S. O. ; après, ils sont venus à l'O. N. O., petit frais. Tenu le plus près, bâbord amures.

A midi : lat. observée : 10° 21' ; longit. arrivée : 78° 13' ; route conservée depuis hier : 5 lieues $1/2$.

Route pour Pondichéry.

Le vent à l'O. S. O., joli frais. Route au N. O. $1/4$ Nord ; à 40 brasses, point de fond. A 7 heures, la *Cléopâtre* a rendu compte que le bâtiment visité était sarde, venant de Moka, allant à Madras ; le général lui a donné ordre de chasser en avant et de sonder de temps en temps. A 10 heures $1/4$, la *Cléopâtre* nous ayant dit qu'elle avait trouvé fond à 46 brasses, mis le cap au N. O. A 11 heures $3/4$, sondé 32 brasses, sable fin.

Mercredi 17. — Le vent à l'O. S. O., joli frais. A minuit, sondé 30 brasses, sable fin ; fait route au N. O. ¹/₄ Nord. A 1 heure, 22 brasses, même fond ; route au N. N. O. 5° Nord. A 1 heure ¹/₂, 20 brasses ; route au Nord. A 2 heures, 20 brasses, toujours même fond ; mis le cap au N. N. O. A 4 heures, 25 brasses, sable et vase noire. A 4 heures ¹/₂, mis le cap au N. O. Au jour, vu la terre ; reconnu Portonovo. *Septembre 1783.*

Au soleil levé, relevé : Portonovo, O. N. O. 2° Nord, 2 lieues.

Le vent au S. O., petit. Route au plus près, tribord amures. Sondé 15 brasses, sable et vase.

A midi, lat. observée : 11° 47' ; longit. arrivée : 77° 42' ; le pavillon de Goudelour, Ouest ¹/₄ N. O. 3° Nord ; le pavillon de Pondichéry, N. N. O. ; distant de terre : 2 lieues.

Le vent à l'O. N. O., petit ; temps couvert. Route au plus près, bâbord amures. A 2 heures ¹/₄, après quelques moments de calme, un peu d'air est venu du Sud ; gouverné au N. O. ¹/₄ Nord. A 3 heures, le vent a passé au S. E., petit. A 3 heures ¹/₂, mis deux canots à la mer. A 4 heures ¹/₂, le vent a passé au Nord ; petite pluie ; pris tribord amures. A 5 heures, viré de bord ; pris bâbord amures. Vent variable de l'O. N. O. au N. N. O., joli frais ; grain et pluie.

A 5 heures ¹/₂, relevé : les bâtiments mouillés à Pondichéry, N. N. O. 2° Nord, 1 lieue. *Mouillé au large de Pondichéry.*

A 6 heures, vent variable et pluie ; pris tribord amures. A 7 heures ¹/₄, nous avons pris le parti de mouiller, quoique éloignés de la rade, par 8 brasses ¹/₂, sable et vase. Le vent à l'Est, petit frais ; pluie et orage. A 7 heures ¹/₂, le vent a passé au Nord ; jusqu'à minuit, vent variable et petite pluie.

Jeudi 18. — Le vent à l'Est, petit frais ; pluie continuelle. A 1 heure ¹/₂, le vent a varié au Sud. A 3 heures ¹/₂, vent variable du Sud au S. O., petite pluie ; au jour, à l'Ouest. Un bâtiment anglais a mis sous voile, faisant route au Sud.

Relevé : le mât de pavillon de Pondichéry, N. N. O. 2° Nord, 1 lieue ²/₃.

A 8 heures ¹/₂, nous avons mis sous voile avec la *Cléopâtre* pour nous approcher du mouillage. A 9 heures, nous avons mouillé devant Pondichéry par 7 brasses ¹/₂, sable et vase. Affourché au S. E. avec une petite ancre par 8 brasses ¹/₂, même fond. *Mouillé à Pondichéry.*

Relèvement : le mât de pavillon, N. O. ¹/₄ Ouest 3° Nord ; le

Septembre 1783. vieux couvent des Capucins, N. O. ¼ Ouest 3° Ouest ; le Gouvernement, N. O. ; la terre la plus Nord, N. N. E. 3° Nord ; la terre la plus Sud, Sud ¼ S. O. 3° Ouest ; distant de terre : ½ lieue.

Le vent à l'O.N.O., petit frais. Trouvé audit mouillage : les flûtes du roi, la *Rosalie* et le *Drack*, trois bâtiments français, trois anglais et un livournais. Mis tous nos bâtiments de rames à la mer. A 4 heures ¼, le vent a varié au N. N. E., joli frais ; la nuit, à l'O. N. O.

VENDREDI 19. — Le vent à l'O. N. O., petit ; temps clair. Envoyé à l'eau. A 7 heures ½, le général est descendu à terre.

Nouvelles ministérielles. A 9 heures, la frégate anglaise l'*Active*, de 32 canons, commandée par le capitaine Trawbridge, a mouillé en rade ; elle vient de Trinquémalay, où elle avait été chercher le général pour lui donner des paquets de la Cour, arrivés à Madras par la frégate anglaise le *Crocodile*, partie d'Europe le 15 avril pour annoncer la paix. M. de Suffren recevait ordre du ministre de laisser dans l'Inde autant de vaisseaux qu'en laisseraient les Anglais, et de faire partir les autres pour l'Europe le plus tôt possible. On lui envoyait en même temps la destination de tous les vaisseaux de l'escadre : tous les vaisseaux de 74 et les frégates devaient aller à Brest, les 64 à Rochefort, excepté le *Hardi* et l'*Alexandre*, qui étaient destinés pour Toulon. On lui annonçait en même temps que le roi l'avait promu au grade de lieutenant général ; cet avancement avait eu lieu avant qu'on eût su, en France, le combat de Négapatnam et la prise de Trinquémalay ; le *Raikes*, portant cette nouvelle, est arrivé en Europe le 12 mars, conséquemment après les articles préliminaires signés. Il ne s'était passé aucun événement remarquable sur mer depuis le combat de M. de Grasse. Il paraît qu'on avait dépêché par terre pour nous annoncer la paix ; mais les personnes envoyées ne sont point arrivées. Le traité définitif n'était pas encore signé, et il n'existait encore qu'une suspension d'armes entre la Hollande et l'Angleterre. *Septembre 1783.*

A 8 heures du soir, la frégate anglaise a mis sous voile, faisant route pour Madras. M. de Bussy est toujours à Oulgarit et l'armée à Mangigoupan.

SAMEDI 20. — Le vent à l'Ouest, petit frais. Au jour, nous avons été salués de 9 coups de canon par un bâtiment sarde qui avait mouillé hier soir ; rendu 7. A 9 heures, le vent a passé au N. E., petit. A 6 heures du soir, la *Cléopâtre* a mis sous voile pour Trinquémalay ; elle doit mouiller en passant à Goudelour. La nuit, vent d'O. N. O.

DIMANCHE 21. — Le vent à l'O. N. O., petit. Au jour, vu la *Cléopâtre* appareiller près de Goudelour, faisant route au Sud. A 8 heures, elle a mouillé à Goudelour.

A 10 heures, la frégate française la *Surveillante*, de 36 canons, commandée par M. Hamé de Lalanne, lieutenant de vaisseau, partie d'Europe le 6 mai, a mouillé en rade et nous a salués de 3 cris de « vive le roi ! » rendu un. Elle a touché au Cap, à l'Ile-de-France et à Trinquémalay ; elle apporte aussi les articles préliminaires de paix et la destination des vaisseaux de l'escadre, le traité définitif n'étant point encore signé.

A 11 heures, le vent a passé de l'E. N. E., petit frais. A 8 heures du soir, la *Cléopâtre* a mis sous voile de Goudelour pour Trinquémalay ; le vent à l'Est, petit ; la nuit, S. O.

LUNDI 22. — Le vent à l'O. N. O., petit temps ; beau temps. Le bâtiment sarde a mis sous voile pour le Nord. A 11 heures, le *Cowentry*, venant de Trinquémalay, a mouillé en rade. Pendant le jour, le vent a régné à l'E. S. E. ; la nuit, au S. O.

MARDI 23. — Même vent. A 7 heures, appelé à l'ordre. La frégate *Prisonniers rendus.* l'*Active*, venant de Madras, a mouillé en rade, ayant les paquets de l'amiral anglais pour M. de Suffren ; elle a en même temps amené M. Degois, enseigne de vaisseau du *Héros*, pris au combat de Providien et envoyé au Bengale avec 10 matelots. A 2 heures, un bâtiment anglais a passé devant la rade et a continué la route au Nord. La nuit, vent S. O.

Septembre 1783. **Mercredi 24.** — Même vent. A 1 heure ½, le *Cowentry* a mis sous voile pour aller à Trinquémalay. A 8 heures ½, la frégate anglaise l'*Active* a appareillé pour retourner à Madras.

Il paraît décidé que nous laissons 5 vaisseaux dans l'Inde, l'amiral anglais ayant l'ordre d'en laisser un pareil nombre. Le vent au S. E., joli frais. A 3 heures, la corvette la *Juliette* a mouillé en rade, venant de Trinquémalay. Une chelingue, venant de Goudelour, nous a apporté 25 hommes sortis de l'hôpital, que nous avons embarqués. La nuit, vent de S. S. O.

Coup de canon de partance.
Jeudi 25. — Le vent au S. S. O. Nous avons embarqué une soixantaine d'Indiens, hommes ou femmes, ouvriers en toile, que le général veut envoyer à Malte. Comptant mettre sous voile demain dans l'après-midi, nous avons désaffourché, déferlé le petit hunier et tiré un coup de canon. Il paraît que les choses resteront dans le même état dans l'Inde jusqu'au traité définitif. Sans doute que les forces navales qu'on y laisse de part et d'autre y demeureront aussi jusqu'à cette époque; il y a eu une suspension d'armes entre Tippou-Saëb et les Anglais, ce qui fait présumer qu'il accepte la médiation de la France pour faire la paix. Ce ne sera pas, je pense, une petite besogne et M. de Bussy va avoir de quoi exercer ses talents politiques; M. d'Hofflize s'embarque sur le *Héros* pour passer en Europe; M. des Roys retournera à Trinquémalay.

Suspension d'armes entre les Anglais et Tippou-Saëb.

Vendredi 26. — A minuit, le vent a varié à l'O. S. O., petit. A 3 heures ½, nous avons mis sous voile, vent au S. O.

Au soleil levé, relevé : le mât de pavillon de Pondichéry, O. N. O. 3° 11, 2 lieues.

Appareillé de Pondichéry.
Vent au S. S. O. Route au plus près, tribord amures. Sondé 14 brasses, sable et vase. A 10 heures, viré de bord; pris bâbord amures. A 11 heures ½, vu un bâtiment à l'O. N. O, faisant route au Nord.

A midi, lat. observée : 11° 45'; longit. arrivée : 77° 54'; les bâtiments de Pondichéry, N. O., 5 lieues.

Vent au Sud. Route au plus près, tribord amures. A la même heure, gouverné à l'Ouest ¼ S. O. A 2 heures, la *Cléopâtre* nous a joints, revenant de Trinquémalay, et a envoyé un canot à bord. A 3 heures ¾, vent de S. S. O., petite pluie ; pris tribord amures. A 4 heures ½, pris bâbord amures. A 5 heures, il est venu de Goudelour trois chelingues, ayant des bœufs que nous avons embarqués.

Septembre 1783.

A 5 heures ¾, viré de bord par 9 brasses ; pris tribord amures.

Au soleil couché, relevé : le mât de pavillon de Goudelour, S. O. 5° Ouest, 1 lieue ; les vaisseaux mouillés à Pondichéry, Nord ¼ N. E. 2°. Nord.

Le vent au S. S. O., petit frais. Fait signal, à 6 heures ¾, à la *Cléopâtre* de nous passer à poupe, craignant qu'elle n'imaginât que nous allions mouiller à Goudelour. A 10 heures, un ris dans les huniers. N'ayant pas trouvé fond, viré de bord ; pris bâbord amures.

Samedi 27. — Le vent au S. O., joli frais. Viré de bord par 13 brasses ; pris tribord amures. A 7 heures, vu une voile au S. S. E. reconnue peu après pour la *Cléopâtre* ; elle nous a ralliés.

A midi, lat. observée : 11° 5' ; longit. arrivée : 78° 12' ; route corrigée du dernier relèvement, S. E. ¼ Sud 1° Est, 16 lieues ⅓.

A midi, viré de bord ; pris bâbord amures. A 9 heures ¾, vu un bâtiment de l'avant à nous sous pavillon danois, faisant route au Nord. A 8 heures, viré de bord par 12 brasses ; pris tribord amures.

Dimanche 28. — Le vent au S. O., joli frais. Au jour, vu un bâtiment sous le vent, faisant route à l'Est.

Route pour Trinquémalay.

A midi, lat. observée : 10° 20' ; longit. arrivée : 78° 20' ; route corrigée, S. S. E. 4° Sud, 16 lieues.

Vent au S. S. O., joli frais, au plus près, tribord amures. A 6 heures, nous avons hélé la *Cléopâtre* et lui avons ordonné de se tenir de l'avant et de sonder. Pendant la nuit, même vent et point de fond.

Lundi 29. — Le vent au S. O., bon frais, sous les 4 voiles majeures, au plus près, tribord amures. A minuit ½, pris un ris dans les huniers. Au jour, vu la terre au S. O. ¼ Ouest 3° Ouest, 8 lieues. A 9 heures, largué les ris. A 10 heures, viré de bord ; mis le cap à l'Ouest, le vent ayant varié au S. S. O., petit frais ; à 10 heures, il a passé au S. E. ; gouverné à l'O. S. O.

A midi, lat. observée : 8° 10' ; longit. arrivée : 79° 11' ; route corrigée : S. S. E. 4° Sud, 45 lieues ½ ; différence Sud, 6 lieues ⅓ ; distant de terre : 5 lieues.

Septembre 1783. Trinquémalay me reste par le point N. O. 5° Ouest, 11 lieues 1/2. Cette différence, occasionnée par les courants, nous ayant fait atterrer Sud, nous avons aussitôt mis le cap à l'O. N. O. A 2 heures, gouverné au N. O. A 5 heures 1/2, ayant arboré le pavillon carré au mât de misaine, distinction du lieutenant général, il a été salué de trois cris de « vive le roi ! »

Au soleil couché, relevé : le pavillon de Trinquémalay, O. N. O. 2° Nord, 3 lieues 1/3.

Le vaisseau mouillé le plus en dehors, N. O. 1/4 Ouest. Le vent au S. O., joli frais. Route au S. O. 1/4 Ouest. A 10 heures 1/4, étant par 16 brasses devant la baie, nous avons viré de bord et pris tribord amures pour nous approcher du mouillage. A 11 heures, pris bâbord amures, cargué et serré les basses voiles. A 11 heures 1/2, nous avons mouillé dans l'escadre par 15 brasses, sable fin. Pendant la nuit, vent au S. S. O. ; la *Cléopâtre* a aussi mouillé. Trouvé dans la baie trois transports français venant de l'Ile-de-France, avec des vivres et effets nautiques pour l'escadre, et un impérial, récemment arrivé.

MARDI 30. — Au lever du soleil, ayant arboré le pavillon carré au mât de misaine, il a été salué de trois cris de « vive le roi ! » par tous les bâtiments de l'escadre. L'impérial a salué de 11 coups de canon ; rendu 7.

Relèvement du mouillage : le fort d'Austimbourg, S. S. O. 5° Sud ; le fort de Trinquémalay, Sud ; le morne du pavillon, S. S. E. 2° Est, 74 lieues ; la pointe Sale, E. S. E. 5° Sud.

Porté une petite ancre au S. E. par 13 brasses. A midi, la *Cléopâtre* a mis sous voile pour aller à Pondichéry. Dans la journée, le vent a régné à l'E. S. E. Vu une voile au Nord.

Octobre 1783. MERCREDI 1ᵉʳ. — Le vent à l'O. S. O., petit frais. Débarqué les gens de l'équipage de la *Bellone*, que nous avions pris lors de l'appareillage pour aller attaquer l'escadre anglaise. A midi, vent à l'Est. A 5 heures, l'*Illustre* est sorti de la baie d'Austimbourg et a mouillé dans l'escadre. Le *Saint-Michel* a pris sa place au bornage et doit être bientôt prêt. Nous complétons nos vivres, eau et bois, pour le départ, fixé au 6.

JEUDI 2. — Le vent au S. O., petit. A minuit 1/2, le *Flamand* a appareillé pour l'Ile-de-France, afin d'y être réparé et de faire route ensuite pour Rochefort, lieu de sa destination ultérieure. A 1 heure, vent à l'E. N. E. Un bâtiment marchand français a mouillé dans la rade, ayant à bord tous les prisonniers anglais que nous avions envoyés à l'Ile-de-France. Nous lui donnons tout de suite de l'eau, dont il a besoin, et il continuera après sa route pour Madras. Un navire anglais a passé en vue de la baie, faisant route au Nord. La nuit, vent au S. O. [1].

Octobre 1783.

Vendredi 3. — Le vent au S. O., petit frais. A 1 heure, le bâtiment français a mis sous voile pour Madras. A 3 heures après-midi, le vent a passé à l'E. N. E. ; à 8 heures, il est revenu au S. O. A 9 heures 1/4, l'*Illustre* et le *Hardi* ont mis sous voile ; ils doivent se rendre en droiture à leur destination, sans toucher à l'Ile-de-France, mais en relâchant au Cap, s'ils le jugent à propos. Les 2 vaisseaux iront de conserve jusqu'à la hauteur convenable, l'*Illustre* étant destiné pour Brest et le *Hardi* pour Toulon. La nuit, même vent.

Samedi 4. — Même vent. A 8 heures, l'*Argonaute* a mis sous voile pour entrer dans le port d'Austimbourg. Dans la journée, vent variable.

Dimanche 5. — Vent variable du Sud au S. O. A 7 heures 1/2, l'*Ajax* est sorti de la baie d'Austimbourg et a mouillé dans l'escadre. A 10 heures, l'*Annibal* a appareillé pour mouiller plus au large. A 11 heures 1/2, un bâtiment français, parti de l'Ile-de-France, a mouillé dans l'escadre et a salué de cinq cris de « vive le roi ! »

Nous avons fait passer sur les vaisseaux destinés pour le Ponent tous les gens des équipages de ces départements et pris les Provençaux. Quoique nous soyons destinés pour Brest, le général croit pouvoir prendre sur lui de mener le *Héros* à Toulon, le mauvais état de nos mâts majeurs

Changement de destination du Héros.

---

1. Lettre de M. de Suffren à Mme de Seillans :

« A Trinquémalay, ce 20 octobre 1783 — ..... Je suis vraiment en peine, ma chère amie, de n'avoir reçu aucune lettre de toy, en ayant reçu de beaucoup de personnes et, je sçais qu'ordinairement tu es exacte.

« Je suis comblé des grâces du ministère, et cela avant la prise de Trinquémalay, qu'ils n'ont sçu qu'après. Je crois que, sans la paix, l'affaire du 20 juin aurait fait grand bruit.

« Je compte arriver à Toulon en mars ; mais, comme le ministre paraît désirer de me voir promptement, je serai obligé de faire route tout de suite pour Paris, et ce ne sera qu'à mon retour que je pourrai aller jouir des douceurs de la tranquillité à Borrigaille ; c'est en vérité ce que je désire le plus.

« Je pars le 5, je passe à l'Isle-de-France et au Cap. J'ai appris par la liste la mort de M. le comte de Broves. »

(Ortolan, *Monit. Univers.*, 5 nov. 1859.)

Octobre 1783.

<small>Bâtiments restant dans l'Inde sous les ordres de M. de Peynier.</small>

<small>Destination des autres vaisseaux et frégates.</small>

<small>Trinquémalay.</small>

nous faisant craindre les grosses mers de la côte de Bretagne dans un atterrage d'hiver. A 11 heures ½, la *Surveillante*, venant de Pondichéry, a mouillé dans l'escadre et a salué de trois cris de : « vive le roi ! » ; rendu un. Nous avons désaffourché et embarqué la chaloupe et le grand canot. M. de Peynier commande la division restant dans l'Inde, composée des vaisseaux le *Fendant*, l'*Argonaute*, le *Brillant*, le *Saint-Michel* et l'*Annibal* (anglais), et des frégates la *Surveillante*, la *Bellone* et le *Cowentry*. M. de Costebelle a pris le commandement de la *Bellone*, et M. Males, capitaine de vaisseau, celui de la *Consolante*. M. d'Herly, commandant le *Cowentry*, ayant demandé à passer en Europe, a été employé sur l'*Illustre*, et le commandement de cette frégate a été donné à M. de Joyeuse, capitaine de brûlot. Nous comptons mettre à la voile cette nuit avec le *Vengeur*, pour aller à l'Ile-de-France, et, de là, en Europe. Ce vaisseau faisant de l'eau, le général veut l'escorter, crainte d'accident. L'*Annibal* et l'*Ajax* doivent appareiller aussi cette nuit et faire route de conserve en droiture pour l'Europe, en relâchant au Cap. Le *Sévère* partira dans quelques jours et relâchera à l'Ile-de-France. La *Consolante* doit aussi mettre bientôt à la voile et est destinée à passer à l'Ile-de-France les malades jugés en état de soutenir la traversée. La *Fine*, après un radoub dont elle a besoin, fera route en droiture pour Brest. La *Cléopâtre* doit encore rester 8 à 10 jours pour attendre M. de Ravenel, chargé du détail général de l'escadre, qui a encore quelques affaires à finir et viendra ensuite nous joindre à l'Ile-de-France.

A 10 heures ½, le vent a passé au N. N. O. ; grain, pluie et orage.

Lundi 6. — Le vent à l'O. S. O. ; pluie. A 1 heure ¼, fait signal au *Vengeur* d'appareiller. A 2 heures, mis sous voile ainsi que le

Vengeur ; l'*Annibal* et l'*Ajax* ont aussi appareillé. A 2 heures $^1/_2$, embarqué tous nos bâtiments à rames. Fait route à l'E. S. E.

Octobre 1783.

Au soléil levé, relevé : le morne du pavillon, Ouest $^1/_4$ N. O. 3° Nord, 6 lieues ; la pointe Sale, Ouest 2° Sud.

Vent au S. S. O., joli frais. Route au S. E. $^1/_4$ Est.

A midi, lat. observée : 8° 18' ; longit. estimée : 79° 23'. Route corrigée depuis l'appareillage : E. S. E. 2° Sud, 11 lieues ; différence Nord : 3 lieues $^2/_3$.

A 1 heure, le vent au N. N. E. A 4 heures, route au S. S. E. ; à 5 heures $^3/_4$, mis le cap au S. E. $^1/_4$ E. Le vent à l'E. N. E., petit ; de 8 heures à minuit, vent de S. E. et S. S. E., petit.

MARDI 7. — Calme presque. A 4 heures, temps couvert. A 5 heures, vent au Nord, petit ; mis le cap à l'E. S. E. Au jour, vu les terres de Batacalo ; mis le cap à l'E. S. E., distant de terre : 12 lieues. Observé les courants : un demi-nœud au N. O. Route au S. E. $^1/_4$ Est, toutes voiles dehors. A 7 heures $^1/_2$, nous avons envoyé à bord du *Vengeur*.

Route pour l'Ile-de-France.

A midi, lat. observée : 7° 43' ; longit. arrivée : 80° 15' ; différence en latitude : 2 lieues Nord ; différence en longitude : 12 lieues $^2/_3$. Relevé : les montagnes de Batacalo, vent 5° Sud, 15 lieues.

Vent au N. E., petit. Route au S. E. $^1/_4$ Est. A 2 heures $^1/_2$, le vent a varié à l'E. N. E. A 4 heures $^3/_4$, vent à l'Est ; pris le plus près, bâbord amures. A 5 heures $^1/_2$, vu un bâtiment à trois mâts dans l'Ouest, faisant route au Nord. A 6 heures, viré de bord, vent devant ; pris tribord amures. Vent au S. S. E. Jusqu'à minuit, l'*Annibal* et l'*Ajax* étaient encore en vue.

MERCREDI 8. — Le vent au Sud, joli frais. Route au plus près, tribord amures. A 1 heure $^1/_2$, le vent a passé au S. O., petit ; gouverné au S. E. De 8 heures à 10, calme. Le vent a passé alors au N.O., petit frais ; gouverné au S. E., toutes voiles dehors.

A midi, lat. observée : 7° 18' ; longit. arrivée : 81° 8'. Route corrigée : E. S. E. 5° Sud, 18 lieues. — W. par azimut : N. E. 1° 20'.

A 3 heures $^3/_4$, mis le cap au S. S. E. A 6 heures, calme. A 9 heures $^1/_4$, le vent s'est déclaré au Sud, petit ; viré vent arrière et pris tribord amures.

JEUDI 9. — Le vent au S. S. O., petit. Route au plus près, tribord amures. L'*Annibal* et l'*Ajax* ne sont plus en vue.

A midi, lat. observée : 7° 5' ; longit. arrivée : 81° 24'. Route

Octobre 1783. corrigée : S. E. 1/4 Est 1° Est, 8 lieues. — W. observée : 1° 15' N. E.; différence Nord : 2 lieues 2/3. W. observée par azimut : 1° 42' N. E.

Vent au S. O., petit. Route au plus près, tribord amures. De 7 heures 1/2 à 8 heures 1/2, vent variable à l'E. S. E.; pris tribord amures. A 10 heures, vent variable à l'E. S. E.; signal de bâbord amures. A 11 heures 1/2, vent de S. S. O.; repris les amures à tribord.

VENDREDI 10. — A 9 heures, le vent a passé à l'O. S. O., petit ; gouverné au S. S. E.

A midi, lat. observée : 6° 38'; longit. arrivée : 81° 51'. Route corrigée : S. E. 1° Sud, 12 lieues 2/3. — W. ortive : 1° 36' N. E.; W. par azimut : 1° 48'; W. occase : 1° 48' N. E.

A 5 heures, vent variable du S. S. O. au S. O., presque calme. Route au plus près, tribord amures.

SAMEDI 11. — Vent au S. S. O., petit, presque calme; temps couvert. Route au plus près, tribord amures. A 6 heures, il a varié à l'O. N. O., petit frais et pluie ; à 8 heures, au S. S. E., pluie ; à 8 heures 1/2, il s'est établi à l'O. S. O., petit, temps beau.

A midi, lat. observée : 6° 5'; longit. arrivée : 82° 7'. Route corrigée : S. S. E. 5° Est, 12 lieues 1/4 ; différence Sud : 2 lieues. — W. par azimut : 1° 51' N. E.; W. occase : 1° 48' N. E.

Dans l'après-midi, vent variable du Sud au S. S. O.; gros calme, temps couvert.

DIMANCHE 12. — Le vent à l'O. S. O., presque calme. Route au S. S. E. A 2 heures, calme plat. A 11 heures, le vent au Sud, petit.

A midi, lat. observée : 5° 80'; longit. arrivée : 82° 22'; par les courants : 82° 29'; route corrigée : S. E. 3° 2', 7 lieues; observé les courants : 1/2 nœud. — W. occase : 1° 00' N. E.

Vent au Sud, petit. Route au plus près, tribord amures. A 3 heures, le vent a varié au S. O., petit frais.

LUNDI 13. — Vent au S. O., petit; temps couvert. Route au S. S. E. A 6 heures, le vent a passé au Sud, petit frais et pluie. Route au plus près, tribord amures. A 6 heures, le vent a passé au S. O., petit. A 9 heures, grain de la partie du Sud ; petit frais et petite pluie. A 9 heures 3/4, le vent a repris au S. O. Route au S. S. E.

A midi, lat. observée : 5° 24'; longit. arrivée : 82° 46'; corrigée par les courants : 83° 00' ; route corrigée : S. E. 3° Sud, 11 lieues ²/₃ ; Octobre 1783. différence Nord : 4 lieues ²/₃.

Vent variable au S. O. Route au S. S. E. A 8 heures, grain ; joli frais de la partie de l'Ouest. A 8 heures ½, il a varié au N. O., petit frais. Route au S. S. E. A 10 heures, presque calme au S. S. E.

MARDI 14. — Le vent au S. S. O., petit, presque calme. Route au plus près, tribord amures. A 4 heures ³/₄, pris tribord amures, en virant vent arrière. Vent au Sud, presque calme.

A midi, lat. observée : 5° 5' ; longit. arrivée : 83° 5' ; longit. corrigée par les courants : 83° 26' ; route corrigée : S. E., 8 lieues ³/₄ ; différence Nord : 4 lieues ¹/₃. — W. par azimut : 0° 46' N. E. ; W. occase : 0° 56' N. E.

A la même heure, le vent a varié au S. O. Mis le cap au S. S. E. A 11 heures ½, grain et petite pluie du S. O.

MERCREDI 15. — Le vent variable dans la partie du S. O., presque calme. A 5 heures, petit grain et pluie du N. N. O. A 8 heures, le vent a passé au S. S. E., variable ; pris bâbord amures. A 9 heures, calme ; une demi-heure après, il a passé au S. S. O. ; pris tribord amures.

A midi, lat. observée : 4° 37' ; longit. : 83° 19' ; longit. corrigée par les courants : 83° 31' ; route corrigée : S. S. E. 5° Est, 9 lieues ²/₃ ; différence Nord : 3 lieues ¹/₃. — W. ortive : 0° 47' N. E.

A la même heure, vu une voile de l'arrière à nous, à toute vue. A 6 heures ½, vent à l'O. S. O., joli frais ; petite pluie. A 7 heures, il a passé au S. O. Route au plus près, tribord amures. A 8 heures, vent à l'O. S. O., joli frais et pluie jusqu'à 10 heures, que le vent a passé à l'Ouest. Route au Sud.

JEUDI 16. — Le vent à l'O. S. O., joli frais. Route au Sud. A 4 heures, il a passé au S. O., presque calme ; temps couvert. Route au plus près, tribord amures. A 8 heures, vent à l'Ouest et à l'O.S.O. Route au Sud.

A midi, lat. observée : 3° 38' ; longit. arrivée : 83° 39' ; par les courants : 84° 2' ; longit. observée : 84° 20' ; route corrigée : S. S. E. 4° Sud, 21 lieues ; différence Nord : 3 lieues.

Le vent à l'Ouest, petit, presque calme. Route au Sud. A 3 heures, signalé la longitude observée au *Vengeur*, 84° 20'. Vent à l'O. S. O., petit. A 8 heures, grain de la partie de l'O. N. O., joli frais, qui a duré une demi-heure ; après quoi le vent a passé au S. O., petit.

Octobre 1783.

Vendredi 17. — Le vent au S. S. E., petit ; presque calme. Route au plus près, l'amure à tribord ; observé les courants : $1/2$ nœud à l'E. S. E. A 3 heures, calme plat.

A midi, lat. observée : 3° 22' ; longit. arrivée : 83° 44' ; route corrigée : S. S. E. 4° Sud, 5 lieues $2/3$.

Calme plat. A midi, vent au S. O., petit, au plus près, l'amure à tribord. De 8 heures à minuit, vent au S. S. O., presque calme.

Samedi 18. — Vent variable du Sud à l'O. S. O., presque calme. A 8 heures, le vent a passé à l'E. N. E., petit frais ; pris bâbord amures. Route au Sud. A 10 heures $1/2$, envoyé un canot à bord du *Vengeur* pour chercher l'aumônier, le nôtre étant malade et demandant les secours spirituels. A 10 heures $3/4$, vent de N. N. O., presque calme.

A midi, lat. observée : 3° 4' ; longit. arrivée : 83° 59' ; route corrigée : S. E. 1° Sud, 8 lieues ; différence Sud : 2 lieues. — W. ortive : 0° 46' N. E.

A la même heure, le vent d'E. S. E. et S. E., petit. Route au plus près, bâbord amures jusqu'à minuit.

Route pour l'Ile-de-France.

Dimanche 19. — Même vent, presque calme. A 1 heure $1/2$, calme plat jusqu'à 8 heures du matin, que le vent est venu à l'E. N. E., petit. A 8 heures $1/2$, envoyé l'aumônier du *Vengeur*. M. de Cuverville et le vicomte d'Houvelot sont venus dîner à bord.

A midi, lat. observée : 2° 42' ; longit. estimée : 83° 51' ; longit. observée : 83° 45' ; par l'observation : 83° 45' ; route corrigée : S. S. O. 1° Sud, 8 lieues.

Même vent. Route au Sud pendant la nuit.

Lundi 20. — Le vent à l'E. N. E., petit. Route au Sud ; grosse mer du S. S. E.

A midi, lat. observée : 2° 6' ; longit. estimée : 83° 51' ; route corrigée : Sud 1° Ouest, 12 lieues. — W. ortive : 1° 26' N. E.

L'après-midi, vent variable de l'E. N. E. au N. O., presque calme. A 5 heures, il a varié à l'Est, petit ; de 6 heures à minuit, au N. E., presque calme.

Mardi 21. — Le vent à l'Est, presque calme. Route au Sud.

A midi, lat. observée : 1° 53' ; longit. estimée : 83° 50' ; route corrigée : Sud 1° Ouest, 4 lieues $1/3$; différence Nord, 2 lieues. — W. ortive ; 1° 20' N. E.

A 2 heures, le vent a varié de l'Ouest à O. S. O. ; temps orageux ; Octobre 1783. à 3 heures, il est venu à l'O. N. O., joli frais, variable jusqu'au S. O., grain et pluie ; à 6 heures, calme plat ; à 9 heures, le vent s'est décidé à l'Ouest.

Mercredi 22. — Le vent au S. O., presque calme. Route au plus près, tribord amures ; à 3 heures, il a varié à l'Ouest, joli frais ; gouverné au Sud 5° Est. A 4 heures $^{1}/_{2}$, grain et pluie de la partie du S.O.; à 5 heures, il a repris à l'Ouest, joli frais. Route au Sud. A la même heure, vu 12 bâtiments 5 à 6 lieues au vent, que nous avons reconnus de guerre et jugés être une division de l'escadre anglaise faisant route pour l'Europe. A 7 heures $^{1}/_{2}$, gouverné au Sud $^{1}/_{4}$ S. E. A 8 heures $^{1}/_{2}$, grain et pluie de la partie du S. S. O. A 10 heures, vent à l'O. S. O. ; beau temps.

A midi, lat. observée : 1° 16' Nord ; longit. estimée : 83° 57' ; route corrigée : Sud $^{1}/_{4}$ S. E., 12 lieues $^{1}/_{2}$; différence Nord, 3 lieues.

Même vent. Route au plus près, tribord amures. A 7 heures $^{1}/_{2}$, petit grain du S. O. ; peu après, il a repris à l'O. S. O., joli frais.

Jeudi 23. — Même vent. Route au Sud $^{1}/_{4}$ S. E. Reçu un grain du S. O. ; vent frais et pluie. A 4 heures, vent à l'Ouest ; gouverné au Sud. A 4 heures $^{3}/_{4}$, grain d'Ouest, bon frais et pluie. A 6 heures, le vent a varié à l'O. N. O., joli frais et pluie. A 9 heures $^{3}/_{4}$, grande et petite pluie de l'O., joli frais.

A midi, lat. estimée : 00° 17' Sud ; longit. estimée : 84° 17' ; route estimée : Sud $^{1}/_{4}$ S. E., 31 lieues.

A 1 heures $^{1}/_{2}$, vent au S. O., presque calme ; à 3 heures $^{1}/_{2}$, il a passé au N. O., joli frais et pluie ; à 4 heures $^{1}/_{2}$, variable de l'Ouest au S. O., par grain ; à 6 heures $^{1}/_{2}$, il s'est fixé au S. O., jusqu'à 8 heures, qu'il a passé à l'Ouest. Temps beau. Route au Sud.

Vendredi 24. — Le vent à l'Ouest, variable à l'O. S. O., petit frais. Route au Sud. A 5 heures, désenvergué le petit hunier, en avons envergué un neuf ; grain et pluie.

A midi, lat. observée : 1° 53' ; longit. estimée : 84° 34' ; route corrigée depuis mercredi : Sud $^{1}/_{4}$ S. E., 65 lieues ; différence Sud : 9 lieues $^{2}/_{3}$.

Vent au S. O., petit. Route au plus près, tribord amures ; grain et pluie par intervalles. A 3 heures $^{1}/_{2}$, grain et pluie de l'O. N. O. ; à 10 heures, il a varié au S. O., presque calme ; pluie continuelle.

Octobre 1783.

SAMEDI 25. — Vent variable de l'O. S. O. au S. O., joli frais; temps couvert. Route au plus près, tribord amures; grosse mer de S. E. A 8 heures 3/4, le vent a sauté au S. E., joli frais. Viré de bord vent arrière. Route au S. O. 1/4 Sud.

A midi, lat. observée : 3° 18'; longit. estimée : 85° 1'; route corrigée : S. S. E. 5° Sud, 29 lieues 2/3.

Le vent à l'E. S. E., joli frais. Route au S. O. 1/4 Sud. A 1 heure 1/2, route au Sud 1/4 S. O. Vu des frégates. A 9 heures 3/4, le vent a passé au N. N. O.

Route pour l'Ile-de-France.

DIMANCHE 26. — Même vent, presque calme; à 2 heures, calme plat; à 3 heures, il s'est décidé au S. S. E. et S. E., petit; pris le plus près, bâbord amures. Route au S. O. 1/4 Sud.

A midi, lat. observée : 3° 58'; longit. estimée : 84° 41'; route corrigée : S. S. O. 3° Ouest, 14 lieues 3/4.

Le vent à l'Est, joli frais. Route au S. O. 1/4 Sud; quelques grains par intervalles et des éclairs dans la partie du N. O.

LUNDI 27. — Vent variable de l'Est à l'E. S. E., par grain. Route au S. O. 1/4 Sud. A 6 heures, changé de misaine. A 8 heures, diminué de voiles, pour attendre le *Vengeur*, qui était fort de l'arrière.

A midi, point de hauteur. — Lat. estimée : 6° 16'; longit. estimée : 83° 9'; route estimée : S. O. 1/4 Sud, 55 lieues.

Le vent à l'E. S. E., joli frais. Route au S. O. 1/4 Sud.

MARDI 28. — Le vent à l'Est, joli frais; temps couvert. Route au S. O. 1/4 Sud. A 8 heures, mis le cap au S. O.

A midi, lat. observée : 8° 16'; longit. estimée : 81° 38'; route corrigée depuis le 26 : S. O. 1/4 Sud 1° Ouest, 105 lieues 1/3; différence Nord : 5 lieues.

A 7 heures 3/4, vent variable de l'Est au S. E., grain de vent et pluie; à 9 heures, de l'E. S. E. au S. E., grain et pluie jusqu'à minuit.

MERCREDI 29. — Le vent à l'E. S. E., bon frais. Route au S. O.

A midi, lat. observée : 10° 16'; longit. estimée : 79° 34'; route corrigée : S. O. 1° Ouest, 57 lieues; différence Sud : 4 lieues 1/2. — W. ortive : 0° 17' N. O.

Le vent à l'E. S. E., joli frais; petit grain et pluie par intervalles jusqu'à minuit.

JEUDI 30. — Le vent à l'E. S. E. et S. E., joli frais. Route au S. O. A 5 heures, diminué de voiles pour attendre le *Vengeur;* son eau a beaucoup augmenté.

A midi, lat. observée : 12° 1'; longit. observée : 77° 35'; route corrigée : S. O. 3° Ouest, 52 lieues ¹/₄. — W. ortive : 1° 9' N. O.

A 3 heures ¹/₂, le *Vengeur* a signalé une voie d'eau; nous nous sommes sur-le-champ rangé au plus près pour l'attendre. A 4 heures ¹/₂, étant à portée de la voix, il nous a demandé une pompe pour remplacer une des siennes, qui est avariée ; il est à quatre pompes. Le général lui a fait répondre qu'il lui en enverrait une au premier moment où l'on pourrait communiquer, et de régler la voilure. La route au S. O.; même vent et route pendant la nuit.

Vendredi 31. — Le vent à l'E. S. E., joli frais. Route au S. O.

A midi, W. : 3° 00' N. O. — Lat. observée : 13° 41'; longit. estimée : 75° 57'; route corrigée : S. O. 2° Sud, 46 lieues.

Toute la nuit, même vent et route.

Samedi 1er Novembre. — Le vent à l'Est, petit frais. Route au S. O. Le *Vengeur* ayant demandé à nous parler, nous avons mis un canot à la mer et travaillé à dégager les pompes du mât d'artimon pour les lui envoyer.

A midi, lat. observée : 15° 8'; longit. estimée : 74° 35'; longit. observée : 69° 24'; route corrigée : S. O. 3° Sud, 39 lieues. — W. par azimut : 3° 12' N. O.; W. occase : 3° 29' N. O.

Le vent à l'E. N. E.; petit. Route au S. O. A midi ¹/₂, nous avons envoyé 50 hommes au *Vengeur*, pour renforcer son équipage fatigué par la pompe. Longitude observée : 69° 24', ce qui nous rapproche de 5° sur l'estime; nous avons signalé au *Vengeur*, qui nous a signalé avoir observé 69° 40'. A 7 heures, avons embarqué le canot. Le vent S. E. et E. S. E.; presque calme.

Dimanche 2. — Le vent à l'E. S. E., presque calme. Route au S. O. A 6 heures, vent variable du Sud à l'Ouest, petit. A 6 heures ¹/₄, signal de virer de bord; pris tribord amures. A 7 heures, avons envoyé au *Vengeur*; il fait toujours la même quantité d'eau, franchissant vivement avec 4 pompes. A 10 heures ¹/₂, vent au N. E., presque calme.

A midi, lat. observée : 15° 48'; longit. estimée : 73° 56'; longit. observée : 48° 40'; route corrigée : S. O. 2° Ouest, 16 lieues ³/₄.

A 1 heure, le vent a varié au S. O., petit. A 4 heures, par la distance de la lune au soleil, longitude observée : 68° 40'. Le *Vengeur* nous a signalé 68° 26'. A 8 heures ¹/₂, viré de bord; pris bâbord amures; vent au Sud, petit.

Novembre 1783. LUNDI 3. — Le vent au Sud, presque calme. A 7 heures ³/₄, le vent a passé au S. E. ; mis le cap au S. O.

A midi, lat. observée : 15° 59' ; longit. estimée : 73° 18' 68° 7' ; route corrigée : O. S. O. 4° Sud, 13 lieues. — W. par amplitude ortive : 4° 4' N. O.

Le vent à l'E., petit ; beau temps. Route au S. O.

MARDI 4. — Le vent à l'Est, petit ; beau temps. Route au S. O. ; à 10 heures, parlé au *Vengeur* ; il nous a dit qu'il franchissait avec 3 pompes.

A midi, lat. observée : 15° 51' ; longit. estimée : 72° 25' d'après l'observation : 67° 14' ; route corrigée : S. O. 1° Sud, 24 lieues ¹/₄. — W. par amplitude ortive : 4° 42' N. O.

A la même heure, mis le cap au S. O. ¹/₄ Ouest ; même vent.

MERCREDI 5. — Le vent au S. S. E., petit frais. Route au S. O. ¹/₄ Ouest.

A midi, lat. observée : 18° 00' ; longit. estimée : 70° 49' ; d'après l'observation : 65° 38' ; route corrigée : S. O. ¹/₄ Ouest 3° Sud, 38 lieues ¹/₃. — W. par azimut : 5° 50' N. O.

Vent au S. E., joli frais. Route au S. O. ³/₄ Ouest. A 1 heure ¹/₂, le *Vengeur* nous a signalé sa variation observée : 6° 45' ; la nôtre par azimut n'est que de 5° 50' N. O. ; à 5 heures ³/₄, grain et petite pluie dans la partie du S. E.

JEUDI 6. — Le vent au S. E., joli frais. Route au S. O. ³/₄ Ouest. A 9 heures ³/₄, le *Vengeur* a signalé 8° 00' N. O. de variation.

A midi, lat. observée : 19° 32' ; longit. estimée : 68° 56' ; d'après l'observation : 63° 45' ; route corrigée : S. O. 4° Ouest, 47 lieues. — W. par amplitude : 8° 9' N. O.

A 7 heures, fait route à l'O. S. O ; même vent. A 11 heures, mis le cap Ouest ¹/₄ N. O. 5° Ouest ; allumé les feux de poupe.

VENDREDI 7. — Le vent à l'E. S. E., joli frais. Route à l'Ouest ¹/₄ N.O. 3° Ouest. A 6 heures, le *Vengeur* nous a signalé 9° 30' variation N. O. A 9 heures, un petit noir est tombé à la mer ; nous l'avons sauvé, embarqué en bateau et remis en route.

A midi, lat. observée : 20° 5'. — W. par amplitude ortive : 9° 4' N. O. ; W. par azimut : 9° 18' N. O. — Longit. estimée : 60° 29' ; d'après observation : 61° 18'.

Par l'observation, Rodrigue nous reste à l'O. N. O., 15 lieues.

A la même heure, gouverné à l'Ouest ¹/₄ N. O. A 4 heures ¹/₂, nous avons eu connaissance de l'île de Rodrigue, au N.O. 5° Ouest; distant : 9 lieues. Mis le cap à l'O. N. O.

Novembre 1783.
Vu
l'île Rodrigue.

Au soleil couché, relevé : la pointe Ouest de Rodrigue, N. O. 5° Ouest; la pointe Est, N.O. ¹/₄ Nord 1° Ouest; distant : 5 lieues ¹/₂. — W. par azimut : 10° 20' N. O.; W. par amplitude occase : 10° 14' N. O.

Le vent à l'E. S. E., joli frais. Route à O. N. O. 5° Ouest.

SAMEDI 8. — Le vent à l'E. S. E., petit frais. Route à l'O. N. O. 5° Ouest.

A midi, lat. observée : 19° 49'; longit. corrigée d'après l'île Rodrigue : 59° 38 ; route corrigée d'après le relèvement : Ouest 1° Nord, 27 lieues ¹/₄; différence Nord : 2 lieues ³/₄. — W. par azimut : 10° 50' N. O.

Le vent à l'E. S. E. Route à l'Ouest ¹/₄ N. O. 3° Ouest,

DIMANCHE 9. — Le vent à l'E.S.E., joli frais. Route à l'Ouest ¹/₄ N. O. 3° Ouest.

A 7 heures, le *Vengeur* a signalé 12° 20' N. O. de variation ; nous n'avons que 11° 37' par azimut.

A 10 heures, mis le cap à l'O. N. O. Envoyé au *Vengeur ;* son eau n'augmente ni ne diminue.

A midi, lat. observée : 19° 48'; longit. corrigée par l'île de Rodrigue : 57° 42'; route corrigée : Ouest 1° Nord, 36 lieues ²/₃; différence Nord : 2 lieues. — W. par azimut : 11° 37' N. O.

Le milieu de l'Ile-de-France reste Ouest ¹/₄ S. O., 42 lieues ¹/₂; vent à l'Est, petit frais. Route à l'Ouest ¹/₄ N. O. 5° Ouest. A 1 heure ¹/₂, route à l'Ouest ¹/₄ N. O., pour voir l'île Ronde.

Vu
l'Ile-de-France.

LUNDI 10. — Le vent à l'E. N. E., petit frais. Route à l'O. 5° Nord. A 4 heures ¹/₂, vent variable au N. O., presque calme, petite pluie ; à 5 heures, il a varié au N. E., petit frais.

A midi, lat. observée : 20° 14'; longit. depuis Rodrigue ; 56° 72' ; route corrigée : Ouest 1° Nord, 36 lieues ²/₃.

Le vent à l'Est, petit frais. Route à l'O.N.O. A 4 heures ¹/₂, nous avons eu connaissance de l'Ile-de-France, restant à l'Ouest. A 9 heures ³/₄, vent variable. Fait signal de virer de bord ; pris bâbord amures.

Au soleil couché, relevé : le milieu de l'Ile-de-France, O. S. O.; l'île Ronde, O. N. O. 5° Nord ; distant de l'Ile-de-France : 8 lieues.

Novembre 1783.

Vent variable du Nord au N. N. E., petit. Route au plus près, les amures à bâbord. A 10 heures ¹/₂, grain; petit frais et pluie dans la partie de l'O. N. O.

MARDI 11. — Le vent au N. N. O., petit; presque calme. Route au plus près, bâbord amures. A 1 heure, pris tribord amures. A 2 heures, le vent a fraîchi. Au jour, vu l'île Ronde à l'O. S. O., 4 lieues. Nous avons arrivé dessus.

Vu l'île Ronde.

Au soleil, relèvement corrigé : l'île Ronde, O. S. O. 5° Ouest, 4 lieues ; l'île aux Serpents, O. S. O. ; à midi, lat. observée : 19° 53' ; relevé le milieu de l'île aux Serpents, Nord ¹/₄ N. O. ; le milieu de l'île Ronde, N. O. 5° Nord, 13 lieues ; le milieu de l'île Plate, Ouest 5° Nord ; le Colombier, Ouest ¹/₄ N. O. ; le coin de mire, Ouest ¹/₄ S. O. 5° Sud.

A 2 heures, arrivé pour éviter les brisants de la pointe S. E. de l'île Plate ; sondé plusieurs fois des brisants au coin de mire et trouvé de 20 à 28 brasses, fond de roches et de corail. A 3 heures ³/₄, ne doublant point le coin de mire, à ¹/₂ lieue par 26 brasses, vent au N. O., petit, les courants portant au N. O. A 5 heures ¹/₂, nous avons viré par 45 brasses.

Au soleil couché, relevé : le coin de mire, à l'E. S. E. 5° Sud, 13 lieues ; l'île Ronde, Sud ¹/₄ N. E. ; la pointe du Canonnier, S. O. 5° Sud.

Le vent à l'Ouest, petit. Route au plus près, bâbord amures. A 8 heures, pris tribord amures. Le vent à l'Ouest et l'O. S. O., petit. Ayant vu un canot venant du Port-Louis, où nous imaginions qu'était un pilote qui hésitait à venir à bord, nous avons tiré un coup de canon ; à 7 heures ³/₄, le canot a abordé avec un pilote. A la même heure, pris bâbord amures. A 9 heures ¹/₂, le vent a varié au S. O., petit. A 10 heures, pris tribord amures. Peu après, le vent a molli.

MERCREDI 12. — Le vent au S. E., presque calme. Route au plus près, bâbord amures. A 4 heures ¹/₂, la pointe du Canonnier a tiré 5 coups de canon.

Au soleil levé, relevé : le coin de mire, E. N. E. 5° Est; l'île Ronde, Est 5° Nord; la pointe aux Mortiers, S. E. ¹/₄ Sud ; l'entrée du port, Sud 5° Est; distant de terre : 2 lieues.

A 9 heures ³/₄, le vent s'est décidé dans la partie du S. O., presque calme. A 10 heures, nous avons viré vent arrière. A midi, le vent à l'O. S. O., petit frais; houle pour entrer dans le port, n'étant qu'à

1 lieue 1/2 de terre. A midi 1/4, le capitaine de port en second est venu Novembre 1783.
à bord pour nous entrer. A 1 heure 1/2, le vent s'est décidé au N. N. E.,   Mouillé à
petit frais. Envoyé tous nos canots de l'avant pour nous remorquer. l'Ile-de-France.
Le vent nous a permis d'entrer à la voile, et, à 4 heures, nous avons
mouillé devant l'île aux Tonneliers, où l'on nous a amarrés.

A 4 heures, plusieurs vaisseaux nous ont salués de trois cris de « vive le roi ! » rendu un. A 4 heures 1/2, M. le vicomte de Souillac, gouverneur, est venu à bord avec l'intendant et plusieurs autres officiers et personnes de la colonie ; à 5 heures, il est retourné à terre et a été salué de trois cris de « vive le roi ! » et de 15 coups de canon. Nous avons trouvé mouillés dans le port : le *Sphinx*, le *Flamand*, l'*Artésien*, la *Pourvoyeuse* et la *Cléopâtre*; cette frégate était partie de Trinquémalay 12 jours après nous et était arrivée depuis le 9, n'ayant eu que 22 jours de traversée ; environ 30 bâtiments marchands, dont plusieurs étrangers, sont aussi mouillés dans le port. A 5 heures 1/2, le général est descendu à terre, il a été Belle réception. salué en débarquant de 21 coups de canon par la place et reçu par le gouverneur, les officiers de la garnison, des habitants et un monde infini, qui faisait retentir l'air des cris de « vive le roi ! » et « vive Suffren ! ». La musique des régiments l'a conduit, ainsi que tout le monde, jusqu'au Gouvernement, où il a soupé. Après souper, toutes les dames de la ville sont venues lui faire une visite et lui ont donné une sérénade. Il a pris une maison à terre. Nous avons travaillé à bord jusqu'à 4 heures à nous amarrer.

Pendant la nuit, le vent au Sud, petit. Nous avons appris que l'*Hermione*, en partant pour l'Ile-de-France, avait démâté de son beaupré et mât de misaine et avait été obligée de relâcher à l'île Bourbon, où elle était encore.

JEUDI 13. — Nous allons travailler à nous dégréer et démâter le mât d'artimon pour en prendre un autre, et à refaire absolument notre arrimage, ayant beaucoup de barriques pourries, qu'il est

Novembre 1783. essentiel de changer. Nous comptons aussi prendre encore quelques tonneaux de lest. Vent au N. E. pendant la nuit.

Vendredi 14. — A 9 heures $^1/_4$, il est entré un bâtiment venant de Marseille, mais parti depuis très longtemps. On a des nouvelles de juin, mais qui ne disent rien du traité définitif, ni des préliminaires avec les Hollandais. Nous avons démâté le mât d'artimon. A 5 heures, il est parti un bâtiment à trois mâts. Travaillé au gréement et à la cale. Les calfats sont occupés à repasser les œuvres mortes. La nuit, vent variable.

Samedi 15, Dimanche 16, Lundi 17, Mardi 18. — Ayant mis de nouvelles jumelles d'un bois plus dur sur notre mât de misaine, à midi, présenté le petit mât de hune. A 6 heures $^1/_2$, un bâtiment français venant d'Europe, mais parti depuis longtemps, a mouillé au pavillon. Le gouverneur a donné une fête à M. de Suffren, où était invitée toute la colonie ; on y a tiré un feu d'artifice. La nuit, le vent au S. E., petit frais.

Mercredi 19. — Il est entré deux bâtiments français venant d'Europe, partis depuis longtemps. Donné une demi-bande au côté bâbord.

Jeudi 20. — A 1 heure, la *Consolante,* venant de Trinquémalay, a mouillé au pavillon, ainsi que deux marchands, dont l'un impérial et l'autre français. Nous avons embarqué de vieux canons pour lest.

Vendredi 21. — Nous avons achevé d'embarquer le lest en fer, faisant en tout le poids de 50 tonneaux. Achevé de gréer le mât de misaine. Travaillé à la cale et au calfatage. Depuis quelques jours, le vent a régné au S. E., petit frais.

Samedi 22. — Le *Sévère* a mouillé pendant la nuit, venant de Trinquémalay. Nous avons mâté un nouveau mât d'artimon. M. le Roux a donné une fête au général à son habitation. Continué à gréer, arrimer et calfater.

Dimanche 23, Lundi 24. — Notre gouvernail, qui avait été envoyé en radoub à terre, a été mis en place. Embarqué la vergue de misaine, qui a été jumelée à terre. Travaillé à faire de l'eau et des vivres.

Mardi 25. — Achevé de gréer le grand mât et mât d'artimon ; continué le travail de la cale, l'eau et le complément de 5 mois de vivres. Il est entré deux bâtiments, un impérial et un français. Nous avons su que l'*Hermione* était partie de Bourbon le 3 du courant.

Mercredi 26, Jeudi 27, Vendredi 28. — Le vent étant prêt à mettre sous voile, les officiers de port sont venus à bord pour travailler à nous démarrer. Nous avons levé nos œuvres et resté sur des amarres du port. Laissé nos obusiers à terre. *Novembre 1783.*

SAMEDI 29. — Le vent au S. E., petit frais. A 8 heures, nous avons présenté à la passe, et, à 9 heures, nous avons largué les amarres, fait voile du petit hunier et perroquet de fougue, et nous avons mouillé, à 9 heures $^1/_4$, au pavillon par 18 brasses, sable gris.

Relevé : le fort de Bois, S. E. 2° Est ; le fort Blanc, Sud $^1/_4$ S. E. 5° Est ; la terre la plus Ouest, S. O. $^1/_4$ O. S. O. ; la terre la plus Nord, N. E. $^1/_4$ Nord ; le coin de mire, N. E.

A la même heure, la *Cléopâtre*, qui doit venir avec nous, est sortie du port et a mouillé près de nous. Débarqué tous les noirs. A 9 heures, il a mouillé un bâtiment français. Un suédois, allant à Bourbon, a salué de 9 coups de canon ; rendu 5. A 6 heures, le général est venu à bord et a été salué, en partant de la place, de 21 coups de canon.

Tous les vaisseaux que nous laissons doivent, après avoir été mis en état, faire route pour la France, chacun pour le port qui lui est destiné. L'*Artésien* et le *Sphinx* ont été virés en quille et seront prêts à partir bientôt ; le dernier a changé sa mâture et a pris celle de l'*Alexandre*. Le *Flamand* aura peut-être besoin d'un radoub considérable ainsi que la *Pourvoyeuse*. Le *Sévère* et la *Consolante* seront en état après quelques légers radoubs. Pour le *Vengeur*, on n'avait encore rien décidé ; s'il est jugé en état d'aller en Europe ce ne peurra être que fort tard, vu les réparations qu'il exigera. Nous avons pris les matelots des départements de la Méditerranée qui étaient sur les autres vaisseaux et donné en échange ceux du Ponent que nous avions à bord. A 11 heures $^1/_2$, nous avons mis sous voile avec la *Cléopâtre* et fait route pour le cap de Bonne-Espérance. Mis le cap à O. N. O., vent à l'E. S. E., petit frais. A 11 heures $^3/_4$, embarqué tous les bâtiments à rames et mis le cap à l'O. S. E. à minuit. *Départ de l'Ile-de-France.*

DIMANCHE 30. — Le vent au S. E., joli frais. Route à l'O. S. O. A 2 heures, gouverné au S. O.

A 5 heures $^1/_2$, relevé le morne Braband, S. E. 0° Est ; la terre la

<small>Novembre 1783.</small> plus Nord, N. E. 1° Est corrigé ; la terre la plus Sud, S. E. 1° Sud ; distant du morne Braband : 5 lieues.

Vent variable du S. E. au S. S. E. Route au plus près, bâbord amures. A 6 heures, fait route au S. O. 1/4 Sud.

A midi, lat. observée : 20° 57' 37" ; longit. arrivée : 54° 15' ; route corrigée : S. O. 4 Sud 1° Sud, 11 lieues 1/2. — W. par azimut : 13° 56' N. O.

Depuis 7 heures du matin, que nous avons relevé le morne Braband, à l'Est 1/4 N. E. ; distant : 8 lieues ; vent au S. E., joli frais. Route au S. O., à 5 heures 3/4. Vu l'île Bourbon à l'Ouest 1/4 N. O., 8 lieues.

Au soleil couché, relevé la pointe Sud, Ouest 1/4 N. O., 8 lieues. — W. par azimut : 14° 30' N. O. ; W. occase : 14° 36' N. O.

<small>Décembre 1783.</small> LUNDI 1er DÉCEMBRE. — Le vent au S. E., joli frais. Route au S. O. 1/4 Ouest.

A midi, W. ortive : 16° 16' N. O. ; W. par azimut : 16° 18' N. O.

<small>Route pour le cap de Bonne-Espérance.</small> — Lat. observée : 23° 15' 28" ; longit. estimée : 52° 17' ; route corrigée : S. O. 1/4 Sud 5° Ouest, 58 lieues. — W. par azimut : 16° 46' ; W. occase : 17° 1' N. O.

A 1 heure 1/2, mis le cap au S. O.

MARDI 2. — Le vent à l'E. N. E., joli frais. Route à O. S. O.

A midi, W. ortive : 17° 42' N. O. ; W. par azimut : 17° 28' N. O. — Lat. observée : 24° 48' 40" ; longit. estimée : 50° 17' ; route corrigée : S. O. 5° Ouest, 47 lieues 3/4. — W. par azimut : 19° 31' N. O.; W. occase : 19° 58' N. O.

Le vent au N. E., joli frais. A 2 heures, gouverné à l'Ouest 1/4 S. O.

MERCREDI 3. — Vent au N. E. Route à l'Ouest 1/4 S. O.

A midi, W. par azimut : 20° 48' N. O. — Lat. observée : 26° 43' 14"; longit. estimée : 47° 6' ; route corrigée : S. O. 1/4 Ouest, 69 lieues ; différence Sud : 3 lieues 1/3; le cap Venerat reste : N. O. 1/4 Ouest 2° Ouest, 50 lieues.

La route à l'Ouest. A 1 heure, grain de vent et pluie. A 5 heures, pris un ris dans chaque hunier. A 6 heures 1/4, le vent a passé au N.O.; tenu le plus près, tribord amures. De 8 heures à minuit, vent variable N. O., petit et petite pluie.

JEUDI 4. — Vent variable du N. N. O. au N. O., joli frais. Route au plus près, tribord amures. A 4 heures, largué les ris. A 9 heures, le vent ayant fraîchi, pris un ris dans chaque hunier.

A midi, W. par azimut : 22° 19' N. O. — Lat. observée : 27° 50' 50";

longit. estimée : 45° 35' ; route corrigée : S. O. 5° Ouest, 35 lieues ; Décembre 1783 différence Nord : 4 lieues 1/3. — W. par azimut : 22° 8' N. O. ; W. occase : 21° 31' N. O.

Vent au N. O., joli frais. Route au plus près, tribord amures. A 6 heures 1/4, largué les ris des huniers. De 8 heures à minuit, vent de N. O., joli frais. Route au plus près, tribord amures.

VENDREDI 5. — Vent au N. O., petit frais, temps couvert. Route au plus près, tribord amures ; à 10 heures, vent à l'Ouest, viré lof pour lof ; pris bâbord amures et amené les huniers pour rider les haubans de hune. A 11 heures 3/4, hissé les huniers.

A midi, W. ortive : 12° 16' N. O. ; W. par azimut : 22° 23' N. O. — Lat. observée : 29° 0' ; longit. estimée : 44° 54' ; route corrigée : S. S. O. 3° Ouest, 25 lieues 1/2 ; différence Sud : 2 lieues ; longit. observée à 9 heures du soir par une distance de la lune à Aldébaran : 45° 13'. — W. par azimut : 22° 32' N. O. ; W. occase : 22° 47' N. O.

Pendant la journée, le vent à O. S. O.; presque calme.

SAMEDI 6. — Calme plat. A 8 heures, mis le bateau à l'eau pour observer les courants portant au S. E. 1/2 nœud.

A midi, W. ortive : 33° 6' N. O. ; W. par azimut : 23° 4' N. O.

Calme plat. A 8 heures, le vent s'est déclaré au S. S. E., petit. Fait route à l'O. 1/4 N. O., et, à 5 heures 1/2, à l'O. N. O. De 8 heures à minuit, vent d'E. S. E., joli frais. Même route.

DIMANCHE 7. — Vent à l'Est, petit frais. Route à l'O. N. O.

A midi, W. par azimut : 23° 31' N. O. — Lat. observée : 24° 43' ; longit. arrivée : 43° 3' ; route corrigée : Ouest 4° Sud, 26 lieues 1/2.

Même vent et route.

LUNDI 8. — Vent au S. E.. joli frais. Route à l'O. N. O.

A midi, lat. observée : 28° 42' 13"; longit. estimée : 40° 40'. Route corrigée : Ouest 1° Nord, 41 lieues 1/3; vent au S. S. O.; route à l'O. N. O. — W. ortive : 24° 40' N.O. ; W. par azimut : 25° 4' N.O.; W. occase : 25° 10' N. O.

MARDI 9. — Vent au S. S. O.; à 2 heures 1/2, au S. O. Route à l'O. N. O.

A midi, W. ortive : 25° 23' N.O. ; W. par azimut : 25° 28' N.O. — Lat. observée : 28° 37' 20"; longit. estimée : 38° 38' 00"; route corrigée : Ouest 3° Nord, 25 lieues 3/4 ; différence Nord : 2 lieues 1/3.

Vent au S. O., joli frais ; petits grains par intervalles.

A 2 heures 1/2, pris le cap O. N. O. 5° Ouest. A 3 heures 3/4, le

Décembre 1783. vent ayant passé au Sud, gouverné à l'Ouest ¹/₄ N. O. De 8 heures à minuit, vent de S. S. E.

MERCREDI 10. — Le vent au Sud, joli frais ; grain par intervalles. Route à l'Ouest, toutes voiles dehors.

A midi, W. par azimut : 25° 47' N. O. ; lat. observée : 29° 55' ; longit. estimée : 35° 32' ; route corrigée : O. S. O. 5° Ouest, 56 lieues ¹/₃; différence Nord : 6 lieues ¹/₃.

A 2 heures, mis le cap à l'Ouest 5° Sud, vent variable du Sud au S. E.

JEUDI 11. — Vent au S. E., joli frais, Route à l'Ouest 5° Sud. A 2 heures, le vent a passé à l'Est, joli frais.

A midi, W. par azimut : 25° 42' N. O. — Lat. observée : 30° 26' ; longit. estimée : 33° 27' ; route corrigée : S. O. ¹/₄ Ouest 4° Ouest, 41 lieues ¹/₃; différence Nord : 4 lieues ¹/₃. — W. par azimut : 25° 34' N. O.

Vent au N. E., joli frais. Même route. De 8 heures à minuit, variable du N. E. au N. O.; grain et petite pluie.

Route pour le cap de Bonne-Espérance.

VENDREDI 12. — Vent au Nord, joli frais ; temps couvert. Route à l'Ouest 5° Sud. A 2 heures, le vent a varié au N. N. O., frais, avec grain. A 5 heures, grain et pluie par intervalles. Pris un ris à chaque hunier. Vent variable du N. N. O. à l'O. N. O. A 8 heures ³/₄, le vent ayant varié à l'Ouest, viré de bord ; pris bâbord amures. A 8 heures, il a passé au S. O., joli frais, toujours par grain.

A midi, W. par azimut : 25° 18' N. O. — Lat. observée : 31, 56' 52" ; longit. estimée : 31° 43' ; route corrigée : S.O. ¹/₄ Ouest, 56 lieues. — W. par azimut : 25° 14' N. O.

Vent au S. O., joli frais. Route au plus près, bâbord amures, sous les 4 voiles majeures ; la mer houleuse. De midi à 4 heures, vent variable du S. O. au S. S. O., joli frais par rafales. A 9 heures, le vent ayant molli, cargué les ris des huniers. De 9 heures à minuit, vent variable du S. S. O. à l'Ouest, petit.

SAMEDI 13. — Vent variable de l'O. S. O. au S. S. O., presque calme ; la mer grosse. Route au plus près, bâbord amures.

A midi, W. par azimut : 25° 20' N. O. — Lat. observée : 31° 20' ; longit. estimée : 29° 7' ; route corrigée : O. N. O. 2° Nord, 29 lieues ²/₃; différence Nord : 2 lieues ¹/₃.

La pointe Nord de la rivière Saint-Christien : O. N. O., 20 lieues.

Vent à l'Ouest, petit, au plus près, bâbord amures. A 4 heures ¹/₄, pris tribord amures. De 6 heures à minuit, calme plat.

Dimanche 14. — A minuit, le vent s'est déclaré à l'Est, petit ; nous avons gouverné à l'Ouest 1/4 S. O. A 8 heures, il a fraîchi dans la même partie ; grosse mer du S. O.

A midi, point de hauteur. W. par azimut : 25° 20' N. O. — Lat. estimée : 31° 29' ; longit. estimée : 28° 31' ; route estimée : Ouest 1/4 S. O. 5° Sud, 11 lieues ; la pointe Nord de la rivière Saint-Christien reste N. O. 5° Nord, 15 lieues ; longit. observée : 32° 13'.

Jusqu'à minuit, vent variable de l'E. S. E. à l'Est, petit.

Lundi 15. — Calme plat. A 1 heure 3/4, le vent s'est décidé au S. O., presque calme ; grosse mer. Route au plus près, bâbord amures.

A midi, pris hauteur. W. ortive : 25° 34' N. O.; W. par azimut : 25° 28' N. O. — Lat. observée : 31° 43' ; longit. estimée : 27° 16' ; longit. observée à 6 heures 1/2 : 31° 28' ; à 8 heures 42 du matin : 31° 24' ; depuis samedi, route corrigée : Ouest 1/4 S. O. 3° Sud, 32 lieues 1/3.

Par la longitude estimée, nous sommes à 2 lieues de terre. De midi à 4 heures, vent variable du S. O. au S. S. O., petit. La *Cléopâtre* a forcé de voiles pour chasser la terre. Continué à courir à l'Ouest 1/4 S. O. De 8 heures à minuit, calme.

W. par azimut : 25° 26' N. O.; W. occase : 25° 26' N. O.

Mardi 16. — A minuit 1/4, le vent s'est décidé à l'E. N. E., petit frais. Route à l'Ouest.

A midi, lat. observée : 32° 16' ; longit. estimée : 26° 3' ; longit. observée pour midi : 29° 25' ; route corrigée : O. S. O. 3° Ouest, 22 lieues ; différence Sud : 2 lieues 1/3. — W. ortive : 26° 3' N. O.

A 8 heures, fait route à l'Ouest 1/4 S. O.; vent d'E. N. E., joli frais.

Mercredi 17. — Le vent à l'E. N. E., joli frais. Route à l'Ouest 1/4 S. O. A 4 heures, fait route à l'O. N. O. pour découvrir la terre. A 4 heures 3/4, le vent a varié à l'O. N. O. Route au plus près, tribord amures. A 8 heures, vent à l'Ouest, petit frais ; pris bâbord amures. A 9 heures 3/4, il a varié au S. S. O., petit frais. Route à l'O. N. O.

A midi, lat. observée : 23° 57' ; longit. estimée : 23° 4' ; longit. observée à 8 heures, réduite pour midi : 26° 32' ; depuis l'observé du 15 : 27° 17' ; d'après l'observée du 16 : 27° 2' ; route corrigée : S. O. 1/4 Ouest, 62 lieues 1/2; différence Sud : 10 lieues 1/2. — W. par azimut : 25° 18' N. O.; W. occase : 25° 4' N. O.

Décembre 1783. Sur l'observation d'aujourd'hui, la rivière des Infantes me reste N. N. O., 20 lieues. Des observations faites par M. le chevalier de la Tour du Pin se rapportent à peu de chose près avec celles de M. de Moissac.

Le vent au S. S. O. et S. O., petit frais. Route à l'O. N. O. A 4 heures, la *Cléopâtre* étant à 2 lieues en avant de l'escadre, a signalé la terre; peu après, nous l'avons découverte sous le vent à nous, distante d'environ 10 lieues. Cette différence Est que nous avons eue dans notre estime est extraordinaire, M. Dapris et les autres navigateurs faisant porter les courants avec force à l'Ouest. A 5 heures ³/₄, la *Cléopâtre* passant à poupe, nous a dit avoir sondé et trouvé fond à 100 brasses. Le général lui a ordonné de sonder à 2 lieues en avant et de lui signaler le fond lorsqu'il y aurait 50 brasses. A 8 heures, le vent a passé au S. S. O. Gouverné à l'Ouest ¹/₄ N. O.

Jeudi 18. — Le vent au Sud, presque calme. Sondé et trouvé 60 brasses, sable vaseux; à 4 heures ¹/₂, 75 brasses, même fond. Au jour, vu la terre à 10 lieues. A 9 heures ¹/₂, le vent s'est déclaré à l'E. S. E.

A midi, W. ortive : 24° 57' N. O. — Lat. observée : 24° 10' ; longit. par le relèvement : 24° 6' ; route corrigée : S. O. ¹/₄ Ouest, 20 lieues ; relevé le cap des Récifs : N. O. 2° Ouest, 6 lieues.

Vent au S. E., petit frais. Route à l'Ouest ¹/₄ N. O.

Au soleil couché, relevé : la terre la plus Ouest, Ouest ¹/₄ N. O. corrigée ; distance de terre : 5 lieues.

A 11 heures, sondé, trouvé 65 brasses, sable rougeâtre mêlé de petit gravier.

Vendredi 19. — Le vent à l'Est, petit frais ; beau temps. Route à l'Ouest ¹/₄ N. O. A 8 heures, calme ; trouvé 70 brasses, sable et petit gravier. A la même heure, mis le petit bateau à la mer pour observer les courants. A 9 heures, le vent s'est déclaré au S. E. Le bateau a pêché un gros poisson assez ressemblant au merlan. Le capitaine de la *Cléopâtre* est venu à bord.

A midi, lat. observée : 34° 29' ; longit. par le relèvement : 22° 30'; route corrigée : Ouest ¹/₄ S. O. 3° Sud, 27 lieues ¹/₃; distant de terre : 12 lieues ¹/₂. — W. par azimut : 24° 6' N. O.

Vent au Sud, petit frais. Route à l'Ouest ¹/₄ N. O.

Samedi 20. — Vent à l'Est, joli frais Route à l'Ouest ¹/₄ N. O. A 5 heures ¹/₄, mis le cap à l'O. N. O. Appelé la *Cléopâtre*, à laquelle le général a ordonné de forcer de voiles pour aller reconnaître le cap des Aiguilles et le lui signaler. *Décembre 1783.*

A midi, lat. observée : 35° 3' ; longit. : 19° 33' ; route corrigée : Ouest 1/4 S. O. 2° Sud, 50 lieues ; différence Sud : 2 lieues 2/3.

Le cap des Aiguilles me reste à l'Ouest 1° Nord, 29 lieues.

Le vent à l'Est, joli frais ; gouverné au N. O. 1/4 Ouest. A 3 heures, mis le cap à l'O. N. O.

Au soleil couché, relevé la terre la plus Ouest, N. O. 1/4 Ouest. — W. occase : 23° 26' N. O.

La *Cléopâtre*, à 4 lieues de l'avant à nous, n'a fait aucun signal ; cependant nous avons mis le cap à l'Ouest 1/4 N. O., à 7 heures 1/2, pour passer au sud du cap des Aiguilles. A 8 heures 1/2, le vent étant très frais, grosse mer ; pris des ris dans les huniers. Vent à l'Est.

DIMANCHE 21. — Le vent à l'E. S. E., bon frais. Route à l'Ouest 1/4 N. O., sous les huniers et la misaine. A 1 heure, mis le cap à l'O. N. O. A 4 heures 1/4, mis le cap au N. O. pour repiquer à terre. Au jour, nous n'avons point vu la *Cléopâtre* ni la terre. A 9 heures 1/2, mis le cap au Nord 1/4 N. E., et, à 10 heures, au N. N. E., pour découvrir le cap de Bonne-Espérance.

A midi, lat. observée : 34° 18' ; longit. estimée : 16° 28' ; route corrigée : Ouest 1/4 N. O. 5° Nord, 53 lieues 1/3 ; différence Sud : 3 lieues 1/3.

Par le point, nous nous trouvons avoir dépassé le cap de Bonne-Espérance. La *Cléopâtre* ne nous ayant point signalé, hier au soir, le cap des Aiguilles, nous croyons en être plus loin ; il faut cependant que ce fût la terre que nous avons relevée, au soleil couché, au N. O. 1/4 Ouest.

Vent au S. E., petit. Route au plus près du vent, tribord amures, pour nous approcher de Table-Bay. A 3 heures 1/2, vent au N. E., petit ; belle mer, avec brume. Route à l'E. S. E., toutes voiles dehors.

LUNDI 22. — Le vent au N. N. E., petit frais. Route à l'E. S. E. A 1 heure 1/2, pris tribord amures. A 3 heures 1/4, reviré ; pris bâbord amures ; temps brumeux. Nous avons tiré nos coups de canon, à 5 heures 1/2, pour connaître si nous étions près de terre ; nous l'avons en effet entendue résonner. A 5 heures 3/4, viré de bord ; pris les amures à tribord et resté sous les huniers, en attendant que la brume fût dissipée. A 6 heures, nous avons tiré un autre coup de canon et entendu

Décembre 1783.

également résonner la terre. A 7 heures, nous l'avons aperçue, restant à l'Est. Nous avons viré de bord ; pris bâbord amures.

A 7 heures 1/2, la brume s'étant dissipée, nous avons relevé : la montagne de la Table, Est 5° Nord ; la croupe du Lion, Est 5° Est (le tout corrigé) ; l'île Robben, E. N. E. 4° Nord ; distant de terre : 5 lieues.

Vent à l'E. N. E. Route au plus près, bâbord amures. A 11 heures, le vent a varié au N. O. ; établi des bonnettes.

A midi, lat. observée : 33° 55' ; longit., 25° 63'. Relevé : la Table, E. S. E. 5° Sud ; la tête du Lion, E. S. E. 1° Sud le tout ; l'île Robben, E. N. E. 5° corrigée ; Huot-Bay, S. E. 1/4 Sud 5° Sud ; la pointe des Pendus, Est 1/4 S. E. 1° Est ; distant de terre, 3 lieues.

Mouillé à Table-Bay.

A 3 heures 1/4, nous avons mouillé dans la baie de la Table par 9 brasses 1/2, fond sable gris fin.

Relèvement : la pointe aux Pendus, O. N. O. ; la pointe Nord de la Table, S. O. ; la tête du Lion, O. S. O. ; l'île de Robben, N. N. O. 5° Nord ; le fort Blanc, S. O. 1/4 Ouest 5° Ouest ; le milieu du fort de la ville, S. S. O. ; distant du fort Blanc, 1/2 lieue.

Traité préliminaire avec la Hollande.

Nous avons trouvé audit mouillage 37 bâtiments, desquels sont : l'*Illustre* et le *Hardi*, arrivé depuis le 16 courant avec beaucoup de malades et ayant eu plusieurs morts dans la traversée ; — 5 marchands impériaux ; — 2 russes ; — 6 français ; — 2 danois ; — 8 hollandais, — et la division anglaise de l'escadre de l'Inde, que nous avions rencontrée dans les parages de la ligne, sous le commandement du commodore King et composée des 9 vaisseaux suivants : *Héro*, 74, *Cumberland*, 74, *Monarcha*, 70, *Sceptre*, 64, *Exeter*, 64, *Europa*, 64, *Inflexible*, 64, *Africa*, 64, *Magnanime*, 64, et des frégates, le *San-Carlos*, 40, *Naïade*, 22, *Sea-Hone*, 20. Le *Sceptre* avait été démâté de tout mât sur le banc des Aiguilles, et l'*Exeter*, faisant beaucoup d'eau, devait être condamné, et sa mâture servir au *Sceptre*. Ils avaient prodigieusement de malades et avaient établi des hôpitaux sur l'île Robben. Une corvette hollandaise avait apporté depuis quelques jours les préliminaires de paix avec la Hollande, mais on n'avait encore aucune nouvelle que Décembre 1783. les traités définitifs avec les autres puissances eussent été conclus.

M. le comte de Louvray, commandant les troupes françaises et M. Percheron, agent de France, sont venus à bord, et le dernier a été salué en débordant de 9 coups de canon. Nous avons affourché avec une grosse ancre N. E. et S. O. Les vents du Sud étant les plus forts dans cette saison, on mouille l'ancre de la plus forte touée au S. O., pour pouvoir filer. Pendant la nuit, les vents au Sud ; presque calme.

Mardi 23. — Vent au N. O., petit ; temps brumeux. Au jour, nous avons calé les mâts de hune et salué la place de 15 coups de canon, laquelle a rendu coup pour coup. A 8 heures $1/4$, le général est descendu à terre et a été salué par la place de 21 coups de canon ; la garnison sous les armes faisait haie depuis le débarcadère jusqu'à la maison qui lui a été destinée par la Compagnie, où le général s'est établi. Nous avons mis une vingtaine de malades à terre et envoyé la chaloupe à l'eau. A 5 heures, le vent a passé au S. S. E., joli frais. A 5 heures $3/4$, un bâtiment français a mis sous voile pour l'Ile-de-France et a salué de trois cris de « vive le roi ! »; rendu un. Toute la nuit, calme. Le général ne compte pas faire un long séjour dans le port ; dès que notre eau sera faite, nous mettrons sous voile. Les équipages sont aux vivres frais.

Mercredi 24. — Le vent au N. O., petit. Nous avons porté l'ancre d'affourche plus près de la ville, car nous étions trop près de l'*Illustre* et nous nous étions abordés dans des changements de vent. Notre ancre d'affourche étant mouillée dans le S. O. par 6 brasses, nous l'avons empennelée. A midi $1/4$, la *Cléopâtre* a mouillé dans la baie. Ne nous ayant pas vus le matin du 21, il avait cru que nous avions mis en panne la nuit, pour ne point dépasser le banc des Aiguilles, et nous avait attendus deux jours. Dans l'après-midi, le commodore anglais avec tous ses capitaines a été faire une visite au général dans sa maison à terre. A 5 heures $1/4$, un bâtiment français a mis sous voile pour la France. La nuit, calme.

Jeudi 25. — Vent au N. E., presque calme. Nous avons mis sur le côté tribord pour frotter la flottaison et boucher une voie d'eau que nous avons de l'avant en dessous des porte-hauban de bâbord. A 7 heures $1/4$, le vent s'est décidé au N. O., petit ; brume épaisse. Il est entré

Décembre 1783. un navire anglais, venant de se radouber à la baie de Saldahna. A 9 heures, appelé à l'ordre. La nuit, calme.

VENDREDI 26. — Vent au N. E., calme ; beau temps.

A 10 heures ³/₄, il est entré une frégate anglaise de 28, nommée l'*Eurydice*, capitaine Courtnay, venant d'Europe, partie de Plymouth le 11 ; elle apporte le traité définitif et des paquets pour l'amiral Hughes. Elle doit mettre à la voile sous peu de jours pour Madras. A 2 heures, il est entré un bâtiment français venant de Lorient, mais parti depuis longtemps. Le général a été rendre la visite au commodore anglais. A 3 heures ¹/₂, le vent a varié au S. O., joli frais. Pendant la nuit, vent au S. O. et N. O., petit.

SAMEDI 27. — Le vent au N. O., petit frais ; brume épaisse. A 8 heures, elle s'est dissipée. A 9 heures, la frégate anglaise la *Sea-Hone* a mis sous voile pour l'Europe. A midi, le vent a varié à l'Ouest, bon frais. La nuit, vent au Sud, bon frais.

DIMANCHE 28. — Vent au Sud, bon frais ; temps clair. A 10 heures, la frégate anglaise la *Naïade* a mis sous voile et a été mouiller à l'île Robben. Les bâtiments à rames vont très difficilement à terre à cause de la mer, que lève le vent de Sud. Il est entré un bâtiment français, qui a mouillé, à bout de bordées, dans les fonds N. E. de la baie. Le vent toujours joli frais, des rafales très fraîches [1].

LUNDI 29. — La nuit, vent au Sud et S. E., bon frais ; il a faibli dans la matinée ; à 6 heures, petit vent au Nord. Le *François*, arrivé hier, a mis pavillon en berne pour demander du secours, étant mouillé très près de la côte ; nous lui avons envoyé des ancres et des grelins pour se tirer au large. A 7 heures du soir, il a mouillé près de nous. Le vent a passé au Sud, joli frais.

MARDI 30. — Au jour, calme ; temps clair. A 5 heures, vent au S. E., petit frais. Dans l'après-midi, l'*Annibal* et l'*Ajax*, venant de

---

1. Lettre de M. de Suffren à M*ᵐᵉ* d'Alais :

« Ce 28 décembre 1783. — Depuis ma lettre écrite, ma chère amie, j'ai passé aux isles, où j'ai été 16 jours. Je te ferais tourner la tête si je te racontais la façon dont on m'a reçu. Mais ce qui m'a fait le plus de plaisir, et d'y avoir trouvé plusieurs lettre de toy et d'assez fraîche date, c'est-à-dire de six mois. Tu sçavais ce qui s'est passé depuis le siège de Trinquémalay. A l'Isle-de-France j'ai esté assommé de vers et de chansons.

« Les bons Hollandais m'ont reçu icy comme leur libérateur et le propriétaire de Constance surtout s'est distingué. Mais parmi les hommages qui m'ont le plus flatté, il n'y en a point qui m'aient fait plus de plaisir que l'estime et la considération que m'ont témoignées les Anglais qui se trouvent icy. Si M. de Broves n'estait pas mort, il mourrait de jalousie..... »

(Ortolan, *Monit. Univers.* 5 nov. 1859.)

Trinquémalay, ont mouillé dans la baie. Ils ont perdu beaucoup de monde dans cette longue traversée et ont un grand nombre de malades. M. d'Aymar, porte le guidon blanc et M. de Bruyères, le guidon blanc et bleu. Un vaisseau hollandais, ayant mis sous voile à 4 heures 1/2, a abordé le *Monarcha*, et a eu son beaupré cassé, ce qui l'a obligé de remouiller. A 9 heures 1/4, le vent a varié au Sud, bon frais, venant par rafales.

Décembre 1783

MERCREDI 31. — Vent au N. N. O., petit frais ; beau temps. Au jour, nous avons envoyé du monde à l'*Annibal* pour lui aider à mettre sous voile pour s'approcher ; à 6 heures, il a mouillé près de nous. A 2 heures 1/2, il est entré un impérial. La nuit, vent au S. E., venant par rafales.

JEUDI 1ᵉʳ JANVIER. — Le vent au Nord, petit frais ; beau temps. A 1 heure après-midi, il est entré deux bâtiments de la Compagnie hollandaise, venant d'Europe ; ils n'ont donné aucune nouvelle. Nous avons guindé les mâts de hune et basses vergues, le général étant dans l'intention de mettre sous voile après-demain. A 4 heures, le vent a varié au Sud, joli frais ; pendant la nuit, il a soufflé au S. E., petit.

Janvier 1784.

VENDREDI 2. — Le vent au Sud, joli frais. A 4 heures, nous avons désempennelé ; à 7 heures 1/2, déferlé le petit hunier ; tiré un coup de canon de départ. Vent au S. E., joli frais. A 4 heures 1/2, nous avons désaffourché. A 7 heures, le général est revenu à bord. A 8 heures 3/4, un bâtiment français, venant de l'Ile-de-France, a mouillé dans la baie. La *Cléopâtre* doit appareiller avec nous et faire route pour Brest. Les vaisseaux que nous laissons partiront à mesure que leurs malades seront rétablis.

SAMEDI 3. — Vent au Sud, joli frais ; temps beau Au jour, presque calme. A 5 heures 1/2, nous avons appareillé et fait route pour l'île Robben et la terre ferme, laissant l'île à bâbord. A 6 heures 1/2, embarqué les bâtiments à rames. A 6 heures 1/4, appelé la *Cléopâtre*, à laquelle le général a donné ses paquets et ordonné de faire route pour Brest. A 7 heures 3/4, vent variable, presque calme. Nous avons mouillé par 10 brasses, cailloux et sable. La *Cléopâtre* a continué sa route pour laisser l'île Robben à bâbord.

Départ de Table-Bay.
—
Route pour la France.

Relevé en passant : l'île Robben, Ouest, 3/4 de lieue ; à midi, lat. observée : 33° 40' ; long. estimée : 15° 52' ; relevé : l'île Robben, S. E. 5° Sud 3 lieues ; la croupe du Lion, S. S. E. 5° Est (corrigé) ; la Table, S. S. E. 2° Est. — W. par azimut : 22° 8' N. O.

Janvier 1784.

Le vent à l'O. S. O. Route au N. N. O. A 1 heure ½, pris le plus près pour éloigner l'île d'Assem ; le vent petit, la mer houleuse. Nous nous en approchions beaucoup. A 3 heures ¾, sondé, trouvé 45 brasses, sable vert ; à 4 heures, 50 brasses, même fond. A 6 heures, viré de bord ; pris bâbord amures.

A 7 heures, relevé : l'île d'Assem, Nord ¼ N. O. 2° Nord ; les brisants les plus en dehors. N. N. O. 2° Nord ; la croupe du Lion. S. E. ¼ Sud 2° Sud ; la montagne de la Table, S. S. E. 5° Est ; distant de la terre : 3 lieues.

Vent au S. O., petit. Route au N. O. De 7 heures à minuit, même vent et route.

Dimanche 4. — Vent au S. O., petit frais ; grosse mer ; temps couvert. Route au N. O. A 1 heure, mis le cap au N. N. O. Au jour, le vent a passé au Sud, joli frais.

A midi, W. ortive : 21° 45' N. O. ; W. par azimut : 21° 56' N. O. ; lat. observée : 32° 34' ; long. estimée : 14° 32' ; route corrigée depuis hier 7 heures : N. O. 1° Nord, 20 lieues ; différence Nord : 4 lieues ⅔. — W. par azimut : 21° 48' N. O.

Vent au Sud, joli frais. Route au N. N. O., toutes voiles dehors.

Lundi 5. — Vent au Sud, bon frais. Route au N. N. O.

A midi, W. par azimut : 21° 26' N. O. ; lat. observée : 30° 2' ; long. estimée : 13° 38' ; route corrigée : N. O. 1° Nord, 11 lieues ; différence Nord : 3 lieues ⅔. — Même vent et route.

Mardi 6. — Le vent au Sud, joli frais. Route au N. N. O.

A midi, lat. observée : 28° 8' ; long. estimée : 9° 38' ; route corrigée : N. O. 2° Nord, 52 lieues ½ ; différence Nord : 2 lieues. — W. occase : 21° 52' N. O.

Le reste du jour et pendant la nuit, même vent et route, toutes voiles dehors.

Mercredi 7. — Vent variable du S. S. E. au S. O., petit frais. Route au N. N. O., toutes voiles dehors.

A midi, lat. observée : 26° 50' ; longit. estimée : 8° 17' ; route corrigée : N. O. ¼ Nord, 34 lieues ½ ; différence Nord : 4 lieues ⅔. — W. par azimut : 20° 16' N. O.

Vent au S. O. petit. Route au N. N. O.

Jeudi 8. — Vent variable du S. O. au Sud, petit ; temps nuageux. Route au N. N. O. A 10 heures, changé la vergue de perroquet de fougue qui était avariée.

A midi, W. ortive : 19° 59' N. O. ; W. par azimut : 19° 56' N. O. ; Janvier 1784. lat. observée : 25° 46' ; longit. estimée : 7° 12' ; route corrigée : N.O. 3° Nord, 29 lieues ; différence Nord : 1 lieue $1/3$. — W. par azimut : 19° 44' N. O. : W. occase : 19° 40' N. O.

Vent au S. O., petit frais. Route au N. N. O., le reste du jour variable du Sud au S. O. Même route.

VENDREDI 9. — Vent variable du S. O. au Sud, petit frais. Route au N. N. O. ; beau temps, belle mer.

A midi, lat. observée : 24° 9' ; longit. estimée : 5° 39'. Route corrigée : N. O. 4° Nord, 43 lieues ; différence Nord : 3 lieues $2/3$. — W. ortive : 19° 30' N. O. ; W. par azimut : 19° 38' N. O.

Vent au Sud, joli frais. Route au N. N. O., toutes voiles dehors.

SAMEDI 10. — Vent au S. S. E., joli frais. Route au N. N. O.

A midi ; lat. observée : 22° 29' ; longit. estimée : 4° 2' ; route corrigée : N. O. 2° Nord, 44 lieues $2/3$; différence Nord : 1 lieue $1/3$. — W. par azimut : 18° 27' N. O. ; W. occase : 18° 27' N. O.

Le vent au S. S. E., joli frais. Route au N. N. O., toutes voiles dehors ; bonnettes hautes et basses ; bâbord et tribord. Le reste du jour, même vent et route.

DIMANCHE 11. — Le vent au S. S. E., joli frais ; beau temps ; le cap au N. N. O.

A midi, W. par azimut : 18° 19' N. O. ; lat. observée : 20° 59' ; longit. estimée : 2° 40' ; route corrigée : N. O. 5° Nord, 37 lieues $1/2$; différence Nord : 2 lieues.

LUNDI 12. — Vent au S. S. E., joli frais. Route au N. N. O.

A midi, lat. observée : 19° 21' ; longit. estimée : 1° 11' ; route corrigée : N. O. 5° Nord, 42 lieues ; différence Nord : 1 lieue $1/3$. — W. par azimut : 17° 36' N. O. ; W. occase : 17° 30' N. O.

Vent variable du Sud au S. S. E. Route au N. N. O. A 1 heure $1/4$, mis le cap au N. O. $1/4$ Nord.

MARDI 13. — Vent variable du Sud au S. S. E., joli frais. Route N. O.[1] $/4$ Nord.

A midi, lat. observée : 17° 55' ; longit. estimée occidentale : 0° 41' ; route corrigée : N. O. $1/4$ Ouest 5° Nord 45 lieues $1/2$. — W. par azimut : 16° 32' N. O. ; W. occase : 16° 45' N. O.

Même vent et route.

MERCREDI 14. — Vent variable du Sud au S. S. E., joli frais. Route au N. O. $1/4$ Nord. A 4 heures $1/2$, grain de pluie dans la partie du S. E.

Janvier 1784.

A 8 heures 1/2, longit. observée ; 1° 45'.

A midi, lat. observée : 16° 35' ; longit. estimée : 2° 22' ; route corrigée : N. O. 5° Ouest. 42 lieues ; différence Nord : 1 lieue 1/3. — W. ortive : 16° 36' N. O. ; W. azimut : 16° 20' N. O.

A la même heure, mis le cap à l'Ouest; vent au S. S. E., joli frais. A 3 heures, route au Nord jusqu'à 6 heures, que nous avons remis le cap au N. O. 1/4 Nord. A 6 heures 1/2, il est tombé un homme à la mer ; aussitôt venu au lof sur bâbord, amené les bonnettes, coiffé toutes nos voiles et mis un canot à la mer ; l'homme a été sauvé. A 7 heures, rembarqué le canot et remis en route. Vent au S. S. E. et S. E., joli frais.

JEUDI 15. — Le vent au S. S. E. et S. E., joli frais ; temps couvert. Route au N. O. 1/4 Nord. A 6 heures 1/4, eu un grain de pluie de la partie de l'Est ; vent variable du N. E. à l'Est, joli frais ; à 7 heures, il a repassé au S. E.

A 7 heures, longit. observée : 4° 30 ; à midi, lat. observée : 15° 5' ; longit. estimée : 4° 10' ; route corrigée : N. O. 4° Ouest, 46 lieues ; différence Nord : 2 lieues 1/3 ; Sainte-Hélène me reste : Ouest 5° Sud, 75 lieues.

Vent au S. E., petit frais. Route au N. O. 1/4 Nord. A 1 heure 1/2, mis le cap au N. N. O. A 2 heures 1/4, le vent a varié à l'E. N. E. A 3 heures, il a repris au S. E. Même route.

VENDREDI 16. — Vent au Sud et S. E., petit frais.

A midi, lat. observée : 13° 41'; longit. estimée : 5° 25' ; route corrigée : N. O. 4° Nord, 37 lieues ; différence Sud : 2 lieues 1/4. — W. ortive : 15° 18' N. O. ; W. par azimut : 15° 16' N. O.

Vent variable à l'Est. Même route.

SAMEDI 17. — Le vent au Sud et S. S. E., petit frais. Route au N. N. O.

A midi, lat. observée : 12° 34' ; longit. estimée : 6° 21' ; route corrigée : N. O. 1/4 Nord 5° Ouest, 28 lieues 1/2 ; différence Sud : 2 lieues 1/3. — W. occase : 14° 43' N. O.

Vent à l'Est, petit frais. Route au N. N. O. A 1 heure, route au N. N. O. 6° Ouest ; petit vent, variable du S. E. à l'Est.

DIMANCHE 18. — Vent variable du S. S. E. et Est, petit. Route au N. N. O. 5° Ouest.

A midi, W. par azimut : 14° 36' N. O. ; lat. observée : 10° 31' ;

longit. estimée : 7° 23' ; route corrigée : N. O. 1° Nord, 29 lieues 1/2 ;   Janvier 1784. différence Sud : 1 lieue.

Vent au S. S. E., petit frais. Même route. A 6 heures 1/4, le vent a varié au Sud et continué pendant la nuit.

Lundi 19, — Le vent au Sud, petit frais ; temps clair. Route au N. N. O. 5° Ouest.

A midi, W. par azimut : 14° 21' N. O. Lat. : 10° 34' ; longit. estimée : 8° 17' ; route corrigée : N. O. 2° Nord, 26 lieues ; différence Nord : 1 lieue 1/3. — W. par azimut : 14° 16' N. O. ; W. occase : 14° 41' N. O.

A 2 heures, fait route au N. O. 1/4 Nord, vent variable du S. S. O. au Sud, petit, et petite pluie.

Mardi 20. — Vent variable du S. S. E. au Sud, petit ; temps beau. Route au N. O. 1/4 Nord.

A midi, W. ortive : 14° 30' N. O. ; W. par azimut : 14° 16' N. O. — Lat. observée : 9° 36' ; longit. estimée : 9° 17' ; route corrigée : N. O. 1° Ouest, 27 lieues 1/4.

A 2 heures 1/4, fait route au N. N. O. 5° Ouest.

Vent au S. S. E., petit frais.

Mercredi 21. — Vent variable du Sud au S. S. E., petit frais. Route au N. N. O. 5° Ouest, toutes voiles dehors.

A midi, W. ortive : 14° 15' N. O. — Lat. observée : 8° 35' ; longit. estimée : 10° 14' ; route corrigée : N. O. 3° Nord, 28 lieues 1/4. — W. par azimut : 14° 12' N. O. ; W. occase : 14° 13' N. O.

Vent au S. S. O., petit frais. Route au N. N. O. 5° Ouest.

Jeudi 22. — Le vent du Sud au S. O., petit frais ; beau temps, belle mer. Route au N. N. O. 5° Ouest.

A midi, lat. observée : 7° 41' ; longit. estimée : 11° 3' ; route corrigée : N. O. 3° Nord, 24 lieues 1/3. — W. par azimut : 14° 0' N. O.; W. occase : 13° 58' N. O.

Vent au S. S. E., petit frais. Même route.

Vendredi 23. — Le vent au Sud, joli frais ; le cap au N. N. O.. 5° Ouest.

A midi, W. par azimut : 13° 58' N. O. — Lat. observée : 6° 19' ; longit. estimée : 12° 6' ; route corrigée : N. O. 3° Nord, 36 lieues.

Vent au S. S. E., petit frais ; dans l'après-midi, variable, du Sud au S. S. E., petit frais. Même route.

Janvier 1784.   SAMEDI 24. — Vent au S. S. E., joli frais. Route au N. N. O., 5° Ouest.

A midi, W. ortive : 13° 57' N. O. — Lat. observée : 5° 8' ; longit. estimée : 13° 22' ; route corrigée : N. O. 2° Nord, 32 lieues $1/3$; différence Sud : 1 lieue $2/3$. — W. par azimut : 13° 29' N. O. ; W. occase : 13° 39' N. O.

Même vent et route ; toutes voiles dehors.

DIMANCHE 25. — Vent au S. S. E., joli frais. Route au N. N. O. 5° Ouest.

A midi, W. ortive : 13° 16' N. O. ; W. par azimut : 13° 34' N. O. — Lat. observée : 3° 51' ; longit. estimée : 14° 31' ; route corrigée : N. O. $1/4$ Nord, 34 lieues $1/4$; différence Nord : 1 lieue $1/3$.

Même vent et route, toutes voiles dehors.

LUNDI 26. — Vent au S. S. E., petit frais. Route au N. N. O. 5° Ouest ; à 6 heures, mis le cap au Nord $1/4$ N. E.

A midi, W. ortive : 12° 40' N. O. — Lat. observée : 2° 24' ; longit. estimée : 15° 23' ; route corrigée : N. O. $1/4$ Nord 3° Nord, 34 lieues.

Même vent ; mis le cap au Nord $1/4$ N. E.

A 2 heures, longit observée : 19° 0'. — W. par azimut : 12° 24' N. O. ; W. occase ; 12° 19' N. O.

A 3 heures, mis le cap au N. N. E., même vent.

MARDI 27. — Vent au Sud, petit frais. Route au N. N. E.

A midi, lat. observée : 0° 42' ; longit. estimée : 15° 10' ; route corrigée : Nord $1/4$ N. E. 4° Nord, 36 lieues ; différence Sud : 1 lieue $1/3$. A 3 heures, longit. observée : 19° 15'. — W. par azimut : 12° 16' N. O. ; W. occase : 12° 34' N. O.

A 4 heures, le vent a varié au Sud, petit.

MERCREDI 28. — Vent au S. S. O., petit frais. Route au N. N. E.

Passé la ligne.   A midi, W. : 12° 46' N. O. — Lat. observée septentrionale : 0° 34' ; longit. estimée : 14° 58' ; route corrigée : Nord $1/4$ N. E. 1° Nord, 25 lieues $2/3$. A 3 heures, longit. observée : 19° 13. — W. par azimut : 13° 4' N. O.

Mis le cap au Nord $1/4$ N. E. Depuis midi, vent Sud et S. S. O., petit.

JEUDI 29. — Vent au S. S. O., petit. Route au Nord $1/4$ N. E.

A midi, lat. observée : 1° 43 Nord ; longit. estimée : 15° 0' ; route corrigée : Nord 2° Ouest, 23 lieues ; différence Sud : 2 lieues $2/3$. — W. par azimut : 12° 30' N. O.

Vent au Sud. Route au Nord ¼ N. E. A 2 heures, mis le cap au Nord. *Janvier 1784.*

VENDREDI 30. — Le vent au S. S. O., joli frais. Route au Nord. A minuit ¼, grain de pluie. A 5 heures ½, gouverné au Nord ¼ N. O.; vent au S. O., joli frais. A 9 heures, vu un bâtiment de l'avant à nous, courant tribord amures. Nous avons arrivé au N. E. pour l'approcher. A 9 heures ½, nous avons gouverné au Nord, pris pavillon et flamme. Le bâtiment aperçu a mis pavillon portugais.

A midi, W. par azimut : 12° 50' N. O. — Lat. observée : 3° 33' ; longit. estimée : 15° 28' ; route corrigée : N. O. ¼ N. O. 3° Ouest, 37 lieues ½; différence Sud : 3 lieues.

Vent au S. O., petit. Route au Nord ¼ N. O. A 1 heure, le vent a varié au N. N. O., petit, le plus près, bâbord amures. A 3 heures, calme ; à 3 heures ½, vent variable du Nord au N. N. O. ; petit frais, grain par intervalles ; à 8 heures, il a passé au S. O., petit frais ; à 9 heures ½, au N. N. O., presque calme.

SAMEDI 31. — Vent variable dans la partie du N. O., presque calme. Route au plus près, bâbord amures. A 1 heure, le vent a varié à l'O. S. O., petit frais. Route au Nord. A 2 heures, vent de N. O. avec pluie.

A midi, lat. observée : 4° 26 ; longit. estimée : 15° 6' ; route corrigée : N. N. E. 2° Nord, 19 lieues ; différence Sud : 3 lieues.

A 1 heure, vent de N. N. O., avec pluie ; pris tribord amures. A 1 heure ½, vent à l'Ouest ; pris bâbord amures. A 6 heures, vent au Sud. Route au Nord.

DIMANCHE 1ᵉʳ FÉVRIER. — Vent au Sud, presque calme ; pluie continuelle. A 6 heures, mis le bateau à la mer pour observer les courants. A 7 heures, vent au S. E., petit. Route au Nord. *Février 1784.*

A midi, point de hauteur. W. par azimut : 12° 44' N. O. — Lat. estimée : 4° 46' ; longit. estimée : 15° 8' ; route estimée : Nord ¼ N. O. 5° Nord, 6 lieues ⅔.

A la même heure, le vent a varié au N. E. ; pris le plus près les amures à tribord.

LUNDI 2. — Calme plat.

A 5 heures, vent au N. N. E., petit, pris les amures à tribord.

A midi, hauteur. Lat. observée : 4° 29' ; longit. estimée : 15° 22' ; route corrigée depuis samedi : Ouest ¼ N. O. 4° Nord, 5 lieues ⅓ ; différence Sud : 7 lieues ⅔. — W. par azimut : 13° 18' N. O.

Février 1784. Le vent au N. E. et N. N. E., presque calme. Route au plus près, tribord amures. A 8 heures, vent au Sud, petit. Route au Nord.

Mardi 3. — Vent au Sud, presque calme. Route au Nord. A 7 heures, calme plat.

A midi, W. par azimut : 13° 26' N. O.

Calme. A 1 heure, mis le bateau à la mer pour observer les courants. A 4 heures, le vent est venu au Sud, petit. Fait route au Nord. Le reste du jour, vent Sud et S. S. E., petit. Même route.

Mercredi 4. — Vent au Sud, petit. Route au Nord. A 9 heures, mis le bateau à la mer pour observer les courants.

A midi, lat. observée : 5° 31' ; longit. estimée : 15° 46' ; route corrigée : Nord 1/4 N. O. 3° Ouest, 11 lieues 2/3 ; différence Nord : 1 lieue 1/3. — W. par azimut : 13° 30' N. O.

A 6 heures, vent variable de l'E. N. E. au S. E.

Jeudi 5. — Le vent au Sud, petit ; presque calme. Route au Nord. A 4 heures, le vent a varié au N. O., petit frais.

A midi, W. par azimut : 12° 26' N. O. — Lat. observée : 5° 36' ; longit. estimée : 15° 48' ; route corrigée : Nord 1/4 N. O., 1 lieue 2/3 ; différence Sud : 3 lieues 2/3.

Calme. A 5 heures, le vent a varié au S. S. O., petit frais ; à 6 heures, au N. E., petit, avec pluie ; à 9 heures, vent variable du S. O. au S. E., petit ; temps couvert et orages par intervalles.

Vendredi 6. — Vent au S. O., petit ; à 3 heures, à l'Ouest, petit frais. Route au Nord.

A midi, lat. observée ; 6° 19' ; longit. estimée : 15° 54' ; route corrigée : Nord 1/4 N. O. 3° Nord, 14 lieues 1/3 ; différence Sud : 2 lieues.

A 2 heures 1/2, le vent a passé au Nord ; pris tribord amures ; à 3 heures, il a varié à l'Ouest. Viré vent arrière ; pris bâbord amures. A 6 heures 1/2, vent de N. N. E., presque calme ; pris les amures à tribord. A 7 heures, calme. A 9 heures, fait sonder sans trouver fond. Par les courants observés et par la variation il paraît que nous avons été portés beaucoup dans l'Est.

Samedi 7. — Vent à l'Ouest, variable au N. N. O., joli frais ; nuages et pluie par intervalles. A 3 heures 1/2, le vent a passé au Nord. Viré de bord, pris tribord amures. A 4 heures, pris bâbord amures ; à 4 heures 1/2, pluie jusqu'à 5 heures, que le vent a varié au Nord, petit frais ; à 6 heures 1/4, pris tribord amures.

A midi, lat. observée : 6° 44' ; longit. estimée : 15° 58' ; route corrigée : N. 1/4 N. O. 2° Nord, 6 lieues 1/2 ; différence Sud : 00'.

Le vent au Nord, petit frais. Route au plus près, tribord amures. A 4 heures, vent variable du Nord au N. O.; pris les amures à bâbord, même vent et route pendant la nuit.

Dimanche 8. — Vent au N. O., petit. Route au plus près, bâbord amures. A 3 heures, sondé sans trouver fond. — W. par azimut : 13° 50' N. O.

A midi, lat. observée : 7° 9' ; longit. estimée : 15° 47' ; route corrigée : N. N. E. 1° Nord, 9 lieues 1/4 ; différence Sud : 2 lieues 1/3.

Vent au N.N. E., petit, au plus près, bâbord amures. A 2 heures, sondé sans trouver fond.

Lundi 9. — Vent à O. N. O., petit. Route au plus près, bâbord amures. A 1 heure et à 3 heures 1/2, sondé sans trouver fond.

A midi, W. ortive : 14° 12' N. O. ; W. par azimut : 14° 17' N. O. — Lat. observée : 7° 48' ; longit. estimée : 15° 43' ; route corrigée : Nord 1/4 N. E. 3° Nord, 13 lieues ; différence Sud : 2 lieues 1/3.

Vent à l'O. N. O., petit. Route au plus près, bâbord amures. A 3 heures, trouvé fond par 70 brasses, gros cailloux ; à 3 heures 1/2, 65 brasses, sable gris fin et petites pierres noires ; à 4 heures, 65 brasses, sable blanc et gris ; à 8 heures, point de fond, nous avons passé sans doute sur l'ancre du banc. Le reste du jour, vent Ouest, presque calme.

Mardi 10. — Vent variable de l'Ouest à l'O. S. O., petit, au plus près bâbord amures, sondant toutes les 2 heures sans trouver fond. A 5 heures 1/4, vent de N. N. O., petit. Viré de bord, pris tribord.

A la nuit, W. par azimut : 14° 12' N. O. — Lat. observée : 8° 8' ; longit. estimée : 16° 2' ; route corrigée : N. O. 1° Nord, 9 lieues 1/3 ; différence Sud : 4 lieues.

Calme. Mis le bateau à la mer pour observer les courants portant au Sud 1/4 S. O., 1 nœud 1/4. A 3 heures, embarqué le bateau ; calme.

Mercredi 11. — Le vent à l'O. N. O., presque calme. Route au plus près, bâbord amures. A 9 heures, mis le bateau à la mer.

A midi, W. ortive : 13° 50' N. O.; W. par azimut : 14° 8' N.O.; lat. observée : 8° 15' ; longit. estimée : 16° 4'. Route corrigée : Nord 1/4 N. O. 2° Ouest, 2 lieues 1/3.

Calme. A 5 heures 1/2, petit vent de l'Ouest au S. O. Route au N. O. 1/4 Ouest.

Février 1784. Longit. observée : 15° 35' ; W. par azimut : 13° 55' N. O.; W. occase : 14° 7' N. O.

Jeudi 12. — Vent au S. O., petit. Route au N. O. 1/4 Ouest. A 2 heures 3/4, le vent ayant varié au N.O., viré de bord ; pris tribord amures. A 8 heures, le vent a passé au N. E. ; gouverné au N. O. 1/4 Ouest. A 10 heures, mis le bateau à la mer ; calme.

A midi, W. par azimut : 14° 18' N. O. ; lat. observée : 8° 24' ; longit. estimée : 16° 42'. Route corrigée : Ouest 1/4 N. O. 1° Nord, 13 lieues ; différence Sud : 1 lieue 2/3.

A 2 heures, observé les courants portant à l'Est 1/4 S. E., 2/3 de nœud.

A 4 heures, le vent s'est décidé à l'O. S. O., petit. Route au plus près, bâbord amures ; le reste du jour, même vent et route à l'Est 1/4 S. E., 3/4 de nœud.

Vendredi 13. — Vent au S. O., petit. Route au plus près du vent, bâbord amures.

A midi, W. par azimut : 14° 20' N. O. ; lat. observée : 8° 52' ; longit. estimée : 17° 69'. Route corrigée : N. O. 1° Nord, 13 lieues.

Vent à l'O. S. O., petit ; mêmes amures. Pendant la journée, sondé sans trouver fond ; vent variable du S. O. au N. O., petit. A 9 heures, sondé, trouvé fond à 70 brasses, sable fin et rose. A la même heure, viré de bord ; pris tribord amures. A 11 heures, le vent a varié à l'Ouest, petit frais ; pris les amures à bâbord.

Samedi 14. — Le vent à l'Ouest, petit frais. Route au plus près, bâbord amures. A 3 heures, trouvé fond par 130 brasses, sable vaseux; à 3 heures 3/4, 155 brasses, même fond ; à 5 heures 1/2, 70 brasses, même fond. Le fond diminuant et ne connaissant point les parages, dont les cartes sont peu exactes, nous avons viré de bord ; pris tribord amures. Route au plus près du vent.

A midi, lat. observée : 9° 5' ; longit. estimée : 17° 43' ; longit. observée : 16° 30'. Route corrigée : O. N. O. 1° Ouest, 11 lieues 1/2 ; différence Sud : 2 lieues.—W. par azimut : 14° 22' N. O.; W. occase : 24° 8' N. O.

Vent au N. N. O., variable, petit frais. Route au plus près, tribord amures. Le reste de la journée, petit vent au N. O.

Dimanche 15. — Vent au N. N. O., petit frais. Route au plus près, tribord amures. A 8 heures 1/2, le vent a varié au Nord et N. N. E. ; fait route à l'O. N. O.

A midi, lat. observée : 8° 28' ; longit. estimée : 18° 37'. Route corrigée : S. O. ¹/₄ Ouest, 21 lieues ³/₄ ; différence Sud : 6 lieues.

Février 1784.

Vent au Nord et N. N. E., joli frais. Route au N. O. ¹/₄ Ouest.

Lundi 16. — Le vent au Nord, joli frais. Route au plus près, tribord amures. A 6 heures, le vent a varié au N. N. E., joli frais. Route au N. O. ¹/₄ Ouest.

A midi, W. ortive : 14° 12' N. O.; W. par azimut : 14° 16' N. O.; W. occase : 12° 40' N. O. ; lat. observée : 8° 38' ; longit. estimée : 20° 15'. Route corrigée : Ouest ¹/₄ N. O. 1° Nord, 32 lieues ¹/₂ ; différence Sud : 3 lieues ²/₃.

Le vent au N. N. E., joli frais. Route au N. O. Le reste de la journée, vent variable du N. E. au N. N. E., joli frais. Même route.

Mardi 17. — Vent au N. E., joli frais. Route au plus près, tribord amures.

A midi, lat. observée : 9° 40' ; longit. estimée : 22° 9'. Route corrigée : N. O. ¹/₄ Ouest 5° Ouest, 43 lieues ; différence Nord : 2 lieues ²/₃. — W. par azimut : 13° 10' N. O.; W. occase : 13° 6' N.O.

Vent au N. N. E., joli frais, au N. O.; à 7 heures, au N. O. ¹/₄ Nord.

Mercredi 18. — Le vent au N. E., joli frais. Route au N. O. ¹/₄ Nord.

A midi, lat. observée : 11° 11' ; longit. estimée : 24° 17'. Route corrigée : N. O. ¹/₄ 1° Nord, 51 lieues ; différence Nord : 3 lieues. — W. ortive : 12° 20' N.O.; W. par azimut : 12° 10' N. O.; W. occase : 12° 4' N. O.

Vent au N. E. et E. N. E., joli frais. Route au N. N.O.

Jeudi 19. — Le vent au N. E., joli frais. Route au plus près, les amures à tribord.

A midi, lat. observée : 12° 42' ; longit. estimée : 25° 54'. Route corrigée : N. O. 1° Nord, 44 lieues. — W. ortive : 11° 2' N. O. ; W. par azimut : 10° 41' N. O.

Vent au N. E., joli frais. Au plus près, mêmes amures.

Vendredi 20. — Vent au N. E., joli frais. Route au plus près, tribord amures.

A midi, lat. observée : 14° 21' ; longit. estimée : 27° 34'. Route corrigée : N. O. 1° Nord, 45 lieues ³/₄. — W. ortive : 10° 20' N. O.; W. par azimut : 10° 36' N. O.; W. occase : 10° 40' N. O.

Février 1784. Même vent et route, toutes voiles dehors. A 5 heures 3/4, vu un bâtiment au vent à nous, faisant route au Sud ; peu après, il a arrivé sur nous ; mais, ayant mis notre pavillon, il a repris sa route en hissant pavillon anglais ; il nous a paru frégate. Vent variable jusqu'à l'Ouest.

SAMEDI 21. — Vent variable de l'E. N. E. au N. E., joli frais. Route au plus près, un quart largue, toutes voiles dehors.

A midi, lat. observée : 16° 8' ; longit. estimée : 28° 55'. Route corrigée : N. O. 1/4 Ouest 2° Ouest, 44 lieues 1/4. — W. ortive : 10° 18' N. O. ; W. par azimut : 10° 20' N. O. ; W. occase : 10° 54' N. O.

Vent au N. E. variable à l'E. N. E., joli frais. Mêmes amures.

DIMANCHE 22. — Vent au N. E. et à l'E. N. E., joli frais, au plus près, un quart largue, les amures à tribord, toutes voiles dehors ; beau temps ; belle mer.

A midi, lat. observée : 15° 53 ; longit. estimée : 29° 50'. Route corrigée : N. N. O. 4° Ouest, 39 lieues 3/4 ; différence Nord : 3 lieues 2/3. — W. ortive : 10° 19' N. O. ; W. par azimut : 10° 40' N. O. ; W. occase : 10° 37' N. O.

Vent au N. E. et à l'E. N. E. ; le reste du jour, au N. E. ; même amures un quart largue.

LUNDI 23. — Vent au N. E., petit, au plus près, tribord amures.

A midi, lat. observée : 18° 38' ; longit. estimée : 30° 23'. Route corrigée N. O. 1/4 Nord 2° Ouest, 17 lieues 1/3. — W. ortive : 10° 32' N. O. ; W. par azimut : 10° 52' N. O. ; W. occase : 10° 21' N. O.

Vent au N. E. et à l'E. N. E., petit ; mêmes amures portant toujours un quart largue.

MARDI 24. — Vent E. N. E., joli frais ; grosse mer du N. N. O., un quart largue, l'amure à tribord.

A midi, latit. observée : 33° 19' ; longit. estimée : 31° 4'. Route corrigée : N. N. O. 1° Nord, 36 lieues ; différence Nord : 2 lieues 2/3. — W. ortive : 10° 0' N. O. ; W. par azimut : 10° 4' N. O. ; W. occase : 10° 0' N. O.

Même vent et route. Le soir, il a molli, presque calme, toujours grosse mer du N. N. O.

MERCREDI 25. — Vent au N. N. E., presque calme ; grosse mer du N. N. O., un quart largue, tribord amures.

A midi, lat. observée : 21° 11' ; longit. estimée : 31° 7'. Route

corrigée : Nord 3º Ouest, 17 lieues 1/3. — W. ortive : 9° 0' N. O. ; Février 1784.
W. par azimut : 9° 20' N. O. ; W. occase : 8° 40' N. O.

Vent au N. E., presque calme, variant à l'E. N. E. Toujours les mêmes amures, un quart largue.

JEUDI 26. — Vent à l'E. N. E., petit ; mer de N. N. O. ; tribord amures, un quart largue.   Route pour la France.

A midi, lat. observée : 21° 57' ; longit. estimée : 31º 42'. Route corrigée : N. O. 1/4 Nord 2° Ouest, 18 lieues 1/2. — W. ortive : 8° 48' N. O. ; W. par azimut : 8° 40' N. O.

Vent N. E. et E. N. E., joli frais ; mêmes amures.

VENDREDI 27. — Vent au N. E., joli frais ; temps couvert ; un quart largue, tribord amures. Au jour, il a molli. A 11 heures, vu un bâtiment à trois mâts, faisant route au Sud. Nous avons mis pavillon, mais il n'y a point répondu.

A midi, W. par azimut : 8° 27' N. O. ; lat. observée : 22° 59' ; longit. estimée : 32º 35'. Route corrigée : N. O. 1/4 Nord 5° Nord, 26 lieues 2/3 ; différence Sud : 2 lieues 1/3.

Vent E. N. E., petit ; mêmes amures ; grosse mer de N. O. A 2 heures 1/4, vu un autre bâtiment au vent à nous. Nous avons mis pavillon et ledit bâtiment a fait route sur nous ayant pavillon anglais. A 3 heures 3/4, nous avons viré de bord pour l'approcher, et nous avons envoyé un canot à bord avec un officier ; il était parti de Cork, en Irlande, le 18 janvier et allait à la Barbade. Sa longitude estimée est de 35° ; il n'a donné aucune nouvelle intéressante. A 5 heures 1/2, embarqué le canot, viré vent arrière et pris les amures à tribord, un quart largue. Vent à l'est, presque calme.

SAMEDI 28. — Le vent à l'E. N. E., presque calme, les amures à tribord, courant un quart largue.

A midi, lat. observée : 23º 36' ; longit. estimée : 32° 53'. Route corrigée : N. N. O., 12 lieues 1/2.

Même vent et route.

DIMANCHE 29. — Vent variable de l'Est au N. E., petit, courant un quart largue, les amures tribord. Au jour, le vent a fraîchi à l'E. N. E.

A midi, lat. observée : 24° 16' ; longit. estimée : 33° 20' ; route corrigée : N. O. 1/4 Nord 1° Nord, 15 lieues 2/3 ; différence Sud : 3 lieues. — W. par azimut : 9° 40' N. O. ; W. occase : 9° 30' N. O.

Même vent et même route.

Mars 1784.   **Lundi 1ᵉʳ Mars.** — Le vent à l'Est, presque calme, courant un quart largue, tribord amures. Mer de N. N. O.

A midi, lat. observée : 24° 51' ; longit. estimée : 33° 40' ; route corrigée : N. O. 1/4 Nord 5° Nord, 13 lieues 1/3 ; différence Sud : 1 lieue 1/3. — W. par azimut : 10° 56' N. O. ; W. occase : 10° 50' N.O.

Vent au N. E., presque calme, même amures, un quart largue.

Mardi 2. — Le vent à l'Est, petit, les amures à tribord, un quart largue. A 10 heures, mis le bateau à la mer.

A midi, W. par azimut : 11° 8' N. O. ; W. occase : 11° 25' N. O.

Calme plat. A 4 heures, vent au N. N. E., très petit ; mêmes amures ; dans la soirée, il a varié à l'Est, presque calme.

Mercredi 3. — Le vent à l'E. S. E., presque calme ; un quart largue ; les amures à tribord ; grosse mer du N. N. O. A 9 heures 1/2, le vent a passé au S. S. O. Route au N. E.

A midi, W. ortive : 10° 35' N. O. ; W. : 10° 40' N.O. ; lat. observée : 25° 15' ; longit. estimée : 33° 52' ; route corrigée : Nord 1/4 N. O. 3° Ouest, 1 lieue ; différence Sud : 2 lieues 2/3.

Calme. A 1 heure, le vent s'est décidé dans la partie du N. O. Route au N. E.

Jeudi 4. — Le vent au Nord, presque calme ; un quart largue, bâbord amures, grosse mer du vent.

A midi, lat. observée : 25° 17' ; longit. estimée : 33° 46' ; route corrigée : E. N. E. 2° Est, 2 lieues ; différence Sud : 1 lieue. — W. ortive : 10° 52' N. O. ; W. par azimut : 10° 40' N.O. ; W. occase : 10° 35' N. O.

Le vent au N. N. O., presque calme au plus près, bâbord amures ; grosse mer du même vent. Changé le grand hunier.

Vendredi 5. — Vent variable du N. O. au N. N. O., petit ; grosse mer. A 6 heures 1/2, s'étant décidé au N. O., fait route au N. E.

A midi, lat. observée : 25° 43' ; longit. estimée : 33° 47' ; route corrigée : N. E. 1/4 Est 2° Nord, 14 lieues 1/3.

Même vent et même route, toutes voiles dehors.

Samedi 6. — Vent au N. N. O., grosse mer ; un quart largue, bâbord amures.

A midi, lat. observée : 26° 9' ; longit. estimée : 32° 33' ; route corrigée : N. E. 5° Est, 13 lieues 1/2. — W. ortive : 9° 40' N. O. ; W. par azimut : 9° 42' N. O. ; W. occase : 9° 48' N. O.

Le vent au N. O., presque calme à midi. A 6 heures, vent au

N. N. O., presque calme; à 8 heures, au N. N. O., viré vent arrière, pris tribord amures, et, à minuit, calme. *Mars 1784.*

DIMANCHE 7. — Calme. A minuit 6', éclipse de lune, l'émersion à 2 heures 26'. Nous avons pour longit. observée : 34° 45'. A 2 heures, vent au S. E., petit. Route au N. E. 1/4 Nord. A 9 heures, le vent a passé au Sud. Fait route au N. E. *Eclipse de lune.*

A midi, lat. observée : 26° 24'; longit. estimée : 32° 22'; longit. observée à 2 heures 26' du matin : 34° 45'; route corrigée : N. E. 1/4 Nord 3° Nord, 6 lieues.

Même vent et même route. De midi à 4 heures, vent au S. S. O., petit frais. A 1 heure, vent à l'O. S. O.

LUNDI 8. — Calme. A 6 heures 3/4, vent d'O. S. O., petit; route au N. E. De 8 heures à midi, vent d'O S. O., petit; même route.

A midi, lat. observée : 26° 55'; longit. estimée : 31° 59'. Route corrigée : N. E. 1/4 Nord, 12 lieues.

Mis le cap au N. E. 1/4 Nord, toutes voiles dehors; bonnettes hautes et basses. De 8 heures à minuit, vent au S. O., petit; même route.

MARDI 9. — Le vent au S. O., joli frais. Route au N. E. 1/4 Nord.

A midi, W. par azimut : 12° 70' N. O.; lat. observée : 28° 27'; longit. estimée : 31° 15'. Route corrigée : N. N. E., 33 lieues.

Vent au S. O., joli frais. Route au N. E. 1/4 Nord.

MERCREDI 10. — Le vent à l'O. S. O., joli frais. Route au N. E. 1/4 Nord. A 2 heures, grain de pluie dans la partie de l'Ouest. Au jour, vent à l'Ouest, frais; pluie par intervalles. Même route.

A midi, lat. observée : 30° 40'; longit. estimée : 30° 17'. Route corrigée : N. N. E. 2° Nord, 47 lieues.

De 8 heures à minuit, vent de N. O., presque calme.

JEUDI 11. — Vent à l'Ouest, presque calme; de 4 heures à 8, il s'est décidé au S. S. O.. petit. Route au N. E. 1/4 Est.

A midi, lat. observée : 31° 14'; longit. estimée : 29° 40'. Route corrigée : N. E. 1° Nord, 15 lieues 1/2. — W. par azimut : 12° 40' N.O.

Vent au S. S. O.; le reste du jour, à l'O. N. O., petit frais. Même route.

VENDREDI 12. — Vent à l'Ouest, joli frais. Route au N. E. 1/4 Est. A minuit, grain de vent et pluie dans la partie de l'O. N. O. A 6 heures, grain de vent et pluie du N. N. O. A 7 heures 1/2, vent à l'Ouest, joli frais. *Route pour la France.*

Mars 1784.

A midi, lat. observée : 32° 40' ; longit. estimée : 27° 59'. Route corrigée : N. E., 40 lieues ½ ; différence Sud : 4 lieues ⅔. — W. par azimut : 14° 20' N. O.; W. occase : 14° 29' N. O.

Vent à l'O. N. O , joli, variable à l'Ouest. Même route.

SAMEDI 13. — Vent d'O. N. O., bon frais. Route au N. E. ¼ Est. Grain par intervalles.

A midi, lat. observée ; 34° 43' ; longit. estimée : 25° 45'. Route corrigée : N. E. 0° Nord, 55 lieues ⅓.—W. par azimut : 15° 42' N.O.; W. occase : 15° 50' N. O.

Vent à l'Ouest, bon frais. Route à l'E. N. E. Grain de vent et pluie par intervalles.

DIMANCHE 14. — Vent à l'Ouest, bon frais. A minuit, mis le cap à l'Est ¼ N. E. A 4 heures ¼, grain de vent très frais au N. O. Amené le hunier. De 8 heures à midi, quelques grains par intervalles.

A midi, lat. observée : 36° 11' ; longit. estimée : 22° 58'. Route corrigée : N. E. ¼ Est 1° Est, 52 lieues ½.

Mis le cap à l'Est ; à 1 heure, à l'E. S. E. Grain par intervalles. A 5 heures ¾, vent à l'Ouest, bon frais ; pris un ris dans chaque hunier.

LUNDI 15. — Vent à l'Ouest, joli frais. Route à l'Est ¼ S. E., tout dehors. A 6 heures, temps couvert ; grain de vent et pluie de l'O. S. O. par intervalles.

A midi, lat. observée : 36° 33' ; longit. estimée : 19° 36'. Route corrigée : Est ¼ N. E. 4° Est, 55 lieues ; différence Nord : 2 lieues ⅔.

Vent à l'O. S. O., beau frais. Vu un bâtiment dans la partie de l'Est, faisant route au N. N. O. Grain de vent et pluie par intervalles, sous les quatre corps de voiles. A 4 heures ½, pris les bas ris aux huniers pour être paré à tirer le travers ; vu l'approche de terre, vent au S. O., beau frais.

Route pour le détroit de Gibraltar.

MARDI 16. Vent à l'O. S. O. et petite pluie par intervalles. Route à l'Est ¼ S. E. A 5 heures ½ largué deux ris, vent au S. O., joli frais ; pluie continuelle. A 8 heures ½, largué tous les ris, vent au S. S. O., joli frais. Route à l'E. S. E. 5° Est. A 9 heures ½, le vent grand frais, d'O. S. O. variable au Sud. En prenant des ris, on s'est aperçu que la vergue du grand hunier était cassée ; on a travaillé à mettre en place celle de rechange.

A midi : lat. observée : 37° 3' ; longit. estimée : 16° 9' ; route corrigée : Est ¼ N. E. 1° Est, 56 lieues ⅓ ; différence Nord : 4 lieues ⅔.

Vent de l'O. S. O., beau frais. Route à l'E. S. E. A 4 heures 1/2, nous avons appareillé le grand hunier, avec deux ris.   Mars 1784.

MERCREDI 17. — Le vent à l'O. S. O. et au S. O., bon frais; grain par intervalles. Route à l'E. S. E.; à 6 heures 3/4, à l'E. S. E. 5° Est; à 9 heures, à l'E. S. E.

A midi, point de hauteur. Lat. estimée : 36° 46'; longit. estimée : 12° 27'; à 7 heures 1/2, longit. observée réduite à midi : 14° 6'; longit. par l'éclipse du 7 : 14° 50'. Le cap Saint-Vincent reste par l'estime : Est 1/4 N. E., 18 lieues.

Le vent au S. S. E., bon frais par grain. A midi 1/2, grain, pluie et tonnerre, dans la partie du S. E. Le tonnerre est tombé à bord près du mât de misaine, a tué un matelot et blessé six à sept personnes, dont une très dangereusement. Nous avons largué les huniers et resté sous la misaine. A 1 heure 1/2, calme, à 1 heure 3/4, le vent a varié au S. O., joli frais. Route au S. E., toujours grain et pluie sous les quatre corps de voiles. A 4 heures 1/2, route à l'E. S. E.; à 8 heures, au S. E. pour courir au Sud de la côte du cap Saint-Vincent. A 11 heures, pris deux ris dans chaque hunier.

JEUDI 18. — Vent de S. S. O., bon frais; temps couvert; petite pluie par intervalles. A 4 heures, grain et éclairs de l'O. N. O., bon frais; largué et serré les huniers; couru sous la misaine jusqu'au jour, vent à l'Ouest, frais. Appareillé les huniers. A 6 heures 1/2, nous avons eu connaissance du cap Saint-Vincent au N. E. 5° Nord (corrigé); distance : 10 lieues, vent à l'Ouest, frais. Route au S. E.

A midi, lat. observée : 36° 31'; longit. estimée : 9° 41'. Route corrigée depuis mercredi : Est 1/4 S. E. 5° Est, 105 lieues; différence Nord : 13 lieues.

Vent à l'ouest, bon frais. Route au S. E. 1/4 Sud, pour gagner la latitude du cap Spartel. A 1 heure 1/2, vu un bâtiment à l'Est. A 2 heures 1/4, route au S. E. 1/4 Sud 5° Sud; à 2 heures 1/2, au S. S. E.; à 10 heures 1/2, mis à la cape à la misaine et foc d'artimon; vent à l'Ouest, bon frais.

VENDREDI 19. — Vent variable de l'Ouest à l'O. S. E., bon frais à la cape à la misaine et foc d'artimon, tribord amures. A 5 heures, arrivé au S. E., toutes voiles dehors. A 6 heures, vu un bâtiment au vent à nous, faisant même route. A 9 heures, vu et reconnu le cap Spartel. Relevé au S. E., la terre très embrumée.

A 10 heures 1/2, s'étant éclairci, relevé : le cap Spartel, Est 1/4 N.E.

Mars 1784. corrigé, 8 lieues. A 10 heures ³/₄, route à l'E. S. E. ; à 11 heures, à l'Est ¹/₄ S. E.

A midi, lat. observée : 35° 47' ; longit. estimée : 8° 20'. Relevé le cap Spartel. Est ¹/₄ N. E. 1° Nord, 3 lieues corrigées ; la montagne d'Argille, S. E. ¹/₄ Est ; différence en longitude : 20 lieues.

Le vent au S. O., joli frais, par grain. A midi ³/₄, nous avons donné dans le détroit. A 1 heure ³/₄, une frégate anglaise, mouillée à Tanger, a mis son pavillon ; mis le nôtre et la flamme. Vu un bâtiment français de l'avant à nous.

A 5 heures, relevé : le mont aux Singes, S. O. 5° Ouest ; Ceuta, S. S. O. 5° Ouest ; le mont Gibraltar, N. O., 3 lieues.

Vent à l'ouest, joli frais. Route à l'Est 5° Sud. La nuit, petit vent au Sud.

Route pour Toulon.
SAMEDI 20. — Vent au Sud, petit ; belle mer. Route à l'Est 5° Sud. Au jour, vent de S. S. E., petit. Vu environ 30 bâtiments ; mis pavillon et flamme et arrivé sur un français. Nous avons envoyé à bord ; il était parti de Marseille depuis 40 jours pour le Havre et était arrêté par les vents d'Ouest qui règnent depuis longtemps ; il avait compté jusqu'à 160 bâtiments sur le cap de Gattes, cherchant à passer le détroit ; il n'a donné aucune nouvelle. Salué de trois cris de « vive le roi ! » ; rendu un. A 10 heures ¹/₂, le vent a varié au N. O., petit frais. Route à l'Est 5° Sud.

A midi, lat. observée : 36° 17' ; différence Sud : 2 lieues. Route corrigée depuis 5 heures du soir, hier, Est ¹/₄ N. E. 5° Est, 19 lieues ¹/₂.

Vent au N. N. O., petit frais. Route à l'Est ¹/₄ N. E. A 1 heure, 5° Sud.

Au soleil couché, relevé : le cap de Gattes, E. N. E. 5° Est ; la Roquette, N. E. ¹/₄ Est ; différence de terre : 3 lieues.

Vent au N. O. Même route ; à 11 heures ¹/₂, route à l'Est.

DIMANCHE 21. — Le vent à l'O. S. O., joli frais. Route à l'Est ¹/₄ N. E. Au jour, vu plusieurs bâtiments. A 9 heures ³/₄, mis pavillon et flamme.

A midi, lat. observée : 37° 9'.

Depuis le relèvement d'hier au soleil couché, route corrigée : E. N. E., 2° Est, 34 lieues ; cap de Palos reste N. N. E. 5° Nord, 10 lieues.

Vent à l'O. N. O., joli frais. Route au N. E. A 3 heures ³/₄, mis pavillon et flamme pour quelques bâtiments. A 4 heures ¹/₂, vu un bâtiment à 3 mâts mouillé à l'Est du cap de Palos. Mars 1784.

Au soleil couché, relevé : le cap de Palos, Ouest ¹/₄ N. O. ; les Fourmiques, O. N. O. ; l'île Grosse, N. O. ¹/₄ Ouest.

Vent au S. O., joli frais. Route au N. E. 5° Est, tout dehors.

Lundi 22. — Le vent à l'O. N. O., variable au N.O. ; belle mer. Route au N. E.

Au soleil levé, relevé : Alicante, N. O. ¹/₄ Ouest ; le cap Saint-Antoine, N. N. E. ; distance de terre : 6 lieues.

Le vent à l'Ouest ; route au N. E.

A midi, lat. observée : 38° 21'. Relevé : le cap Saint-Antoine, N. N. E. ; Alicante, Ouest 5° Nord ; Benidorm, N. O. ¹/₄ Nord ; distant de terre : 6 lieues.

Vent au S. O., petit frais ; route au N. E. ¹/₄ Est.

Au soleil couché, relevé : le cap Saint-Antoine, N. N. O. 5° Nord, 5 lieues ; mont de Carpi, O. N. O.

Vent au S. O., petit ; route au N. E. ¹/₄ Est. A la même heure, mis le cap au N. E. ; mis pavillon et flamme pour plusieurs bâtiments à 6 heures ³/₄. Calme à 10 heures ¹/₄ ; sondé par 40 brasses, vase.

Mardi 23. — Calme plat à 3 heures ³/₄. Le vent s'est décidé au Nord, petit frais. Route au plus près, tribord amures. Au jour, vu 2 bâtiments.

Au soleil levé, relevé : Benidorm, O. S. O. 5° Ouest ; mont de Carpi, Ouest 5° Sud ; cap Saint-Antoine, N. O. ¹/₄ Ouest, distant 3 lieues ; cap Saint-Martin, N. O. 5° Nord.

Vent au N. N. O., petit frais ; au plus près, bâbord amures. Mis pavillon et flamme pour quelques bâtiments.

A 7 heures ³/₄, relevé : Belleran, Est ¹/₄ N. E. 2° Nord.

A midi, observé et relevé : lat. observée, 39° 1' ; Belleran, Est ¹/₄ S. E. ; cap Saint-Antoine, S. O. ¹/₄ Ouest, 8 lieues ¹/₂ ; Benidorm, S. O. ¹/₄ Ouest 2° Sud.

Vent au N. O., joli frais ; route au N. E. ¹/₄ Nord, tout dehors. A 3 heures, le vent a passé au S. O., petit ; temps couvert. Même route. A 4 heures, pluie.

Relevé : Belleran, S. E. 0° Est, 10 lieues.

Vent au N. N. O., joli frais, venant par grains ; à 4 heures, pluie. Le vent a passé au N. O., joli frais. A 5 heures, fait route au N. E. ¹/₄ Est ; à 6 heures ¹/₂, à l'E. N. E. A 10 heures, grain, vent frais et

Mars 1784. pluie de la partie du N. O. ; pris deux ris à chaque hunier; serré le perroquet de fougue. A 11 heures $1/2$, le grain ayant passé, guindé les huniers.

MERCREDI 24. — Le vent au Nord, joli frais ; au plus près, bâbord amures. A minuit, vent d'O. N. O., petit frais ; route au N. E. A 4 heures $1/2$, mis toutes voiles dehors.

Au soleil levé, relevé : la Dragonnière, E. S. E. 3° Sud, 10 lieues. Vent au N. O., joli frais ; même route.

Le vent à l'O. S. O., joli frais. Route au N. E. ; à 1 heure $1/2$, au N. E. $1/4$ Nord.

Au soleil couché, relevé : le cap Touse, N. E. $1/4$ Est 2° Est, 12 lieues.

Le vent à l'Ouest, petit frais ; route au N. E. $1/4$ Nord. A 11 heures, étant près de la côte, gouverné au N. E. $1/4$ Est.

JEUDI 25. — Vent à l'O. S. O., petit temps nébuleux. Route à N. E. $1/4$ Est, toutes voiles dehors. A 3 heures, calme plat.

A 3 heures, relevé : le mont Jouï : O. S. O. 2° Sud ; la ville de Mataron : N. O. $1/4$ Ouest 5° Ouest, 3 lieues.

Vent à O. N. O., petit grain. Route à l'E. N. E. A 7 heures $1/2$, mis le bateau à la mer à la même heure, route à l'Est. A 8 heures, le vent a fraîchi. Rembarqué le bateau.

A midi, lat. observée : 41° 39' ; relevé le cap Begut : Nord, 5 lieues.

Le vent au S.O., joli frais ; beau temps. Route à l'Est, tout dehors. A 1 heure $1/4$, mis le cap à l'E. N. E. 5° Est. A 2 heures $1/2$, mis pavillon et flamme pour 2 bâtiments en vue. La nuit, même vent et route.

VENDREDI 26. — Le vent au Sud, joli frais. Route à l'E. N. E. 5° Est du compas. A 4 heures $1/4$, nous avons pris un ris à chaque hunier. Au jour, nous avons aperçu le cap Senis dans la partie Ouest et Est 5° Sud. Vent au Sud, joli frais ; temps clair. Belle mer.

Au soleil levé, relevé : cap Senis : N. E. $1/4$ Nord 3° Est ; Marseille : N. E. ; distant du cap Senis : N. E. 5° Est.

Le tout corrigé, le vent au Sud, joli frais. Route pour donner dans la rade de Toulon et en même temps nous avons mis pavillon de poupe et celui de commandement. A 8 heures $1/4$, nous avons laissé arriver en dépendant, pour donner dans la baie. A 3 heures $1/2$, nous avons aperçu audit mouillage 6 vaisseaux de guerre hollandais, dont un portant pavillon carré au mât de misaine et au mât d'artimon. En même temps, le commandant nous a salué de 15 coups de canon ; rendu coup par coup. A 10 heures, nous avons mouillé dans la rade de Toulon. Nous avons trouvé audit mouillage 5 vaisseaux de guerre hollandais, un cutter, une corvette française et plusieurs petits bâtiments marchands. A 10 heures 1/2, le général est descendu à terre, nous avons amené le pavillon de commandement et mis la flamme.

Mars 1784.

Mouillé dans la rade de Toulon.

TABLE DES MATIÈRES

	Pages
Introduction	v
Départ de Brest, dénombrement des vaisseaux et leur destination	3
Séparation de la flotte du comte de Grasse et de la division de Suffren	7
Combat de la Praye	14
Route pour l'Ile-de-France	47
Le bailli de Suffren mouille à l'Ile-de-France	60
Route pour la mer des Indes	66
Combat de Madras	96
Combat de Providien	114
Combat de Négapatnam	143
Arrivée d'Hyder-Ali	151
Siège de Trinquémalay	162
Combat de Trinquémalay	166
Route pour Achem	185
Départ d'Achem	200
Mort d'Hyder-Ali-Kan	211
Siège de Goudelour	262
Affaires sur terre	263
Combat de Goudelour	272
La paix	282
Route pour l'Ile-de-France	307
Mouillé à l'Ile-de-France	317
Route pour le cap de Bonne-Espérance	320
Mouillé à Table-Bay	326
Route pour la France	329
Arrivée à Toulon	349

NICE. — IMPRIMERIE MALVANO-MIGNON, RUE GIOFFREDO, 62.

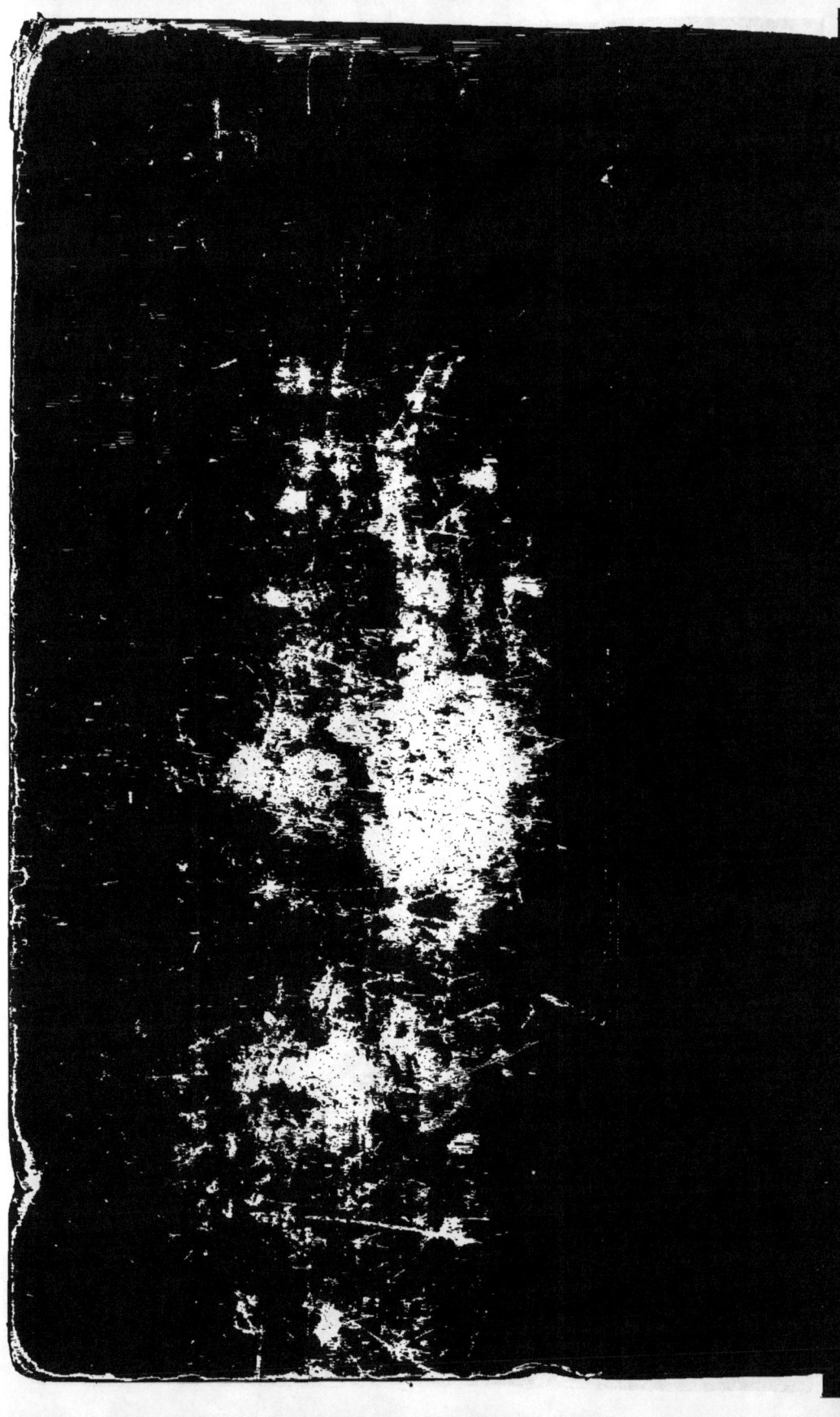

www.ingramcontent.com/pod-product-compliance
Lightning Source LLC
Chambersburg PA
CBHW050538170426
43201CB00011B/1470